Transeuropäische Netze

Europäische Hochschulschriften
Publications Universitaires Européennes
European University Studies

Reihe V
Volks- und Betriebswirtschaft

Série V Series V
Sciences économiques, gestion d'entreprise
Economics and Management

Bd./Vol. 2763

PETER LANG
Frankfurt am Main · Berlin · Bern · Bruxelles · New York · Oxford · Wien

Ronald M. Steyer

Transeuropäische Netze

Eine finanzwissenschaftliche Analyse des Auf- und Ausbaus großräumiger Infrastrukturnetze

PETER LANG
Europäischer Verlag der Wissenschaften

Die Deutsche Bibliothek - CIP-Einheitsaufnahme

Steyer, Ronald M.:

Transeuropäische Netze : eine finanzwissenschaftliche Analyse des Auf- und Ausbaus großräumiger Infrastrukturnetze / Ronald M. Steyer. - Frankfurt am Main ; Berlin ; Bern ; Bruxelles ; New York ; Oxford ; Wien : Lang, 2001

(Europäische Hochschulschriften : Reihe 5, Volks- und Betriebswirtschaft ; Bd. 2763)
Zugl.: Mainz, Univ., Diss., 1999
ISBN 3-631-36201-3

D 77
ISSN 0531-7339
ISBN 3-631-36201-3

www.peterlang.de

Meinen Eltern

Christel und

Josef Steyer

Vorwort

Die vorliegende Arbeit entstand während meiner Tätigkeit als Wissenschaftlicher Mitarbeiter am Institut für Finanzwissenschaft der Johannes Gutenberg-Universität Mainz. Sie wurde im Wintersemester 1998/1999 vom Fachbereich Rechts- und Wirtschaftswissenschaften der Johannes Gutenberg-Universität Mainz als Dissertation angenommen.

Herrn Prof. Dr. Rolf Peffekoven, der die Arbeit während meiner Assistentenzeit betreute, danke ich für wertvolle Anregungen und die Übernahme des Erstreferats. Für die Übernahme des Zweitreferats danke ich Herrn Prof. Dr. Georg Tillmann.

Für die Durchsicht des Manuskripts und die vielen guten Ratschläge bin ich der Kollegin Christiane Liesenfeld und den Kollegen Christopher Profitlich und Frank Roland zu besonderem Dank verpflichtet. Ebenso danke ich meinen Kolleginnen Dr. Kerstin Keil, Dr. Ulrike Kirchhoff, Dr. Margareta Kulessa sowie meinem Kollegen Dr. Michael Sturm sowie Frau Elke Pfennig für die gute Zusammenarbeit.

Ronald Steyer

Inhaltsverzeichnis

Abbildungsverzeichnis

Tabellenverzeichnis

Abkürzungsverzeichnis

Abl.	Amtsblatt
AdR	Ausschuss der Regionen
BOT	*Build Operate Transfer*
BOOT	*Build Own Operate Transfer*
ECMT	*European Conference of Ministers of Transport*
ECU	*European Currency Unit*
EFTA	*European Free Trade Association*
EG	Europäische Gemeinschaft
EGV	Vertrag zur Gründung der Europäischen Gemeinschaft
EIB	Europäische Investitionsbank
EIF	Europäischer Investitionsfonds
EP	Europäisches Parlament
ERTMS	*European Rail Traffic Management System*
ETCS	*European Train Control System*
ETSI	*European Telecommunications Standards Institute*
EU	Europäische Union
EUV	Vertrag über die Europäische Union
EWG	Europäische Wirtschaftsgemeinschaft
EWGV	Vertrag zur Gründung der Europäischen Wirtschaftsgemeinschaft
EWU	Europäische Währungsunion
IBC	*Integrated Broadband Communication*
IDA	*Interchange of Data between Administrations*
ISDN	*Integrated Services Digital Network*
ISO	*International Standards Organisation*
ISPA	*Instrument for Structural Policies for Pre-Association*
KMU	Kleine und Mittlere Unternehmen
Mrd.	Milliarden
OECD	*Organisation for Economic Cooperation and Development*
OSI	*Open System Interconnection*
PHARE	*Poland Hungary Assistance for the Reconstruction of the Economy*
PPP	*Public Private Partnership*
TACIS	*Technical Assistance for the Commonwealth of Independent States*

TCP/IP	*Transmission Control Protocol/Internet Protocol*
TEN	Transeuropäische Netze
TGV	*Train à Grande Vitesse*
UCPTE	*Union pour la coordination de la production et du transport de l'électricité*
UIC	*Union Internationale des Chemins de fer*
UNECE	*United Nations Economic Commission for Europe*
UVP	Umweltverträglichkeitsprüfung
WSA	Wirtschafts- und Sozialausschuss

Einleitung

Nach einigen Jahren, in denen die Förderung der transeuropäischen Netze (TEN) im Schatten der Diskussion um die Europäische Währungsunion stand, ist sie derzeit wieder häufiger Gegenstand wirtschaftspolitischer Auseinandersetzungen. Von politischer Seite wird der Ausbau der TEN jedoch oft als beschäftigungspolitische Initiative auf Gemeinschaftsebene diskutiert: Vorschläge der italienischen Regierung, die in ähnlicher Form schon 1996 am Widerstand insbesondere Deutschlands gescheitert sind, sehen beispielsweise vor, Mittel beachtlichen Umfangs (ca. 100 Mrd. ECU) in große Infrastrukturprojekte zu leiten, um die konjunkturelle Situation in der Gemeinschaft zu verbessern und die Arbeitslosigkeit zu reduzieren.

Infrastrukturinvestitionen sind oft ein bevorzugtes Mittel der Wirtschaftspolitik, um zum einen die Nachfrage zu stärken und zum anderen mittelfristig wirkende wachstumspolitische Impulse zu erzeugen. Aus Sicht der Politiker - die (zumindest auch) die Chancen einer Wiederwahl im Auge haben - ist jedoch der kurzfristig auftretende Nachfrageeffekt die besondere Attraktion solcher Investitionen. Ihre eigentliche Funktion tritt dahinter oft zurück: Infrastrukturen in Form von Verkehrs-, Telekommunikations- und Energieversorgungsnetzen sind eine Voraussetzung für eine arbeitsteilig organisierte Volkswirtschaft. Sie ermöglichen persönliche Kontakte und den Austausch von Gütern und Dienstleistungen über immer größer werdende räumliche Distanzen hinweg. Aus ökonomischer Sicht sind sie erforderlich, um sich durch Mobilität von Produktionsfaktoren und Gütern dem Allokationsoptimum auch in einem sich verändernden Umfeld zu nähern. Dadurch beeinflusst die Ausgestaltung der Infrastruktur die wirtschaftliche Entwicklung von Gesellschaften wesentlich.

So hat in der Vergangenheit gerade die Verkehrsinfrastruktur in Verbindung mit der Neu- und Weiterentwicklung von Verkehrsmitteln die Mobilität beträchtlich erhöht. In Frankreich legte um 1800 ein Mensch an einem Tag durchschnittlich 20 m mit einem Verkehrsmittel zurück, um 1900 schon 1 km, 1950 dann 6 km und Anfang der 90er Jahre mehr als 20 km.[1] Die netzgebundene Energieversorgung

---

[1] Vgl. GRÜBLER(1990), S. 231ff.

von Haushalten und Unternehmen hat nicht nur die Lebensqualität verbessert, sondern auch viele Produktionsverfahren erst möglich gemacht. Durch den Einsatz innovativer Produkte konnten neue Formen der Telekommunikation entwickelt werden, die derzeit gesellschaftliche und ökonomische Veränderungen auslösen: So entstehen für bestimmte Güter und Dienstleitungen neue Vertriebsformen, die traditionelle Verfahren ablösen und dadurch erhebliche Anpassungen in den betroffenen Branchen notwendig machen. Der Auf- und Ausbau der Verkehrs-, Telekommunikations- und Energieversorgungsnetze ist daher eine wesentliche Determinante für die Entwicklung von Volkswirtschaften.

Ihre Entwicklung wird aber auch wesentlich durch die politischen Umstände beeinflusst, unter denen ökonomische Prozesse ablaufen. Der Wunsch der europäischen Völker, die Integration in die Europäische Union zu suchen, ist ein wesentlicher Grund für den erreichten Wohlstand in Westeuropa. Diese Entwicklung steht, trotz der schon erreichten Erfolge, erst am Anfang: Insbesondere die Einbindung der mittel- und osteuropäischen Staaten stellt eine weitere Herausforderung für den europäischen Integrationsprozess dar.

Von raumüberwindenden Netzen ist ein wesentlicher Beitrag zu erwarten, um die Vision eines Europa in Frieden und Wohlstand zu verwirklichen. Die derzeit vorhandenen Netze sind jedoch ihrerseits Ergebnis historischer Prozesse, in denen der Auf- und Ausbau der Infrastruktur wesentlich aus nationaler Sicht vorangetrieben wurde. Engpässe z.B. an den Übergängen zwischen den nationalen Netzen sind die Folge; sie stören den Austausch zwischen den Nationen zum Teil empfindlich. Aber auch die Kapazitäten der nationalen Netze sind heute in vielen Bereichen erschöpft. Das Verkehrsaufkommen hat im letzten Jahrzehnt beständig zugenommen. Auch die Nachfrage nach netzgebundener Energie bzw. Energieträgern sowie nach Telekommunikationsdienstleistungen ist angestiegen. Dem steht allerdings - zumindest im Verkehrsbereich - kein entsprechender Ausbau der Infrastruktur gegenüber.

In den Aktivitäten zum Auf- und Ausbau der TEN, mit denen sich diese Arbeit befasst, kommt sowohl die Bedeutung großer Netze für die gesellschaftliche und ökonomische Entwicklung als auch die Vision der europäischen Integration zum Ausdruck. TEN sollen in drei wesentlichen Infrastrukturbereichen (Verkehr,

Telekommunikation und Energieversorgung) den gesamten europäischen Raum erschließen.

Im ersten Teil der Arbeit wird der Untersuchungsgegenstand in begrifflicher, rechtlicher und struktureller Art erläutert. Ein Schwerpunkt ist dabei die Auseinandersetzung mit den vertraglichen und europarechtlichen Rahmenbedingungen, denn sie haben wesentlichen Einfluss auf die Ausgestaltung der TEN-Maßnahmen.

Der zweite Teil legt die Grundlagen für die ökonomische Analyse großräumiger Infrastrukturnetze und der Maßnahmen zu ihrem Auf- und Ausbau. Aus allokations-, distributions- sowie wachstums- und stabilisierungspolitischer Sicht wird geprüft, welche Gründe für eine öffentliche Bereitstellung solcher Netze vorliegen. In den Fällen, in denen solche Gründe identifiziert werden, gilt es zu untersuchen, auf welcher Ebene eines föderal gestalteten politischen Systems diese Aufgaben wahrgenommen werden sollten. Schließlich stellt sich die Frage nach der Finanzierung der Maßnahmen, wobei berücksichtigt wird, dass in vielen Bereichen auch private Investoren an der Finanzierung beteiligt sind.

Im dritten Teil werden schließlich die drei Netzbereiche Verkehrs-, Telekommunikations- und Energieversorgungsinfrastruktur im Einzelnen untersucht. Hier zeigt sich, dass in den drei Bereichen sehr unterschiedliche technische und institutionelle Voraussetzungen bestehen, so dass sich die ökonomischen Bedingungen für den Auf- und Ausbau der Netze ebenfalls stark unterscheiden. Die kritische Diskussion der gemeinschaftlichen Aktivitäten muss daher ebenfalls differenziert geführt werden.

Eine kurze Zusammenfassung der wesentlichen Ergebnisse schließt die Arbeit ab.

Erster Teil: Der Auf- und Ausbau transeuropäischer Netze als Untersuchungsgegenstand

I. Begriffsbestimmung

Mit dem Begriff "Netz" verbindet sich allgemein die Vorstellung von Maschenwerken aus Schnüren, Drähten oder Strecken, die sich kreuzen und die an den Kreuzungspunkten verknüpft sind. Auf einem höheren Abstraktionsniveau ist ein Netz ein System aus Objekten ("Knoten") und Verknüpfungen im Raum.[2] Der Zweck der Netze, mit denen sich die Arbeit beschäftigen wird, ist die Integration räumlich getrennter Orte zu wechselseitig verbundenen Einheiten, wobei die Knoten des Netzes Orte mit einem Interaktionspotential sind.[3] Ein solches Netz besteht aus der Gesamtheit von Einrichtungen, deren Zweck es ist, das Überwinden räumlicher Trennung zu ermöglichen und so die Friktionswirkung des Raumes zu reduzieren.[4] Es erlaubt die Verteilung bzw. Übertragung materieller und immaterieller Güter oder die Beförderung von Personen.

Netze im Sinne dieser Arbeit sind Teil der Infrastruktur einer Volkswirtschaft. Die exakte Definition des Begriffs "Infrastruktur" verursacht allerdings einige Schwierigkeiten; eine allgemein anerkannte Definition hat sich bisher nicht durchgesetzt.[5] Es bietet sich daher an, den Begriff problemorientiert abzugrenzen. Als bestimmendes Merkmal der Infrastruktur soll hier deren Funktion als "Unterbau" einer Volkswirtschaft gelten, der wirtschaftliche Aktivitäten erst möglich macht.[6] Auf die Überwindung räumlicher Trennung bezogen schafft sie die Voraussetzungen für die Mobilität von Produktionsfaktoren und Gütern, damit

---

[2] Vgl. CASTI(1995), S. 5, und KARLQVIST(1995), S. 81. Raum ist hier nicht nur geographisch zu verstehen, sondern auch in einem übertragenen Sinne: Eine Volkswirtschaft ist aus diesem Blickpunkt ein Raum, in dem Objekte (Wirtschaftsubjekte) z.B. durch Marktbeziehungen miteinander verknüpft sind. Vgl. KARLQVIST(1995), S. 81.

[3] Vgl. NAKIĆENOVIĆ(1995), S. 195.

[4] Mit dieser Definition sind als Untersuchungsgegenstand sog. immaterielle oder virtuelle Netze ausgeschlossen. Die Verbindungen in virtuellen Netzen kommen nicht materiell zustande, sondern z.B. durch Nutzung eines technischen Standards. Vgl. z.B. STEYER(1997), S. 206. Sie spielen aber bei der Untersuchung der Wirkung von Normen und Standards durchaus eine Rolle. Vgl. hierzu z.B. die Ausführungen zu Systemeffekten in Zweiter Teil II.C.4.c.i (S. 64ff.).

[5] Zur Unschärfe des Begriffs vgl. z.B. FREY(1979), S. 17ff., WILLE(1993), S. 15ff.

[6] Vgl. TUCHTFELD(1970), S. 128; JOCHIMSEN(1966), S. 100.

Angebot und Nachfrage auf Märkten zusammentreffen können. Die räumliche Mobilität in einer Volkswirtschaft, die von Umfang und Qualität der zur Verfügung stehenden Infrastruktur wesentlich bestimmt wird, beeinflusst die räumliche Ausdehnung von Märkten und damit das mögliche Ausmaß arbeitsteiliger Produktion.[7] Die Infrastruktur als Infrastrukturkapital (Bestandsgröße) bestimmt das Angebot an Infrastrukturleistungen (Stromgröße) und wird durch Infrastrukturinvestitionen (Stromgröße) erhöht (vgl. Abb. 1).[8]

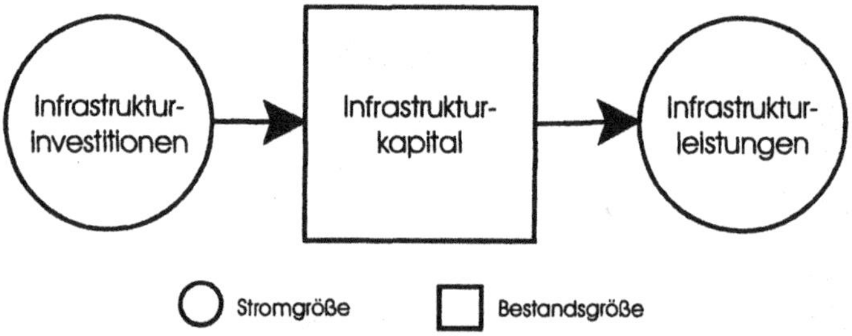

Abb. 1: Unterscheidung von Strom- und Bestandsgröße

Nicht gefolgt werden soll hier dem in der Literatur noch anzutreffenden Ansatz, die Infrastruktur *ex definitione* auf die von öffentlichen Institutionen geschaffenen Einrichtungen einzuschränken.[9] Dies erscheint nicht sachgerecht, denn die Basisfunktionen im oben beschriebenen Sinne müssen nicht durch öffentliche Haushalte bereitgestellt werden, wenn sich ein Marktpreis bilden kann.

Durchgesetzt hat sich auch die Unterscheidung der Infrastruktur in die materielle, die personelle und die institutionelle Komponente:[10]

- Die materielle Infrastruktur umfasst das Sachkapital in den Bereichen, die die Basisfunktionen für das wirtschaftliche Handeln in einer Volkswirtschaft erbringen;

---

[7] Vgl. HEINSCH(1986), S. 27f. Die der Raumüberwindung dienende Infrastruktur ist typischerweise als Netz aufgebaut, weshalb im weiteren der Begriff Infrastruktur auf die hier diskutierten Transportnetze angewendet wird. So auch DEBENE(1994), S. 145.

[8] Vgl. NOWOTNY(1991), S. 138, FREY(1972), S. 71.

[9] Vgl. z.B. KOMMISSION DER EUROPÄISCHEN GEMEINSCHAFTEN(1986), S. 65, BIEHL(1991), S. 9.

[10] Vgl. JOCHIMSEN(1966), S. 103ff., FREY(1978), S. 201f.

- die institutionelle Infrastruktur bezeichnet die gewachsenen und gesetzten Normen einer Gesellschaft;
- unter der personellen Infrastruktur ist das Humankapital einer Volkswirtschaft zu verstehen, also die Zahl der Bürger einer Gesellschaft und deren Fähigkeiten, das Niveau und den Integrationsgrad der Wirtschaftstätigkeit zu erhöhen.

Gegenstand dieser Arbeit ist die Förderung des Auf- und Ausbaus von Transportnetzen durch die EU, also Maßnahmen zur Entwicklung der materiellen Infrastruktur. Zur Förderung des Auf- und Ausbaus sind jedoch auch die Schaffung oder Verbesserung der institutionellen und personellen Infrastruktur in den Mitgliedstaaten vorgesehen.[11] Hierdurch sollen beispielsweise die Voraussetzungen für Verfahren zur Planung und Durchführung des Infrastrukturauf- und -ausbaus geschaffen werden, die zügig durchgeführt werden können, zu sachgerechten Ergebnissen führen und in denen staatenübergreifende Aspekte berücksichtigt werden.[12]

Die im Rahmen dieser Arbeit untersuchten Verkehrs-, Telekommunikations- und Energieversorgungsnetze sind Systeme aus sehr unterschiedlichen Elementen, die durch ihr Zusammenwirken die Raumüberwindung als Dienstleistung gewährleisten. Um zu differenzierten Ergebnissen zu kommen, ist es notwendig, diese Netze disaggregiert zu betrachten. Relativ leicht kann dabei die Infrastrukturleistung von der Infrastruktur abgegrenzt werden. Die Infrastrukturleistung ist hier die raumüberwindende Dienstleistung, die auf der Grundlage der Infrastruktur realisiert wird. Die Infrastruktur besteht aus physikalischen Verbindungen, z.B. Straßen, Kanälen, "Luftstraßen" und Datenübertragungsleitungen. Diese Verbindungen werden durch Knoten zur netzförmigen Infrastruktur verknüpft. Die Knoten sind Orte mit Interaktionspotential, die in einigen Fällen als punktförmige Infrastruktur (z.B. Häfen, Flughäfen, Umschlagplätze) auch Teil des Infrastruktur-

---

11 Die Verbesserung insbesondere der institutionellen Infrastruktur hat damit in diesem Zusammenhang den Charakter eines Zwischenziels.

12 Wird im Weiteren von Infrastruktur gesprochen, ist die materielle Transport-Infrastruktur gemeint. Institutionelle und personelle Infrastruktur werden im Rahmen dieser Arbeit im Sinne von Instrumenten behandelt.

netzes sein können.[13] So sind Flughäfen Teile des Luftverkehrsnetzes oder Häfen Teile des Schifffahrtsnetzes. Punktförmige Infrastruktur kann darüber hinaus auch netzrelevante Sonderfunktionen wahrnehmen, z.B. die Verknüpfung unterschiedlicher Netze durch Umschlagplätze.

Zur Infrastruktur im weiteren Sinne sollen hier außerdem die Systeme gerechnet werden, die die Bereitstellung der Transportdienstleistung steuern (Leit- und Managementsysteme). Sie sind bei Luftverkehrs- oder Energieversorgungsnetzen integraler Bestandteil des Gesamtnetzes, ohne die die Raumüberwindung nicht

	Straßenverkehr	*Schienenverkehr*	*Binnenschifffahrt*	*Luftfahrt*	*Telekommunikation*	*Energietransport*
Netzinfrastruktur						
Verbindungen	Straßen	Eisenbahnstrecken	Schifffahrtswege (Flüsse, Kanäle, Meere)	Luftkorridore	Übertragungskanäle, Schichten 2-4 in der Abgrenzung des ISO-OSI-Referenzmodells*	Stromleitungen, Erdgasleitungen
punktförmige Infrastruktur	Straßenbrücken, Straßentunnel	Bahnhöfe, Stellwerke	Häfen	Flughäfen	Vermittlungseinrichtungen	Umspannwerke, Terminals zur Übernahme von Flüssiggas und Speicherung
Leit-/ Managementsysteme	Verkehrsleitsysteme	Verkehrsleitsysteme	Navigationseinrichtungen, Verkehrsleitsysteme	Navigationseinrichtungen	Netzmanagement	Anlagen zur Betriebssteuerung (z.B. Laststeuerung, Sicherung Erdgasqualität)
Transportleistung	Transport von Personen und Gütern	Transport von Personen und Gütern	Transport von Personen und Gütern	Transport von Personen und Gütern	Transport von Daten	Transport von Energie und Energieträgern

Grau unterlegt: Netzinfrastruktur im Sinne dieser Arbeit.

* Vgl. zum *Open System Interconnection* (OSI)-Referenzmodell der *International Standard Organisation* (ISO) Abb. 21, S. 252.

Tab. 1: Unterscheidung von Netzinfrastruktur, Leit- und Managementsystemen und der Transportleistung (mit Beispielen)

[13] Vgl. BÜSCHGEN/ERGENZINGER(1993), S. 31.

gewährleistet werden könnte. Sie werden aber auch im Straßenverkehrsbereich eine immer größere Bedeutung bekommen.[14]

Die Infrastrukturnetze werden genutzt, um die Dienstleistung "Raumüberwindung" zu erstellen, wozu in einigen Netzen zusätzliche Transporteinrichtungen notwendig sind (z.B. Lkw, Schiffe, Flugzeuge, Telekommunikationsdienste). Außerdem muss ein Zugang zum Netz vorhanden sein (z.B. ein Telekommunikationsanschluss, ein Landerecht [*slot*]). Die Übersicht in Tab. 1[15] veranschaulicht die Netzebenen bei den hier untersuchten Netzen und die Abgrenzung der Infrastruktur von den Transportleistungen.[16]

Die in dieser Arbeit zur Diskussion stehenden Netze sollen transeuropäischen Charakter haben. Dem Wortsinn folgend enthalten transeuropäische Netze bei negativer Abgrenzung solche Infrastrukturen nicht, die nur von lokaler, regionaler, nationaler oder auch bilateraler Bedeutung sind.[17] Die Abgrenzung wird dadurch erschwert, dass Infrastrukturen auch Teile eines transeuropäischen Netzes sein können, wenn sie nur in einer Region oder einem Mitgliedstaat liegen. Die Bedeutung eines Netzteils und damit die Zuordnung zu den transeuropäischen Netzen definiert sich also nicht durch seine Lage, sondern durch die Nutzung der Infrastruktur: Wird sie in erster Linie dazu genutzt, die Verteilung oder Übertragung von Waren und Dienstleistungen bzw. die Beförderung von Personen zwischen großen Knoten über mehrere Mitgliedstaaten hinweg zu gewährleisten, kann von transeuropäischen Netzen gesprochen werden. Von Bedeutung ist schließlich auch, dass die Netze transeuropäisch, also nicht nur innergemeinschaftlich sein sollen; hieraus ließe sich eine auch über die Grenzen der Gemeinschaft hinausreichende Infrastrukturpolitik im europäischen Raum - möglicherweise auch darüber hinaus - ableiten.

---

[14] Vgl. hierzu im Einzelnen die Ausführungen im dritten Teil dieser Arbeit (S. 169ff.).

[15] In Anlehnung an KNIEPS(1992), S. 319, siehe auch KRUSE/KIESSLING(1997), S. 13.

[16] Für die einzelnen Netze wird dies detailliert im dritten Teil dieser Arbeit (S. 169ff.) dargestellt.

[17] Vgl. RAMBOW(1994), S. 858f.

II. Rechtliche und institutionelle Grundlagen

A. Die transeuropäischen Netze im Primärrecht der Europäischen Union

1. Der Vertrag zur Gründung der Europäischen Gemeinschaft (EGV)

Die Gemeinschaft handelt - auch zur Förderung des Auf- und Ausbaus transeuropäischer Netze - auf der Grundlage des Primärrechts der Europäischen Union.[18] Es umfasst die europäischen Verträge und die dazugehörigen Protokolle. Zum Sekundärrecht gehören insbesondere Verordnungen, Richtlinien, Einzelakte, Empfehlungen und Stellungnahmen.[19]

Die Europäische Union gliedert sich nach dem Primärrecht in die Gemeinsame Außen- und Sicherheitspolitik, die Zusammenarbeit in den Bereichen Justiz und Inneres sowie die Europäischen Gemeinschaft (EG). Der Vertrag zur Gründung der Europäischen Gemeinschaft (EGV) ist die primärrechtliche Grundlage für die ökonomischen Aspekte der Europäischen Integration. Als Auslegungs- und Anwendungsmaßstab für die Vertragsnormen des EGV fungiert Art. 2 EGV.[20] Er begrenzt zum einen die Zuständigkeiten der Gemeinschaft, zum anderen beschreibt er für diese Zuständigkeiten die von der Gemeinschaft zu verfolgende Zielsetzung. Sie soll

- eine harmonische, ausgewogene und nachhaltige Entwicklung des Wirtschaftslebens,
- ein hohes Beschäftigungsniveau,
- ein hohes Maß an sozialem Schutz,
- die Gleichstellung von Männern und Frauen,
- ein beständiges und nichtinflationäres Wachstum,

---

[18] Die folgenden Ausführungen beziehen sich auf den Vertrag zur Gründung der Europäischen Gemeinschaft vom 25. März 1957 mit späteren Änderungen nach dem Stand vom 2. Oktober 1997. Die auf dem Treffen der Staats- und Regierungschefs in Amsterdam ausgehandelten Änderungen der Verträge sind in dieser konsolidierten Fassung des Vertrags berücksichtigt, der dabei auch eine neue Artikelzuordnung erhalten hat. Die für das hier behandelte Thema wesentlichen Artikel sind in Anhang 1 wiedergegeben. Die bis zum Vertrag von Amsterdam gültige Fassung der hier einschlägigen Artikel enthält der Anhang 3.

[19] Vgl. z.B. WEINDL(1996), S. 61f.

[20] Vgl. LANGGUTH/LENZ(1994), S. 11.

- einen hohen Grad von Wettbewerbsfähigkeit und an Konvergenz der Wirtschaftsleistungen,
- ein hohes Maß an Umweltschutz und Verbesserung der Umweltqualität,
- die Hebung der Lebenshaltung und der Lebensqualität,
- wirtschaftlichen und sozialen Zusammenhalt sowie die
- Solidarität zwischen den Mitgliedstaaten

fördern.

Die Zuständigkeit der Gemeinschaft, also ihre Aufgaben, umfassen neben der Schaffung eines Gemeinsamen Marktes und einer Wirtschafts- und Währungsunion die im Tätigkeitenkatalog der Art. 3 und 4 EGV genannten Bereiche:

- Der Katalog in Art. 3 EGV enthält die Aufgabenbereiche, in denen die Gemeinschaft zur Umsetzung der in Art. 2 EGV genannten Ziele handeln soll. In 21 Unterpunkten werden gemeinsame Politiken oder Maßnahmen aufgeführt. Die in Art. 2 EGV genannten Ziele dienen der Zweckbestimmung dieser Tätigkeiten.[21]
- Die Tätigkeiten der Gemeinschaft, die sich aus Art. 4 EGV ergeben, haben im Kern die Schaffung der Wirtschafts- und Währungsunion zum Inhalt. Darüber hinaus geben sie Orientierung für die Wirtschaftspolitik der Gemeinschaft, z.B. durch die Festlegung auf eine Marktwirtschaft und die Ausrichtung an den wirtschaftspolitischen Zielen Preisniveaustabilität, "gesunde" Staatsfinanzen und monetäre Rahmenbedingungen sowie eine dauerhaft finanzierbare Zahlungsbilanz.

2. Die Transeuropäischen Netze (TEN) im EGV

Die europarechtliche Grundlage für die Aktivitäten im Zusammenhang mit TEN wird im Primärrecht der EU gelegt. In Art. 3 lit. o EGV heißt es, dass die Tätigkeiten der Gemeinschaft im Sinne des Art. 2 EGV, also in Orientierung an den dort genannten Zielen, die "Förderung des Auf- und Ausbaus der transeuropäischen Netze" umfassen sollen. Alle in Art. 3 aufgeführten Tätigkeitsgrundsätze werden im dritten Teil des EGV jeweils in eigenen Artikeln oder Titeln aufgegrif-

---

[21] Vgl. LANGGUTH/LENZ(1994), S. 10f.

fen und vertieft.[22] Art. 3 lit. o EGV wird durch den - mit dem Vertrag von Maastricht gemäß Artikel G Nummer 38 VEU in den EGV eingefügten - Titel XV mit den Art. 154-156 EGV konkretisiert.

Weil der EuGH Beschlüsse von EU-Organe aufgehoben hat, für die eine "falsche" Kompetenz in Anspruch genommen wurde, ist es wesentlich, die Kompetenzen nach Titel XV von Kompetenzen in anderen Bereichen des EGV abzugrenzen. Auch Beschlüsse auf der Basis mehrerer Rechtsgrundlagen wurden vom EuGH nicht akzeptiert, wenn für den Erlass des Rechtsaktes eine einzige Rechtsgrundlage ausgereicht hätte.[23]

Im Fall der TEN kommen als konkurrierende Kompetenzen insbesondere die gemeinsame Verkehrspolitik (Art. 70ff EGV) und die Regelungen zur Rechtsangleichung (Art. 94, 95 EGV) in Betracht. In einer negativen Abgrenzung werden Rechtsakte dann nicht auf Titel XV basieren, wenn an anderer Stelle des EGV weitergehende Kompetenzen formuliert sind. So werden ordnungspolitische Fragen im Zusammenhang mit der Nutzung von Verkehrsinfrastruktur weiterhin im Bereich der gemeinsamen Verkehrspolitik angesiedelt, weil die Regelungen des Art. 155 EGV keine genauen Angaben zu den durchzuführenden Maßnahmen enthalten.[24]

Für die Maßnahmen im Infrastrukturbereich ist die Anwendung des Titel XV als Rechtsgrundlage jedoch unstrittig. Der Rat erließ zwar auf Vorschlag der Kommission einige Entscheidungen zu Teilbereichen der TEN auf der Basis von Art. 71 EGV. Dies geschah jedoch in Erwartung der Einbeziehung des Titel XV in den EGV, weshalb die Geltungsdauer dieser Entscheidungen zeitlich befristet war.[25] Sie wurden später auf der Basis des Art. 155 EGV erneut erlassen.

---

[22] Vgl. LANGGUTH/LENZ(1994), S. 14.

[23] Vgl. RAMBOW(1994), S. 857.

[24] Vgl. MÜCKENHAUSEN(1994), S. 379f.

[25] Vgl. z.B. die Entscheidung 93/628/EWG des Rates vom 29. 10.1993 zur Schaffung eines transeuropäischen Netzes für den kombinierten Verkehr (Abl. L 305 vom 10.12.1993), Entscheidung 93/629/EWG des Rates vom 29. 10.1993 zur Schaffung eines transeuropäischen Straßennetzes (ABl. L 305 vom 10.12.1993), Entscheidung 93/630/EWG des Rates vom 29. 10.1993 über die Entwicklung eines transeuropäischen Binnenwasserstraßennetzes (ABl. L 305 vom 10.12.1993).

Die drei Artikel des Titel XV EGV über die TEN enthalten die Zielbestimmung (Art. 154 EGV), die vorgesehenen Maßnahmen in allgemeiner Form (Art. 155 EGV) und eine Beschreibung des Verfahrens zur Förderung des Auf- und Ausbaus der TEN (Art. 156 EGV).

Art. 154 EGV (Beitrag zum Auf- und Ausbau)

Art. 154 EGV definiert die Ziele für den Titel XV des EGV. In Art. 154 Abs. 1 EGV wird dabei auf Art. 14 EGV (Vollendung des Binnenmarktes) und Art. 158 EGV (Verwirklichung des wirtschaftlichen und sozialen Zusammenhalts der Gemeinschaft) Bezug genommen. Der Beitrag der EU zum Auf- und Ausbau der TEN soll also der Vollendung des Binnenmarktes und der Verbesserung der Kohäsion zwischen den Mitgliedstaaten dienen. Dies kommt ebenfalls in der allgemeinen Formulierung des Art. 154 Abs. 1 EGV zum Ausdruck: Die im Rahmen des Titel XV EGV durchgeführten Maßnahmen sollen "den Bürgern der Union, den Wirtschaftsbeteiligten sowie den regionalen und lokalen Gebietskörperschaften in vollem Umfang die Vorteile zugute kommen [...] lassen, die sich aus der Schaffung eines Raumes ohne Binnengrenzen ergeben".

In Art. 154 Abs. 2 EGV werden die Tätigkeiten dann jedoch gegenüber der sehr allgemeinen Zielbestimmung in Abs. 1 eingeschränkt. Der Verbund der einzelstaatlichen Netze, die Interoperabilität zwischen den Netzen und der Zugang zu diesen sollen angestrebt werden. Durch die Formulierung, die Maßnahmen müssen "insbesondere der Notwendigkeit Rechnung [tragen], insulare, eingeschlossene und am Rande gelegene Gebiete mit den zentralen Gebieten der Gemeinschaft zu verbinden", wird die Orientierung an regionalpolitischen Zielen betont.

Insgesamt wird erkennbar, dass Art. 154 EGV implizit die Annahme zugrunde liegt, der Binnenmarkt könne seine volle Leistungsfähigkeit wegen Mängeln der Infrastruktur nicht entfalten. Die Tätigkeiten, die die Gemeinschaft ergreifen kann, werden allerdings auf Maßnahmen zur Verknüpfung der vorhandenen einzelstaatlichen Netze beschränkt. Diese Aktivitäten der Gemeinschaft sollen "im Rahmen eines Systems offener und wettbewerbsorientierter Märkte" durchgeführt werden, was insbesondere dann von Bedeutung ist, wenn die Netze nicht von öffentlichen Institutionen in den Mitgliedsländern bereitgestellt werden und Unternehmen die Investitionsentscheidungen autonom treffen. Für interventionistische Maßnahmen der Gemeinschaft bieten die Regelungen des Titel XV EGV also keine rechtliche Grundlage.

Art. 155 EGV (Leitlinien, Aktionen, finanzielle Unterstützung, Kohäsionsfonds)

In Art. 155 EGV werden die Maßnahmen genannt, die die Gemeinschaft ergreifen soll, um die in Art. 154 EGV beschriebenen Ziele zu erreichen:

- Die Gemeinschaft stellt für die verschiedenen Infrastrukturbereiche Leitlinien auf. Aus diesen Leitlinien ergeben sich keine direkten Verpflichtungen, sie haben jedoch eine "irgendwie geartete *politische* [Hervorhebung im Original] Verbindlichkeit"[26]. Die Gemeinschaft selbst sieht darin ein Dokument, das als Orientierungsschema dient und dessen Zweck es ist, Maßnahmen der Mitgliedstaaten oder (gegebenenfalls) der Gemeinschaft zu fördern, die Teile des ausgewiesenen Netzes zum Gegenstand haben und durch die die Kohärenz und Kompatibilität des Netzes gesichert wird. Finanzielle Verpflichtungen eines Mitgliedstaates oder der Gemeinschaft sind daraus nicht abzuleiten.[27]

  Von Bedeutung ist außerdem, wie sich die Leitlinien auf Netze auswirken, in denen private Unternehmen die Infrastruktur bereitstellen. Hier müssen die Mitgliedstaaten und die Gemeinschaft bei Aktivitäten im Rahmen des Titel XV EGV auf Maßnahmen, die gestaltend in den Wettbewerbsprozess eingreifen (interventionistische Maßnahmen), grundsätzlich verzichten. Dies ergibt sich aus Art. 2 EGV in Verbindung mit Art. 154 Abs. 2 Satz 1 EGV. Die Kommission hat dies in ihre Vorschläge für die Aufstellung von Leitlinien in den Bereichen Telekommunikation und Energieversorgung berücksichtigt und definiert ihre Rolle z.B. im Bereich der Telekommunikation als "Katalysator": Sie will wettbewerbliche Prozesse beschleunigen, indem sie die Nachfrage nach entsprechenden Dienstleistungen fördert und dadurch private Investoren attrahiert.[28]

---

[26] RAMBOW(1994), S. 861.

[27] Vgl. z.B. Entscheidung 93/629/EWG des Rates vom 29. 10.1993 zur Schaffung eines transeuropäischen Straßennetzes (ABl. L 305 vom 10.12.1993), Art. 3.

[28] Vgl. KOM(1995)224 endg. vom 7.6.1995 (ABl. C 302 vom 14.11.1995): Vorschlag für eine Entscheidung des Europäischen Parlaments und des Rates über Leitlinien für transeuropäische Telekommunikationsnetze.

Im Einzelnen sollen in den Leitlinien die Ziele, die Prioritäten und in ihren Grundzüge die in Betracht gezogenen Aktionen für den jeweiligen Infrastrukturbereich ausgewiesen werden. In diesem Zusammenhang werden auch "Vorhaben von gemeinsamem Interesse" benannt. Der Vertragstext konkretisiert dies nicht weiter; es handelt sich offenbar aber um solche Vorhaben, die Mängel der bestehenden Infrastruktur überwinden helfen und so zur Entwicklung der TEN beitragen können.

- Die Gemeinschaft führt Aktionen durch, die notwendig sind, um die Interoperabilität der Netze zu gewährleisten und dadurch den allgemeinen Zugang zu den Netzen in der Gemeinschaft zu ermöglichen. Die Maßnahmen haben ausschließlich die technischen Voraussetzungen für den Netzzugang zum Gegenstand, die durch Harmonisierung der technischen Normen erreicht werden sollen. Anderweitige Zugangsregeln, z.B. für die Netznutzung und das Erheben von Gebühren, können auf der Grundlage dieses Artikels nicht beschlossen werden.

  Für die Netze, die durch private Unternehmen bereitgestellt und betrieben werden (also insbesondere im Telekommunikations- und Energieversorgungsbereich), bilden jedoch Art. 82 EGV (Missbrauch einer marktbeherrschenden Stellung) und Art. 86 EGV (Öffentliche und Monopolunternehmen) eine ausreichende rechtliche Grundlage für Maßnahmen der Gemeinschaft, um Netze für den Wettbewerb dritter Unternehmen zu öffnen.[29]

- Im dritten Anstrich des Art. 155 Abs. 1 EGV wird die Gemeinschaft ermächtigt, die finanziellen Anstrengungen der Mitgliedstaaten zu unterstützen, mit denen sie die in Art. 154 Abs. 2 EGV genannten Ziele erreichen wollen. Dabei kann sie jedoch nur solche Vorhaben fördern, die nach Art. 155 Abs. 1 Anstrich 1 EGV als "Vorhaben von besonderem Interesse" ausgewiesen wurden. Als Form der Unterstützung sieht der EGV Durchführbarkeitsstudien, Anleihebürgschaften und Zinszuschüsse vor, wobei die im Vertrag gewählte Formulierung darauf hindeutet, dass dies keine abschließende Aufzählung der Instrumente ist. Außerdem kann die

---

[29] Vgl. BASEDOW(1997), S. 121ff.

Gemeinschaft aus dem Kohäsionsfonds (Art. 161 EGV) finanzielle Beiträge zu Verkehrsinfrastrukturvorhaben leisten.

Von Bedeutung ist die Verpflichtung der Gemeinschaft auf das Subsidiaritätsprinzip;[30] der EGV erlaubt hier also nur eine Unterstützung, die die Finanzierung durch die Mitgliedstaaten nicht ersetzen darf.

Für alle von der Gemeinschaft durchgeführten Maßnahmen fordert der Vertragstext die Berücksichtigung der "wirtschaftlichen Lebensfähigkeit" des Vorhabens. Aus ökonomischer Sicht ist diese Forderung problematisch, da in vielen Infrastrukturbereichen öffentliches Engagement gerade deshalb gefordert wird, weil diese Netze Bedingungen aufweisen bzw. unter Bedingungen erstellt werden, die eine privatwirtschaftliche Bereitstellung nicht zustande kommen lassen.[31] Daher wird diese Formulierung dahingehend interpretiert, dass sie in den Fällen, in denen private Unternehmen die Infrastrukturnetze bereitstellen und betreiben, die Aktivitäten der Gemeinschaft einschränken soll: Die EU soll nicht - z.B. aus regionalpolitischen Gründen - den Ausbau von Infrastrukturnetzen fördern und dadurch Kapazitäten schaffen, für die die Nachfrage nicht ausreicht, die den Betrieb durch private Unternehmen zulassen würde.[32]

Standen bei den bisher diskutierten Regelungen die Aktivitäten der Gemeinschaft im Vordergrund, sieht Abs. 2 des Art. 155 EGV die Koordinierung der einzelstaatlichen Politiken auf der Ebene der Mitgliedstaaten vor, die in Verbindung mit der Kommission durchgeführt werden soll. Die Kommission kann Initiativen ergreifen, die diese Koordinierung erleichtern. Diese Regelung ist auch im Hinblick auf das Subsidiaritätsprinzip interessant, weil dadurch auch eine grenzüberschreitende Maßnahme nicht zwangsläufig zu einer Aufgabe wird, die im Rahmen der Gemeinschaft unter Mitwirkung aller Mitgliedstaaten abgewickelt werden muss.[33]

In Art. 155 Abs. 3 EGV ist die Möglichkeit vorgesehen, die Gemeinschaft zu ermächtigen, zur Förderung von "Vorhaben von gemeinsamem Interesse" und zur

---

[30] Zum Subsidiaritätsprinzip vgl. auch Erster Teil II.C (S. 19ff.).

[31] Siehe hierzu die Diskussion der ökonomischen Implikationen im zweiten Teil dieser Arbeit.

[32] Vgl. RAMBOW(1994), S. 865f.

[33] Zu den ökonomischen Implikationen dieser Frage vgl. Zweiter Teil III (S. 118ff.).

Sicherung der Interoperabilität der Netze mit Ländern außerhalb der Gemeinschaft zusammenzuarbeiten.

Art. 156 EGV (Beschlussfassung)

In Art. 156 EGV schließlich ist das Verfahren niedergelegt, durch das es zu den dargestellten Aktivitäten kommt. Die Leitlinien und die sonstigen Maßnahmen nach Art. 155 Abs. 1 EGV (Förderung der Interoperabilität der Netze sowie Unterstützung finanzieller Anstrengungen der Mitgliedstaaten) werden vom Rat entsprechend dem Verfahren des Art. 251 EGV (Mitentscheidungsverfahren) und nach Anhörung des Wirtschafts- und Sozialausschusses sowie des Ausschusses der Regionen festgelegt.[34] Diese Aktivitäten sind daher keine Durchführungsmaßnahmen, für deren Gestaltung die Kommission ausreichende Kompetenzen hat, sondern erfordern ein Rechtsetzungsverfahren unter Beteiligung von Rat und Europäischem Parlament (EP). Da insbesondere das Aufstellen der Leitlinien und das Ausweisen von "Vorhaben von gemeinsamem Interesse" grundsätzliche Bedeutung haben und z.B. im Hinblick auf die finanzielle Unterstützung nach Art. 155 Abs. 1 EGV, dritter Anstrich, auch von erheblicher Tragweite sind, ist dieses Verfahren angemessen.[35]

Eine Besonderheit des Rechtsetzungsverfahrens im Falle der TEN ist die Bestimmung, dass zusätzlich zum gerade beschriebenen Verfahren die Leitlinien und "Vorhaben von gemeinsamem Interesse" der Billigung des betroffenen Mitgliedstaats oder - was den Regelfall darstellen dürfte - der betroffenen Mitgliedstaaten bedürfen. Dabei ist nicht die Zustimmung eines Regierungsvertreters des Mitgliedstaates bei der Abstimmung im Rat ausschlaggebend, sondern der Mitgliedstaat muss "als solcher seine Zustimmung erteilen"[36]. Ein Auseinanderfallen dieser Stimmen wäre z.B. denkbar, wenn neben den Vertretern der Zentralregierung eines Mitgliedstaates auch nachgeordnete Gebietskörperschaften an der Entscheidungsfindung innerhalb des Mitgliedstaates beteiligt sind. Dann könnte sich die Situation ergeben, dass der Vertreter der Zentralregierung im Rat einer

---

[34] Zu den Entscheidungsverfahren vgl. Erster Teil II.B (S. 18ff.).

[35] Vgl. RAMBOW(1994), S. 866.

[36] RAMBOW(1994), S. 866.

Leitlinie zwar zustimmt, auf der Ebene des Mitgliedstaates die Leitlinie jedoch abgelehnt würde. In diesem Fall könnte diese Leitlinie nicht rechtskräftig werden.

B. Die Rechtsetzungsverfahren in der Europäischen Union

Die Verfahren zur Rechtsetzung mit Hilfe von Verordnungen und Richtlinien (Art. 251 und Art. 252 EGV) gehen grundsätzlich von der Kommission aus. Sie macht einen Vorschlag, zu dem die anderen Organe, soweit sie zu beteiligen sind, eine Stellungnahme abgeben bzw. Änderungsvorschläge machen. Im Einzelnen sieht der EGV zwei Verfahren zur Rechtsetzung vor:

- das Mitentscheidungsverfahren (Kodezisionsverfahren, Art. 251 EGV) und
- das Zusammenarbeitsverfahren (Kooperationsverfahren, Art. 252 EGV).

Die Leitlinien und die "Vorhaben von gemeinsamem Interesse" sowie der übrigen Maßnahmen nach Art. 155 Abs. 1 EGV werden im Mitentscheidungsverfahren festgelegt. Dieses Verfahren wird durch einen Vorschlag der Kommission eingeleitet (Art. 251 Abs. 2 Satz 1 EGV), den diese dem Rat und dem EP unterbreitet.[37] Das EP nimmt zu diesem Vorschlag Stellung. Schlägt das EP in der Stellungnahme keine Änderungen vor oder billigt der Rat die Änderungen des EP, so kann er den vorgeschlagenen Rechtsakt erlassen. Der Rat legt ansonsten mit qualifizierter Mehrheit einen gemeinsamen Standpunkt fest, den er dem EP übermittelt. Der Rechtsakt wird erlassen, wenn das Parlament den Vorschlag billigt oder innerhalb von drei Monaten keine Stellungnahme abgibt. Lehnt das EP mit absoluter Mehrheit ab, ist der Vorschlag für einen Rechtsakt gescheitert. Das Parlament hat außerdem die Möglichkeit, mit absoluter Mehrheit Änderungsvorschläge zum gemeinsamen Standpunkt des Rates zu machen; die Kommission gibt eine Stellungnahme zu den Änderungen ab.

Der Rat kann die Abänderungen mit qualifizierter Mehrheit billigen, womit der Rechtsakt in der geänderten Form erlassen ist. Hatte sich die Kommission zu den Änderungen ablehnend geäußert, muss der Rat einstimmig über den Rechtsakt beschließen. Billigt der Rat nur einen Teil der Änderungen des Parlaments, so wird ein Vermittlungsausschuss einberufen. Dieser besteht aus den 15 Fachministern der Mitgliedstaaten, einer gleich großen Zahl von Vertretern des EP und

[37] Zum Mitentscheidungsverfahren nach Art. 251 EGV siehe auch das Schema in Anhang 2.

einem nicht stimmberechtigten Vertreter der Kommission. Kann sich der Ausschuss auf einen gemeinsamen Entwurf einigen, muss das EP diesen Entwurf mit absoluter und der Rat mit qualifizierter Mehrheit billigen; der Rechtsakt ist dann in dieser Form erlassen. Kommen diese Mehrheiten in einem der beiden Organe nicht zustande, ist der Rechtsakt gescheitert. Gleiches gilt, wenn sich der Vermittlungsausschuss nicht auf einen gemeinsamen Entwurf einigen kann.

Der entscheidende qualitative Unterschied dieses Verfahrens gegenüber dem Zusammenarbeitsverfahrens besteht in der Tatsache, dass beim Mitentscheidungsverfahren kein Rechtsakt gegen den Willen der Mehrheit des EP durchgesetzt werden kann. Folglich kann das Parlament Vorlagen der Kommission zu den Leitlinien oder anderen Maßnahmen zu Förderung des Auf- und Ausbaus der TEN letztinstanzlich ablehnen. Dies bedeutet einen erheblichen Einfluss des Parlaments in diesem Bereich, was vor dem Hintergrund der immer wieder erhobenen Forderung nach einer größeren demokratischen Fundierung der EU zu begrüßen ist. Allerdings wird auf die komplizierte Ausgestaltung des Verfahrens hingewiesen[38], die auch mit einem beträchtlichen zeitlichen Aufwand einhergeht.[39] Zusammenfassend kann die Anwendung des Mitentscheidungsverfahrens zur Festlegung der Leitlinien und der "Vorhaben von gemeinsamem Interesse" sowie der übrigen Maßnahmen nach Art. 155 Abs. 1 EGV als Ausdruck der stärkeren Einbindung des EP in wesentliche Aufgabenbereiche der EU interpretiert werden.

C. Die Kompetenzabgrenzung zwischen der Europäischen Union und den Mitgliedstaaten

Da der EGV keine Aufzählungen der durch die EU wahrzunehmenden Aufgaben enthält, sondern die Maßnahmen der EU an den im EGV genannten Zielen[40] orientiert sein sollen, ist die Kompetenzabgrenzung zwischen der EU und den Mitgliedstaaten im Bereich konkurrierender Kompetenzen unklar.[41] Hier soll das mit dem Vertragswerk von Maastricht in Art. 4 EGV explizit verankerte Subsi-

---

[38] Vgl. HETMEYER(1994), S. 1226.

[39] Zu den Fristen siehe Art. 251 EGV sowie die Darstellung in Anhang 2.

[40] Zu den Zielen des EGV siehe Erster Teil II.A.1 (S. 10f.).

[41] Vgl. hierzu LANGGUTH/LENZ(1994), S. 19ff.

diaritätsprinzip Hilfestellung geben und insbesondere verhindern, dass sich Zentralisierungstendenzen auf Gemeinschaftsebene verstärken.[42]

Das Subsidiaritätsprinzip fußt auf dem sozialphilosophischen Grundsatz, dass es "gegen die Gerechtigkeit" verstößt, wenn in einer Gesellschaft Aufgaben, die von den kleineren und untergeordneten Gemeinwesen bewältigt werden könnten, von übergeordneten Gemeinwesen wahrgenommen werden.[43] Dieses Prinzip kann u.a. auf Wurzeln im calvinistischen Kirchenrecht[44], in der liberalen Staatslehre[45] und der katholischen Soziallehre zurückgeführt werden.[46] Es sieht die Legitimität der Staatlichkeit nur dann als gegeben an, wenn sie subsidiär gestaltet ist. Das Subsidiaritätsprinzip dient der Sicherung der Freiheit des Einzelnen.[47] Diese Freiheit steht allerdings in unmittelbarer Verbindung mit einer solidarischen Grundeinstellung, die ihren Ausdruck in der Übernahme von Aufgaben durch das übergeordnete Gemeinwesen findet, wenn das untergeordnete Gemeinwesen zur Aufgabenerfüllung nicht in der Lage ist.[48] Freiheit und Solidarität sind damit zwei Seiten einer Medaille.

Mit Art. 4 EGV wurde das Subsidiaritätsprinzip explizit in das Europarecht eingeführt.[49] Es beschränkt in Art. 4 Satz 1 EGV die Kompetenzen der Gemeinschaft auf die in Art. 3 EGV festgeschriebenen Tätigkeiten, mit denen die in Art. 2 EGV genannten Ziele erreicht werden sollen. Hierdurch wird der Gemeinschaft eine "Allzuständigkeit" ausdrücklich abgesprochen.[50] Die Verpflichtung der Gemeinschaft auf Ziele, die sie durch bestimmte Tätigkeiten verfolgt, erlaubt also nicht den Umkehrschluss, dass alle Tätigkeiten zur Zielerreichung aus-

---

[42] Zu beachten ist, dass das Subsidiaritätsprinzip im EGV für alle Organe der Gemeinschaft gilt, wobei der Kommission aufgrund ihres Initiativrechts zwar eine besonderer Rolle zukommt, aber z.B. auch die Mitgliedstaaten, die über den Rat wesentlichen Einfluss auf die Politik der Gemeinschaft haben, diesem Prinzip verpflichtet sind. Vgl. SCHMIDHUBER(1993), S. 420.

[43] Vgl. ISENSEE(1968), S. 19.

[44] Vgl. SCHMIDHUBER(1993), S. 417.

[45] Vgl. ISENSEE(1968), S. 45.

[46] Vgl. BORRIES(1994), S. 265, ISENSEE(1968), S. 71f.

[47] Vgl. BORRIES(1994), S. 287.

[48] Vgl. ISENSEE(1968), S. 71.

[49] Ohne Nennung des Prinzips war es seit 1987 (Einheitlichen Europäischen Akte) ein Element der Regelung zum Umweltschutz im EWG-Vertrag (Art. 130r Abs. 4 EWGV). Vgl. BRUNNER(1993), S. 7.

[50] Vgl. BORRIES(1994), S. 267ff.

schließlich in der Zuständigkeit der Gemeinschaft liegen. Vielmehr unterscheidet der EGV die Kompetenzen in solche, die der Gemeinschaft ausschließlich zustehen, in denen die Mitgliedstaaten zum Handeln also nicht mehr befugt sind, und solche, bei denen eine nicht ausschließliche Zuständigkeit der Gemeinschaftsorgane besteht.

Zur Abgrenzung dieser Gemeinschaftskompetenzen gibt der EGV allerdings wenig Hilfestellung. Er enthält keine Aufzählung der ausschließlichen Kompetenzen, wie dies z.B. in Art. 73 des deutschen Grundgesetzes der Fall ist. Die Verpflichtung der Gemeinschaft auf bestimmte Ziele muss in den meisten Fällen nicht bedeuten, dass die Mitgliedstaaten in diesen Bereichen nicht ebenfalls zielorientiert und sachgerecht tätig werden können. Es besteht also erhebliche Unsicherheit darüber, was zu den ausschließlichen Kompetenzen der Gemeinschaft zu zählen ist. So sehen die Ministerpräsidenten der deutschen Bundesländer nur in der Handelspolitik eine Aufgabe, die der Gemeinschaft ausschließlich zusteht;[51] in Entscheidungen des EuGH werden die Handels- und die Zollpolitik und die Erhaltung der Fischereiressourcen genannt. Fällt es also schwer zu bestimmen, welche Bereiche in die ausschließliche Zuständigkeit fallen, so kann doch eindeutig gesagt werden, dass die Tätigkeiten, die in Art. 3 EGV durch Zusätze wie "Förderung" oder "Beitrag" ergänzt wurden, *nicht* ausschließliche Kompetenzen der Gemeinschaft sind.[52] Die nicht-ausschließliche Zuständigkeit kann bei den Tätigkeiten unterstellt werden, die weder eindeutig den EU-Organen noch den Mitgliedstaaten zugewiesen sind. Insgesamt ist beim derzeitigen Integrationsstand die nicht-ausschließliche Zuständigkeit die Regel.[53] In diesen Fällen soll das in Art. 4 Satz 2 EGV verankerte Subsidiaritätsprinzip Hilfestellung geben.

Für die Förderung des Auf- und Ausbaus der TEN liegt aufgrund der Formulierung im EGV eindeutig eine konkurrierende Kompetenz vor: In Art. 155 EGV heißt es, dass die Gemeinschaft zum Auf- und Ausbau der TEN beiträgt. Es bleibt also zu prüfen, inwieweit auf der Grundlage des Subsidiaritätsprinzips entschieden werden kann, welcher der z.B. in Deutschland nunmehr vier staatlichen

---

[51] Vgl. KONOW(1993), S. 408.

[52] Vgl. LANGGUTH/LENZ(1994), S. 16.

[53] Vgl. BORRIES(1994), S. 274.

Handlungsebenen (EU, Bund, Länder und Gemeinden) die Verantwortung für den Auf- und Ausbau zugeordnet werden soll, sofern Private diese Aufgabe nicht wahrnehmen können.[54]

Im Verhältnis zwischen Gemeinschaftsebene und Mitgliedstaaten besteht bei nicht-ausschließlicher Zuständigkeit der Gemeinschaftsebene nach verbreiteter Auffassung prinzipiell eine widerlegbare Zuständigkeitsvermutung zugunsten der Mitgliedstaaten[55]. Es stellt sich daher die Frage, in welchen Situationen die Gemeinschaftsorgane - trotz der Zuständigkeitsvermutung zugunsten der Mitgliedstaaten - tätig werden können. Hierfür wird in Art. 4 EGV eine doppelte Bedingung vorgegeben, nach der eine Verlagerung auf die Gemeinschaftsebene nur dann vorzunehmen ist,

- wenn die Ziele der Gemeinschaft auf der Ebene der Mitgliedstaaten nicht zufriedenstellend erreicht werden können (negative Abgrenzung) und
- wenn die Ziele auf Gemeinschaftsebene besser erreicht werden können (positive Abgrenzung).

Die Kommission hat diese Kriterien für die eigene Anwendung konkretisiert und bezeichnet sie als "komparativen Effizienztest" und als "Mehrwerttest".[56]

- Im Rahmen des komparativen Effizienztests will die Kommission prüfen, ob die Mitgliedstaaten über Mittel verfügen, um die Ziele des Vertrags zu erreichen. Unter Mitteln werden dabei neben den notwendigen Finanzen z.B. auch Gesetzgebung und Verhalten der Sozialpartner verstanden.[57] Das Fehlen entsprechender Mittel bedeutet nach allgemeiner Auffassung allerdings nicht, dass dadurch schon die Zuständigkeit der Gemeinschaftsebene gegeben ist. Vielmehr ist als nächster Schritt zu prüfen, ob Hilfeleistungen an die betroffenen Staaten diese in die Lage versetzen könnten, die

---

[54] Der EGV unterscheidet nur zwischen der "Gemeinschaftsebene" und der "Ebene der Mitgliedstaaten". Es bleibt Sache der Mitgliedstaaten, ihnen zugeordnete Aufgaben einer innerstaatlichen Ebene zuzuordnen. Zur "Ebene der Mitgliedstaaten" gehört darüber hinaus auch der "private" Bereich. Vgl. BORRIS(1994), S. 276.

[55] Vgl. BORRIES(1994), S. 277, SCHMIDHUBER(1993), S. 419.

[56] Vgl. SEK(1992)1990 endg. vom 27.10.1992: Mitteilung zum Subsidiaritätsprinzip, Schlussfolgerungen des Vorsitzes des Europäischen Rats, Tagung am 11. und 12.12.1992 in Edinburgh.

[57] Vgl. KONOW(1993), S. 409.

Ziele auf der Ebene der Mitgliedstaaten zu erreichen. Erst wenn sich zeigen sollte, dass auch dann ein zielführender Mitteleinsatz nicht möglich ist, kann die Zuständigkeit der Gemeinschaftsebene in Betracht kommen.

- Zusätzlich gilt jedoch nach Art. 4 EGV, dass Tätigkeiten erst dann auf Gemeinschaftsebene durchgeführt werden sollen, wenn die Ziele der Gemeinschaft auf dieser Ebene besser erreicht werden können als auf der Ebene der Mitgliedstaaten (Art. 4 Satz 2 EGV). Dies will die Kommission im sog. Mehrwerttest prüfen.[58] Eine Gemeinschaftskompetenz ist gerechtfertigt, wenn - einer ökonomischen Interpretation folgend - ein Überschuss der Nutzen einer Zentralisierung über die Kosten einer Zentralisierung festgestellt werden kann.

Das Vorliegen dieser Voraussetzungen muss bei den TEN - wie auch in allen anderen Fällen - bei jeder geplanten Maßnahme, für die die Gemeinschaft die Kompetenz an sich ziehen möchte, einzeln geprüft werden.[59]

Der dritte Satz des Art. 4 EGV geht über das Subsidiaritätsprinzip im engeren Sinne hinaus. Er legt fest, dass "Maßnahmen der Gemeinschaft [...] nicht über das für die Erreichung der Ziele dieses Vertrags erforderliche Maß" hinausgehen sollen, was als Ausdruck des Verhältnismäßigkeitsprinzips gewertet wird. Dieses Prinzip ist nicht wie Satz 2 auf die konkurrierenden Kompetenzen der Gemeinschaft beschränkt, sondern gilt für alle Handlungen der Gemeinschaft. Es verpflichtet deren Organe zu Handlungen, die die Betroffenen nur in einer dem angestrebten Ziel angemessenen Weise belasten.[60] Daher sollten Instrumente mit einer möglichst niedrigen Eingriffsintensität angewendet werden.

Über die in Art. 3 EGV genannten Tätigkeiten hinaus können der Gemeinschaft mit einstimmigem Beschluss des Rates auf der Grundlage des Art. 308 EGV zusätzliche Aufgaben übertragen werden, wenn dies notwendig erscheint, um die Ziele des Vertrags zu erreichen. In diesem Fall kann die Gemeinschaft also ausnahmsweise allein mit Bezug auf die Vertragsziele tätig werden; die vorgesehene

---

[58] Vgl. BORRIES(1994), S. 277.

[59] Die ökonomischen Implikationen werden im zweiten Teil dieser Arbeit untersucht.

[60] Vgl. BORRIES(1994), S. 269ff.

Tätigkeit braucht also nicht in Art. 3 EGV genannt sein.[61] Diese Bestimmung "für unvorhergesehene Fälle" ist Ausdruck des dynamischen Charakters der Gemeinschaft, die sich in einem Entwicklungsprozess befindet. Sie ermöglicht die Ausdehnung der Kompetenzen in den Fällen, in denen der Vertrag keine oder keine ausreichenden Ermächtigungen enthält, um die Vertragsziele zu erreichen. Dadurch besteht die Gefahr, dass Art. 308 EGV genutzt wird, um die Gemeinschaftskompetenzen zu Lasten der Mitgliedstaaten auch auf Bereiche auszudehnen,[62] die eine sinnvolle Aufgabenerfüllung auf zentraler Ebene nicht erwarten lassen. Allerdings bedeutet Art. 308 EGV nicht, dass der Gemeinschaft eine Kompetenzkompetenz zugewiesen wird und sie damit die Befugnisse ihrer Organe selbst bestimmen kann. Soweit die Mitgliedstaaten nicht zugunsten der Gemeinschaft darauf verzichtet haben, liegt die Kompetenzkompetenz weiterhin auf der Ebene der Mitgliedstaaten.[63]

III. Aufgaben im Bereitstellungsprozess von Infrastrukturnetzen

Die Bereitstellung großräumiger Infrastrukturnetze umfasst die Planung des Netzes, die Finanzierung sowie dessen Bau, Betrieb und Unterhalt. Um die ökonomischen Bedingungen für die Bereitstellung beurteilen zu können, ist es notwendig, die Infrastrukturnetze über ihren gesamten "Lebenszyklus" - also von der Planung über Bau und Nutzung bis zum Ende der Nutzung - zu betrachten, weil der Auf- und Ausbau von Infrastrukturnetzen durch die ökonomischen Implikatio-

---

[61] Vgl. BORRIES(1994), S. 267.

[62] Dem Versuch, diesen Artikel im Hinblick auf die Kompetenzen der Gemeinschaft zum Auf- und Ausbau der TEN weit auszulegen, trat das Europäische Parlament mit Unterstützung der Kommission schon erfolgreich entgegen. Der Europäische Gerichtshof gab 1996 dem EP in seiner Auffassung Recht, dass ein Programm im Bereich Telekommunikationsinfrastruktur (EDICOM) nicht auf Art. 308 EGV, sondern auf Art. 156 EGV gestützt werden muss. Vgl. Entscheidung des EuGH im Fall C-271/94 ('Edicom'-Urteil) sowie KOM(1996)645 endg. vom 6.12.1996: Transeuropäische Netze. Jahresbericht 1996, S. 9f. In einem weiteren Verfahren, bei dem es um die rechtliche Grundlage für das Programm TEN-IDA (transeuropäisches Netz zum Austausch von Informationen zwischen Verwaltungen) ging, bekräftigt der EuGH diese Auffassung. Vgl. Entscheidung des EuGH im Fall C-22/96 (28.5.1998) sowie Dritter Teil III.C (S. 271ff.). Das Engagement des Europäischen Parlaments ist vor dem Hintergrund verständlich, dass es für Maßnahmen nach Art. 156 EGV besonders weitgehende Mitwirkungsrechte hat (Mitentscheidungsverfahren).

[63] SCHOLZ sieht im Umfang der übertragenen Kompetenzen und in deren Dynamik eine Tendenz zur Kompetenzkompetenz. Vgl. SCHOLZ(1994), S. 418ff. Dies wohl auch deshalb, weil in Feldern, in denen die EU Recht gesetzt hat, die Mitgliedstaaten nicht mehr agieren dürfen.

nen bei Betrieb und Unterhalt des Netzes nicht unerheblich beeinflusst werden. Um jedoch die Komplexität auf ein handhabbares Maß zu reduzieren, wird der Bereitstellungsprozeß großräumiger Infrastrukturnetze in den weiteren Ausführungen in drei Aufgabenbereiche untergliedert: Netzverantwortung, Finanzierung und Vollzug.[64] Diesen drei Aufgabenbereichen können einzelne Aufgaben im Bereitstellungsprozeß zugeordnet werden:

- Netzverantwortung (Strategische Netzplanung, Trassenabschnittsplanung, Kontroll- und Sanktionierungsfunktion innerhalb des Netzes [Standards, Kompatibilität]),
- Finanzierung (Beschaffung finanzieller Mittel vor der Bereitstellung, Erhaltung des finanziellen Gleichgewichts),
- Vollzug (Ausführungsplanung, Bau, Betrieb, Unterhalt).

Im Regelfall sind diese Aufgaben beim Auf- und Ausbau großräumiger Infrastrukturnetze auf eine größere Zahl von Aufgabenträgern verteilt. Um auch dann

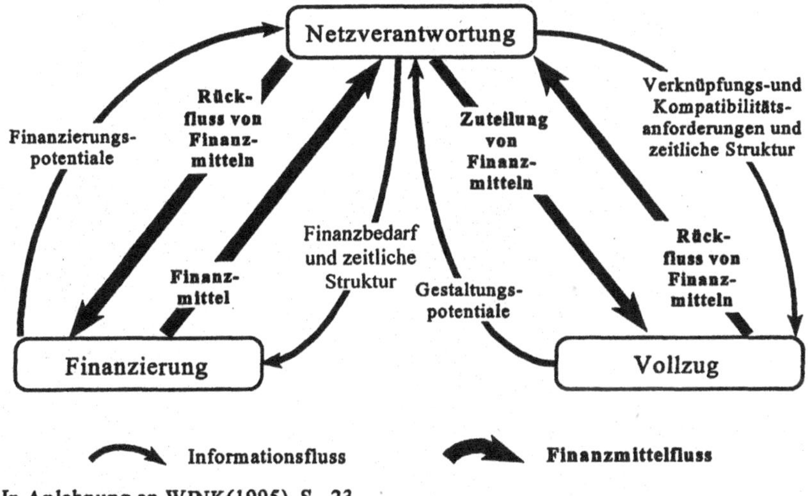

Abb. 2: Aufgaben im Bereitstellungsprozess mit Informations- und Finanzmittelströmen

---

[64] Vgl. WINK(1995), S. 23, TOMAS(1997), S. 124ff.

die Bereitstellung durchführen zu können, müssen zwischen den Aufgabenträgern Informationen ausgetauscht werden. Auch die Finanzmittel, die durch den Aufgabenbereich "Finanzierung" beschafft werden, müssen den für Planung und Durchführung Verantwortlichen zugeleitet werden. Daraus ergeben sich charakteristische Informationsflüsse und Finanzmittelströme (siehe Abb. 2).

Im Weiteren wird sich das Hauptaugenmerk auf die Netzverantwortung und die Finanzierung richten. Dabei wird sich die Diskussion in den ersten Kapiteln des folgenden zweiten Teils der Arbeit mit der Frage beschäftigen, ob die Netzverantwortung in privaten Händen liegen kann oder ob Gründe bestehen, diese durch eine öffentliche Institution wahrnehmen zu lassen. In engem Zusammenhang hiermit steht die Frage, durch wen und in welcher Form die Infrastrukturnetze finanziert werden sollen. Hierzu muss die Risikostruktur und -verteilung zwischen den Aufgabenträgern untersucht werden; ihre Gestaltung kann den Bereitstellungsprozess wesentlich beeinflussen.

Zweiter Teil: Ökonomische Grundlagen

I. Überblick

Bevor die Aktivitäten der EU zum Auf- und Ausbau der TEN im Einzelnen untersucht werden können, müssen die ökonomischen Grundlagen für diese Analyse gelegt werden. Dies ist notwendig, weil sich großräumige Infrastrukturnetze - und damit auch die TEN - wegen ihrer spezifischen Eigenschaften von anderen Investitionsgütern erheblich unterscheiden. Dies hat folglich Auswirkungen auf die ökonomischen Bedingungen, unter denen diese Güter bereitgestellt und genutzt werden. Dabei kann zwischen privater und staatlicher Bereitstellung von Gütern und Dienstleistungen und bei staatlichem Angebot zwischen zentraler und dezentraler Bereitstellung unterschieden werden. Im Zusammenhang mit der ersten Frage ist zu entscheiden, ob es ökonomische Gründe gibt, eine bestimmte Aufgabe aus der Verantwortung der Privaten herauszulösen und dadurch auf die wettbewerbliche Selbststeuerung zu verzichten. Hinsichtlich des zweiten Aspekts ist - bezogen auf die hier untersuchte Fragestellung - zu untersuchen, ob das öffentliche Angebot auf nationaler Ebene oder auf Gemeinschaftsebene verantwortet werden soll. Schließlich ist zu klären, in welcher Form die Finanzierung der Infrastrukturinvestitionen zu erreichen ist. Auch hierbei müssen die Eigenschaften der Infrastrukturnetze und die sich daraus ergebenden Bedingungen für die Infrastrukturfinanzierung berücksichtigt werden.

II. Abgrenzung der staatlichen Verantwortung für die Bereitstellung von Infrastrukturnetzen

A. Einleitung

In einer Marktwirtschaft müssen die öffentlichen von den privaten Aufgaben unter dem ordnungspolitischen Primat der wettbewerblichen Selbststeuerung abgegrenzt werden. Der Marktmechanismus soll so weit wie möglich zum Einsatz kommen, der Staat (im Sinne staatlicher Eingriffe in den Wirtschaftsprozess) nur so weit wie nötig. In einem demokratischen Staatswesen muss das gewählte Verfahren mehrheitsfähig sein.[65]

---

[65] Vgl. BLANKART(1994), S. 73f.

Prinzipiell ist der Auf- und Ausbau großräumiger Infrastrukturen aus gesamtwirtschaftlicher Sicht immer dann geboten, wenn die volkswirtschaftlichen Kosten unter dem volkswirtschaftlichen Nutzen liegen.[66]

Es muss geprüft werden, ob die TEN unter den gegebenen institutionellen Rahmenbedingungen Eigenschaften aufweisen, die einen aus volkswirtschaftlicher Sicht optimalen Umfang der Bereitstellung von Infrastrukturleistungen unter wettbewerblichen Bedingungen verhindern. Sollten die Überlegungen zu dem Ergebnis kommen, dass im Wettbewerb die in Quantität und Qualität volkswirtschaftlich optimalen Netze nicht zustande kommen, darf daraus aber nicht automatisch die Forderung nach öffentlicher Bereitstellung abgeleitet werden. Die geltenden Rahmenbedingungen könnten die Ursache für das Versagen der wettbewerblichen Selbststeuerung sein, so dass durch alternative institutionelle Arrangements diese Probleme nicht auftreten würden.[67] Die Berücksichtigung der Rahmenbedingungen ist auch deshalb geboten, weil in allen durch die TEN betroffenen Bereichen Änderungen der Rahmenbedingungen vorangetrieben werden, die eine Stärkung wettbewerblicher Strukturen zum Ziel haben.[68]

Die Analyse folgt im Hinblick auf die wirtschafts- und finanzpolitischen Ziele der bewährten Gliederung Musgraves, der das Allokationsziel, das Distributionsziel und das Stabilisierungsziel unterschieden hat. Wirtschaftspolitische Aktivitäten im Hinblick auf das Allokationsziel sollen der Annäherung an die optimale Produktionsstruktur sowie der Nachfragestruktur der Individuen dienen, die durch Marktunvollkommenheiten behindert wird. Im Rahmen des Distributionsziels soll eine politisch definierte Verteilung von Einkommen und Vermögen erreicht werden. Beim Stabilisierungsziel geht es um die Auslastung des Produktionspotentials sowie dessen angemessenem Wachstum.

Im weiteren sollen die für großräumige Infrastrukturnetze charakteristischen Merkmale dargestellt werden, um dann aus ökonomischer Sicht die Auswirkungen analysieren zu können, die diese Eigenschaften auf die Bereitstellung von Infrastrukturnetzen im Allgemeinen haben. Die Spezifika der Verkehrs-,

---

66 Vgl. BLANKART/KNIEPS(1992), S. 73.

67 Dieses Vorgehen folgt dem *Comparative Institution Approach*. Vgl. EICKHOF(1986), S. 471.

68 Hier müssen jedoch die speziellen Bedingungen bei den jeweiligen Netzen berücksichtigt werden, so dass diese Diskussion im dritten Teil dieser Arbeit vertieft wird.

Telekommunikations- und Energieversorgungsinfrastruktur werden darauf aufbauend im dritten Teil dieser Arbeit im Einzelnen betrachtet.

B. Merkmale von Infrastrukturnetzen

Die Ausführungen zu den Begriffen "Netzen" und "Infrastruktur" haben die Schwierigkeiten gezeigt, die beim Versuch einer präzisen Definition dieser Begriffe auftreten, so dass für diese Arbeit eine problemorientierte Abgrenzung zugrunde gelegt wurde:[69]

- Netze werden als ein System aus Objekten ("Knoten") und Verknüpfungen im Raum definiert, dessen Zweck es ist, die Integration räumlich getrennter Orte zu wechselseitig verbundenen Einheiten zu ermöglichen und so die Behinderung des Austauschs von Gütern und Dienstleistungen durch räumliche Diskrepanzen zu reduzieren.
- Der Infrastrukturcharakter der hier behandelten Netze kommt in ihrer Basisfunktion für das Funktionieren eines ökonomischen Systems zum Ausdruck.[70]

In einer Vielzahl von Veröffentlichungen[71] wurden zahlreiche Charakteristika von Infrastrukturnetzen herausgearbeitet, ohne allerdings Übereinstimmung hinsichtlich eindeutig identifizierender Attribute zu finden. Es können jedoch einige Eigenschaften beschrieben werden, die für Infrastrukturnetze typisch sind, aber nicht bei jeder Netzinfrastruktur auftreten. Sie helfen dennoch bei der Analyse der ökonomischen Besonderheiten von Infrastrukturnetze, denn es handelt sich um Eigenschaften, die nicht auf politisch oder wirtschaftspolitisch beeinflussbare Rahmenbedingungen zurückgeführt werden können.[72] Es sind vielmehr Aspekte,

---

69 Vgl. Erster Teil I (S. 5ff.).

70 Es wird hier also wirtschaftsnahe Infrastruktur betrachtet; die Infrastrukturleistungen gehen in den Produktionsprozess ein.

71 Vgl. z.B. STOHLER(1965), S. 281ff., TUCHTFELD(1970), S. 128ff., FREY(1978), S. 200ff., FREY(1979), S. 17ff., NOWOTNY(1991), S. 138ff., BLANKART/KNIEPS(1992), S. 74ff. sowie die dort angegebene Literatur.

72 Dies gilt beispielsweise nicht für die Nicht-Ausschließbarkeit, die oft als Eigenschaft von Infrastrukturnetzen genannt wird. Durch wirtschaftspolitische Rahmensetzung bzw. Eingriffe in den Wirtschaftsprozess kann in der Regel jedoch die Durchsetzung des Ausschlussprinzips erreicht werden. Vgl. hierzu die Ausführungen in Zweiter Teil II.C.4 (S. 56ff.).

die durch die technischen Bedingungen der Bereitstellung von Infrastrukturnetzen bestimmt werden:

- Unteilbarkeiten,
- Bündelungsvorteile,
- Systemeffekte,
- langer Ausreifungs- und Nutzungszeitraum,
- Immobilität,
- Irreversibilität.

Unteilbarkeiten

Bei den in dieser Arbeit untersuchten Netzen, die der Raumüberwindung dienen, erfüllt ein Netzteil seinen Zweck durch die Verbindung zweier Knoten mit Interaktionspotential. Hieraus ergibt sich, dass die Bereitstellung eines Netzteils nur dann sinnvoll ist, wenn zumindest eine Verbindung zwischen zwei Knoten mit Interaktionspotential hergestellt werden kann. Die Netzinfrastruktur kann daher nicht in beliebiger Stückelung auf- und ausgebaut werden. Die technischen Bedingungen des Auf- und Ausbaus solcher Netze erlauben es darüber hinaus meist auch nicht, die Kapazität der Verbindungen in beliebig kleinen Schritten zu erhöhen. Neben Unteilbarkeiten im Bereich der Wegeinfrastruktur treten Unteilbarkeiten auch bei den Leit- und Managementsystemen auf, die hier ebenfalls zur Netzinfrastruktur gezählt werden.[73] Dabei geht es um Unteilbarkeiten hinsichtlich der Verfahren, mit denen die Infrastrukturleistung nutzbar gemacht wird. Dabei ist unmittelbar einsichtig, dass die Flug- oder Zugüberwachung nicht teilbar ist; jedes Flugzeug oder jeder Zug darf in einem eindeutig abgegrenzten Gebiet nur von einer Institution geführt und überwacht werden. Netzinfrastrukturen sind daher zweifellos in mehrfacher Weise durch ausgeprägte Unteilbarkeit charakterisiert.[74]

Dies hat z.B. zur Folge, dass Projekte zum Auf- und Ausbau von Netzinfrastrukturen oft einen beträchtlichen Umfang haben, was die Komplexität der Planung, Durchführung und Kontrolle erhöht. Dadurch nimmt das Risiko zu, die Bereit-

---

[73] Vgl. Erster Teil I (S. 5ff.).

[74] Vgl. FRITSCH u.a.(1993), S. 123f., WELFENS/GRAACK(1996), S. 53f., PFÄHLER u.a.(1995), S. 139, KNIEPS(1996a), S. 189f.

stellung des Infrastrukturgutes nicht im geplanten Rahmen (Ziel, Kosten, Termin) zu verwirklichen. Dies gilt insbesondere dann, wenn technisches Neuland beschritten wird.[75] Wegen des nicht-kontinuierlichen Auf- und Ausbaus ist es kennzeichnend für Infrastrukturnetze, dass sich Phasen mit Infrastrukturüberangebot und Zeiträume mit Infrastrukturengpässen abwechseln.[76]

Bündelungsvorteile

Für Transportnetze sind - diese Eigenschaft steht mit dem Problem der Unteilbarkeiten in Verbindung - Bündelungsvorteile charakteristisch. Sie beeinflussen den Aufwand für die Bereitstellung von Netzen wesentlich:

- Bei einzelnen Strecken wirkt sich aus, dass die Erhöhung der Kapazität einer Strecke nur eine unterproportionale Erhöhung des Aufwands zur Folge hat. Dies lässt sich technisch z.B. bei Rohrleitungen auf die Tatsache zurückführen, dass bei Vergrößerung des Durchmessers eines Rohrs dessen Volumen und damit die Kapazität schneller steigt als der Umfang des Rohrs, der die Kosten bestimmt (Bündelungsvorteil im engeren Sinne). Dieser Zusammenhang lässt sich auch bei anderen Transportnetzen beobachten.

- Bei der Vernetzung mehrerer Netzteilnehmer durch verschiedene Teilstrecken entsteht auf der Grundlage dieses Effekts ein weiterer Bündelungsvorteil durch sog. Dichteeffekte. Werden Netzteilnehmer verbunden, die sich in räumlicher Nähe zueinander befinden, kann eine Verbindung hoher Kapazität verwendet werden, um eine große Zahl von Teilnehmern zu versorgen, was geringere Kosten verursacht, als die gleiche Zahl von räumlich weit auseinander liegenden Teilnehmern mit vielen Verbindungen niedriger Kapazität anzuschließen. Mit zunehmender räumlicher Dichte der zukünftigen Teilnehmer sinkt der Aufwand zum Anschluss an das Netz.[77] Es kann sogar sinnvoll sein, zur Anbindung mehrerer Knoten eine Strecke mit größerer Kapazität bis zu einem zusätzlich zu errichtenden Verteilknoten aufzubauen und von dort aus die Knoten über weitere Teilstrecken

---

[75] Vgl. ROUNDTABLE OF EUROPEAN INDUSTRIALISTS(1984), S. 6f.

[76] Vgl. PFÄHLER u.a.(1995), S. 139. Vgl. hierzu auch Zweiter Teil II.D.2 (S. 89ff.).

[77] Vgl. BLANKART/KNIEPS(1994), S. 241f.

anzubinden. In Abb. 3 ist dieser Zusammenhang schematisch dargestellt: Die nahe zusammen liegenden drei Knoten im oberen und die vier Knoten im unteren Teil der Abbildung können - bei den Unteilbarkeiten, die bei der Raumüberwindung dienenden Netzen zu beobachten sind - mit geringerem Aufwand verbunden werden, wenn statt eines Netzes mit Verbindungen zwischen allen Knoten (vgl. Abb. 3a) ein Netz geschaffen wird, in dem der Netzverkehr in einem Knoten gebündelt und über eine Verbindung höherer Kapazität weitergeleitet wird. Dies kann sogar den Aufbau zusätzlicher Knoten in den "Verdichtungsgebieten" rechtfertigen (graue Knoten in Abb. 3b).

- Ein dritter Bündelungsvorteil kommt zum Tragen, wenn die Nutzer die Intensität der Netznutzung variieren können. Bei stochastischer Nachfrage nach den Netzleistungen entstehen mit zunehmender Teilnehmerzahl Durchmischungseffekte: Dem Gesetz der großen Zahl folgend gleichen sich die Abweichungen von der durchschnittlichen Nachfrage tendenziell aus. Mit zunehmender Nutzerzahl kann dadurch beispielsweise die Reservekapazität eines Netzes im Verhältnis zur Gesamtkapazität sinken.

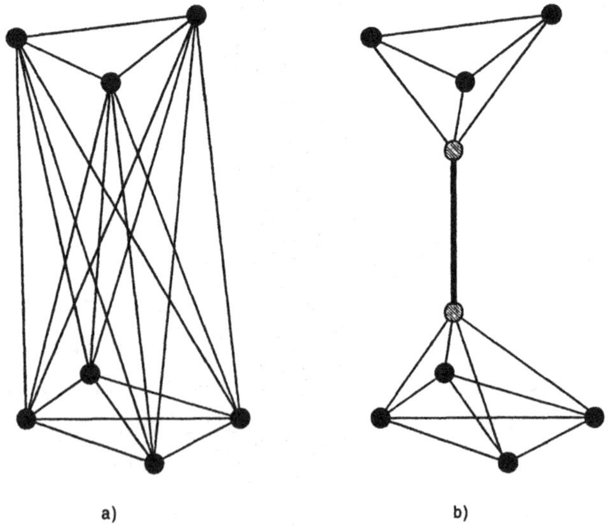

Abb. 3: Bündelungsvorteile durch Dichteeffekte

Systemeffekte

Das Gut "Raumüberwindung" entsteht in der Regel nicht, indem ein homogenes Investitionsgut verwendet wird, sondern als Ergebnis des Zusammenspiels vieler Komponenten, die von unterschiedlichen Wirtschaftssubjekten kontrolliert werden. Das Zusammenwirken der Komponenten löst Systemeffekte aus:

- Zum einen stehen die Teilsysteme innerhalb einer Netzinfrastruktur in einer komplementären Beziehung zueinander. Die Verbindung zwischen zwei Punkten in einem Netz kommt nur dann zustande, wenn die Netzteile so gestaltet sind, dass sie zusammen die Raumüberwindung realisieren. Um die Komplementarität dieser Netzteile zu gewährleisten, muss die Zusammenarbeit der Netzkomponenten technisch möglich sein. Dies kann *ex ante* durch die gemeinsame Verwendung von Standards erreicht werden. *Ex post* wird die Zusammenarbeit unterschiedlicher Netzkomponenten durch Netzbrücken möglich, so dass Verfahren der Raumüberwindung, die sich technisch unterscheiden, für einen Transportvorgang verwendet werden können (z.B. durch Umladen von Gütern von der Straße auf die Bahn in Umschlag-Einrichtungen).[78]
- Zum anderen kommt der Systemeffekt aber auch dadurch zustande, dass die Raumüberwindung in vielen Netzen erst durch den Einsatz komplementärer Güter vonstatten gehen kann, die als Traktionsmittel bezeichnet werden können (z.B. Kraftfahrzeuge bei Straßen, das "rollende Material" bei Schienen[79]).

Die Systemeffekte auslösenden Güter (Netzgüter[80]) unterscheiden sich folglich wesentlich von den Gütern, die üblicherweise Gegenstand ökonomischer Analysen sind (Singulärgüter). Letztere sind dadurch gekennzeichnet, dass sie einen

---

[78] Vgl. DAVID(1992), S. 104.

[79] Siehe hierzu im Einzelnen die Ausführungen im dritten Teil der Arbeit.

[80] Vgl. WEIBER(1992), S. 15ff. WEIBER unterscheidet (abweichend von der hier verwendeten Terminologie) Netzeffekt- und Systemgüter. Während Netzeffektgüter neben einem originären Nutzen einen zusätzlichen Nutzen abgeben, wenn andere Wirtschaftssubjekte ebenfalls dieses Gut nutzen, entfalten Systemgüter einen Nutzen nur im interaktiven Einsatz mit anderen Systemgütern unter Verwendung der Systemtechnologie. Beiden Begriffen liegt jedoch die Tatsache zugrunde, dass der Gesamtnutzen bestimmter Güter durch die Verknüpfung mit anderen gleichartigen oder in einem Systemzusammenhang stehenden Gütern beeinflusst wird.

originären Nutzen für den Käufer haben, der weitgehend unabhängig ist von dem Verbreitungsgrad, den das Gut hat. Netzgüter entfalten demgegenüber ihren Nutzen durch Integration mit anderen Gütern, so dass bei diesen von der Betrachtung einzelner Güter abgerückt werden muss zugunsten einer Analyse, die die Systemzusammenhänge berücksichtigt.[81] Die ökonomischen Auswirkungen dieser Systemeffekte werden im zweiten Teil dieser Arbeit behandelt.

Ein Beispiel soll die bisher beschriebenen Merkmale von Netzen verdeutlichen: Unterstellt man die Situation, dass A, B, C, D, E, F Punkte mit Transaktionspotential mit jedem anderen Punkt sind (z.B. Güterproduzenten und -konsumenten, Teilnehmer in einem Telekommunikationsnetz), so kann dieses Potential mit einem Netz befriedigt werden, das von jedem Punkt eine Verbindung mit jedem anderen Punkt aufbaut, so dass mit Hilfe von $k = \frac{n(n-1)}{2}$ Verbindungen n Punkte verbunden werden. In diesem Beispiel würde das Netz also k = 15 Strecken aufweist (siehe Abb. 4a).[82]

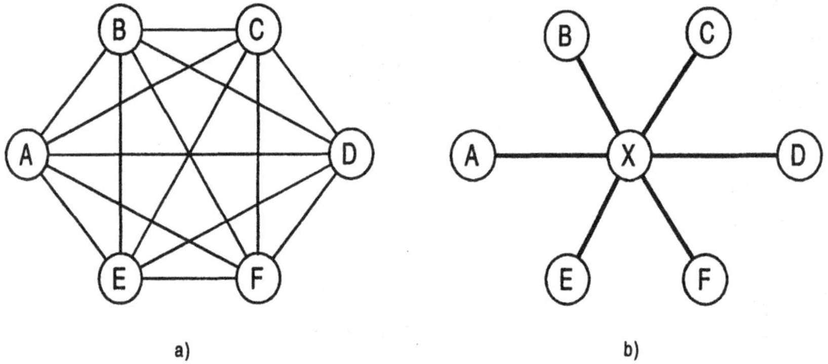

Abb. 4: Netztopologien

Das Transaktionspotential könnte aber auch durch ein Netz befriedigt werden, das die in Abb. 4b dargestellte Topologie aufweist. Das Netz hat nur 6 Teilstrecken, zusätzlich aber einen Punkt X (z.B. ein Autobahnkreuz, eine Vermittlungsstelle in einem Telekommunikationsnetz), der die Teilstrecken verknüpft. Da die Trans-

---

[81] Zu den ökonomischen Auswirkungen solcher Systemeffekte vgl. insbesondere Zweiter Teil II.C.4.c (S. 64ff.).

[82] Vgl. WIELAND(1988), S. 209f.

aktionen eines jeden Punktes mit allen anderen Punkten nur über eine Teilstrecke abgewickelt werden, muss jede dieser Strecken nun eine höhere Kapazität aufweisen. Werden die bei Transportnetzen zu beobachtenden Bündelungsvorteile unterstellt, kann die durch fünf einzelne Teilstrecken geschaffene Kapazität jedoch durch eine einzelne Strecke mit geringerem Aufwand bereitgestellt werden. Geht man weiter davon aus, dass diese Ersparnis nicht durch den Aufbau des Punktes X, der die Bündelung erst ermöglicht, überkompensiert wird, kann das Sternnetz in Abb. 4b mit geringerem Aufwand erstellt werden als ein Netz mit der Topologie in Abb. 4a. Die in Abb. 4b dargestellte Topologie hat allerdings zur Folge, dass z.B. die Verbindung BE nicht mehr direkt, sondern über X durch die komplementären Verbindungen BX und XE hergestellt wird. Die Formen der Raumüberwindung auf den Teilstrecken BX und XE müssen entweder kompatibel sein oder es muss im Knoten X eine Anpassung mit Hilfe einer Netzbrücke (Umladen, Anpassen von Übertragungsprotokollen usw.) durchgeführt werden.

Langer Ausreifungs- und Nutzungszeitraum

Sowohl der Auf- und Ausbau als auch die Nutzung von Infrastrukturen zeichnen sich oft durch einen sehr langen Ausreifungs- und Nutzungszeitraum aus.[83] Der Auf- und Ausbau solcher Infrastrukturen erfordert also wegen des oben schon dargestellten Umfangs solcher Projekte einen längeren Zeitraum.[84] Für die hier behandelten Infrastrukturen ist insbesondere aber auch deren lange Nutzungsspanne charakteristisch. Zu beachten ist allerdings, dass die physische Lebensdauer zwar in der Regel lang ist, durch Veränderungen im Wirtschaftsprozess (z.B. technischer Fortschritt oder Verkehrsstromverlagerungen) die Nutzungsspanne aber bedeutend kürzer sein kann als die physische Lebensdauer der Infrastruktur.[85]

Immobilität und Irreversibilität

Für Infrastrukturnetze ist weiterhin ihre Immobilität kennzeichnend: Materielle Infrastrukturen sind meistens standortgebunden.[86] Damit im Zusammenhang steht

---

[83] Vgl. TUCHTFELDT(1970), S. 129.

[84] Vgl. ROUNDTABLE OF EUROPEAN INDUSTRIALISTS(1984), S. 6f.

[85] Vgl. hierzu z.B. FREY(1972), S. 27.

[86] Vgl. JOCHIMSEN(1966), S. 105, HEINSCH(1986), S. 18f.

die Irreversibilität von Infrastrukturen: Sie sind für eine bestimmte Nutzung vorgesehen, eine Verwendung in einem anderen Bereich ist - wenn überhaupt - oft nur mit erheblichen Produktivitäts- bzw. Wertverlusten möglich.[87]

C. Allokationspolitische Gründe für eine öffentliche Bereitstellung von großräumigen Infrastrukturnetzen

1. Problemstellung

Die spezifischen Eigenschaften von Infrastrukturnetzen haben Auswirkungen auf die ökonomischen Bedingungen für den Auf- und Ausbau und die Nutzung dieser Netze. Es muss untersucht werden, ob die Marktallokation dadurch so weit behindert wird, dass Eingriffe öffentlicher Institutionen notwendig werden, um die gesamtwirtschaftliche Allokation zu verbessern. Allgemein können beim derzeitigen Stand der Forschung vier relevante Hindernisse für eine effiziente Marktallokation unterschieden werden:[88]

- Anpassungsmängel,
- Unteilbarkeiten,
- externe Effekte,
- Informationsmängel aufgrund von Unwissenheit oder Unsicherheit.

Diese Kategorien von Markthindernissen kennzeichnen Abweichungen von den zentralen Annahmen des Modells der vollständigen Konkurrenz.[89] Die finanzwissenschaftliche Literatur diskutiert bei der Frage, welche Güter in staatlicher Regie anzubieten sind (öffentliche Güter, Kollektivgüter), ebenfalls Gründe für das Versagen des Marktes bei der Bereitstellung bestimmter Güter. Dabei werden die Nichtausschließbarkeit von der Nutzung und Nichtrivalität im Konsum als Gründe

---

[87] Vgl. FRITSCH u.a.(1993), S. 142. Bei den hier behandelten Infrastrukturnetzen spielt es z.B. eine Rolle, dass ein bedeutender Teil der Investition aus Bauleistungen besteht, die bei einer anderen Nutzung in der Regel nicht weiter verwendet werden kann.

[88] Vgl. FRITSCH u.a.(1993), S. 46.

[89] Dieses Modell ist erheblicher Kritik ausgesetzt. Insbesondere zur Beurteilung dynamischer Aspekte des Wettbewerbs ist es nur bedingt geeignet. Allerdings besteht derzeit auch kein Referenzsystem, mit dessen Hilfe sich Marktversagen eindeutig feststellen ließe. Vgl. FRITSCH u.a.(1993), S. 47.

genannt.[90] Es zeigt sich jedoch, dass Unteilbarkeit und externe Effekte sehr ähnliche Tatbestände beschreiben:[91]

- Der fehlende Markt-Ausschluss macht es Produzenten unmöglich, die Nutznießer eines Angebots von der Nutzung auszuschließen, wenn kein Preis gezahlt wird; es entstehen (positive) externe Effekte.[92]
- Nichtrivalität beschreibt, dass zusätzliche Nutzer nur unerhebliche oder keine Grenzkosten verursachen. Gründe hierfür sind sinkende Durchschnittskosten bzw. Fixkostendegression, die auf Unteilbarkeiten zurückgehen.[93]

Über diese in der finanzpolitischen Literatur betonten Markthindernisse hinaus werden in die Analyse zusätzlich Anpassungs- und Informationsmängel einbezogen. In den damit insgesamt vier Bereichen entstehen bei der Bereitstellung von Infrastrukturnetzen - ausgelöst durch die spezifischen Merkmale der Netze - in unterschiedlichem Umfang Auswirkungen auf die Effizienz der Marktallokation. Diese werden in den folgenden Kapiteln untersucht und adäquate wirtschaftspolitische Maßnahmen erörtert.

2. Anpassungsmängel

a. Anpassungsmängel aufgrund von Inflexibilitäten

i. Problem

Die Wirtschaftstheorie unterstellt im Modell der vollständigen Konkurrenz vollständige Mobilität der Produktionsfaktoren und eine unendlich schnelle Anpassungsfähigkeit der Wirtschaftssubjekte an veränderte Rahmenbedingungen.[94] Welche Anpassungsgeschwindigkeit jedoch als “hoch” bezeichnet wird, ist eine Frage des Zeithorizonts: Bei sehr langfristiger Betrachtung sind fast alle Faktoren anpassungsfähig. Immobilität ist dann eine über den jeweils gewählten Zeithori-

---

[90] Vgl. MUSGRAVE u.a.(1994), S. 68ff.

[91] Vgl. FRITSCH u.a.(1993), S. 255f.

[92] Vgl. Zweiter Teil II.C.4 (S. 56ff.).

[93] Vgl. Zweiter Teil II.C.3 (S. 45ff.).

[94] In Verbindung mit den anderen (ebenfalls restriktiven) Annahmen dieses Modells wird dadurch die optimale Allokation der Produktionsfaktoren auch nach Datenänderungen gesichert.

zont hinausgehende Dauer des Anpassungsprozesses. Wird zusätzlich berücksichtigt, dass in vielen Bereichen Flexibilität gegen die Vorteile einer Spezialisierung abgewogen werden muss, wird offensichtlich, dass nur die Annäherung an eine unter Kostengesichtspunkten optimale Mobilität angestrebt werden muss.[95]

Die Bedingungen, unter denen Infrastrukturnetzen bereitgestellt und betrieben werden, weichen jedoch erheblich von denen ab, die im Modell vollständiger Konkurrenz angenommenen werden. Veränderte Rahmenbedingungen haben daher in vielen Infrastrukturnetzen erst mit erheblichen zeitlichen Verzögerungen Umgestaltungen zur Folge. Die Mobilität der in den Infrastrukturnetzen gebundenen Produktionsfaktoren ist sowohl räumlich als auch sachlich erheblich beschränkt, in vielen Fällen sogar überhaupt nicht gegeben. Hierfür können die lange Ausreifungs- und Nutzungsdauer, damit auch die langfristige Bindung von Kapital ebenso wie die Immobilität und Irreversibilität vieler Infrastrukturnetze oder Infrastrukturnetzteile verantwortlich gemacht werden.[96]

Es muss daher untersucht werden, ob diese Abweichungen von dem Ideal vollkommener Konkurrenz auf ein grundsätzliches Versagen wettbewerblicher Koordination schließen lassen. Im Weiteren werden der Auf- und Abbau von Kapazitäten als wesentliches Anpassungsproblem behandelt.

ii. Aufbau von Kapazitäten

Beim Aufbau der Infrastruktur werden (insbesondere in der älteren Literatur) Inflexibilitäten als Problem identifiziert, da Kapazitätserweiterungen wegen des oft beträchtlichen Umfangs der notwendigen Maßnahmen nur vergleichsweise langsam möglich seien. Auf Nachfrageverschiebungen könne daher oft nicht schnell reagiert werden, so dass Engpässe entstehen. Fehlentscheidungen seien nur mit erheblichen Verzögerungen korrigierbar.[97] In diesen Merkmalen unterscheiden sich die Investitionen in Infrastrukturnetze aber nicht von Großinvestitionen in anderen Wirtschaftsbereichen. Solche Eigenschaften stellen zwar höhere Anforderungen an die Investoren, z.B. im Hinblick auf die Informationsgewinnung zur Reduzierung der Unsicherheit, sind für sich genommen aber keine

---

[95] Vgl. FRITSCH u.a.(1993), S. 229f.

[96] Vgl. hierzu die in Zweiter Teil II.B (S. 29ff.) diskutierten Merkmale.

[97] Vgl. TUCHTFELD(1970), S. 129, THOMSON(1978), S. 60ff.

Ursache für Marktversagen. Diese Merkmale weisen auch viele Investitionsgüter auf, die von Privaten im Wettbewerb angeboten werden.[98]

iii. Abbau von Kapazitäten

Aus ökonomischer Sicht problematischere Auswirkungen haben Inflexibilitäten beim Abbau von Kapazitäten in Infrastrukturnetzen, die durch Nachfrageveränderungen (z.B. Verkehrsstromverlagerungen, Nachfrageverschiebungen aufgrund technischen Wandels) erzwungen werden. In Abb. 5 verschiebt sich die Nachfrage von N_1 nach N_2. Eine ausreichende Anpassungsfähigkeit vorausgesetzt, werden in einer solchen Situation Grenzanbieter (hier Anbieter bzw. Anbietergruppe III) aus dem Markt ausscheiden, so dass ein neues Gleichgewicht bei der Preis-Mengen-Kombination p_2,x_2 zustande kommt. Probleme ergeben sich jedoch dann, wenn die Grenzanbieter trotz sinkender Nachfrage im Markt verbleiben, auch wenn ihnen Verluste entstehen. Dies hat in Anbetracht der veränderten Nachfragesituation ein Überangebot zur Folge, wodurch die Preise sinken (im

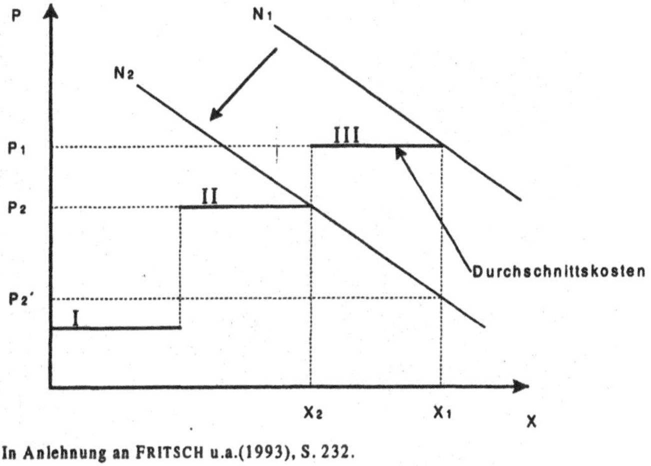

In Anlehnung an FRITSCH u.a.(1993), S. 232.

Abb. 5: Verzögerter Marktaustritt

[98] Zu Denken wäre hier z.B. an Bergwerke und industrielle Großanlagen. Vgl. hierzu SCHULTE-ALTHOFF(1992), S. 51ff. Im Infrastrukturbereich können die Satellitennetze zur weltweiten Telekommunikation als Beispiel für sehr große private Investitionen dienen. Zum Aufbau des 1998 in Betrieb gegangenen Netzes Iridium wurden 66 Satelliten in Umlaufbahnen um die Erde gebracht; die Gesamtkosten betrugen ca. 5 Mrd. US$. Neben diesem Netz planen weitere Anbieter ähnliche Netze mit einem Investitionsvolumen von mindestens 10 Mrd. US$. Vgl. HARDY(1997).

Beispiel auf p_2'). Nun haben auch solche Unternehmen Verluste (hier Anbieter bzw. Anbietergruppe II), die ihre Kosten durchaus decken könnten, wenn die eigentlich nicht mehr wettbewerbsfähigen Konkurrenten ausschieden (ruinöse Konkurrenz).[99]

Nun ist nicht unmittelbar einzusehen, weshalb Anbieter trotz Verlusten den Markt nicht verlassen. Als Begründung wird auf das Vorhandensein von *sunk costs* hingewiesen. Sie entstehen, wenn Investitionen in einer Art gebunden sind, die eine andere als die ursprünglich vorgesehene Verwendung gar nicht oder nur unter großen Wertverlusten möglich macht.[100] In Höhe dieser Wertverluste sind die solcherart investierten Mittel "versunken". Geht dies in das Kalkül eines Grenzanbieters ein, wird er zwischen reversiblen und irreversiblen Teilen seiner Kosten unterscheiden, denn nur die reversiblen Teile kann er bei einem Marktaustritt einsparen. Welche Auswirkungen unterschiedlich hohe *sunk costs* auf das Kalkül eines Anbieters haben, soll in Abb. 6 gezeigt werden.

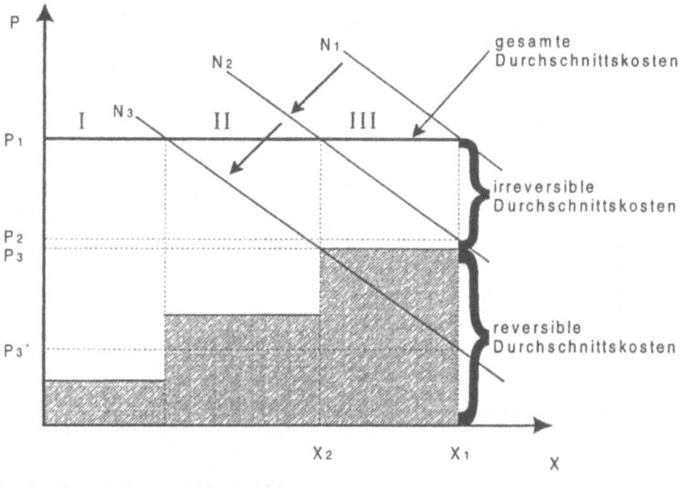

Quelle: FRITSCH u.a.(1993), S. 235.

Abb. 6: Ruinöse Konkurrenz bei irreversiblen Kostenbestandteilen

---

[99] Vgl. FRITSCH u.a.(1993), S. 236ff., BÜSCHGEN/ERGENZINGER(1993), S. 36. Die Gefahr der falschen Reihenfolge des Marktaustritts ist in dem hier diskutierten Zusammenhang allerdings weniger relevant. Vgl. FRITSCH u.a.(1993), S. 236ff.

[100] Vgl. hierzu z.B. BLANKART/KNIEPS(1992), S. 75.

Dargestellt ist eine Situation, in der drei Anbieter (bzw. Anbietergruppen) zwar identische Durchschnittskosten aufweisen, sich aber durch die Höhe der irreversiblen Kosten unterscheiden. Während III einen hohen Anteil reversibler Kosten aufweist, ist bei I der Anteil der irreversiblen Kosten am höchsten. Verändert sich nun die Nachfrage von N_1 nach N_2, kommt es zu der schon als ruinösen Konkurrenz beschriebenen Situation. Statt ein Gleichgewicht bei p_1,x_2 zu erreichen, wird der Markt bei p_2,x_1 geräumt. Zwar verursacht das Angebot des Gutes für III Verluste, da bei einem Marktaustritt die irreversiblen Kosten aber ohnehin verloren sind, hält III das Angebot aufrecht. Aber auch wenn die Nachfragesituation durch N_3 beschrieben wird, ändert sich die Situation nicht grundlegend. Weil III bei Aufrechterhaltung des Angebots nur noch den Preis p_3' erzielen könnte, der auch die reversiblen Kosten nicht mehr deckt, wird er nun ausscheiden. Es wird daher nur noch die Menge x_2 angeboten. II bleibt aber im Markt, denn p_3 deckt nun seine reversiblen Kosten; es besteht weiterhin ein Überangebot und die ruinöse Konkurrenz dauert an.

Die unterschiedliche Zusammensetzung der Gesamtkosten aus reversiblen und irreversiblen Kosten kommt insbesondere dann zustande, wenn die Anbieter unterschiedliche Technologien verwenden. Dies ist z.B. bei Telekommunikationsnetzen durchaus plausibel. Bei einigen Infrastrukturnetzen kann - im Gegensatz zu dem hier gewählten Beispiel - allerdings auch unterstellt werden, dass *sunk costs* nicht in unterschiedlicher Höhe vorliegen, sondern z.B. bei der Bereitstellung von Fernstraßen ähnliche Technologien und Verfahren angewendet werden und daher auch vergleichbare *sunk costs* entstehen. Auch dann wird es unter den oben beschriebenen Bedingungen zu ruinöser Konkurrenz kommen; die Anbieter werden jedoch nicht sequentiell ausscheiden.

Diese Situation stellt eine erhebliche Störung des marktwirtschaftlichen Lenkungsverfahrens dar, da der Preis seine Informationsfunktion verliert. Die ruinöse Konkurrenz ist gesamtwirtschaftlich schädlich. Sie endet spätestens dann, wenn die Anbieter zum Ersatz irreversibler Ressourcen gezwungen sind. Durch das nicht kostendeckende Angebot der Güter sind die Anbieter nicht in der Lage, Rücklagen für Ersatzinvestitionen in irreversible Ressourcen zu bilden. Außerdem fehlt der ökonomische Anreiz, Mittel in Bereiche zu investieren, die Verluste erzeugen. Zu diesem Zeitpunkt werden die Anbieter, die vor der Entscheidung stehen, irreversible Investitionen zu tätigen oder den Markt zu verlassen, sich für das Letztere entscheiden.[101]

Nun muss allerdings grundsätzlich gefragt werden, wie groß die Gefahr ruinöser Konkurrenz bei Infrastrukturnetzen ist. Infrastrukturnetze werden durch Immobilität und Irreversibilität charakterisiert, so dass sich weder die Art noch der Ort des Angebots in nennenswertem Umfang verändert und daher von bedeutenden *sunk costs* ausgegangen werden kann. Die Marktaustrittsschwelle ist daher in vielen Infrastrukturnetzen hoch. *Sunk costs* können allerdings auch als die Kosten interpretiert werden, die Anbieter tragen müssen, um auf einem Markt anbieten zu können. Damit wirken sie als "Kosten der Marktbenutzung" jedoch auch als Markteintrittsschwellen. Bei Infrastrukturnetzen können daher neben hohen Marktaustrittsschwellen gleichzeitig auch hohe Markteintrittsschwellen unterstellt werden. Der Investor, der zum Markteintritt erhebliche *sunk costs* leisten musste, wird alle nach ökonomischen Maßstäben erreichbaren Informationen verwenden, um nicht in eine solche Situation zu kommen. Trotzdem müsste nach der Parallelinvestition des oder der in den Markt eintretenden Konkurrenten ein langfristiger Nachfragerückgang entstehen.[102] Für die hier diskutierten Infrastrukturnetze werden allgemein Engpässe in Verbindung mit z.T. stark zunehmender Nachfrage diagnostiziert, so dass langfristige Nachfragerückgänge im Prinzip wenig wahrscheinlich sind. Insbesondere auf einzelnen Verbindungen sind z.B. durch Verkehrsstromverlagerungen oder technischen Fortschritt nachhaltige und langfristige Nachfragerückgänge immerhin denkbar. Wenn ruinöse Konkurrenz daher auch nicht gänzlich ausgeschlossen werden kann, wird doch berechtigterweise auf die geringe Wahrscheinlichkeit hierfür hingewiesen.[103]

Sollte es aber dennoch unter den beschriebenen Bedingungen zu ruinöser Konkurrenz kommen, stehen der Wirtschaftspolitik eine Reihe von Instrumenten zur Verfügung, um die notwendigen Kapazitätsanpassungen zu beschleunigen (z.B. Mobilitätshilfen, Marktaustrittserleichterungen). Sie weisen eine vergleichsweise

---

[101] Vgl. FRITSCH u.a.(1993), S. 234f. und 237.

[102] Vgl. BÜSCHGEN/ERGENZINGER(1993), S. 36. Von Verdrängungswettbewerb im Oligopol (*cutthroat competition*) soll hier abgesehen werden. In einem solchen Fall müssten geeignete wettbewerbspolitische Maßnahmen ergriffen werden. Vgl. hierzu z.B. BERG(1995), S. 276ff.

[103] Vgl. z.B. BÜSCHGEN/ERGENZINGER(1993), S. 36.

geringe Eingriffsintensität auf. Demgegenüber sind Mindestpreise und Marktzugangsbeschränkungen keine geeigneten Maßnahmen:[104]

- Mindestpreise können den notwendigen Anpassungsprozess noch verlängern, wenn sie oberhalb des im Voraus nicht bekannten Gleichgewichtspreises nach Kapazitätsanpassungen gesetzt werden.
- Marktzugangsbeschränkungen werden von den durch ruinöse Konkurrenz betroffenen Unternehmen gefordert, um sie vor weiterer Konkurrenz zu schützen. Sie bewirken jedoch, dass Anbieter mit geringeren Kosten am Marktzutritt gehindert werden und so möglicherweise verhindert wird, dass der Gleichgewichtspreis sinkt.

b. Opportunismusproblem als Folge von Inflexibilitäten

Auf Immobilität, lange Ausreifungs- und Nutzungszeiträume und Irreversibilität von Infrastrukturnetzen zurückgehende Inflexibilitäten können opportunistisches Verhalten der beteiligten Wirtschaftssubjekte, also die "Verfolgung des Eigeninteresses auch unter Zuhilfenahme von List (Täuschung, Betrug)"[105], begünstigen. Diese Gefahr entsteht, wenn bei längerfristigen vertraglichen Beziehungen ein Vertragspartner ein geringeres Interesse an der Erfüllung des Vertrags hat als der andere Vertragspartner. Der weniger gebundene Vertragspartner ist dadurch besser in der Lage, bei der Vertragsabwicklung in opportunistischer Weise Spielräume zu nutzen, die der Vertrag lässt, da er durch das Scheitern des Vertrags in geringerem Maße betroffen wäre. Prinzipiell könnten die Vertragspartner versuchen, in dem Vertrag alle relevanten Punkte festzulegen, so dass sich im weiteren Verlauf keine Spielräume ergeben. Es wird jedoch - insbesondere bei komplexen Maßnahmen wie sie Investitionen in Infrastrukturnetze in der Regel darstellen - nicht möglich sein, alle Eventualitäten in einem Vertrag zu berücksichtigen; zwangsläufig bleiben in den Verträgen daher Spielräume, die den Vertragspartnern opportunistisches Verhalten ermöglichen.

Die Bedeutung dieser Aspekte in dem hier behandelten Zusammenhang werden deutlicher, wenn eine Konstellation betrachtet wird, die für den Auf- und Ausbau

---

[104] Vgl. FRITSCH u.a.(1993), S. 237f.

[105] FRITSCH u.a.(1993), S. 239.

von Infrastrukturnetzen durchaus nicht unüblich ist: Der Träger der Netzverantwortung überträgt als Auftraggeber die konkrete Auf- oder Ausbauinvestition an einen Investor, der auch die Finanzierung der Investition gewährleistet. Refinanziert sich der Investor durch Einnahmen parallel zur Leistungsabgabe (z.B. Betreibermodell[106]), wird der Investor - der die versunkenen Kosten zu tragen hat - an einer langfristigen vertraglichen Bindung interessiert sein, um seine Interessen (z.B. im Hinblick auf das Recht zur Gebührenerhebung) zu sichern. Werden dem Investor jedoch die *sunk costs* sofort erstattet, muss dagegen der Auftraggeber an einer langfristigen Bindung interessiert sein, um sicherzustellen, dass der Investor im Weiteren seinen Verpflichtungen nachkommt. In beiden Fällen hat einer der Vertragspartner höhere Investitionen, die versunkene Kosten darstellen. Er ist dadurch in den Vertrag "eingeschlossen", hat sich also in eine Abhängigkeit zu seinem Vertragspartner gebracht (*lock in*-Effekt).[107]

Ein Investor, der dem *lock in*-Effekt ausgesetzt ist, begibt sich dadurch in die Gefahr, sich opportunistischem Verhalten der Marktgegenseite auszusetzen. Ein Ausbeutungsspielraum besteht letztlich "in Höhe der Nutzendifferenz zwischen dem Einsatz innerhalb der Transaktionsbeziehung und der nächstbesten Verwendung des Produktionsfaktors"[108]. Die Gefahr opportunistischen Verhaltens der Vertragspartner geht in die Risiko-Abwägung der Investoren ein; je höher dieses Risiko ist, umso eher wird auf die Bereitstellung des Gutes verzichtet.

Für die Vertragspartner besteht eine große Zahl von Möglichkeiten, der Gefahr zu begegnen, opportunistischem Verhalten ausgesetzt zu sein.[109] Diese Gefahr kann schon dann sinken, wenn von den Vertragspartnern mehrere gleichartige Transaktionen durchgeführt werden. Sucht der Auftraggeber in der oben beschriebenen Konstellation (Betreibermodell) für einen weiteren Auf- und Ausbau des Netzes Investoren, würden er seine Position in Verhandlungen verschlechtern, wenn er in der Vergangenheit vertragliche Spielräume opportunistisch ausgenutzt hat. Dies könnte sogar dazu führen, dass auch andere Vertragspartner von einem Vertrag absehen, weil sie ähnliches Verhalten befürchten. Auch kollektive Instanzen (z.B.

---

[106] Vgl. Zweiter Teil IV.D.3.a (S. 151ff.).

[107] Vgl. z.B. FURUBOTN/RICHTER(1996), S. 50f.

[108] FRISCH u.a.(1993), S. 239f.

[109] Vgl. hierzu z.B. STEYER(1998), S. 11ff.

der Staat) können durch das Setzen geeigneter institutioneller Rahmenbedingungen dazu beitragen, Ausbeutungsspielräume zu begrenzen.[110]

3. Unteilbarkeiten

a. Theorie des natürlichen Monopols

Technische Unteilbarkeit als typisches Merkmal von Netzinfrastrukturen hat aus ökonomischer Sicht charakteristische Kostenverläufe zur Folge. Es kann zu steigenden Skalenerträgen (*economies of scale*) kommen, also einer überproportionalen Steigerung des Outputs bei Erhöhung der Input-Faktoren.[111] Hierbei gehen - konstante Preise der Input-Faktoren vorausgesetzt - die Kosten für jedes zusätzlich produzierte Gut (Grenzkosten) zurück. Bei Ausweitung der Produktion sinken deshalb auch die Durchschnittskosten (Stückkosten). Diese Konstellation lässt ein natürliches Monopol entstehen.

Sinkende Durchschnittskosten beruhen auf "Größenvorteilen" bei der Bereitstellung eines Gutes. Im Fall der Infrastrukturnetze ist dies zum einen relevant, weil der Aufbau von Netzen oft nur unter Einsatz bestimmter Mindestmengen von Produktionsfaktoren gelingt. Die dadurch entstehenden Kosten verteilen sich bei zunehmender Teilnehmerzahl auf die größer werdende Zahl der Netzanschlüsse, d.h. es kommt zur Fixkostendegression. Sinkende Durchschnittskosten kommen zum anderen durch die oben beschriebenen Bündelungsvorteile zustande, durch die es möglich ist, zusätzliche Netzanschlüsse in einem vorhandenen Netz mit geringeren Kosten herzustellen.[112] Die Grenzkosten sinken und liegen unter den Durchschnittskosten; die Durchschnittskostenkurve verläuft stetig fallend (vgl. Abb. 7).

Umfassend können die auf Unteilbarkeiten zurückgehenden ökonomischen Wirkungen als subadditive Kostenfunktion beschrieben werden. Eine Kostenfunktion K(X), bei der X^M die gesamte produzierte Menge ist, X^m (m=1,2,...,z)

---

[110] Vgl. FRITSCH u.a.(1993), S. 238ff.

[111] *Economies of scale* sind in der mikroökonomischen Theorie für eine proportionale Variation sämtlicher Input-Faktoren (totale Faktorvariation) definiert.

[112] Dies gilt zumindest für Infrastrukturnetze in Verdichtungsregionen. Ansteigende Grenzkosten des Anschlusses treten erst beim Anschluss peripherer Regionen auf. Vgl. hierzu die Ausführungen in Zweiter Teil II.E.2 (S. 103ff.).

Teilmengen von X^M angeben und X^M die Summe aller X^m darstellt, ist dann subadditiv, wenn die Ungleichung

$$K(X^M) < K(X^1) + K(X^2) + \ldots + K(X^z)$$

erfüllt ist, wobei mindestens zwei X^m ungleich Null sein müssen.[113] In diesen Fällen ist also die Produktion eines Güterbündels zu geringeren Kosten möglich als die Produktion der Güter aus gleichartigen oder unterschiedlichen Gütern in voneinander unabhängigen Produktionsprozessen.

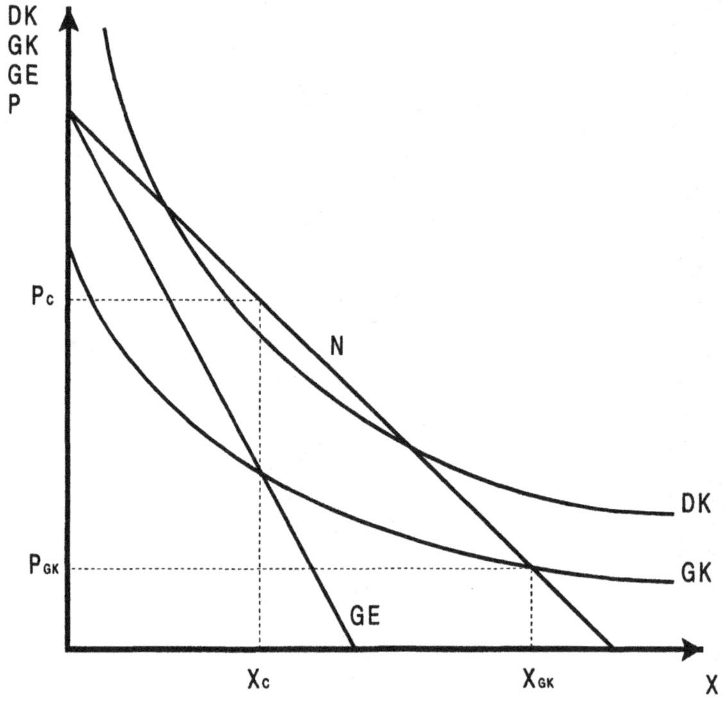

Abb. 7: Natürliches Monopol

Diese Definition umfasst auch solche ökonomisch relevanten Fälle von Unteilbarkeit, bei denen keine stetig sinkenden Durchschnittskosten auftreten. Hierzu kann es bei Infrastrukturnetzen kommen, da deren Ausbau wegen der Unteilbarkeiten nur diskontinuierlich durchgeführt werden kann. Wird die Kapazitätsgrenze

---

[113] Vgl. FRITSCH u.a.(1993), S. 128f.

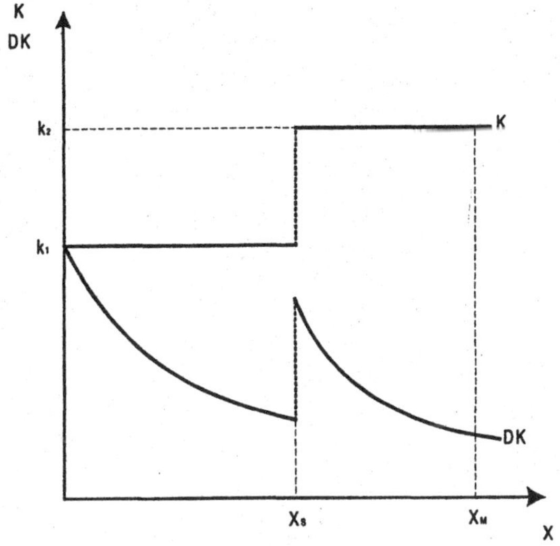

Abb. 8: Subadditive Kostenfunktion bei sprungfixen Kosten und konstanten Grenzkosten

erreicht, können zusätzliche Netzanschlüsse nur nach einem Ausbau bereitgestellt werden, durch den aber aufgrund der Unteilbarkeiten die Gesamtkapazität sehr stark erhöht wird. Die Durchschnittskostenfunktion sinkt dann nicht mehr stetig. Trotzdem sind Situationen denkbar, in denen ein Produzent alleine die nachgefragte Menge günstiger produzieren kann als zwei oder mehr Produzenten. Abb. 8 zeigt eine Situation, in der die (willkürlich gewählte) Menge X_M durch einen Anbieter kostengünstiger hergestellt werden kann als durch zwei Anbieter, die beide mindestens Kosten in Höhe von k_1 hätten: Beide Anbieter müssen schon Kapazitäten in Höhe von X_S aufbauen, um die erste Einheit anbieten zu können, was ihnen jeweils Kosten in Höhe von k_1 verursacht. Daher könnte in diesem Fall ein Anbieter das Netz günstiger bereitstellen als zwei Produzenten, weil

$$k_1+(k_2-k_1) < 2k_1.$$[114]

Einen ökonomisch relevanten Fall von Unteilbarkeit auch bei steigenden Durchschnittskosten illustriert Abb. 9. Während bei der durch N_1 beschriebenen Nachfragekonstellation der Schnittpunkt mit der DK-Kurve noch im Bereich sinkender

[114] Vgl. BAUMOL u.a.(1982), S. 20, SCHLETH(1987), S. 25, FRITSCH u.a.(1993), S. 131.

Durchschnittskosten liegt, steigen die Durchschnittskosten bei N_2 wieder an. Trotzdem wären auch in dieser Situation die Kosten bei einem Netzbetreiber noch niedriger als bei zwei Netzbetreibern, die jeweils die Hälfte der Netzanschlüsse bereitstellen. Würde die Menge 2x durch zwei Anbieter bereitgestellt, entstünden Kosten in Höhe von $2k_2x$; von einem Anbieter bereitgestellt entstehen nur Kosten in Höhe von $2xk_1$. Erst bei N_3 können mehrere Netzbetreiber die Nachfrage kostengünstiger befriedigen als ein Betreiber.

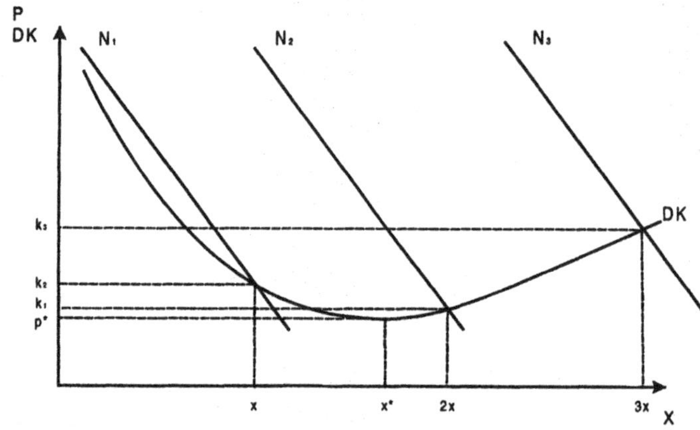

Abb. 9: Subadditivität bei steigenden Durchschnittskosten

Ein Monopol bei der durch N_2 beschriebenen Nachfragesituation ist jedoch instabil: Da diese Durchschnittskostenkurve ihr Minimum bei x* erreicht, kann ein neuer Anbieter den Monopolisten vom Markt verdrängen, weil er diese Menge zum Preis p* anbieten kann. Die Nachfrage 2x-x* bleibt dabei allerdings unbefriedigt.[115]

Zusätzliche Aspekte müssen berücksichtigt werden, wenn die Annahme, durch den Auf- und Ausbau des Netzes werde nur ein Produkt geschaffen, aufgegeben wird zugunsten der für viele Infrastrukturnetze realistischeren Annahme, durch das Netz werden *mehrere* Güter bzw. Dienstleistungen bereitgestellt.[116] Damit müssen auch Interdependenzen zwischen den Produktionsprozessen berücksichtigt werden, wobei zu untersuchen ist, ob *economies of scope* auftreten. Sie

---

[115] Vgl. FRITSCH u.a.(1993), S. 146ff.

[116] Beispielsweise werden durch Telekommunikationsnetze sowohl Sprachübertragung als auch Datenübertragung bereitgestellt. Vgl. dazu Dritter Teil III (S. 251ff.).

bezeichnen das Phänomen, dass bei bestimmten Produktionsverfahren Kostenvorteile entstehen, indem zwei oder mehr unterschiedliche Güter gemeinsam produziert werden. *Economies of scope* liegen im Zwei-Güter-Fall vor, wenn gilt[117]

$$K(X^1,X^2) < K(X^1,0) + K(0,X^2).$$

Die gemeinsame Produktion von X^1 und X^2 ist zu niedrigeren Kosten möglich als eine getrennte Produktion dieser Güter. Das Vorliegen von *economies of scope* alleine hat kein natürliches Monopol zur Folge, denn den Wettbewerbern steht es offen, die Güter ebenfalls zusammen zu produzieren und so von den *economies of scope* zu profitieren. Die Gefahr eines natürlichen Monopols entsteht erst dann, wenn die Produktionsfunktion mindestens eines Gutes sinkende Durchschnittskosten aufweist.

Wird in den beschriebenen Fällen die gesamte Nachfrage nach Netzanschlüssen am kostengünstigsten von nur einem Produzenten gedeckt, liegt ein natürliches Monopol vor. Dessen wirtschaftspolitische Problematik besteht in der Tatsache, dass ein Produzent in dieser Situation zwar die Nachfrage alleine am effizientesten bedienen könnte, er aber keine Veranlassung hat, dies auch zu tun. Vielmehr ist er unter bestimmten Bedingungen[118] in der Lage, als Monopolist den *Cournot*-Preis - der über dem zur Deckung der Grenz- und Durchschnittskosten notwendigen Preis liegt - zu setzen, um seinen Gewinn zu maximieren. Es entsteht also das Problem der Ausbeutung der Nachfragerseite; die gesamtwirtschaftliche Wohlfahrt wird beeinträchtigt.

Wie aus Abb. 10 erkennbar ist, werden bei Setzen des *Cournot*-Preises im Vergleich zur Preisbildung nach der Preis = Grenzkosten-Regel Wohlfahrtsverluste auftreten: Bei einem höheren Preis p_C und einer geringeren Mengen x_C verringert sich der soziale Überschuss um die Fläche CDE. Zusätzlich reduziert sich die Konsumentenrente um die Fläche P_CCEP_{GK}. Die wirtschaftspolitisch unbeeinflusste Preisbildung im natürlichen Monopol ist also mit statischen Wohlfahrtsverlusten verbunden. Hinzu treten mit gewisser Wahrscheinlichkeit dynamische

---

[117] Vgl. FRITSCH u.a.(1993), S. 132ff.

[118] Vgl. Zweiter Teil II.C.3.b (S. 52ff.).

Wohlfahrtsverluste, die aus geringerer Innovationsdynamik im Monopolbereich resultieren.

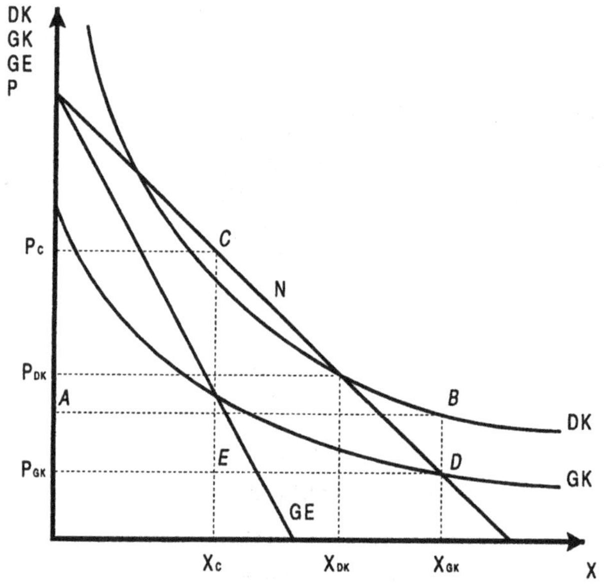

Abb. 10: Preisbildung im natürlichen Monopol

Durch wirtschaftspolitische Maßnahmen könnte der Produzent gezwungen werden, einen Preis in der Nähe der Grenzkosten zu setzen, um die Wohlfahrtsverluste zu reduzieren. Es zeigt sich aber, dass auch dann ein Problem entsteht: Da die Grenzkosten unter den Durchschnittskosten liegen, hätte ein Preis in Höhe der Grenzkosten die Folge, dass die Kosten höher sind als der Erlös, so dass dem Produzenten ein Defizit entsteht. Eine Verpflichtung auf Grenzkostenpreise durch den Staat müsste daher auch die Abdeckung der entstehenden Defizite einschließen.

Bevor jedoch wirtschaftspolitische Maßnahmen diskutiert werden, ist zu klären, wie groß die Gefahr natürlicher Monopole im Bereich der Netzinfrastruktur ist. In der Vergangenheit galten gerade Netzinfrastrukturen als Paradebeispiel für das Vorliegen natürlicher Monopole.[119] Dabei ist allerdings immer zu berücksichtigen,

---

[119] Vgl. BASEDOW(1997), S. 121.

dass es sich bei natürlichen Monopolen um temporäre Phänomene handeln kann. Technischer Fortschritt und steigende Nachfrage können natürliche Monopole auflösen. Wird es durch technischen Fortschritt beispielsweise möglich, das Stückkostenminimum bereits bei einer kleineren Produktionsmenge zu erreichen, wird der Markteintritt eines Wettbewerbers gesamtwirtschaftlich effizient. Auch die Nachfrageausweitung kann diese Wirkung haben: Schneidet die Nachfragekurve nach ihrer Rechtsverschiebung die Durchschnittskostenkurve in ihrem steigenden Teil, kann - wie in Abb. 9 für Nachfragekurve N_3 gezeigt wird - die Subadditivität verloren gehen und damit das natürliche Monopol aufgelöst werden. So haben z.B. im Telekommunikationsbereich technischen Veränderungen und Verschiebungen der Nachfrage dazu geführt, dass die Kostenfunktion im relevanten Bereich die Eigenschaft der Subadditivität verloren hat. Am Beispiel der Telekommunikation kann allerdings auch gezeigt werden, dass prinzipiell auch die umgekehrte Entwicklung möglich ist: Die verstärkt zum Einsatz kommenden Glasfaserkabel haben so große Übertragungskapazitäten, dass die Befürchtung besteht, bei Einsatz dieser Technologie könnte auf einzelnen Verbindungen wieder ein natürliches Monopol entstehen.[120]

Eine Besonderheit stellen die Leitsysteme einiger Transportnetze dar, deren Zweck es ist, die Sicherheit der Transportdienstleistung zu gewährleisten. Solche Leitsysteme sind z.B. im Zug- und Luftverkehr notwendig, um gefährliche Begegnungen oder gar Kollisionen zu verhindern. Eine Institution kann diese Funktion jedoch nur wahrnehmen, wenn sie für diese Dienstleistung ein Monopol erhält, das regional genau definiert ist. Dadurch soll verhindert werden, dass z.B. zwei Flugzeuge - von konkurrierenden Anbietern geleitet - im gleichen Luftraum unterwegs sind oder ein Flugzeug voneinander abweichende Anweisungen konkurrierender Anbieter erhält. Bei den Teilen eines Netzes, die eine sicherheitsrelevante Aufgaben haben, besteht daher in den genau abgegrenzten Kontrollregionen jeweils ein natürliches Monopol.[121]

Aber selbst wenn nur ein Anbieter die Nachfrage befriedigen kann, sollte eine vorschnelle Entscheidung für staatliche Eingriffe in den Markt vermieden werden.

---

[120] Vgl. KRUSE/KIESSLING(1997), S. 18, insbesondere Fußnote 10. Siehe hierzu auch die Ausführungen in Dritter Teil III (S. 251ff.), insbesondere Abb. 22 (S. 256).

[121] Vgl. KNIEPS(1997), S. 189f.

Es ist durchaus fraglich, ob bei einem natürlichen Monopol der theoretisch gegebene Ausbeutungsspielraum überhaupt genutzt werden kann. Sowohl auf der Anbieter- als auch auf der Nachfragerseite sind Reaktionen denkbar, die den durch die Unteilbarkeit entstehenden Preissetzungsspielraum des Unternehmens verkleinern.

b. Ausbeutungsspielraum bei natürlichem Monopol?

i. Monopolistische Konkurrenz

Der Spielraum zur Abweichung von der Preis=Grenzkosten-Regel kann durch die Nachfrageseite begrenzt werden.[122] Sind die Nachfrager bereit, vom präferierten auf ein weniger stark präferiertes Substitutionsgut auszuweichen, wenn die Preisdifferenz groß genug ist, begrenzt dies den Preissetzungsspielraum für den natürlichen Monopolisten. Eine solche Substitutionskonkurrenz kommt im Verkehrsbereich als intermodaler Wettbewerb vor. Hier steht beispielsweise die Nutzung der Straßeninfrastruktur in Konkurrenz zur Nutzung des Schienennetzes. Auch im Energiebereich sind die Energieträger und damit auch die jeweiligen Energieversorgungsnetze in gewissen Grenzen austauschbar. Kein Anbieter könnte die möglicherweise bestehenden natürlichen Monopole über bestimmte Grenzen hinaus nutzen, ohne die Abwanderung der Nachfrager zum konkurrierenden Verkehrs- bzw. Energieträger befürchten zu müssen.[123]

ii. Angreifbare Märkte

Auch durch die disziplinierende Wirkung potentieller Konkurrenz kann die Marktmacht (Ausbeutung der Nachfrager durch Setzen eines Monopolpreises) reduziert werden. Muss der Anbieter mit dem Markteintritt von Wettbewerbern rechnen, wird er seinen Preis unter den *Cournot*-Preis senken, um potentiellen Konkurrenten keinen Anreiz für den Markteintritt zu geben. Solche Märkte werden als *contestable markets* (angreifbare bzw. bestreitbare Märkte) bezeichnet. Das Ausmaß der Bestreitbarkeit wird im Wesentlichen durch die Höhe der Marktzutrittsschranken bestimmt. Diese werden insbesondere durch das Ausmaß der

---

[122] Vgl. KLODT u.a.(1995), S. 36ff.

[123] Die Wirksamkeit besteht natürlich nur dann uneingeschränkt, wenn in beiden Bereichen Unternehmen unter vergleichbaren wirtschaftspolitischen Bedingungen agieren. Problematisch ist es daher, wenn z.B. im intermodalen Wettbewerb privatwirtschaftlich organisierte Unternehmen mit öffentlichen konkurrieren.

irreversiblen Kosten (*sunk costs*) beeinflusst.[124] Geringe *sunk costs* und deshalb niedrige Marktaustrittsschranken machen den Markteintritt für einen Konkurrenten relativ leicht, da er bei drohenden Verlusten den Markt wieder verlassen kann, ohne versunkene Kosten beklagen zu müssen.[125] Daraus folgt, dass es einem auf diesem Markt agierenden Anbieter auch bei Vorliegen von Subadditivität der Kostenfunktion nicht möglich wäre, seine Preise wesentlich über die Durchschnittskosten anzuheben. Würde er es dennoch versuchen, hätte dies den Markteintritt eines Konkurrenten zur Folge, der die Nachfrage auf sich zieht.

Bei den in dieser Arbeit behandelten Infrastrukturnetzen, insbesondere bei den erdverbundenen Netzen oder Netzteilen, sind die Marktzutrittsschranken jedoch recht hoch. Dies geht insbesondere auf die Irreversibilität von Infrastrukturinvestitionen zurück. Bei leitungsgebundenen Netzen und im Verkehrsbereich entfällt z.B. ein bedeutender Teil der Kosten auf Tiefbauarbeiten. Da diese Netze eine andere als die vorgesehene Nutzung nicht zulassen, ist zumindest dieser Teil der Gesamtinvestition versunken: Könnte z.B. die Vermittlungstechnik eines Telekommunikationsnetzes auch an einem anderen Ort eingesetzt werden, sind die in die Verlegung der - nicht mehr benötigten - Leitungen investierten Mittel vollständig verloren.[126] Die Wirkung potentieller Konkurrenz als Disziplinierungsmechanismus darf beim Auftreten von natürlichen Monopolen beim Angebot von Infrastrukturnetzen daher nicht überschätzt werden. Technische Veränderungen können jedoch dazu führen, dass der Anteil versunkener Kosten zurückgeht und damit auch die Marktzutrittsschranken sinken. Dies kann im Telekommunikationsmarkt durch die Verfügbarkeit neuer (z.B. funkgestützter) Anschlussverfahren im Ortsnetzbereich beobachtet werden.[127]

Im Fall bestreitbarer Märkte bei einem natürlichen Monopol wird - wie auch bei Anpassungsmängeln auf der Angebotsseite[128] - die Gefahr ruinöser Konkurrenz

---

124 Vgl. hierzu die Ausführungen in Zweiter Teil II.C.2.a.iii.

125 Sind die Marktteilnehmer zusätzlich ausreichend mobil und der Markt transparent, besteht die Tendenz zum sog. "*hit and run*"-Wettbewerb: Schon kleine Monopolgewinne provozieren den Markteintritt eines Wettbewerbers, der schnell alle Nachfrage auf sich ziehen und den Markt auch wieder verlassen kann. Vgl. FRITSCH u.a.(1993), S. 143.

126 Vgl. WELFENS/GRAAK(1996), S. 52f. und 80f., BLANKART/KNIEPS(1992), S. 77f.

127 Vgl. Dritter Teil III (S. 251ff.).

128 Vgl. Zweiter Teil II.C.2 (S. 37ff.).

gesehen. Sie wird einem Übermaß an potentieller Konkurrenz zugeschrieben. Dabei wird argumentiert, dass im Fall eines auf einem angreifbaren Markt agierenden natürlichen Monopols schon der drohende Markteintritt eines Konkurrenten dazu führen kann, dass der etablierte Anbieter seine Preise bis zu den Grenzkosten senken muss. In einer Situation, in der sich der Anbieter einer subadditiven Kostenfunktion gegenübersieht, hat dieser Preis einen Verlust zur Folge.[129] Der Wettbewerb auf diesem Markt ist daher ruinös. Setzt der etablierte Anbieter dagegen einen Preis, der die Durchschnittskosten übersteigt und ihm daher einen Gewinn ermöglicht, werden Wettbewerber in den Markt eintreten. Dadurch werden aber Produktionskapazitäten aufgebaut, die aus gesamtwirtschaftlicher Sicht unnötig sind (sog. "Kostenduplizierung").[130] Wegen der vergleichsweise hohen versunkenen Kosten beim Aufbau von Netzinfrastrukturen kann die Gefahr ruinöser Konkurrenz allerdings als gering eingeschätzt werden. Ein potentieller Wettbewerber muss damit rechnen, dass der etablierte Anbieter zumindest kurzfristig seinen Preis unter die Durchschnittskosten senkt, denn die irreversiblen Kosten sind für ihn nicht mehr entscheidungsrelevant.[131] Der Markteintritt des *newcomer* wäre daher mit einem Verlust verbunden.[132]

c. Konzept der "disaggregierten Regulierung"

Wenn auch durch die beschriebenen wettbewerblichen Mechanismen, die zu einer Eindämmung der Marktmacht von Unternehmen mit natürlichem Monopol führen können, die Ausbeutung der Nachfrager aufgrund diskretionärer Marktmacht der Anbieter nicht ausgeschlossen werden kann, müssen wirtschaftspolitische Maßnahmen erwogen werden.

---

[129] Vgl. Abb. 10 (S. 50).

[130] Vgl. FRITSCH u.a.(1993), S. 144ff. Bezogen auf die Besonderheiten im Verkehrsbereich vgl. VAN SUNTUM(1986), S. 61ff., LAASER(1991), S. 77ff.

[131] Berücksichtigt werden muss allerdings, dass die irreversiblen Kosten nicht größer sind als das Eigenkapital eines Unternehmens. Insbesondere bei der sog. Projektfinanzierung (vgl. Zweiter Teil IV.B (S. 132ff.) müssen die historischen Fixkosten jedoch über die Lebensdauer der Investition durch periodisierte Deckungsbeiträge refinanziert werden. Vgl. VAUBEL(1992), S. 88.

[132] Diese Drohung wird dann wirkungsvoll sein, wenn der etablierte Anbieter seine versunkenen Investitionen schon abgeschrieben hat, während der *newcomer* seine Investitionen mit Fremdkapital finanzieren muss und damit Zins- und Tilgungszahlungen zu leisten hat. Siehe auch Fußnote 131.

Hierzu gehören insbesondere regulierende Eingriffe, also Beschränkungen der Verfügungen, "die Personen über sich selbst, Sachen oder Rechte treffen dürfen"[133]. Dabei gilt es zu unterschieden zwischen den konstitutionellen Regulierungen, die allgemein gelten und dem institutionellen Rahmen einer Volkswirtschaft zuzurechnen sind, und den speziellen Regulierungen, die sich auf einen bestimmten Bereich der Volkswirtschaft beziehen. Regulierungen sind immer dann erforderlich, wenn Marktprozesse nicht funktionieren und daher private Macht durch den Wettbewerb nicht hinreichend kontrolliert wird. In diesen Fällen sind sie wirtschaftspolitisch sinnvoll und vertretbar, z.T. sogar notwendig, um gesamtwirtschaftliche Schäden zu verhindern. Es zeigt sich jedoch, dass Spezialregulierungen oft aus partikularen Interessen heraus formuliert oder zumindest auch dann noch beibehalten werden, wenn der ökonomische Grund für die Regulierung weggefallen ist. Der Staat müsste für jede Spezialregulierung darlegen können, dass der Wettbewerb nicht zu einem befriedigenden Ergebnis führt und auch keine Bedingungen - z.B. im Wege der konstitutionellen Regulierung - hergestellt werden können, um dies zu erreichen.[134]

Auf die vielfältigen Instrumente, die zur Regulierung eines natürlichen Monopols bereitstehen, soll hier nicht im Einzelnen eingegangen werden.[135] Für alle Regulierungsmaßnahmen gilt, dass sie mit Kosten verbunden sind. Eine der wettbewerblichen Selbststeuerung vergleichbare Effizienz kann hierdurch nicht erreicht werden, weder in dynamischer noch in statischer Hinsicht. Die Sektoren, in denen solche Regulierungsmaßnahmen eingesetzt werden, müssen daher so klein wie möglich gewählt werden. Ziel der ökonomischen Analyse muss es daher sein, möglichst trennscharf die Bereiche zu identifizieren, in denen ökonomische Probleme - natürliches Monopol und Irreversibilität - auftreten, und sie von den Bereichen zu unterscheiden, die durchaus wettbewerblich organisiert werden können.

---

[133] GROSSEKETTLER(1995), S. 519.

[134] Vgl. GROSSEKETTLER(1995), S. 519.

[135] Solche Instrumente werden mit Bezug zu Netzen z.B. in BLANKART/KNIEPS(1992), S. 76ff., KNIEPS(1994a), S. 21, KNIEPS(1997), S. 192 diskutiert. Einen allgemeinen Überblick liefert FRITSCH u.a.(1993), S. 151ff.

Infrastrukturnetze und die mit ihrer Hilfe bereitgestellten Leistungen zeichnen sich dadurch aus, dass es vergleichsweise leicht fällt, sie in technischer Hinsicht disaggregiert zu betrachten. Es lassen sich - wie schon an anderer Stelle[136] detailliert beschrieben - drei unterschiedliche Ebenen unterscheiden:

- Netzinfrastrukturen aus punktförmigen Infrastrukturen und Verbindungen,
- Leit- bzw. Managementsysteme und
- Transportleistungen.

In jedem der hier behandelten Infrastrukturbereiche lassen sich diese Ebenen, jeweils unter Beachtung der spezifischen Bedingungen in diesem Sektor, weiter aufgliedern (bei Telekommunikationsnetzen z.B. in Orts- und Fernnetze), wodurch weitere ökonomische Differenzierungen möglich werden. Für jeden dieser Bereiche ist nun unabhängig von den anderen zu prüfen, ob die genannten Bedingungen vorliegen, die eine Regulierung notwendig machen.[137]

4. Externe Effekte

a. Definition und Problematik externer Effekte

Bestehen zwischen den Produktions- bzw. Nutzenfunktionen unterschiedlicher Wirtschaftssubjekte direkte physische Zusammenhänge, die nicht durch den Marktmechanismus berücksichtigt und ausgeglichen werden, so ist das jeweilige Wirtschaftssubjekt (positiven oder negativen) technologischen externen Effekten ausgesetzt.[138] Private und soziale Kosten bzw. Nutzen stimmen nicht überein, so dass die optimale Allokation der Ressourcen beeinträchtigt wird. Im Marktprozess wird nicht die gesamtwirtschaftlich optimale Menge der jeweiligen Güter oder Dienstleistungen nachgefragt bzw. angeboten. Treten beispielsweise bei der Produktion eines Gutes negative externe Effekte (externe Kosten) auf, wird der Produzent dieses Gut in einem größeren Umfang herstellen, als dies gesamtwirtschaftlich wünschenswert ist, denn er muss einen Teil der von dem Produktionsprozess verursachten Kosten nicht selbst tragen, sondern wälzt die Kosten auf

---

[136] Vgl. hierzu Erster Teil I (S. 5ff.), insbesondere auch Tab. 1 (S. 8).

[137] Vgl. hierzu auch die Diskussion im dritten Teil der Arbeit.

[138] Vgl. SCHLIEPER(1980), S. 534ff., ANDEL(1992), S. 389ff., BRÜMMERHOFF(1996), S. 58f., BAUM(1997), S. 30.

andere Wirtschaftssubjekte ab. Den von den externen Kosten betroffenen Wirtschaftssubjekte fehlen Eigentumsrechte oder sie können ihre *property rights* nicht hinreichend gegen den Produzenten durchsetzen.[139]

Gehen von einer Aktivität positive externe Effekte (externe Nutzen) aus, wird diese Aktivität folglich nicht im ausreichenden Maße, im Extremfall sogar überhaupt nicht angeboten. Einzelwirtschaftlich ist ein Angebot nur sinnvoll, wenn nicht zahlungsbereite Wirtschaftssubjekte von der Nutzung des Gutes ausgeschlossen werden können. Güter, auf die das Ausschlussprinzip nicht oder nur mit sehr hohen Kosten angewendet werden kann, werden daher in der Regel entweder gar nicht oder durch eine öffentliche Institution bereitgestellt. Ein öffentliches Angebot schließt allerdings nicht zwangsläufig die öffentliche Produktion ein.

Die oben genannte Definition schließt Effekte aus, bei denen zwar die Aktivität eines Wirtschaftssubjekts Auswirkungen auf ein anderes Wirtschaftssubjekt hat, diese aber ihren Niederschlag im Preissystem finden. Man spricht in diesen Fällen in Abgrenzung zu den oben beschriebenen technologischen externen Effekten von pekuniären externen Effekten.[140] Sie bezeichnen die Preisänderungen auf Märkten durch die Veränderung des Nachfrage- und Angebotsverhaltens von Wirtschaftssubjekten.[141] Der Marktmechanismus wird dadurch nicht beeinträchtigt. Vielmehr sind die pekuniären externen Effekte eine Voraussetzung dafür, dass der Preis Informationen über veränderte Knappheitsrelationen liefern kann und damit die Ressourcenallokation dezentral planender Wirtschaftssubjekte steuert.[142]

Die Externalitäten, die von den in dieser Arbeit behandelten Infrastrukturnetzen ausgehen, haben ihren Ursprung zum einen in deren Infrastrukturcharakter, zum anderen in deren Bereitstellung in Form eines Netzes. Der erste Aspekt wird im nächsten Kapitel vertieft, auf die zweite Form von Externalitäten gehen die Ausführungen im darauf folgenden Kapitel ein (Zweiter Teil II.C.4.b).

---

139 Vgl. ROWLEY(1978), S. 16f., CHEUNG(1978), S. 53.

140 Vgl. BAUM(1997), S. 30, BRÜMMERHOFF(1992), S. 61, FRITSCH u.a.(1993), S. 55.

141 Probleme können diese Effekte jedoch aus verteilungspolitischer Sicht machen. Vgl. LAASER(1991), S. 94.

142 Vgl. ISENMANN(1994), S. 11.

b. Externalitäten aufgrund des Infrastrukturcharakters der Netze

i. Positive externe Effekte

Infrastruktur stellt einer Gesellschaft Basisfunktionen zur Verfügung. Insbesondere die wirtschaftsnahe Infrastruktur ist die Voraussetzung für das Funktionieren einer arbeitsteilig organisierten Volkswirtschaft. Sie ermöglicht den Austausch von Waren und Dienstleistungen und damit eine Erhöhung der Austauschintensitäten. Daraus ergibt sich eine Verbesserung der Fähigkeiten zur Spezialisierung und die Realisierung von Qualitäts- und Kostenvorteilen (z.B. durch *economies of scale*). Damit geht die Infrastruktur als Vorleistung in die Produktion des Unternehmenssektors ein.[143]

Es ist allerdings die Frage, ob es sich bei diesen zweifellos positiven Effekten grundsätzlich um technologische externe Effekte handelt. Um diese Frage beantworten zu können, muss unter Berücksichtigung der in den jeweiligen Infrastrukturbereichen geltenden Rahmenbedingungen untersucht werden, inwieweit die externen Effekte internalisiert werden können, ob es den Anbietern also gelingt bzw. gelingen könnte, die Nutznießer der positiven Effekte zur Zahlung eines Preises heranzuziehen.[144]

Um die Auswirkungen des Auf- und Ausbaus von Infrastrukturnetzen differenzierter betrachten zu können, soll hier auf eine allgemeine Systematisierung der Investitionswirkungen zurückgegriffen werden. Dabei wird die Investitionsphase, hier also die Phase des Auf- und Ausbaus der Infrastruktur, von der Nutzungsphase unterschieden. Wie bei jeder anderen Investition entsteht auch bei Investitionen in Infrastrukturnetze ein Einkommenseffekt: Die in der Investitionsphase verausgabten Mittel schaffen direkt Einkommen. In der Nutzungsphase der Infrastruktur, die das Investitionskalkül des Investors wesentlich bestimmt, können weitere Auswirkungen unterschieden werden:[145]

---

[143] Vgl. BÜSCHGEN/ERGENZINGER(1993), S. 38, HEINSCH(1986), S. 24.

[144] Positive externe Effekte sind aus wirtschaftspolitischer Sicht weniger problematisch als negative, denn Anbieter werden im eigenen Interesse jede Möglichkeit nutzen, um alle Nutznießer der von ihnen bereitgestellten Leistung zur Zahlung eines Preises heranzuziehen.

[145] Vgl. FREY(1972), S. 45ff.

1.) Kapazitätseffekt,

2.) Rationalisierungseffekt,

3.) indirekter Produktivitätseffekt.[146]

Ad 1.) "Der Kapazitätseffekt einer Investition erhöht die Produktionskapazität derjenigen Unternehmen oder Bereiche, welche die Investition durchgeführt haben."[147] Dieser Effekt spielt beim Auf- und Ausbau von Infrastrukturnetzen eine wesentliche Rolle. Auf ihre Auswirkungen, insbesondere auf das gesamtwirtschaftliche sowie das regionale Wachstum, wird an anderer Stelle noch einzugehen sein.[148]

Ad 2.) Der Rationalisierungseffekt beschreibt die "Freisetzung von Produktivkräften auf Grund der durch eine Investition ermöglichten Produktion der gleichen Menge von Gütern und Leistungen mit geringerem Einsatz an Produktivkräften"[149]. Im Falle der Infrastrukturnetze wäre hier beispielsweise an Einsparungen aufgrund von Streckenverkürzungen zu denken.

Ad 3.) Unter indirekten Produktivitätseffekten werden die Auswirkungen auf die Produktionskapazität zusammengefasst, die nicht in den Unternehmen oder den Bereichen entstehen, in denen die Investition durchgeführt wurde.[150] Auch hierin wird ein wesentlicher Effekt von Infrastrukturinvestitionen gesehen. Damit wird der Bezug zur "Basisfunktion" bzw. dem Vorleistungscharakter von Infrastrukturnetzen hergestellt. Produktivitätsfortschritte gehen auch auf den "innovatorischen Charakter der Impulse"[151] zurück, die Auf- und Ausbau von Infrastrukturnetzen erzeugen. Der Nutzen aus diesen Effekten streut über den Bereich der Infrastrukturinvestition hinaus in andere Bereiche der Volkswirtschaft (Nutzendiffusion).[152]

---

[146] FREY nennt zusätzlich den direkten Wohlstandseffekt. Er besteht darin, dass durch Investitionen auch Güter geschaffen werden, die von den privaten Haushalten direkt genutzt werden können (konsumtive Verwendung). Solche Infrastrukturleistungen wurden in dieser Arbeit mit der Beschränkung auf die wirtschaftsnahe Infrastruktur ausgeklammert.

[147] FREY(1972), S. 49.

[148] Vgl. hierzu Zweiter Teil II.D.2 (S. 89ff.) und Zweiter Teil II.E (S. 102ff.).

[149] MEINHOLT(1955), S. 337. Dies spielt z.B. in Elektrizitätsnetzen eine besondere Rolle; vgl. hierzu Dritter Teil IV.A (S. 280ff.).

[150] Vgl. FREY(1972), S. 50.

[151] WILLEKE(1993), S. 226.

[152] Vgl. WILLEKE(1993), S. 222ff.

Beispiele für den Nutzen aus erweiterten Infrastrukturnetzen sind allerdings auch die verbesserte Erreichbarkeit eines Standortes und damit verbundene höhere Grundstückspreise in dieser Region. Bei diesen Wirkungen handelt es sich zum Teil aber um die oben schon angesprochenen pekuniären externen Effekte. Hier wirkt sich der Vorleistungscharakter der Infrastruktur aus, der zu einer Veränderung relativer Preise komplementärer Güter und Dienstleistungen führt. Sie wirken nicht allokationsverzerrend, sondern sind erwünscht, weil sie die effiziente Allokation der Ressourcen durch Marktprozesse steuern[153].

Ob die technologischen Effekte von Infrastrukturnetzen in der Nutzungsphase voll internalisiert werden können, wird von der Art der Infrastruktur, von der Ausgestaltung der Rahmenbedingungen und auch von der Kreativität der Anbieter abhängen. Externe Effekte gehören jedoch nach allgemeiner Auffassung zu den wesentlichen Merkmalen von Infrastrukturnetzen.[154] So dürfen in Deutschland z.B. Straßen genutzt werden, ohne dass dafür eine direkte Gegenleistung zu zahlen wäre. Die unentgeltliche Nutzung der Straße durch einen Autofahrer stellt hier eine technologische Externalität in Form eines indirekten Produktivitätseffekts dar. Sie geht auch als unentgeltlich oder nicht kostendeckend angebotene Vorleistung in die Produktion des gewerblichen Sektors ein und erhöht so die Produktivität von Unternehmen, ohne dass der Investor dafür direkt entschädigt wird.[155] In anderen Infrastrukturnetzen werden diese Effekte allerdings vollständig internalisiert (z.B. in Energietransportnetzen[156]).

Die hier behandelten Infrastrukturbereiche zeichnen sich dadurch aus, dass der Ausschluss zu einem wesentlichen Teil prinzipiell möglich wäre und positive technologische Externalitäten damit zu einem bedeutenden Teil vermeidbar sind. In einigen Bereichen wird auf eine Internalisierung aber verzichtet. So könnten natürlich von der Nutzung der Straßen alle ausgeschlossen werden, die nicht zur Zahlung eines Preises für die Benutzung bereit sind. Warum wird dann aber auf eine Internalisierung verzichtet? Hierfür werden verschiedene Gründe angeführt:

---

[153] Vgl. FONGER(1993), S. 104, WINK(1995), S. 105f.

[154] Vgl. FREY(1972), S. 29, BÜSCHGEN/ERGENZINGER(1993), S. 33f., WINK(1995), S. 105.

[155] Vgl. FREY(1972), S. 29 und 50ff., HEINSCH(1986), S. 24, BÜSCHGEN/ERGENZINGER(1993), S. 38.

[156] Vgl. Dritter Teil IV.A (S. 280ff.).

- Im Fall der Straßen wird vorgebracht, dass ein Ausschluss zwar möglich, aber aufwendig ist, d.h. hohe Transaktionskosten verursacht (z.B. *road pricing*, Mauterhebung).[157] Allgemein werden Private in den Fällen nicht anbieten, in denen die Internalisierung der externen Effekte Transaktionskosten (Exklusionskosten) in einer Höhe entstehen lässt, die den Erlös überschreitet.

- Aus gesamtwirtschaftlichen Gründen kann der Verzicht auf einen eigentlich möglichen Ausschluss dann gerechtfertigt sein, wenn die Grenzkosten der Nutzung bei oder nahe bei Null liegen. Jeder zusätzliche Nutzer erhöht in diesem Fall die gesamtwirtschaftliche Wohlfahrt. Es handelt sich dann um ein reines öffentliches Gut.[158]

  Es muss jedoch berücksichtigt werden, dass das öffentliche Gut zu einem privaten wird, wenn sich die Nutzung der Infrastruktur der Kapazitätsgrenze nähert. Dies ist in einigen Bereichen der Verkehrsinfrastruktur von Bedeutung: Sowohl im Straßen- und Schienen- als auch im Luftverkehr sind insbesondere zu Spitzenzeiten erhebliche Engpässe zu beobachten. Eine Rationierung der Infrastruktur nach der "*first come, first served*"-Methode ist ökonomisch ineffizient. Nur die Rationierung nach marktwirtschaftlichen Prinzipien, also Präferenzoffenbarung durch Zahlungswilligkeit, lässt ein ökonomisch wünschenswertes Ergebnis erwarten.[159] Dies setzt allerdings die Möglichkeit zum Ausschluss nicht Zahlungswilliger voraus.

- In einigen Fällen werden auch verteilungspolitische Gründe vorgebracht. Die unentgeltliche oder gegen nicht kostendeckende Preise gewährte Bereitstellung eines Gutes oder einer Dienstleistung ermöglicht auch Bürgern mit niedrigem Einkommen die Nutzung des Gutes. Auch die öffentliche Bereitstellung meritorischer Güter kann in diesem Zusammenhang genannt

---

[157] Vgl. MUSGRAVE(1971), S. 46. Technische Entwicklungen lassen diese Transaktionskosten zur Zeit jedoch sinken. Vgl. BÜSCHGEN/ERGENZINGER(1993), S. 33f., ERNST/WALPUSKI(1997), S. 258ff.

[158] Vgl. MUSGRAVE(1971), S. 46.

[159] Siehe hierzu die vertiefende Diskussion zu den einzelnen Infrastrukturbereichen im dritten Teil dieser Arbeit.

werden. Problematisch ist jedoch insbesondere die hierdurch ausgelöste, aus gesamtwirtschaftlicher Sicht zu hohe Nachfrage und die verteilungspolitisch bedenkliche Förderung auch einkommensstarker Gruppen durch diese Maßnahme.

ii. Negative externe Effekte

Infrastrukturnetze schaffen Verbindungen im Raum. Dazu müssen Trassen errichtet werden, die die Punkte mit Transaktionspotential verknüpfen. Der Auf- und Ausbau sowie die Nutzung solcher Trassen haben je nach Infrastrukturnetz unterschiedlich starke negative Auswirkungen auf Wirtschaftssubjekte und Umwelt. Beispielsweise fallen bei leitungsgebundenen Netzen und im Verkehrsbereich in größerem Umfang Tiefbauarbeiten an, die oft bedeutende Eingriffe in die Umwelt darstellen. Allgemein treten u.a. folgende Wirkungen durch Trassenneu- und -ausbau auf:[160]

- Oberflächenversiegelung, dadurch z.B. negative Auswirkungen auf das Grundwasser;
- Einwirkung auf Biotope, z.B. Zerschneidung natürlicher Verbundsysteme bis zu Verinselungseffekten durch die Vernetzung von Trassen;
- Beeinträchtigung des Landschaftsbildes.

Ein bedeutender Teil dieser Wirkungen wird derzeit nicht internalisiert.[161] Insgesamt sind die negativen externen Effekte von Netzen allerdings oft auf die in der Nähe der Trassen gelegenen Gebiete beschränkt. Dadurch ist die Zahl der Betroffenen vergleichsweise klein, weshalb hier Internalisierungsstrategien ansetzen könnten. Allerdings fehlt es wie in anderen Fällen von externen Kosten an der exklusiven Zuordnung von Verfügungsrechten an den Leistungen, was Verhandlungslösungen erschwert. Verfügungsrechte könnten so gestaltet werden, dass die Betroffenen den Verursacher zum Unterlassen der sie beeinträchtigenden Aktivitäten zwingen könnten bzw. ein Recht auf Schadenersatz hätten oder den

---

[160] Vgl. ROTHENGATTER(1996), S. 93, WINK(1995), S. 107f. Einen Überblick über die empirischen Schätzungen der externen Effekte, die der Verkehr auslöst, geben BICKEL/FRIEDRICH(1996), S. 77ff.

[161] Vgl. z.B. O.V.(1996a), S. 2, BICKEL/FRIEDRICH(1996), S. 77ff., ROTHENGATTER(1996), S. 91ff., BÜSCHGEN/ERGENZINGER(1993), S. 33f.

Verursacher durch Zahlungen von diesen Aktivitäten abbringen könnten; in beiden Fällen würde sich die Allokation durch private Verhandlungen um diese Zahlungen verbessern.[162] Zu berücksichtigen wäre bei der Gestaltung der Zuweisung von Verfügungsrechten im Zusammenhang mit dem Auf- und Ausbau von Infrastrukturnetzen die Merkmale dieser Netze: Durch die Inflexibilität bei deren Auf- und Ausbau wäre strategisches Verhalten Erfolg versprechend. Hier müssten Vorkehrungen getroffen werden, um Ausbeutung von Verhandlungspartnern zu verhindern oder zu erschweren.[163] Solche Lösungen verursachen jedoch umso höhere Transaktionskosten, je größer die Zahl der Beteiligten ist. Die entsprechend ausgestaltete Steuererhebung zur Internalisierung kann die Verursacher von Externalitäten veranlassen, die Externalitäten auslösende Aktivität auf das gesamtwirtschaftlich optimale Maß zu reduzieren. Schließlich sind auch Ge- und Verbote geeignet, Externalitäten zu reduzieren. Die Eingriffsintensität solcher Maßnahmen ist jedoch hoch und die Auswirkungen auf die Allokation der Produktionsfaktoren nur schwer vorauszusagen. Bei günstiger Ausgestaltung können allerdings solche Maßnahmen mit vergleichsweise geringer zeitlicher Verzögerung und geringen Transaktionskosten wirksam werden.[164]

Um die Notwendigkeit zu verringern, Externalitäten durch wirtschaftspolitische Maßnahmen reduzieren zu müssen, kommt der Trassenplanung eine besondere Bedeutung zu. Durch sie werden wesentliche Entscheidungen über Art und Ausmaß externer Effekte getroffen: Der Umfang der Oberflächenversiegelung, die Zerschneidung natürlicher Verbundsysteme oder die Beeinträchtigung des Landschaftsbildes sind von der Wahl der Trasse wesentlich beeinflusst.[165]

---

[162] Vgl. EWERS(1992), S. 83ff., LAASER(1991), S. 94ff.

[163] Vgl. hierzu die Ausführungen in Zweiter Teil II.C.2.b (S. 43ff.).

[164] Zu Diskussion umweltpolitischer Instrumente vgl. z.B. die Beiträge in SIEBERT(1996) und die dort jeweils angegebene Literatur.

[165] Die bisherigen Ausführungen bezogen sich auf externe Effekte, die von der Infrastruktur ausgehen. In einigen Infrastrukturbereichen wird die Raumüberwindung durch komplementäre Betriebsmittel erreicht (z.B. Kraftfahrzeuge, Flugzeuge), die z.T. ihrerseits unmittelbare Einwirkungen auf Umweltmedien verursachen. Auf diese Effekte soll hier nicht eingegangen werden. Vgl. hierzu z.B. LAASER(1991), S. 93ff., WINK(1995), S. 109, ROTHENGATTER(1996), S. 93.

c. Netzexternalitäten

i. Problem

Aus der Netzstruktur, die bei den hier behandelten Infrastrukturen der Leistungserstellung (Raumüberwindung) zugrunde liegt, ergeben sich im Hinblick auf die Allokationseffizienz einige spezielle Probleme. Eines dieser Probleme ist das Auftreten von Netzexternalitäten.[166] Sie entstehen, wenn der Nutzen eines Gutes mit der Zahl derer steigt, die dieses Gut ebenfalls nutzen. Netzexternalitäten können sowohl bei materiellen als auch bei immateriellen Netzen[167] beobachtet werden. Ein Netz wird im ersten Fall durch den physischen Anschluss, im zweiten Fall z.B. durch die Adaption eines gemeinsamen Standards konstituiert.

Netzexternalitäten entstehen dadurch, dass Netze ihren Nutzen durch die Verknüpfung von Objekten stiften. Die Anzahl der in einem Netz zusammengeschlossenen Objekte beeinflusst deshalb den Gesamtnutzen des Netzes. Werden die Netzteilnehmer über Marktmechanismen nicht oder nicht im vollen Umfang zur Zahlung für den so entstehenden Nutzenzuwachs herangezogen oder für zusätzliche Kosten entschädigt, liegen positive bzw. negative Netzexternalitäten vor.[168] In Netzexternalitäten kommt der dynamische Aspekt des Netzauf- und -ausbaus zum Ausdruck: Von solchen Aktivitäten gehen positive gesamtwirtschaftliche Wirkungen aus; unter wettbewerblichen Marktbedingungen können sie - zumindest teilweise - ohne marktliche Abgeltung bleiben. In einem solchen Fall entstehen externe Effekte.[169]

Von den beschriebenen Netzexternalitäten sind jedoch die pekuniären externen Effekte zu unterscheiden, die z.T. als indirekte Netzexternalitäten bezeichnet werden. Sie sind allerdings ohne negativen Einfluss auf die Allokationseffizienz. Es handelt sich hier um solche Auswirkungen des Netzbeitritts, die über den

---

[166] Vgl. BLANKART/KNIEPS(1993), S. 451ff., STEYER(1997), S. 206ff. und die dort angegebene Literatur.

[167] Zur Unterscheidung von materiellen und immateriellen Netzen vgl. Fußnote 4 (S. 5).

[168] Der externe Nutzen, der z.B. in einem Telekommunikationsnetz dadurch auftritt, dass ein Anruf zwar für beide Beteiligten, Anrufer wie Angerufenem, Nutzen stiftet, in der Regel aber nur vom Anrufer bezahlt wird (sog. *call externalties* oder Nutzungsexternalitäten), soll hier nicht weiter untersucht werden. Er wird in den meisten Fällen zwischen den Beteiligten internalisiert. Vgl. CAPELLO(1994), S. 20ff., FRITSCH u.a.(1993), S. 166.

[169] Vgl. WILLEKE(1993), S. 223f.

Preismechanismus an die Individuen weitergegeben werden. Es kommt hierdurch nicht zu einer Beeinflussung von Konsum oder Produktion eines anderen Wirtschaftssubjektes ohne marktliche Entschädigung oder Gegenleistung. Solche Auswirkungen entstehen z.B. durch sinkende Preise aufgrund einer Fixkostendegression bei größer werdenden Netzen. Hierin ist kein Grund für Marktversagen zu sehen, so dass deren Auftreten in diesem Zusammenhang nicht berücksichtigt werden muss.[170]

Allokationspolitisch relevante Externalitäten treten jedoch beispielsweise auf, wenn ein neuer Nutzer einem sehr kleinen Telekommunikationsnetz aus bisher nur zwei Teilnehmern beitritt. Dadurch erhöht sich die Zahl der Möglichkeiten zur Verbindungsaufnahme innerhalb des Netzes von zwei auf sechs. Für den neuen Teilnehmer am Netz sind aber nur die für ihn neu entstehenden zwei Verbindungsmöglichkeiten relevant[171]. Der Nutzen des Teilnehmers, der sich dem Netz anschließt, ist niedriger als der Nutzen, der insgesamt für alle Teilnehmer des Netzes durch die größer werdende Zahl von Verbindungsmöglichkeiten entsteht: Der private Nutzen liegt unter dem sozialen Nutzen. Dieser externe Effekt beeinträchtigt die gesamtwirtschaftliche Wohlfahrt beim Auf- und Ausbau von Infrastrukturnetzen. Im Vergleich zu einem allokativen Optimum wird eine zu geringe Menge der im Netz entstehenden Güter bzw. Dienstleistungen nachgefragt. Das Netz ist daher kleiner als dies gesamtwirtschaftlich sinnvoll wäre.

Ein Beispiel aus dem Verkehrsbereich ist die Einführung der in Europa gängigen Spurweite für Eisenbahnen auch in Spanien.[172] Im Hochgeschwindigkeitseisenbahnverkehr ermöglicht dies direkte Anschlüsse von Spanien in das europäische Ausland, gleichzeitig erhöht sich aber auch außerhalb Spaniens die Zahl der Verbindungsmöglichkeiten. Der Gesamtnutzen der Netzerweiterung setzt sich damit aus dem Nutzen zusammen, den Spanien aus den Verbindungen zu anderen

---

[170] Vgl. LIEBOWITZ/MARGOLIS(1994), S. 136ff.

[171] Für x Objekte, die einem Netz angeschlossen sind, besteht die Möglichkeit, über das Netz mit (x-1) Objekten in Verbindung treten. Im Gesamtnetz ergeben sich x(x-1) Möglichkeiten zur Verbindungsaufnahme. Wird ein weiteres Objekt in das Netz integriert, entstehen dadurch (x+1)x - x(x-1) = 2x neue Verbindungsmöglichkeiten; für das beigetretene Objekt sind jedoch nur x Verbindungen von Belang. Vgl. ROHLFS(1974), S. 16ff., KLODT u.a.(1995), S. 40ff., ECONOMIDES(1996), S. 678f.

[172] Zu den Einzelheiten sie Dritter Teil II.A.2 (S. 182ff.).

europäischen Destinationen hat, zuzüglich des Nutzens, der für die anderen europäischen Länder (z.T. auch für außereuropäische Länder) durch die Verbindungsmöglichkeiten nach Spanien entsteht. Der auf nationaler Ebene zu internalisierende Nutzen Spaniens ist geringer als der Gesamtnutzen, der in ganz Europa entsteht: Die Differenz sind die Netzexternalitäten.

Dieses Marktversagen beim Auftreten technologischer externer Effekte hat seinen Grund im Fehlen von durchsetzbaren Eigentumsrechten. Wie die geeignete Ausgestaltung der *property rights* Allokationsverzerrungen verhindern kann, wird mit Hilfe des in Abb. 11 dargestellten Zusammenhangs deutlich.

Ausgangspunkt ist die Überlegung, dass der Nutzen aus der Teilnahme am Netz die Zahlungsbereitschaft der Teilnehmer bestimmt. Dabei wird unterstellt, dass das Netz durch das Zusammenwirken der Teilnehmer zustandekommt, die sich eines gemeinsamen Standards bedienen. Die Teilnehmer sind also sowohl Nutzer des Netzes als auch dessen Anbieter; durch den Anschluss an das Netz stellen sie

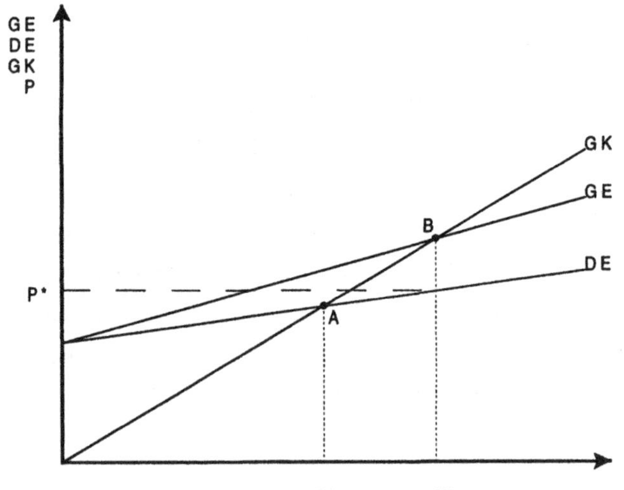

Quelle: LIEBOWITZ/MARGOLIS(1994), S. 142.

Abb. 11: Auswirkung unterschiedlicher Gestaltung der Eigentumsrechte

es bereit. Auch von Kapazitätsbegrenzungen wird abstrahiert.[173] Aufgrund der Netzeffekte steigt der Nutzen und damit auch die Zahlungsbereitschaft mit jedem zusätzlichen Teilnehmer. Mit DE wird der Durchschnittsnutzen beschrieben, der aus der Teilnahme am Netz geschöpft werden kann. Für Netzbetreiber ist dies gleichbedeutend mit ihrem Durchschnittsertrag, der mit zunehmender Netzgröße T steigt. GE zeigt die Veränderung des Gesamtnutzens, wenn ein zusätzlicher Teilnehmer dem Netz beitritt (Grenznutzen).[174] Weil beim Auftreten von Netzeffekten jeder zusätzliche Teilnehmer den Nutzen für alle Netzteilnehmer erhöht, liegt GE oberhalb von DE. Die durch den Netzausbau entstehenden Kosten werden durch GK beschrieben[175].

Aus gesamtwirtschaftlicher Sicht sollte das Netz vergrößert werden, solange der Grenznutzen eines zusätzlichen Teilnehmers die von ihm verursachten Kosten übersteigt: der gesamtwirtschaftlich optimale Netzausbau umfasst daher T* Teilnehmer.

Fehlt eine exklusive Zuteilung von Eigentumsrechten, so kommt jeder zusätzliche Netzteilnehmer nicht in den Genuss des Grenz-, sondern nur des Durchschnittsnutzens. Seine Zahlungsbereitschaft wird sich daher auch darauf beschränken. Die Anbieter werden daher auch nur einen Netzausbau bis T´ Teilnehmer vornehmen, weil bei einem weiteren Ausbau die (internen) Kosten den (internen) Ertrag übersteigen und die Anbieter Verluste erlitten.

Zu einem anderen Ergebnis kommt es jedoch, wenn das Netz von einem Anbieter alleine bereitgestellt wird: Sein Grenzertrag ergibt sich aus der Zahlungsbereitschaft des Grenznutzers zuzüglich der gestiegenen Zahlungsbereitschaft der schon dem Netz angeschlossenen Nutzer. Ein gewinnmaximierender Netzanbieter wird daher sein Netz bis T* Teilnehmer ausbauen und so neben einer einzelwirtschaft-

---

[173] Damit werden negative Netzexternalitäten vorerst ausgeschlossen. Negative Netzexternalitäten werden in Zweiter Teil II.C.4.c.ii (S. 68ff.) diskutiert.

[174] Die im dargestellten einfachen Modell getroffene Annahme, der Nutzen des Netzes nehme durch den Beitritt neuer Teilnehmer in jeder Ausbauphase im gleichen Maße zu, muss im Hinblick auf reale Situationen relativiert werden. In einer frühen Phase des Netzausbaus mit wenigen Teilnehmern ist mit Netzexternalitäten von beachtlichem Ausmaß zu rechnen, bei weiterem Netzausbau werden sie kleiner und fallen bei Vollausbau des Netzes (d.h. dem Anschluss aller Wirtschaftssubjekte an ein Netz) völlig weg. Vgl. NOAM(1992), S. 111ff., FRITSCH u.a.(1993), S. 166f., BLIND(1996), S. 148f.

[175] Es wird hier eine normal verlaufende Kostenfunktion unterstellt.

lich auch die gesamtwirtschaftlich optimale Situation herbeiführen. Netzexternalitäten treten hier nicht mehr auf.[176]

Daraus folgt, dass Netzexternalitäten immer dann auftreten, wenn mehrere Anbieter ein Netz bereitstellen. Darunter kann sowohl eine Bereitstellung durch die öffentliche Hand als auch eine Bereitstellung durch private Unternehmen fallen:

- Bei der Bereitstellung von großräumigen Infrastrukturnetzen durch einzelne Staaten entstehen Netzexternalitäten in der Ausprägung als (positive) *spillover*-Effekte (räumliche externe Effekte).[177]
- Bei der Bereitstellung durch mehrere Unternehmen zeigen sich Netzexternalitäten mit negativen Auswirkungen auf die Allokation der privaten Produktionsfaktoren.

ii. Auswirkungen und mögliche Maßnahmen bei Infrastrukturnetzen

Die beschriebenen Netzexternalitäten haben Auswirkungen auf Art und Größe der entstehenden Netze. Dabei können drei Formen von Marktversagen unterschieden werden, die unabhängig davon auftreten, ob das Netz materiell (durch physischen Anschluss an eine Netzinfrastruktur) oder immateriell (durch Adaption eines Standards) zustandekommt:[178]

1.) Das Netz hat eine suboptimale Teilnehmerzahl bzw. es kommt zu einer Über- oder Unterstandardisierung.[179]

2.) Ein suboptimales Netz wird gewählt bzw. es kommt zu einer Fehlstandardisierung.

3.) Lohnende Märkte werden nicht eröffnet, weil die notwendige kritische Masse für den Aufbau einer Netzinfrastruktur bzw. die Anwendung eines Standards nicht erreicht wird.

---

[176] Vgl. LIEBOWITZ/MARGOLIS(1994), S. 141ff. Diese Argumentation ist eine Umkehrung der Argumentation, die in der Literatur als "Tragödie der Allmende" diskutiert wird. Vgl. BLANKART(1994), S. 60ff., RICHTER/FURUBOTN(1996), S. 109ff.

[177] Siehe hierzu auch die Ausführungen in Zweiter Teil II.E (S. 102ff.).

[178] Vgl. WOECKENER(1996), S. 264ff., WOECKENER(1997), S. 116ff.

[179] Vgl. WOECKENER(1997), S. 118.

Ad 1.) Das Auftreten von Netzexternalitäten hat zur Folge, dass bei wettbewerblicher Bereitstellung eines Netzes dessen Größe volkswirtschaftlich suboptimal ist, wenn die Internalisierung des externen Effektes nicht gelingt.[180] Im oben beschriebenen Beispiel könnte die Konsequenz dieser Netzexternalitäten im Verzicht Spaniens auf den Anschluss an das europäische Hochgeschwindigkeitseisenbahnnetz liegen, wenn der in Spanien entstehende Nutzen aus einer Umstellung der Spurweite kleiner ist als die Kosten. Verzichtet Spanien daher auf den Anschluss an das Netz, müssen die anderen europäischen Länder auf Hochgeschwindigkeitseisenbahnverkehr nach Spanien verzichten. Daraus entstehen ihnen Nutzeneinbußen, weil der Nutzen ihrer Eisenbahnnetze größer wäre, wenn das Hochgeschwindigkeitseisenbahnnetz auch Verbindungen nach Spanien ermöglichte. Um die Netzexternalitäten (*spillover*-Effekte) auszugleichen, könnten an Spanien zweckgebundene (horizontale oder vertikale) Transfers in Höhe der Netzexternalitäten gezahlt werden. Es handelte sich dabei um Zahlungen zum Ausgleich der positiven externen Effekte, die durch den Anschluss Spaniens an das europäische Hochgeschwindigkeitsnetz und die dadurch geschaffenen Verbindungsmöglichkeiten von europäischen Zentren z.B. nach Madrid entstehen.

Ad 2.) Netzexternalitäten können auch dazu führen, dass das "falsche" Netz gewählt wird, was die Effektivität wettbewerblicher Koordination zusätzlich einschränkt. Der Grund dafür ist die sog. "kritische Masse". Auf der Nachfrageseite ist die kritische Maße die kleinste Zahl von Teilnehmern eines Netzes, die eine Markteröffnung ermöglicht, also aus der Sicht potentieller Anbieter eine Nachfrage in ausreichender Größe darstellt.[181] Betrachtet man die Nutzenseite zweier Netze, kann das Problem wie folgt illustriert werden (siehe auch Abb. 12)[182]: Der Nutzen U, den das Individuum i aus der Teilnahme an einem Netz schöpft, soll beschrieben werden mit

$$U_i = U_i(T,N),$$

[180] Vgl. KATZ/SHAPIRO(1994), S. 96.

[181] Vgl. BLANKART/KNIEPS(1992), S. 81. Zur kritischen Masse beim Angebot von Netzgütern siehe auch WOECKENER(1996), S. 264f.

[182] Der Ansatz geht zurück auf FARRELL/SALONER(1985). Zum gleichen Ergebnis mit einem ähnlichen Ansatz kommt NOAM(1992), S. 111ff.

d.h. U_i ist abhängig von der Zahl der Teilnehmer T an diesem Netz und der verwendeten Netztechnologie N. Bei positiven Netzexternalitäten gilt $\partial U/\partial T > 0$. Stehen nun zwei unterschiedliche Netztechnologien zur Verfügung, bei der allerdings die eine (N_2) einen höheren Nutzen für den einzelnen Teilnehmer schafft als die andere (N_1), gilt bei gleicher Größe der Netze

$$U_i(T,N_1) < U_i(T,N_2).$$

Geht man nun davon aus, dass zunächst alle Teilnehmer N_1 nutzen, ergibt sich daraus für die Teilnehmer die folgende Entscheidungssituation: Sie vergleichen den Nutzen aus der moderneren Netztechnologie(großer Technologieeffekt) und einem geringen Netzausbau (kleiner Netzeffekt) mit dem Nutzen, der im veralteten Netz N_1 insbesondere durch die Größe der installierten Basis (großer Netzeffekt) geschaffen wird. Die Teilnehmer werden im alten Netz verbleiben, solange

$$U_i(T_2+1,N_2) < U_i(T_1,N_1),$$

denn wechseln sie früher in das neue Netz, müssten sie Nutzenverluste hinnehmen. Erst bei Überschreiten der kritischen Masse wird auf der Grundlage von Nutzenüberlegungen die Nachfrage nach dem neuen Netz zu einem Übergang nach N_2 führen. Abb. 12 illustriert diesen Zusammenhang: Die Teilnehmerzahl T verteilt sich auf die beiden Netze N_1 und N_2. In A nutzen alle Teilnehmer das alte

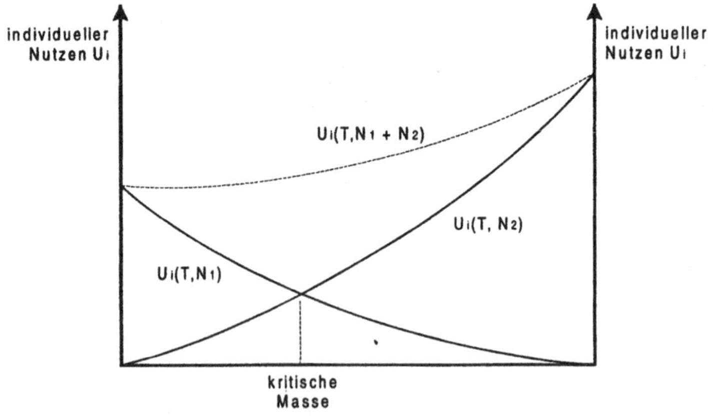

In Anlehnung an KLODT u.a.(1995), S. 44.

Abb. 12: Kritische Masse

Netz (N_1). Mit beginnendem Aufbau des neuen Netzes und damit abnehmender Teilnehmerzahl im alten Netz sinkt dessen Nutzen für die einzelnen Nutzer. Da zu Beginn des Netzaufbaus für den einzelnen Netzteilnehmer jedoch der Nutzen des neuen Netzes noch nicht den des alten Netzes übertrifft, werden die Teilnehmer das Netz nicht wechseln. Erst wenn die kritische Masse erreicht ist, werden Netznutzer in das neue Netz wechseln, denn der individuelle Nutzen übersteigt hier und bei weiter steigenden Teilnehmerzahlen im neuen Netz (N_2) den des Anschlusses an das alte Netz. In B sind alle Teilnehmer vom alten in das neue Netz gewechselt.

Netzexternalitäten können eine Situation hervorrufen, in der die Wirtschaftssubjekte in einem suboptimalen Netz verharren (*lock-in*), obwohl jeder Teilnehmer einen höheren Nutzen hätte, wenn alle Teilnehmer die Netztechnologie N_2 nutzten. Der Übergang ins neue Netz kommt nicht in Gang, denn bis zum Erreichen der kritischen Masse geht der Wechsel in das neue Netz mit Nutzenverlusten für die einzelnen Teilnehmer einher. Erst wenn so viele Teilnehmer in das neue Netz eingetreten sind, dass die kritische Masse erreicht wird, ist der Übergang von N_1 nach N_2 mit einem Nutzenzuwachs für die Teilnehmer des neuen Netzes verbunden. Die Adaption neuer, superiorer Technologien kann dadurch negativ beeinflusst werden.

Dies kann auch deshalb besonders problematisch sein, weil im Gegensatz zur bisher betrachteten komparativ-statischen Situation, bei der eine Netztechnologie N_1 mit einer anderen Netztechnologie N_2 konkurriert, in der Realität die Menge der möglichen Netztechnologien *ex ante* nicht bestimmt werden kann.[183] Technologien müssen gesucht und gefunden werden, bevor sie zum Einsatz gebracht werden können, wobei die Suchprozesse hinsichtlich ihres Ergebnisses prinzipiell offen sind.[184] Netzexternalitäten erschweren in Märkten die Suche nach der "richtigen" Netztechnologie bzw. dem "richtigen" Standard. Staatliche Interventionen stellen keine wirkliche Alternative dar, weil sie auf der Grundlage ungenügender Informationen durchgeführt werden müssten. Insbesondere in dynamischen Netzmärkten (z.B. Telekommunikation) müsste die staatliche Stellen früh genug

---

[183] Vgl. BLANKART/KNIEPS(1993), S. 453.

[184] Vgl. HAYEK(1969), S. 249ff.

Einfluss nehmen, denn sonst sind Veränderungen auf dem Netzmarkt oft nur noch unter Inkaufnahme hoher Kosten möglich. Zu diesem Zeitpunkt ist das Wissen um Vor- und Nachteile bestimmter Netztechnologien oder Standards jedoch in der Regel noch gering. Mit der frühen Festlegung auf einen Standard werden Varianten unterdrückt, wodurch in von raschem technischen Wandel gekennzeichneten Märkten die Gefahr von Fehlallokationen wächst. Erschwerend kommt hinzu, dass mit Politikversagen gerechnet werden muss. So könnten die dann verantwortlichen öffentlichen Entscheidungsträger nicht primär an einer sachgerechten Lösung, sondern an der Vergrößerung ihres Einflusses interessiert sein.[185]

Die auf Netzexternalitäten zurückgehende Problematik der kritischen Masse verursacht auch die Gefahr einer Netzzersplitterung. Sie kann auftreten, wenn mehrere ähnliche Netzwerke die kritische Masse erreichen. In dieser Situation sieht unter Nutzengesichtspunkten kein Netzteilnehmer - *ceteris paribus* - die Notwendigkeit, das Netz zu wechseln. Unter den hier getroffenen Annahmen weisen die entstehenden Netze dennoch eine suboptimale Größe auf, denn der soziale Nutzen wäre auch hier größer, wenn alle Nutzer einem Netz angeschlossen wären.

Ad 3.) Netzexternalitäten können schließlich auch bewirken, dass nicht mehr nur die Wahl des Netzes bzw. eines Standards beeinflusst wird, sondern das Fehlen der kritischen Masse dazu führt, dass dieses Netz überhaupt nicht angeboten wird, obwohl es aus gesamtwirtschaftlicher Sicht durchaus "lohnend" wäre.

Die in 2.) und 3.) beschriebenen Gefahren verringern sich, wenn die folgenden Rahmenbedingungen herrschen:[186]

- Beim Eintritt in ein Netz bzw. beim Wechsel von einem zu einem anderen Netz entstehen keine irreversiblen Kosten. Ist der Wechsel mit versunkenen Kosten verbunden, werden die Teilnehmer den Nutzen des Wechsels ermitteln, indem sie die variablen Kosten des alten Netzes den gesamten Kosten des neuen Netzes gegenüberstellen.

---

[185] Vgl. WERLE(1997), S. 71ff.

[186] Vgl. BLANKART/KNIEPS(1992), S. 80f.

- Die Teilnehmer sind darüber informiert, dass ein Beitritt bzw. Wechsel für alle vorteilhaft ist. Sind die potentiellen Teilnehmer unvollständig über die Präferenzen der anderen potentiellen Teilnehmer informiert, können die Teilnehmer mit größeren Präferenzen für das neue Netz vom Wechsel zurückschrecken, wenn sie befürchten müssen, dass die anderen Teilnehmer diesen Wechsel nicht nachvollziehen.
- Es liegt kein strategisches Verhalten vor; die Reihenfolge des Netzbeitritts bzw. -übergangs beeinträchtigt also das Nutzenkalkül der Teilnehmer nicht. Strategisches Verhalten kann dazu führen, dass die Teilnehmer im alten Netz verharren und hoffen, zu einem späteren Zeitpunkt mit höherem Nutzen in das neue Netz zu wechseln. Es besteht dann die Gefahr, dass dieses Netz nie die erforderliche Teilnehmerzahl gewinnen kann.
- Beim Beitritt bzw. Wechsel stehen nicht mehrere alternative Netze mit unterschiedlichen Technologien zur Auswahl. Der zeitgleiche Aufbau von drei oder mehr Netzen mit unterschiedlicher Technologie verschärft das Problem der kritischen Masse und die Gefahr der Netzzersplitterung.

Grundsätzlich können die durch die Problematik der kritischen Masse verursachten Schwierigkeiten reduziert werden, wenn es gelingt, die unterschiedlichen Netze mittels einer Netzbrücke zu verbinden. Eine Netzbrücke übernimmt die Kopplung der Netze.[187] Dies kann durch die räumliche Verknüpfung der Netze, also die einfache Überbrückung der Netzlücke geschehen. In vielen Fällen wird die raumüberwindende Dienstleistung auch in technisch ähnlichen Netzen nicht in derselben Form erbracht, so dass z.B. eine Anpassung der Übertragungsprotokolle in Telekommunikationsnetzen oder Umladevorgänge in Verkehrsnetzen notwendig werden; auch diese Funktion kann die Netzbrücke übernehmen. Beim Wechsel kommt dann den Nutzern des neuen Netzes der Netzeffekt in vollem Umfang zugute, weil die im alten Netz verbleibenden Teilnehmer erreichbar bleiben. Unter Berücksichtigung des Technologieeffekts wird sofort ein höherer Nutzen $U_i = U_i(T,N_1+N_2)$ für die Teilnehmer erreicht (siehe Abb. 12). Dadurch entfällt das Problem der kritischen Masse, so dass der *lock in*-Effekt vermieden werden kann.

---

[187] Bei Informations- und Kommunikationssystemen wird dies beispielsweise durch ein sog. *gateway* realisiert. Zur Bedeutung von Netzbrücken in Telekommunikationsnetzen vgl. Dritter Teil III.A (S. 251ff.).

Um dies zu erreichen, kann die technische Zusammenarbeit der Netzbetreiber gefördert werden oder Empfehlungen für einen Standard ausgesprochen werden. Wenn eine Kopplung technisch möglich ist und dennoch nicht zustande kommt, können Betreiber etablierter Netze schließlich auch gezwungen werden, ihre Netze mit den neuen Netzen zu koppeln, um eine effiziente Lösung zu ermöglichen.[188] Dies kann zum einen

- intramodal geschehen, also bei räumlich sich ergänzenden Netzen, bei der die Transportleistung technisch auf dieselbe Art und Weise erstellt wird. Werden durch eine Netzbrücke zwei vorher getrennte Netze verbunden, nimmt die Zahl der Verbindungsmöglichkeiten sprunghaft zu. Netzexternalitäten verhindern jedoch, dass die gesamtwirtschaftlich optimale Netzgröße ohne entsprechende Rahmenbedingungen oder wirtschaftspolitischen Einfluss zustandekommt.[189] Die Kopplung der Netze ist auch
- intermodal sinnvoll, d.h. zwischen Netzen, bei denen der Transport auf unterschiedliche Art und Weise durchgeführt wird. Die Netzbrücke muss hier neben der räumlichen Verknüpfung der vorher getrennten Netze auch eine Anpassung der Transportmodi ermöglichen.[190]

Der Verzicht auf solche Verknüpfungen von Infrastrukturnetzen verhindert gesamtwirtschaftliche Effizienzgewinne durch positive Externalitäten und bedeutet eine Verminderung des Gesamtnutzens der Netze.

Die Überlegungen zur kritischen Masse gingen - dies gilt es zu berücksichtigen - vereinfachend von homogenen Präferenzen aus, was wegen des Infrastrukturcharakters der hier behandelten Netze eine nicht völlig realitätsferne Annahme ist.

---

[188] Die praktischen Probleme eines solchen Regulierungsvorhabens sollten allerdings nicht vernachlässigt werden. Beispiele sind die Auseinandersetzungen um die Preise für die Telekommunikationsnetze und um die Durchleitung in Energietransportnetzen. Zu diesen Aspekten vgl. Dritter Teil IV (S. 280ff.).

[189] Werden zwei Netze zusammengeschlossen, wobei das eine Netz x Objekte, das andere y Objekte aufweist, so entstehen dadurch (x+y)x-x(x-y)=2xy neue Verbindungsmöglichkeiten; für das beigetretene Objekt sind jedoch nur xy Verbindungen von Belang.

[190] Vgl. WINK(1995), S. 106f. Anschauliches Beispiel für diese Art der Netzbrücke sind Güterverkehrszentren, bei denen die Verknüpfung von Straßen- und Eisenbahninfrastruktur, z.T. auch Luft- und Schifffahrtsinfrastruktur vorgenommen wird. Dazu sind neben der Zusammenführung der Netze insbesondere auch Umladevorgänge notwendig.

Wird diese Annahme aufgegeben,[191] kann das parallele Betreiben mehrerer Netze zu überlegenen ökonomischen Ergebnissen führen, wenn dadurch den heterogenen Präferenzen besser Rechnung getragen wird. Es besteht dann ein *trade off* zwischen zunehmenden Netzeffekten, die durch die Nutzung eines Netzes zustande kommen, und abnehmender Produktdifferenzierung. In diesen Fällen ist die Vollerschließung durch ein Netz volkswirtschaftlich nicht mehr wünschenswert; es gilt vielmehr, eine wohlfahrtsoptimale Anzahl von Netzen aufzubauen.[192]

Der parallele Betrieb ähnlicher Netze hat dann allerdings auch wettbewerbspolitische Implikationen. Netzexternalitäten können aufgrund ihrer besonderen Eigenschaften Einfluss auf die Wirksamkeit wettbewerblicher Selbststeuerung haben. Eine besondere Rolle spielen hierbei die bei der Bereitstellung von Netzen in vielen Bereichen - insbesondere bei materiellen Netzen - auftretenden Unteilbarkeiten. Sie können im Extremfall ein natürliches Monopol begründen. Ist der Netzmarkt bestreitbar, so dass potentielle Konkurrenz wirksam wäre, oder schränkt monopolistische Konkurrenz die Ausbeutungsspielräume für den Anbieter ein, kann die Ausbeutung der Nachfrager durch die Anbieter vermieden werden. Die Wirksamkeit dieser Wettbewerbsmechanismen wird jedoch eingeschränkt, wenn die Anbieter erst ein bestimmtes Nachfragevolumen (die kritische Masse) erreichen müssen, um eine "selbsttragende" Nachfrage erwarten zu dürfen. Daraus ergibt sich für potentielle Netzanbieter die Notwendigkeit, hohe Investitionen zu tätigen und die Nachfrage möglicherweise durch niedrige Preise zu stimulieren. Hohe Investitionen sind z.B. bei Infrastrukturnetzen allerdings insofern problematisch, als sie oft den *sunk costs* zuzurechnen sind. Diese Konstellation stellt eine Markteintrittsbarriere dar, die dem etablierten Anbieter größere Spielräume bei der Preissetzung lässt.[193]

In solchen Fällen kann es aus wettbewerbspolitischen Gründen angezeigt sein, den etablierten Anbieter zu zwingen, sein Netz durch Netzbrücken mit dem Netz neuer Anbieter zu verknüpfen. Dies verhindert, dass der Aufbau neuer Netze

---

[191] Dies kann angesichts sich ausdifferenzierender Nutzerpräferenzen insbesondere im Telekommunikationsbereich zweckmäßig sein.

[192] Vgl. WOECKENER(1997), S. 117f.

[193] Vgl. KLODT u.a.(1995), S. 45ff.

wegen der Problematik der kritischen Masse nicht zustandekommt und erhöht dadurch auch den Gesamtnutzen der Netze (siehe Abb. 12).[194]

Neben positiven werden auch negative Netzexternalitäten diskutiert. Sie treten auf, wenn durch Beitritt zu einem Netz der Gesamtnutzen des Netzes für die anderen Netzteilnehmer reduziert wird.[195] So wird ein Medikament immer unzuverlässiger, je weiter es verbreitet ist und je mehr Resistenzen sich bei den Krankheitserregern ausbilden können. Im Hinblick auf Transportnetze treten negative Netzexternalitäten jedoch in der Regel als "Staueffekte" auf. Sie sollen in materiellen Netzen immer dann zu beobachten sein, wenn deren Auslastung sich der Kapazitätsgrenze nähert oder diese gar überschreitet und dadurch der Nutzen des Netzes sinkt.[196] Diese Argumentation vermag allerdings nicht zu überzeugen: Zum einen beziehen sich diese Staueffekte insbesondere im Verkehrsbereich nicht auf die Infrastruktur als solche, sondern auf die Nutzung dieser Infrastruktur, also die Ebene, auf der die Transportleistung erbracht wird. Die Argumentation ist von daher nicht vergleichbar mit der oben geführten Diskussion um die ökonomischen Auswirkungen einer Variation der Größe einer Netzinfrastruktur. Zum anderen erhöht ein Autofahrer, der eine schon verstopfte Straße benutzt, zwar die Zeitverluste der anderen Autofahrer, muss aber auch selbst Zeitverluste hinnehmen. Alle Straßenbenutzer legen sich so gegenseitig Zeitverluste auf. Es handelt sich dann nicht um externe Kosten der Überfüllung, sondern um steigende Grenzkosten bei der Annäherung an die Kapazitätsgrenze.[197]

Wird die Infrastruktur in solchen Situationen zum knappen Gut, muss ihre Nutzung rationiert werden. Dies kann aus ökonomischer Sicht am effizientesten dadurch erreicht werden, dass der Betreiber des Netzwerkes die Preisgestaltung für alle Teilnehmer des Netzes zu jedem Zeitpunkt an deren Zahlungsbereitschaft ausrichtet, für die Nutzung einer Netzinfrastruktur also Knappheitspreise ge-

---

[194] Mit wettbewerbspolitischen Fragen setzen sich KRUSE/KIESSLING(1997), S. 26ff. ausführlich auseinander. Zum Verkehrsinfrastrukturbereich siehe auch LAASER(1991), S. 217ff.

[195] Vgl. RÖVER(1996), S. 14ff., BLANKART/KNIEPS(1992), S. 79ff., LIEBOWITZ/MARGOLIS(1994), S. 134.

[196] Vgl. MARTE(1994), S. 265ff., KNIEPS(1994b), S. 1ff.

[197] Vgl. LAASER(1991), S. 98f., insbesondere S. 98, Fußnote 2.

fordert werden. Sie können zum einen der optimalen Allokation der vorhandenen Kapazitäten dienen und - was im Zusammenhang mit dem Thema dieser Arbeit von größerer Bedeutung ist - auch Beiträge zur Finanzierung des Auf- und Ausbaus der Infrastruktur leisten. Diese Gedanken werden im Zusammenhang mit der Diskussion um ökonomisch sinnvolle Finanzierungsformen behandelt.[198]

5. Informationsmängel

a. Unsicherheit

Als charakteristisch für Investitionen in Infrastrukturnetze wird oft deren hohes Risiko sowohl in der Bereitstellungs- als auch in der Nutzungsphase bezeichnet.[199] Sie sind oft durch signifikante Überschreitung von Terminen und Kosten gekennzeichnet, die die Kosten- und Ertragserwartungen für das Gesamtprojekt nachhaltig negativ beeinflussen können. Der Auf- und Ausbau solcher Netze oder Netzteile erfordert in der Regel Zeiträume von mehreren Jahren. Die Nutzungsphase zeichnet sich durch lange physische Lebensdauer und typischerweise eine lange Amortisationsdauer der Infrastruktur aus. Für die Investoren kommt eine ungünstige Entwicklung des *cash flow* zustande: Erst nach einer langen Phase mit negativem *cash flow* wird der Amortisationspunkt erreicht, dem dann eine lange Phase mit vergleichsweise geringem positivem *cash flow* folgen kann.[200] Abb. 13 zeigt einen idealtypischen *cash flow*-Verlauf (unten) im Vergleich zu einer idealtypischen Großinvestition z.B. im industriellen Anlagenbau (oben).

Die Nachfrage ist - insbesondere auch wegen des weiten Planungshorizonts - nur schwer prognostizierbar. Es besteht das Risiko, dass die Infrastruktur einer ökonomischen Entwertung aufgrund von Nachfrageveränderungen unterliegt.

Die beschriebenen *cash flow*-Verläufe sind insbesondere also deshalb problematisch, weil eine Investition mit erheblicher Unsicherheit (synonym: Risiko) behaftet ist, da es unmöglich ist, die zukünftige Entwicklung mit Sicherheit vorauszusa-

---

[198] Vgl. Zweiter Teil IV.C.1 (S. 134ff.).

[199] Vgl. z.B. BÜSCHGEN/ERGENZINGER(1993), S. 36f., ROUNDTABLE OF EUROPEAN INDUSTRIALISTS(1984), S. 6.

[200] Vgl. TOMAS(1997), S. 68ff., ROUNDTABLE OF EUROPEAN INDUSTRIALISTS(1984), S. 6. Dieser *cash flow*-Verlauf kann bei einigen Finanzierungsformen jedoch genutzt werden, um steuerliche Vorteile zu erlangen (Leasing-Modell). Vgl. TOMAS(1997), S. 147ff. und die Ausführungen in Zweiter Teil IV.D.3.c (S. 154ff.).

gen. Unsicherheit kann durch die Beschaffung zusätzlicher Informationen möglicherweise verringert, aber nicht beseitigt werden. Es ist zu untersuchen, ob hierin Hindernisse für eine wettbewerbliche Bereitstellung gesehen werden können.

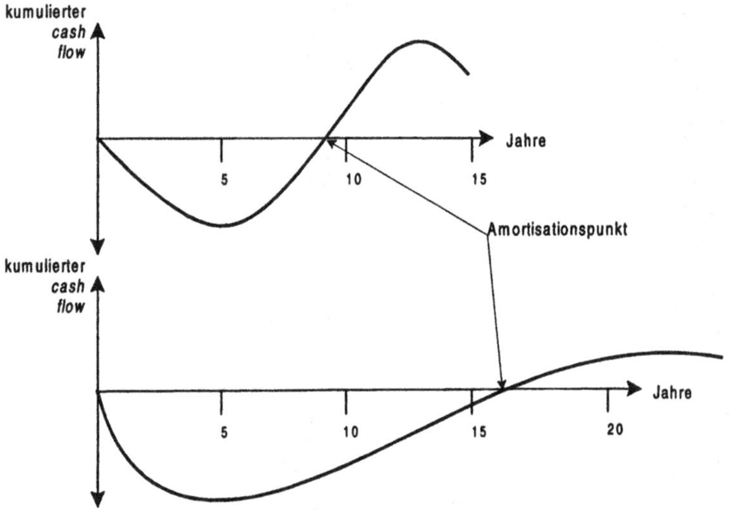

Quelle: ROUNDTABLE OF EUROPEAN INDUSTRIALISTS(1984), S. 6, MCKAY(1989), S. 31.

Abb. 13: Idealtypische *cash flow*-Verläufe

Als Risiken großer Infrastrukturprojekte gelten:[201]

- Elementare Risiken

  Diese Risiken können von den Investoren innerhalb gewisser Grenzen beeinflusst werden, weil zwischen Art und Ausgestaltung der Investition und dem Umfang des damit verbundenen Risikos ein ursächlicher Zusammenhang besteht. Investoren haben Wahlmöglichkeiten zwischen unterschiedlichen Technologien, Trassen usw., die jeweils mit unterschiedlichen Risikostrukturen verbunden sind. Im Einzelnen können unterschieden werden:

[201] Vgl. BÜSCHGEN/ERGENZINGER(1993), S. 71ff., SCHULTE-ALTHOFF(1992), S. 133ff., TOMAS(1997), S. 132ff., UEKERMANN(1990), S. 20ff.

- Technische Risiken

  Hierunter fallen Unsicherheiten hinsichtlich der Qualität des bebauten Bodens (geologisches Risiko), des Zeitraums, der zur Fertigstellung des Investitionsobjektes notwendig ist (Fertigstellungsrisiko), und Unsicherheiten in Bezug auf die Erreichung des Projektziels, also z.B. Kapazität des Investitionsobjektes und Qualität der bereitgestellten Leistung (technologisches Risiko).

- Wirtschaftliche Risiken

  Unsicherheiten bestehen hinsichtlich des störungsfreien Betriebs der erstellten Anlagen. Treten während des Betriebs des Investitionsobjektes Störungen auf, kann dies verhindern, dass der geplante *cash flow* erreicht wird (Betriebsrisiko). Außerdem kann die Nachfrage in der Betriebsphase des Investitionsobjektes von der geplanten Nachfrage nach unten abweichen, so dass wirtschaftliche Einbußen hinzunehmen sind (Marktrisiko). Finanzielle Risiken bestehen in Form von Inflations-, Zins- und u.U. Währungsrisiken, die sich auf die langen Projektlaufzeiten und die damit schwer vorhersehbare Preis-, Zins- oder Wechselkursentwicklung zurückführen lassen.

- Globale Risiken

  Im Gegensatz zu den gerade genannten Risiken sind die globalen Risiken für den Investor nicht zu beeinflussen. Hierbei wird das sog. *force majeure*-Risiko ("höhere Gewalt") beispielsweise in Form von Naturkatastrophen oder kriegerischen Auseinandersetzungen unterschieden von politischen Risiken, d.h. der Unsicherheit darüber, ob staatliche Maßnahmen den Projekterfolg erschweren oder verhindern.

Bei Infrastrukturnetzen ist neben den technischen Risiken insbesondere das Marktrisiko relevant, also Unsicherheiten hinsichtlich der tatsächlichen Nutzung des Netzes und einzelner Netzteile. Außerdem hat neben dem immer vorhandenen *force majeure*-Risiko in den stark von politischen Rahmenbedingungen abhängigen Infrastrukturbereichen das politische Risiko eine entscheidende Bedeutung für den Erfolg eines Projekts.

Die Projektbeteiligten sind jedoch nicht unbedingt dazu gezwungen, diese Risiken hinzunehmen. Zum einen sind sie in bestimmten Grenzen in der Lage, Einfluss auf Eintrittswahrscheinlichkeit und Tragweite bestimmter Risiken zu nehmen. Zum anderen bestehen unterschiedliche Möglichkeiten beim Umgang mit diesen Risiken. Denkbar sind z.B. die folgenden Maßnahmen:[202]

- Die Investoren können versuchen, zusätzliche Informationen zu beschaffen. Allerdings erschweren beim Auf- und Ausbau von Infrastrukturnetzen die langen Ausreifungs- und Nutzungszeiträume fundierte Schätzungen, denn sie werden umso unsicherer, je größer der Prognosezeitraum ist. Auch bei (unterstellten) konstanten Risiken über die gesamte Projektlaufzeit nimmt mit zunehmendem Vorhersagezeitraum die Möglichkeit ab, Schätzungen mit ausreichenden Eintrittswahrscheinlichkeiten durchzuführen.[203]
- Investoren suchen relative Sicherheit, indem sie bevorzugt Projekte mit kurzen Laufzeiten und flexiblen Produktionsverfahren, also möglichst niedrigen irreversiblen Investitionen, durchführen. Gerade diese Eigenschaften fehlen aber den hier behandelten Investitionsobjekten in der Regel.[204]
- Die Investoren können Reserven aufbauen, um beim Eintritt von Risiken das finanzielle Gleichgewicht aufrechterhalten zu können. Die Größenordnungen der hier diskutierten Infrastrukturprojekte würde jedoch Reserven in außerordentlicher Höhe erfordern, so dass diese Strategie bei diesen Vorhaben weniger geeignet erscheint.
- Investoren können einen Risikoausgleich durch Diversifikation vollziehen, also in ein Investitionsportefeuille mehrere Investitionen unterschiedlichen Risikos aufnehmen, um so einen "stochastischen" Risikoausgleich zu

[202] Vgl. FRITSCH u.a.(1993), S. 206f.

[203] Vgl. MCKAY(1989), S. 135f., SCHULTE-ALTHOFF(1992), S. 32ff.

[204] Vgl. Zweiter Teil II.B (S. 29ff.).

erreichen.[205] Dieses Vorgehen stößt allerdings an Grenzen, wenn die Projekte außerordentlich umfangreich oder singulär sind.[206]

- Bei großen Projekten zum Auf- und Ausbau der Infrastruktur kann das hohe Gesamtrisiko auf mehrere Beteiligte verteilt werden (*risk sharing*).[207]
- So übernehmen Versicherungsunternehmen Risiken von Investoren, wobei die Versicherungen ihrerseits einen "stochastischen" Risikoausgleich vornehmen.

Bei alldem gilt es aber zu berücksichtigen, dass die Übernahme von Risiken prinzipiell zur Grundcharakteristik unternehmerischen Handelns gehört; diese Risiken werden also bewusst eingegangen. Unsicherheiten allgemein, insbesondere aber die elementaren Risiken, die durch den Unternehmer sogar innerhalb gewisser Grenzen beeinflusst werden können, stellen daher kein prinzipielles Hindernis für das private Angebot von Infrastrukturnetzen dar.

Die Übernahme von Risiken ist jedoch durch die Tragfähigkeit des Unternehmens begrenzt. Überschreitet das gesamte Investitionsrisiko die Tragfähigkeit eines einzelnen Unternehmens, ist es notwendig, mit Hilfe der beschriebenen Verfahren zur Risikobehandlung eine für die Beteiligten tragbare Risikoverteilung vorzunehmen. Dies verursacht jedoch zusätzliche Kosten, so dass sich die Projekte um den Risikoaufschlag verteuern. Prinzipiell werden Projektbeteiligte solange bereit sein, Risiken zu übernehmen, bis die erwarteten Grenzrisikokosten den Grenznutzen entsprechen.[208]

Für ein Projekt, bei dem eine ausreichende Rendite erwartet werden kann und das Gesamtrisiko auf die Projektbeteiligten so verteilt wird, dass es für jeden Beteiligten tragbar erscheint, wird prinzipiell Kapital in ausreichender Höhe bereitstehen.[209] Hohe Risiken können allerdings die Kosten des *risk sharing* so weit

---

[205] Als Beispiel für den Erfolg eines solchen Vorgehens gilt die *Port Authority of New York and New Jersey* als Betreiber von Hafen-, Flughafen- und Tunnelanlagen, aber auch große Gewerbeimmobilien (*Manhattan World Trade Center*) und Buslinien. Vgl. ROUNDTABLE OF EUROPEAN INDUSTRIALISTS(1984), S. 10f.

[206] Vgl. BRÜMMERHOFF(1996), S. 57.

[207] Vgl. SCHULTE-ALTHOFF(1992), S. 38ff. Vgl. auch Zweiter Teil IV (S. 128ff.).

[208] Vgl. SCHULTE-ALTHOFF(1991), S. 40f.

[209] Vgl. MCKAY(1989), S. 135.

steigern, dass nach der Fertigstellung auf dem Markt für das jeweilige Infrastrukturnetz mangels ausreichender Nachfrage kein Gleichgewicht zustande kommt, weil die Zahlungsbereitschaft der Nachfrager überschritten wird. Wird durch die Investoren eine solche Nachfragesituation antizipiert, kommt das Projekt nicht zustande. Dies stellt allerdings unter ökonomischen Gesichtspunkten kein Problem dar, solange auf Anbieter- und Nachfragerseite keine wirtschaftspolitischen Probleme anderer Form vorliegen. Der Verzicht auf die Investition spiegelt dann lediglich die Präferenzen wider, in die auch die Risikopräferenz eingeht.

Das in diesem Zusammenhang vorgebrachte Argument, der "Markt" sei zu risikoscheu,[210] hält einer Überprüfung nicht stand. Eine solche Einschätzung setzt einen Referenzmaßstab für die optimale Risikopräferenz voraus, den es jedoch nicht gibt. Es kann vielmehr vermutet werden, dass der Investor, der eine angemessene Verzinsung des eingesetzten Kapitals erreichen muss, bei einer Fehleinschätzung eines in Erwägung gezogenen Investitionsobjektes jedoch Verluste zu erleiden hat, die Risikoabwägung auch aus gesamtwirtschaftlicher Sicht am besten vornehmen wird.[211] Zwar sind öffentliche Investoren in der Lage, Risiken sehr breit zu streuen: Letztlich tragen alle die das Risiko, von denen der öffentliche Investor Zwangseinnahmen erheben kann bzw. nicht zweckgebundene Zuweisungen erhält.[212] Die Tatsache, dass hier Zwangseinnahmen zur Risikoabdeckung herangezogen werden können, die Betroffenen aber über die konkrete Ausgestaltung des Investitionsobjektes in der Regel nicht direkt mitbestimmen können, hat zur Folge, dass Entscheidungsträger in öffentlichen Institutionen Spielräume haben, die sie zum Eingehen hoher Risiken veranlassen könnten. Gesamtwirtschaftlich ist es jedoch nicht sinnvoll, hohe Risiken nur deshalb einzugehen, weil die Risiken sehr breit gestreut werden können, ohne den "indirekten Risikoträgern" die Möglichkeit zu geben mitzuentscheiden, ob sie zur Übernahme dieses Risikos und der daraus eventuell entstehenden finanziellen Verpflichtungen bereit sind.

Relativiert werden muss diese Aussage jedoch im Hinblick auf die politischen Risiken. Prinzipiell sollte die Risikostreuung auf die Projektbeteiligten so vor-

---

[210] In diesem Sinne z.B. CAPOUET(1998) im Zusammenhang mit innovativen Telekommunikationssystemen.

[211] Vgl. FRITSCH u.a.(1993), S. 208f.

[212] Vgl. BRÜMMERHOFF(1996), S. 57.

genommen werden, dass diese die übernommenen Risiken beurteilen und durch eigene Aktivitäten beeinflussen können. Damit besteht ein Anreiz, alles zu unternehmen, um die Wahrscheinlichkeit einer nicht gewünschten Projektentwicklung zu reduzieren. Da die politische Risiken vom Staat ausgehen, können sie von ihm auch beeinflusst werden. Die politischen Risiken sollten daher vom Staat - und damit letztlich von den Staatsbürgern - getragen werden, denn im Gegensatz zur Ausgestaltung einzelner Projekte hat er auf die geltenden wirtschaftspolitischen Rahmenbedingungen und eventuelle Eingriffe in den Wirtschaftsprozess direkteren Einfluss. Er muss daher auch Konsequenzen tragen.[213]

Die Ausführungen haben gezeigt, dass Unsicherheiten wirtschaftspolitische Eingriffe nicht rechtfertigen können. Treten sie zusammen mit Tatbeständen auf, die die wettbewerbliche Selbststeuerung beeinträchtigenden, bieten sie allerdings Ansatzpunkte für wirtschaftspolitische Maßnahmen. Ein Investitionsvorhaben mit positiven externen Effekten und einer langen Amortisationsdauer kann durch Reduktion des damit einhergehenden Risikos in seiner Kostenstruktur so beeinflusst werden, dass sich private Investoren für dieses Projekt interessieren. Die wirtschaftspolitische Maßnahme kann in einer Risikostreuung durch staatliche Garantien bestehen, wodurch eine Risikostreuung auf alle Steuerzahler erreicht wird. Dies hat für die Investoren einen kostensenkenden Effekt (indirekte Subventionierung), so dass ein Gleichgewicht zustande kommt und die Infrastruktur bereitgestellt wird. Es darf aber nicht übersehen werden, dass diese Maßnahmen sich von Subventionen klassischer Art insbesondere dadurch unterscheiden, dass ihre Vergabe weit weniger transparent ist.

b. Unkenntnis

Neben Unsicherheit wird als weitere Form von Informationsmängeln noch Unkenntnis diskutiert. Während Unsicherheit auch durch intensive Bemühungen um zusätzliche Informationen nicht völlig beseitigt werden kann, besteht im Falle von Unkenntnis unzureichende, also auch falsche oder irreführende Information, die - im Gegensatz zu Unsicherheit - aber durch weitere Informationsbeschaffung

[213] Es bleibt das Problem, dass eine Minderheit die Folgen mitzutragen hat, die auch in einem demokratischen System aus dem Mehrheitsentscheid entstehen.

behoben werden könnte. Im Einzelnen werden Qualitäts-, Preis- und Nutzenunkenntnis diskutiert:

- Qualitätsunkenntnis liegt vor, wenn eine Marktseite die Qualität des Gutes oder der Dienstleistung *ex ante* besser einschätzen kann als die andere Marktseite bzw. *ex post* die Qualität von einer Marktseite unbemerkt verändert werden kann.
- Von Preisunkenntnis wird gesprochen, wenn die Marktteilnehmer den markträumenden Preis nur schwer bestimmen können und es deshalb zu Angebots- oder Nachfrageüberhängen kommt.
- Nutzenunkenntnis liegt vor, wenn Wirtschaftssubjekte den Nutzen von Gütern oder Dienstleistungen systematisch falsch einschätzen. Hier bestehen Überschneidungen zu den meritorischen Gütern, bei denen mit einer ähnlichen Begründung ein öffentliches Angebot befürwortet wird, obwohl prinzipiell private Anbieter bereitstehen.[214]

Komplexität und Größe der hier behandelten Investitionen machen umfangreiche Vorarbeiten sowie eine intensive Begleitung des Bereitstellungsprozesses notwendig, so dass damit Qualitäts- und Preisunkenntnis weitgehend ausgeschlossen werden können. Nutzenunkenntnis als Argument für staatliche Eingriffe setzte voraus, dass in den hier behandelten Fällen eine systematische Unterschätzung des Nutzens bzw. der Rentabilität solcher Infrastrukturnetze vorliegen müßte[215] und außerdem öffentliche Institutionen eine überlegene Einschätzung des Nutzens bestimmter Investitionsobjekte vornehmen könnten. Nutzenunkenntnis wird zwar begünstigt durch die Langfristigkeit der hier behandelten Investitionen,[216] allerdings kann vermutet werden, dass potentielle Investoren versuchen werden,

---

[214] Vgl. FRITSCH u.a.(1993), S. 185ff.

[215] Eine Variante dieser Argumentation sieht eine systematische Unterschätzung des Nutzens von Infrastrukturinvestitionen durch die Regierungen der Mitgliedstaaten. Sie wird begünstigt durch den Konsolidierungsdruck, der von den finanzpolitischen Kriterien des Vertragswerks von Maastricht ausgeht. Dem solle die EU mit den Instrumenten zum Auf- und Ausbau der TEN entgegenwirken. Vgl. BÜSCHER(1993), S. 3. Dies mag sogar noch verstärkt werden durch die Orientierung wirtschaftspolitischer Akteure an Wahlzyklen. Andererseits werden Infrastrukturinvestitionen in der Öffentlichkeit mit gesamtwirtschaftlichem Wachstum und positiver Beschäftigungsentwicklung in Verbindung gebracht, was sie für Politiker attraktiv macht.

[216] Vgl. FRITSCH u.a.(1993), S. 203.

auch diese Unkenntnis so weit wie ökonomisch sinnvoll auszuräumen, um rentable Investitionen ausfindig zu machen. Wie bei meritorischen Gütern besteht außerdem das grundsätzliche Problem zu begründen, warum öffentliche Institutionen einen besseren Informationsstand haben sollen als die privaten.[217]

Weitreichende wirtschaftspolitische Eingriffe lassen sich auf der Basis dieser Argumente also nicht begründen. Aus der Sicht potentieller Investoren bestehen jedoch zahlreiche Investitionsalternativen, so dass im Hinblick auf konkrete Maßnahmen zum Auf- und Ausbau von Infrastrukturnetzen durchaus Unkenntnis über diese Investitionsmöglichkeiten bestehen könnte. Können potentielle Investoren also durch die Verbesserung des Informationsstandes an einem Investitionsobjekt im Bereich der Infrastrukturnetze interessiert werden, kann dies als angemessene wirtschaftspolitische Maßnahme mit vergleichsweise niedriger Eingriffsintensität gelten. Hierzu kann die öffentliche Finanzierung von Projektstudien (Machbarkeitsstudien usw.) dienen, die Machbarkeit und wirtschaftliches Potential von Vorhaben ermitteln und konkretisieren damit eine Investitionsmöglichkeit. Sie können so durchaus eine Katalysatorfunktion übernehmen. Weitergehende Eingriffe sind jedoch abzulehnen, denn sie beruhen letztlich auf der Annahme, öffentliche Institutionen verfügen über "bessere" Informationen hinsichtlich des Nutzens von Investitionen als private.

6. Zusammenfassung

Aus finanzwissenschaftlicher Sicht interessiert in dem behandelten Zusammenhang nun zusammenfassend die Frage, ob es sich bei den betrachteten Gütern um "öffentliche Güter" handelt:

- In einigen Bereichen liegen erhebliche Unteilbarkeiten bei der Bereitstellung eines Infrastrukturnetzes vor. Dies gilt für die Netzinfrastruktur, aber auch für immaterielle Netze in Form von Standards. Sinkende Durchschnittskosten bzw. Fixkostendegression sind die Folge. Deshalb wird in diesen Fällen jeder zusätzliche Nutzer nur geringe oder keine Grenzkosten verursachen: Es besteht Nichtrivalität.

---

[217] Zur Diskussion um meritorische Güter vgl. z.B. BRÜMMERHOFF(1996), S. 94ff.

- Die Ausführungen haben außerdem gezeigt, dass bei einigen Infrastrukturnetzen wesentliche Teile des Gesamtnutzens als externe Effekte auftreten, also ein Ausschluss von der Nutzung nicht vorgenommen werden kann (Nichtausschließbarkeit) bzw. nicht vorgenommen wird. In vielen Fällen könnten bei entsprechender Gestaltung der Rahmenbedingungen externe Effekte vermieden werden. Gehen von einem Gut erhebliche positive externe Effekte aus und zeichnet es sich durch Nichtrivalität aus, wäre ein Ausschluss unter gesamtwirtschaftlichem Gesichtspunkt nicht gerechtfertigt. Solange dieses Gut unterhalb der Kapazitätsgrenze genutzt wird, sollte es als öffentliches Gut in kollektiver bzw. staatlicher Verantwortung bereitgestellt werden.

Die hier behandelten Netze entfalten *ex definitione* ihren Nutzen durch die transeuropäische Verknüpfung großer Knoten.[218] Die Leistungen werden daher nicht nur in einer politischen Einheit in Anspruch genommen, so dass Netze, die hier als öffentliche Güter identifiziert werden, international öffentliche Güter sind.[219]

Die Tatsache allerdings, dass bei einigen der hier behandelten Netze prinzipiell ein Ausschluss von der Nutzung möglich wäre oder sogar praktiziert wird, lässt eine Zuordnung zu den öffentlichen Gütern zweifelhaft erscheinen. Solche Infrastrukturnetze können als internationale Mischgüter verstanden werden. Gerade Transportnetze weisen die Eigenschaft auf, dass bei geringer Nutzung keine Rivalität besteht, bei Annäherung an die Kapazitätsgrenze jedoch der Nutzen beeinträchtigt wird. Zur Optimierung der Inanspruchnahme können nun Gebühren erhoben werden, die die Zahl der Nutzer im Sinne höherer Effizienz beeinflussen und im Idealfall die externe Nutzen internalisieren.[220]

Ist der Ausschluss problemlos möglich und entstehen durch Unteilbarkeit zwar sinkende, aber noch fühlbare Grenzkosten, kann das Netz zwar privat angeboten werden, möglicherweise allerdings in einem natürlichen Monopol. In dieser Situation muss mit Wohlfahrtsverlusten gerechnet werden. Unter bestimmten Bedingungen kann der Monopolist jedoch seine Stellung nicht zur Gewinnmaxi-

---

[218] Vgl. Erster Teil I (S. 5ff.).

[219] Zu international öffentlichen Gütern vgl. PARK(1997), S. 38ff., KINDLEBERGER(1989), S. 1ff.

[220] Vgl. hierzu die Ausführungen in Zweiter Teil IV.C.1 (S. 134ff.).

mierung nutzen: Zum einen können die Nachfrager Substitute erwerben (monopolistische Konkurrenz). Zum anderen können potentielle Anbieter den Monopolisten disziplinieren (angreifbare Märkte). Märkte sind jedoch nur dann angreifbar, wenn potentiellen Anbietern keine hohen irreversiblen Kosten entstehen, um in den Markt einzutreten. Hier weisen Infrastrukturnetze aber in den meisten Fällen Eigenschaften auf, die an der disziplinierenden Wirkung angreifbarer Märkte zweifeln lassen. Deshalb werden sich Regulierungsmaßnahmen in einigen Fällen nicht vermeiden lassen. Der zu regulierende Bereich muss im Sinne der disaggregierten Regulierung aber so klein wie möglich gewählt werden.

Wirtschaftspolitische Maßnahmen können auch dann angezeigt sein, wenn Infrastrukturnetze zwar normale Kostenverläufe aufweisen und das Exklusionsprinzip funktioniert, aber Externalitäten in maßgeblichem Umfang beobachtet werden können. Im Zusammenhang mit Netzen sind hier insbesondere die Netzexternalitäten von Bedeutung. Sie können verhindern, dass ein Netz überhaupt angeboten wird (kritische Masse), ein aus gesamtwirtschaftlicher Sicht "falsches" Netz gewählt wird oder das Netz zu klein gerät. Die Wahl des wohlfahrtstheoretisch "richtigen" Netzes kann gefördert werden, wenn der Zusammenschluss ähnlicher Netze forciert wird.[221] Die Größe des Netzes kann durch Subventionen auf die wohlfahrtstheoretisch günstige Größe gebracht werden, wenn das Netz Infrastrukturcharakter aufweist, also eine Basisfunktion erbringt, für die eine homogene Nachfrage besteht. In Netzexternalitäten kann in diesen Fällen daher die Begründung für den Infrastrukturauftrag bei der Netzinstallation gesucht werden.[222]

Bei konkreten Investitionsvorhaben zum Auf- und Ausbau von Infrastrukturnetzen spielen die hier als Informationsmängel eingeführten Problemkomplexe eine erhebliche Rolle. Bei der Beurteilung von Investitionsalternativen könnten Informationen über Investitionsalternativen fehlen mit der Folge, dass aus Unkenntnis bestimmte Infrastrukturinvestitionen nicht zustande kommen. Die Wahrscheinlichkeit hierfür erscheint zwar gering, kann aber bei der großen Zahl von In-

---

[221] Die Ähnlichkeit ist hier einerseits technisch zu verstehen, allerdings muss sie auch aus der Sicht der Nachfrager beurteilt werden. Daher sind in diesem Zusammenhang auch enge Substitute ähnlich.

[222] Vgl. PFÄHLER u.a.(1995), S. 77.

vestitionsmöglichkeiten auch nicht gänzlich ausgeschlossen werden. In einem solchen Fall kann Nutzenunkenntnis durch Studien ausgeräumt werden und der Informationsstand potentieller Investoren möglicherweise verbessert werden. In diesem Zusammenhang werden auch Informationen über die Erfolgswahrscheinlichkeit einer Investition bzw. das Risiko des Scheiterns erhoben werden. Die Tatsache jedoch, dass solche Unsicherheiten bestehen, begründen allerdings kein Marktversagen.

D. Wachstums- und stabilitätspolitische Gründe für ein öffentliches Angebot von Infrastrukturnetzen?

1. Problemstellung

Eine stabilitäts- und wachstumspolitisch orientierte Wirtschaftspolitik hat zum Ziel, das Produktionspotential langfristig auszudehnen und kurzfristige Schwankungen in der Auslastung dieses Produktionspotentials zu verhindern. Dieses Ziel ist in Art. 2 EGV als Förderung der harmonischen und ausgewogenen Entwicklung des Wirtschaftslebens, eines beständigen und nichtinflationären Wachstums und der Hebung der Lebenshaltung definiert und soll damit Ziel europäischer Wirtschaftspolitik sein.

Wirtschaftsnahe Infrastrukturnetze gehen als Produktionsfaktoren in die gesamtwirtschaftliche Produktionsfunktion ein und erhöhen damit das Produktionspotential - direkt über den Kapazitätseffekt oder indirekt über den Rationalisierungs- und den indirekten Produktivitätseffekt.[223]

Die Zusammenhänge zwischen dem Auf- und Ausbau der Infrastruktur und dem gesamtwirtschaftlichen Wachstum sind allerdings außerordentlich komplex. So hat der Auf- und Ausbau über Produktivitätserhöhungen positive Auswirkungen auf das Wachstum (*"infrastructure push"*). Durch gesamtwirtschaftliches Wachstum werden oft aber erst die fiskalischen Spielräume für den Auf- und Ausbau von Infrastrukturnetzen geschaffen (*"infrastructure pull"*). Empirische Untersuchungen konnten Kausalitäten in beide Richtungen nachweisen.[224] Es liegen also Rückkopplungseffekte vor, die hier jedoch getrennt behandelt werden sollen.[225]

---

[223] Vgl. Zweiter Teil II.C.4 (S. 56ff.).

[224] Vgl. PFÄHLER u.a.(1995), S. 140.

[225] Vgl. BACH u.a.(1994), S. 112ff.

Infrastrukturnetze haben außerdem in der Bereitstellungsphase[226] Nachfragewirkungen, die genutzt werden könnten, um gezielt eventuell bestehende Unterauslastungen des vorhandenen Produktionspotentials auszugleichen. Es muss also auch untersucht werden, ob aus einer solchen stabilitätspolitischen Orientierung die Rechtfertigung für eine öffentliche Bereitstellung von Infrastrukturnetzen abgeleitet werden kann.

2. Wachstumspolitische Gründe

a. Auswirkungen der Infrastruktur auf das gesamtwirtschaftliche Wachstum (*"infrastructure push"*)

i. Infrastruktur als eigenständiger Inputfaktor

Die Infrastruktur kann als zusätzlicher Produktionsfaktor in eine gesamtwirtschaftliche Produktionsfunktion einbezogen werden. Es gilt dann $Y = f(L, K, R)$, d.h. das erreichbare Volkseinkommen hängt von den verfügbaren Produktionsfaktoren K (Kapital), L (Arbeit) und R (Infrastruktur) ab.[227] Bei der Infrastruktur handelt es sich um ein Zwischenprodukt, das mit Hilfe von Arbeit und Kapital produziert wird. Infrastrukturinvestitionen erhöhen die Kapazität der Infrastruktur und vermehren die Menge der verfügbaren Produktionsfaktoren.[228] Insgesamt steigt der gesamtwirtschaftliche Kapitalbestand und damit das Produktionspotential einer Volkswirtschaft. Arbeit und Kapital können folglich entweder direkt zur Produktion eines Endprodukts oder zur Bereitstellung der Infrastruktur verwendet werden. Aus gesamtwirtschaftlicher Sicht sollte die Produktion der Infrastruktur so lange ausgedehnt werden, wie die aggregierte Ersparnis der Unternehmen durch die Nutzung der Infrastruktur größer ist als die gesamtwirtschaftlichen Kosten, die durch Ausweitung der Infrastruktur entstehen.[229]

---

[226] Die Bereitstellungsphase umfasst die Planung und den Bau eines Infrastrukturnetzes oder eines Teilnetzes und ist abzugrenzen gegen die Betriebsphase eines Infrastrukturnetzes.

[227] Vgl. SCHEELE(1993a), S. 29f., BACH u.a.(1994), S. 116ff. und die jeweils dort angegebene, umfangreiche Literatur. Zur Problematik der Formulierung aggregierter Produktionsfunktionen siehe PFÄHLER u.a.(1995), S. 84ff.

[228] Diese Argumentation betont die Wirkungen des Kapazitätseffekts. In Zweiter Teil II.D.2.a.ii (S. 90ff.) werden die Produktivitätseffekte im Mittelpunkt stehen. Zu Kapazitäts- und Produktivitätseffekt vgl. Zweiter Teil II.C.4 (S. 56ff.).

[229] Vgl. PFÄHLER u.a.(1995), S. 88ff., insbesondere Abb. 1.

Empirische Untersuchungen zur Bedeutung des Infrastrukturkapitalzuwachses für das Wachstum einer Volkswirtschaft kommen für Westdeutschland zu dem Schluss, dass ca. 3% des Wirtschaftswachstums im Untersuchungszeitraum direkt auf die Erhöhung des Infrastrukturkapitals im Verkehrsbereich zurückzuführen sind. Wird das private Infrastrukturkapital einbezogen, können ca. 16% des Wachstums mit dem Ausbau der physischen Verkehrsinfrastruktur erklärt werden.[230]

ii. Infrastruktur zur Verbesserung der Effizienz privater Produktionsfaktoren

Neben der Erhöhung der Menge verfügbarer Produktionsfaktoren (im Falle von Infrastrukturnetzen also des Sachkapitalstocks) ist die Erhöhung der Produktivität der Produktionsfaktoren Arbeit und Kapital ein weiterer wesentlicher Bestimmungsfaktor für das Wachstum einer Volkswirtschaft.[231] Dabei wird unterstellt, dass sich die Produktivität der Produktionsfaktoren durch die Bereitstellung von Infrastruktur erhöht.[232] So führt der Auf- und Ausbau der Transportinfrastruktur zu erhöhter Austauschintensität, zunehmender Spezialisierung und dadurch zur Realisierung von Qualitäts- und Kostenvorteilen[233].

Bei dem Versuch, das gesamtwirtschaftliche Wachstum empirisch nur aus den Zuwächsen von Kapital und Arbeit zu erklären, wird deutlich, dass sich die tatsächlichen Zuwächse der Produktionsfaktoren nicht zum tatsächlichen Wirtschaftswachstum addieren. Das Residuum ist die totale Faktorproduktivität, also das Maß für die Produktionsänderungen, die nicht mit der Veränderung der Einsatzmengen erklärt werden können.[234] In dieser Größe kommen Produktivitätsverbesserungen zum Ausdruck, die z.B. auf technischen Fortschritt, aber auch auf Produktivitätswirkungen des Infrastrukturauf- und -ausbaus zurückzuführen sind. Die empirische Untersuchung, auf die oben schon Bezug genommen wurde, rechnet ca. 50% des gesamtwirtschaftlichen Wachstums in Deutschland im Untersuchungszeitraum der Auswirkung von Produktivitätsverbesserungen durch

---

[230] Die zitierte Untersuchung beschränkte sich auf Westdeutschland im Zeitraum 1950-1990. Vgl. BAUM(1997), S. 34ff.

[231] Vgl. BAUM(1997), S. 33.

[232] Vgl. BIEHL(1991), S. 13.

[233] Vgl. BACH u.a.(1994), S. 113.

[234] Vgl. BAUM(1997), S.34ff., BUSCH/KLÖS(1995), S. 23f.

Infrastruktur zu. Wird der Einfluss der Infrastrukturausstattung auf die totale Faktorproduktivität von anderen Elementen wie dem technischen Fortschritt isoliert, zeigt sich, dass etwa zwei Drittel des Produktivitätswachstums auf die Wirkung der Transportinfrastruktur zurückgeführt werden können.[235]

iii. Interdependenzen zwischen der Entwicklung des Infra- und Suprastrukturkapitals

Für die Analyse der wachstumspolitischen Bedeutung des Auf- und Ausbaus der Infrastrukturnetze ist auch die Veränderung der Zusammensetzung des gesamtwirtschaftlichen Kapitalstocks von Bedeutung. Als Instrument kann für den hier interessierenden Bereich die Substitutionselastizität dienen, die angibt, in welchem Ausmaß ein Produktionsfaktor (hier: Infrastrukturkapital[236]) durch einen anderen Produktionsfaktor (hier: Suprastrukturkapital[237]) ersetzt werden kann:[238]

- Zwischen Infra- und Suprastruktur ist im Hinblick auf die Grundausstattung mit Infrastrukturkapital eine niedrige Substitutionselastizität plausibel. Hierin kommt die Bedeutung der Infrastruktur als Voraussetzung für eine arbeitsteilige Wirtschaft zum Ausdruck, die zumindest bis zum Erreichen bestimmter Schwellenwerte (Basis-Infrastruktur) nicht durch private (Suprastruktur-)Investitionen substituierbar ist.[239] Daraus folgt ein limitationaler Zusammenhang zwischen Infra- und Suprastrukturkapital, so dass sich ein unzureichender Ausbau der Infrastruktur als Wachstums-

---

[235] Zu den Ergebnissen der Untersuchung im Einzelnen siehe BAUM(1997), S. 40. Dabei wird die Transportinfrastruktur nicht in der hier verwendeten Form weit abgegrenzt (Straßen-, Eisenbahn-, Schiffs-, Luftverkehr sowie Energieversorgungs- und Telekommunikationsnetze), sondern im wesentlichen nur die Verkehrsinfrastruktur betrachtet. Vgl. BAUM(1997), S. 41.

[236] Zur Abgrenzung des Begriffs vgl. Erster Teil I (S. 5ff.).

[237] Das Suprastrukturkapital wird hier als der Teil des volkswirtschaftlichen Kapitalstocks verstanden, der nicht zum Infrastrukturkapital gehört.

[238] Das hier verwendete Konzept der Substitutionselastizität bezieht sich ausschließlich auf die produktionstheoretischen Zusammenhänge zwischen Infra- und Suprastruktur. Die Substitutionselastizität σ ist demnach hier das Verhältnis der relativen Änderung des Einsatzverhältnisses von Infra- und Suprastruktur zu der begleitenden relativen Änderung der technischen Substitutionsrate, die an gibt, in welchem Verhältnis diese Produktionsfaktoren gegeneinander ausgetauscht werden müssen, damit das Niveau gesamtwirtschaftlicher Produktion konstant bleibt. Ist $\sigma = 0$, sind die beiden Produktionsfaktoren keine Substitute; geht σ gegen unendlich, sind die Faktoren vollkommene Substitute.

[239] Vgl. PFÄHLER u.a.(1995), S. 82.

schranke erweisen muss.[240] Private Suprastruktur-Investitionen blieben in einer solchen Situation ohne produktive Wirkung. Daraus folgt, dass öffentliche Infrastrukturinvestitionen, die der Überwindung solcher Infrastrukturengpässe dienen, *crowding in*-Effekte auslösen, also zusätzliche private Investitionen bewirken können.[241] Es kommt zu privater Investitionstätigkeit im Bereich der Suprastruktur, was Multiplikator- und Akzeleratorprozesse bewirken kann, die ihrerseits wirtschaftliches Wachstum und Strukturwandel fördern.[242] Umgekehrt ergibt sich bei dem hier unterstellten limitationalen Zusammenhang immer dann ein wirtschaftspolitisches Problem, wenn Infrastruktur nicht in einer gesamtwirtschaftlich optimalen Menge angeboten wird und deshalb eine eigentlich bestehende Nachfrage nach dem netzbildenden Infrastrukturgut nicht befriedigt und dadurch die Gesamtproduktion einer Volkswirtschaft begrenzt wird.

- Auch plausibel ist jedoch, dass nach Überschreiten von (allerdings nur schwer zu bestimmenden) Schwellenwerten die Substitutionselastizität zwischen Infra- und Suprastruktur zunimmt, d.h. fehlendes Infrastrukturkapital durch Suprastrukturkapital substituiert und die limitierende Wirkung fehlender Infrastruktur damit überwunden werden kann.

Der Versuch, die dargestellten Vermutungen auch empirisch zu untermauern, stößt auf einige Schwierigkeiten, wobei die Ergebnisse empirischer Forschung z.T. widersprüchlich sind, sich aber insbesondere in der Höhe des Einflusses der Infrastruktur unterscheiden.[243] Besondere Aufmerksamkeit wurde dabei den Arbeiten von ASCHAUER entgegengebracht,[244] der eine große Korrelation zwischen öffentlichen Netto-Infrastrukturinvestitionen und privaten Investitionen ermittelt. Er stellt zwar anfangs einen *crowding out*-Effekt fest, dieser wird aber im Zeitablauf durch einen Wachstumseffekt überlagert und schließlich überkompensiert, so dass Wachstum und private Investitionen insgesamt erhöht

---

[240] Vgl. z.B. KLEMMER(1981), S. 390f.

[241] Vgl. BACH u.a.(1994), S. 112ff. Eine Untersuchung von 31 Wirtschaftszweigen in Deutschland hat für die Verkehrsinfrastruktur insgesamt *crowding in*-Effekte festgestellt. Vgl. SEITZ(1992), S. 24f.

[242] Vgl. BUSCH/KLÖS(1995), S. 7ff.

[243] Ein Überblick über die Ergebnisse empirischer Untersuchungen bietet PFÄHLER u.a.(1995).

[244] Vgl. ASCHAUER(1989a) und ASCHAUER(1989b).

werden. Diese Arbeiten haben allerdings erhebliche Kritik hervorgerufen; in der Folge wurde eine Vielzahl weiterer Untersuchungen vorgelegt, ohne dass ein einheitliches Bild erkennbar wird. Weiterhin bestehen erhebliche Unterschiede und Widersprüche bei den Ergebnissen dieser Untersuchungen.[245] Für Netzinfrastrukturen sind empirische Ansätze insbesondere auch deshalb so problematisch, weil die Berücksichtigung der *spillover*-Effekte, die in diesem Bereich eine besondere Rolle spielen, sehr schwierig ist. [246]

Die öffentliche Bereitstellung von Infrastruktur ist also immer dann gerechtfertigt, wenn die Grenzproduktivitäten von Infra- und Suprastruktur gerade gleich sind. Günstig wirken sich niedrige Substitutionselastizitäten zwischen Infra- und Suprastruktur aus, weil sie die Möglichkeit für *crowding in*-Effekte schaffen. Allerdings ist nicht allein die Ausstattung mit Infrastruktur bestimmend für die ausgelösten Wachstumswirkungen. Auch die Effizienz der Infrastrukturnutzung und die Auslastung der Infrastruktur beeinflussen die Produktivitätsentwicklung und damit die Wachstumswirkung von Infrastrukturnetzen.

Bezieht man zusätzlich noch die bisher nicht berücksichtigte Finanzierungsseite öffentlicher Investitionen mit ein, müssen weitere Effekte berücksichtigt werden: Jede praktisch durchführbare Einnahmenerzielung öffentlicher Haushalte hat Einkommens- und Substitutionseffekte zur Folge.[247] Grundsätzlich kann dies jedoch bedeuten, dass es durch Ausweitung der Infrastrukturinvestitionen zu *crowding out*-Effekten kommen kann, d.h. zur Verdrängung von Suprastrukturinvestitionen durch Infrastrukturinvestitionen.[248]

Hier werden die erheblichen Schwierigkeiten deutlich, die bei dem Versuch auftreten, die ökonomischen Wirkungen des Infrastrukturauf- und ausbaus umfassend zu ermitteln und den damit verbundenen Kosten gegenüberzustellen. Private Investoren werden solche Untersuchungen im Hinblick auf die privaten Kosten und Nutzen anzustellen versuchen. Auch bei öffentlichen Infrastrukturinvestitio-

---

[245] Vgl. PFÄHLER u.a.(1995), S. 136.

[246] Zu dieser Problematik vgl. PFÄHLER u.a.(1995), S. 136ff.

[247] HEDTKAMP sieht hierin einen wesentlichen Einwand gegen die sehr positiven Ergebnisse der Analyse von ASCHAUER. Vgl. HEDTKAMP(1995), S. 31.

[248] Die Auswirkungen unterschiedlicher Finanzierungsformen werden in Zweiter Teil IV (S. 128ff.) ausführlich behandelt.

nen sollte hierauf - trotz der Probleme - nicht verzichtet werden. Technisch wird dies durch Nutzen-Kosten-Analysen bewerkstelligt.[249] Der Gesamtnutzen eines Projektes soll seinen Gesamtkosten gegenübergestellt werden, um eine Entscheidungsgrundlage bei Investitionsalternativen zu erzielen. Besondere Schwierigkeiten machen die *intangibles*, also externe Kosten und Nutzen einschließlich solcher Anteile, die nur schwer in Geldeinheiten erfasst werden können.[250] Ohne auf die Einzelheiten dieser Methode eingehen zu können, sei wenigstens auf die Methoden zur Ermittlung des Nutzens[251] von Projekten zum Auf- und Ausbau von Infrastrukturnetzen hingewiesen. Dabei sind zwei Möglichkeiten zu unterscheiden:

- Es wird angenommen, dass durch die Bereitstellung eines öffentlichen Zwischenprodukts die Kosten des Primärfaktoreinsatzes sinken. Als Nutzen werden dann die "gesparten" Kosten angesetzt.
- Es wird unterstellt, dass die Bereitstellung eines öffentlichen Zwischenprodukts die Produktivität der Primärfaktoren in den begünstigten Unternehmen erhöht. Der Nutzen wird ermittelt, indem untersucht wird, um welchen Wert die Bereitstellung der Infrastruktur das Einkommen der Begünstigten erhöht.

Die Anwendbarkeit der Nutzen-Kosten-Analysen ist jedoch durch die Besonderheiten von Infrastrukturprojekten erheblich eingeschränkt: Die Tatsache, dass es sich in der Regel um sehr große Projekte handelt, die pekuniäre externe Effekte auslösen und so beispielsweise die Faktorkosten beeinflussen, erschwert die Erfassung dieser Auswirkungen erheblich.[252]

Da allerdings derzeit andere Verfahren mit geringeren Mängeln nicht zur Verfügung stehen, sollten Nutzen-Kosten-Analysen im Vorfeld großer Infrastrukturinvestitionen durchgeführt werden.[253] Werden dabei ähnliche Projekte verglichen, kann möglicherweise sogar darauf verzichtet werden, die Auswirkungen auf den

---

[249] Vgl. HEDTKAMP(1995), S. 31, BACH u.a.(1994), S. 119, ARNOLD(1988), S. 417ff.

[250] Vgl. FREY(1972), S. 105ff.

[251] Vgl. ARNOLD(1988), S. 417f.

[252] Vgl. FREY(1972), S. 114ff., ähnlich auch ARNOLD(1988), S. 431f.

[253] Vgl. SACHVERSTÄNDIGENRAT ZUR BEGUTACHTUNG DER GESAMTWIRTSCHAFTLICHEN ENTWICKLUNG(1992), Ziff. 455.

Wirtschaftskreislauf im Einzelnen zu ermitteln, wenn unterstellt werden kann, dass sie bei den zu vergleichenden Projekten sehr ähnlich sind.

b. Wirkung gesamtwirtschaftlichen Wachstums auf den Infrastrukturauf- und ausbau (*"infrastructure pull"*)

In einer wachsenden Volkswirtschaft vergrößert sich der Spielraum für Investitionen in die Ausstattung einer Volkswirtschaft mit Infrastruktur. Die öffentlich bereitgestellte Infrastruktur wird durch öffentliche Einnahmen finanziert; deren Größe und Entwicklung beeinflussen den Umfang öffentlicher Infrastrukturinvestitionen maßgeblich.[254] In einer wachsenden Volkswirtschaft nehmen die öffentlichen Einnahmen in der Regel absolut und - bei einer Aufkommenelastizität des Steuersystems größer 1 - auch relativ zu. Dies erhöht die Spielräume zur öffentlichen Finanzierung von Infrastrukturinvestitionen.[255]

Private Investoren lassen sich bei der konkreten Entscheidung über die Durchführung einer Infrastrukturinvestition vom Rentabilitätskalkül leiten, während die Entscheidung über öffentliche Infrastrukturinvestitionen politisch getroffen wird. Unter geeigneten Rahmenbedingungen führt Wettbewerb zu einer Allokation der Ressourcen, die einer durch politische Entscheidungen bedingten Allokation überlegen ist. Versagt der Wettbewerb, sind politische Entscheidungen über Art und Umfang der Infrastrukturinvestitionen jedoch nicht zu vermeiden.[256] Öffentliche Infrastrukturinvestitionen allerdings "mechanisch" am Wachstum einer Volkswirtschaft bzw. der Entwicklung der öffentlichen Einnahmen zu orientieren, wird den Anforderungen nicht gerecht. Vielmehr muss bei jedem Investitionsobjekt, letztlich aber auch bei bestehenden Netzen, immer wieder die Möglichkeit privater Bereitstellung geprüft werden. Erscheint dies nicht möglich, ist der öffentliche Auf- und Ausbau von Netzen in Orientierung an deren Basisfunktion

---

[254] Es zeigt sich z.B. in Deutschland, dass in Phasen sinkender öffentlicher Einnahmen insbesondere die Investitionen zurückgefahren werden. Vgl. SACHVERSTÄNDIGENRAT ZUR BEGUTACHTUNG DER GESAMTWIRTSCHAFTLICHEN ENTWICKLUNG(1994), Ziff. 157.

[255] Vgl. HEDTKAMP(1995), S. 31, SCHEELE(1993a), S. 47f. Die Entwicklung des Infrastrukturkapitals in der Bundesrepublik Deutschland folgte diesem Muster: Die Infrastrukturinvestitionen reagierten mit einem *time lag* auf das wirtschaftliche Wachstum. Vgl. VOGEL(1989), S. I-2ff.

[256] Allerdings muß berücksichtigt werden, dass das Gewicht, das die jeweilige Form der Bereitstellung in einer Volkswirtschaft hat, durch die institutionellen Rahmenbedingungen beeinflusst wird.

mit ausreichender Kapazität und Qualität zu leisten. Die gesamtwirtschaftlich wünschenswerte Ausstattung einer Volkswirtschaft mit Infrastrukturkapaital ("Infrastrukturreichlichkeit") ist dabei nicht am absoluten Bestand zu messen, sondern muss auf die Anforderungen der Volkswirtschaft ausgerichtet sein.[257] Hierbei ist insbesondere auch darauf zu achten, Engpässe zu verhindern bzw. zu beseitigen, die auch bei insgesamt guter Infrastrukturausstattung auftreten können, die Bildung komplementären privaten Kapitals aber behindern.[258] Gesamtwirtschaftliches Wachstum schafft so die Möglichkeiten für Gebietskörperschaften, das Notwendige zu tun, sollte jedoch nicht zum Anlass genommen werden, öffentliche Investitionen über dieses Maß hinaus auszuweiten.[259] Daraus ergibt sich auch, dass in Phasen geringen Wachstums der Infrasturkturauf- und -ausbau nicht vernachlässigt werden darf.

Allerdings ist die konkrete Ermittlung des Infrastrukturbedarfs außerordentlich schwierig. Der Infrastrukturbedarf muss aus der Nachfrage nach Verkehrsdienstleistungen abgeleitet werden, die ihrerseits der Nachfrage nach anderen Gütern oder Dienstleistungen nachgelagert ist.[260] So erweisen sich insbesondere Verkehrsschätzungen oft schon nach kurzer Zeit als überholt.[261] Dies ändert allerdings nichts an ihrer Notwendigkeit.

3. Stabilitätspolitische Gründe

Ziel einer stabilitätspolitisch orientierten Wirtschaftspolitik ist die Auslastung eines kurzfristig gegebenen Produktionspotentials. Das öffentliche Einnahmen- und Ausgabensystem wird als Instrument eingesetzt, um die schwankende Gesamtnachfrage in der gewünschten Weise zu beeinflussen. Die antizyklische Variation der staatlichen Nachfrage spielt dabei eine besondere Rolle. Verfolgt die Wirtschaftspolitik stabilisierungspolitische Ziele, wird in der Regel auch die Variation der öffentlichen Infrastrukturinvestitionen diskutiert.[262] Ihre besonderen

---

[257] Vgl. HEINSCH(1986), S. 43ff.

[258] Vgl. hierzu die Argumentation in Zweiter Teil II.D.2.a (S. 89ff.).

[259] Vgl. auch die Ausführungen zur konjunkturpolitischen Zielsetzung von Infrastrukturinvestitionen in Zweiter Teil II.D.3 (S. 96ff.).

[260] Vgl. BLUM(1995), S. 277ff.

[261] Vgl. BLUM(1995), S. 277.

[262] Vgl. ANDEL(1992), S. 443f. Der Auf- und Ausbau der TEN wurde schon zu Beginn der Planungen für solche Vorhaben mit aktiver Beschäftigungspolitik in Zusammenhang

Eigenschaften lassen sie zur kurzfristigen Beeinflussung der Nachfrage als geeignet erscheinen:[263]

- Infrastrukturinvestitionen weisen - im Vergleich zu Transferzahlungen oder Steuervergünstigungen - einen höheren Einkommensmultiplikator auf.
- Bei Infrastrukturinvestitionen handelt es sich um Realausgaben, die direkt bei den Produzenten und den Lieferanten der Vorleistungen einkommenswirksam werden. Im Gegensatz zu Transferzahlungen oder Steuervergünstigungen ist ihre Wirkung daher nicht so stark vom Verhalten der Wirtschaftssubjekte abhängig und ihre Wirkung daher eher vorhersagbar.
- Infrastrukturinvestitionen führen in der Erstellungsphase schnell zu Einkommenseffekten, ihr Kapazitätseffekt jedoch, der konjunkturpolitisch unerwünscht ist, tritt wegen der langen Ausreifungszeit von Infrastrukturinvestitionen erst mit zeitlicher Verzögerung ein.

Diesen Aspekten stehen jedoch erhebliche Nachteile gegenüber:[264]

- Von besonderer Bedeutung sind die erheblichen *time lags*, die im Zusammenhang mit Infrastrukturinvestitionen auftreten. Als konjunkturpolitisches Instrument ungeeignet sind Infrastrukturinvestitionen insbesondere wegen des "Durchführungslags", also der Verzögerungen, die durch die langen Planungs- und Erstellungszeiträume beim Auf- und Ausbau von Infrastrukturnetzen auftreten und die aufgrund der technischen Bedingungen nur begrenzt variierbar sind. Sie haben Verzögerungen zur Folge, die die Gefahr prozyklischer Wirkungen heraufbeschwören.
- Es besteht eine Zielkonkurrenz zur wachstumspolitischen Zielsetzung, wenn notwendige Infrastrukturinvestitionen z.B. zur Beseitigung von Engpässen aus konjunkturpolitischen Gründen aufgeschoben werden oder

gebracht. Vgl. KOMMISSION DER EUROPÄISCHEN GEMEINSCHAFTEN(1993c), S. 23f. Trat dieser Aspekt in der Folgezeit in den Hintergrund, wurden im Herbst 1998 wieder Stimmen laut, die den Auf- und Ausbau der TEN in den Dienst beschäftigungspolitischer Initiativen gestellt sehen wollen. Vgl. O.V.(1998a), S. 3.

263 Vgl. FREY(1972), S. 64ff.

264 Vgl. ANDEL(1992), S. 443f., FREY(1972), S. 64ff., NOWOTNY(1991), S. 139f.

wenn konjunkturpolitisch motivierte Infrastrukturinvestitionen Überkapazitäten schaffen.

Diese Kritik an der Eignung von Infrastrukturinvestitionen bzw. deren Variation als konjunkturpolitisches Instrument muss eingebettet werden in die Kritik, der das Konzept einer antizyklischen Globalsteuerung insgesamt ausgesetzt ist. Ohne auf die umfangreiche Diskussion zu diesem Punkt im Einzelnen eingehen zu können, sollen doch einige Kritikpunkte vor dem Hintergrund der historischen Erfahrungen mit diesem wirtschaftspolitischen Ansatz aufgezeigt werden.[265] Problematisch ist der hohe Informationsbedarf für zeitnahe Diagnosen und ausreichend verlässliche Prognosen. Hinzu kommen die mit den politischen Willensbildungs- und Entscheidungsprozessen verbundenen Probleme, die zum einen zusätzliche Verzögerungen verursachen können, zum anderen aber auch die Maßnahmen zugunsten partikularer Interessen beeinflussen. In ihrer Ausrichtung sind konjunkturpolitische Maßnahmen tendenziell nachfrageorientiert; ordnungs- oder strukturpolitische Probleme können durch Hinweise auf die konjunkturelle Situation leicht geleugnet werden. Besonders schwerwiegend ist jedoch die Annahme, der konjunkturelle Zyklus sei unabhängig vom Wachstumspfad einer Volkswirtschaft. Es zeigte sich jedoch, dass die zyklischen Schwankungen - zumindest auch - auf Funktionsstörungen und Anpassungsproblemen zurückzuführen sind. Werden solche Probleme dann durch kurzfristige Wirkungen konjunkturpolitischer Maßnahmen überdeckt, können sie sich zu krisenhaften Erscheinungen kumulieren.

Oft ist aber nicht mangelhafte Information über die Probleme, sondern die Verquickung mit verteilungspolitischen Zielen hierfür ursächlich. Die Globalsteuerung kann leicht zum Vehikel verteilungspolitisch motivierter Maßnahmen werden, die z.B. zur Wahrung der "sozialen Symmetrie" oder "regionaler Parität" politisch gerechtfertigt erscheinen. Dies hat jedoch erhebliche allokative Auswirkungen und beeinflusst oft auch den Wachstumspfad negativ.

Die Wirkungen konjunkturpolitischer Maßnahmen werden auch durch eine Reihe von Anpassungsvorgängen reduziert. So kann zinsempfindliche Nachfrage dadurch verdrängt werden, dass die konjunkturpolitischen Maßnahmen durch

---

[265] Vgl. hierzu und im folgenden SCHLECHT(1983), S. 20ff., SCHLESINGER u.a.(1993), S. 68ff.

öffentliche Kreditaufnahme finanziert werden, was Zinseffekte auslöst (*crowding out*-Effekte). Die staatlich geschaffene Nachfrage wird teilweise im Ausland nachfragewirksam oder durch steigende Preise auf den Gütermärkten neutralisiert. Mehreinkommen der Wirtschaftssubjekte werden durch Abgaben geschmälert und fließen teilweise in private Ersparnisse. Es zeigte sich in der Vergangenheit, dass die erhofften Multiplikator- und Akzeleratorprozesse nicht in Gang kamen und sich die konjunkturpolitischen Maßnahmen z.B. durch Infrastrukturinvestitionen als "keynesianische Strohfeuer" erwiesen. Aber auch im Rahmen des Konzeptes lassen die aufgezeigten Argumente Investitionen zum Ausbau von Infrastrukturnetzen ungeeignet erscheinen, um konjunkturelle Schwankungen im Auslastungsgrad des Produktionspotentials auszugleichen.

4. Zusammenfassung

Die Zusammenhänge zwischen dem Auf- und Ausbau von Infrastrukturnetzen und dem gesamtwirtschaftlichen Wachstum sind außerordentlich komplex und bisher wissenschaftlich nicht ausreichend durchdrungen.[266] Zwar liegen plausible Erklärungen für Wirkungszusammenhänge schon länger vor, als durch empirische Überprüfung gesicherte Erkenntnis kann jedoch nur gelten, dass der Auf- und Ausbau von Infrastrukturnetzen das Wachstum nicht negativ beeinflusst.[267]

Auch wenn dies empirisch noch nicht völlig abgesichert ist, wird die Ansicht weitgehend geteilt, dass netzbildende Einrichtungen im Infrastrukturbereich positiv auf das gesamtwirtschaftliche Wachstum wirken. Wachstumswirkungen gehen von solchen Investitionen allerdings unabhängig davon aus, ob sie unter öffentlicher oder privater Verantwortung zustandekommen. Weisen Netze oder Teilnetze keine Merkmale auf, die eine wettbewerbliche Bereitstellung behindern, wird ein öffentliches Angebot allein aus wachstumspolitischen Gründen nicht vertretbar sein. Liegen jedoch Merkmale vor, die wettbewerbliche Bereitstellung verhindern, machen die Wachstumswirkungen von Infrastrukturnetzen ein ausreichendes - also an der Nachfrage orientiertes - öffentliches Angebot umso dringender, da sonst Wachstumsmöglichkeiten verloren gingen.

---

[266] Zu einigen offen Fragen in diesem Forschungsbereich siehe z.B. PFÄHLER u.a.(1995), S. 142f.

[267] Vgl. PFÄHLER u.a.(1995), S. 142.

Von Bedeutung ist weiterhin der Einfluss, den das Wachstum einer Volkswirtschaft auf die Möglichkeiten hat, die Infrastrukturnetze auszubauen. Die Spielräume für die investive Verwendung öffentlicher Mittel steigen in wachsenden Volkswirtschaften. Gerade in Phasen, in denen Volkswirtschaften nicht wachsen, kann zur Wiedergewinnung der Wachstumsstärke eine strukturelle Orientierung des Haushalts an investiven Ausgaben beitragen.

Beide Kausalzusammenhänge müssen als relevant angesehen werden: Die Ergebnisse empirischer Forschung legen Wirkungszusammenhänge in beide Richtungen nahe. Der jeweils konkret überwiegende Wirkungszusammenhang muss daher immer auch im historischen Zusammenhang gesehen werden, so dass eine allgemein gültige Antwort nicht zu finden sein wird. Auch die Eigenschaften (insbesondere die Unteilbarkeiten) von Infrastrukturnetzen lassen einen kontinuierlichen Ausbau in der Regel nicht zu. Auch dadurch werden sich Phasen mit Infrastrukturreichlichkeit abwechseln mit Zeiträumen, in denen Infrastruktur knapp ist (siehe Abb. 14).

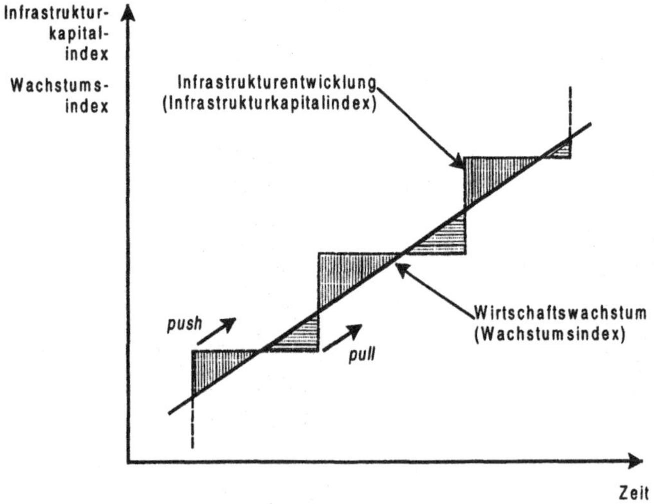

In Anlehnung an PFÄHLER u.a.(1995), S. 139.

Abb. 14: Netzinfrastruktur und Wirtschaftsentwicklung

Dies berührt die Frage, ob es wachstumspolitisch wünschenswert ist, einen Infrastrukturüberschuss vorzuhalten, um hierdurch Wachstumspotentiale zu schaffen. Unter idealen Bedingungen wäre die Infrastruktur gerade an den vorhandenen Bedarf anzupassen, so dass sich Infra- und Suprastruktur (unter Angleichung ihrer Grenzproduktivitäten) gleichgewichtig entwickeln. Eine generelle Empfehlung für Überkapazitäten wäre vor diesem Hintergrund verfehlt. Es muss allerdings berücksichtigt werden, dass die im Infrastrukturbereich häufig anzutreffenden Unteilbarkeiten oft keine Wahl lassen als Kapazitäten zu schaffen, für die sich ein Bedarf erst entwickeln muss, durch den die Infrastrukutur vollständig ausgelastet wird.[268]

Infrastrukturengpässe lösen negative Substitutions- und Komplementaritätseffekte aus.[269] Die wachstumspolitische Bedeutung von Infrastrukturnetzen wird daher weniger in ihrer Existenz fühlbar als vielmehr im Fehlen entsprechender netzbildender Einrichtungen: In diesem Fall wird das Wachstum empfindlich behindert, während das Vorhandensein netzbildender Einrichtungen alleine noch keine Garantie für ein befriedigendes Wachstum ist.[270] Hieraus ergibt sich für die Netzplanungen schwerpunktmäßig die Aufgabe, Engpässe - an den zukünftigen Nutzeranforderung orientiert - vermeiden bzw. überwinden zu helfen.[271]

Dieser vorausschauend engpassorientierte Auf- und Ausbau von Infrastrukturnetzen gelangt jedoch an Grenzen, wenn die Rahmenbedingungen zu fortlaufenden Allokationsverzerrungen bei der Infrastrukturnutzung führen. Daher kann die effiziente Nutzung der vorhandenen Infrastrukturnetze, die durch Veränderungen der Rahmenbedingungen herbeigeführt wurde, zur Überwindung von Engpässen maßgeblich beitragen und Wachstumshemmnisse abbauen helfen.[272]

Als konjunkturpolitische Instrumente weisen Infrastrukturinvestitionen erhebliche Mängel auf. Auch wenn von den grundsätzlichen Problemen abgesehen wird, die mit der antizyklischen Globalsteuerung verbunden sind, ist die stabilisierungspolitisch motivierte Variation von Infrastrukturinvestitionen problematisch, weil

---

268 Vgl. BIEHL(1991), S. 12.

269 Vgl. PFÄHLER u.a.(1995), S. 83f.

270 Vgl. KLEMMER(1981), S. 390f., in diesem Sinne auch HAHN(1987), S. 2.

271 Zu den Möglichkeiten, diese Aufgabe in einem föderal gestalteten politischen System effizient wahrzunehmen, vgl. Zweiter Teil III.D (S. 126ff.).

272 Siehe hierzu die Ausführungen zur Allokation bestehender Kapazitäten durch sog. Engpassbeiträge (z.B. im Straßenverkehr) in Zweiter Teil IV.C.1 (S. 134ff.).

die Gefahr prozyklisch wirkender Maßnahmen besteht und mittelfristig mit negativen Auswirkungen auf das gesamtwirtschaftliche Wachstum gerechnet werden muss.

E. Regionalpolitische Gründe

1. Problemstellung

Verteilungspolitik ist ausgerichtet an einem Verteilungsziel, also einer politisch definierten gewünschten Zuordnung von Einkommen oder Vermögen in personeller, funktionaler, sektoraler und regionaler Hinsicht. Mit Hilfe von wirtschafts- und finanzpolitischen Maßnahmen gilt es, die Primärverteilung - wie sie sich aus den Marktprozessen ergibt - der politisch gewünschten (Sekundär-)Verteilung anzunähern. Die hier diskutierten großräumigen Infrastrukturnetze beeinflussen die Verteilung insbesondere in regionaler Hinsicht, so dass dieser Aspekt im Mittelpunkt stehen soll.

Die regionale Verteilungszielsetzung in der EU ist die Förderung des wirtschaftlichen und sozialen Zusammenhalts der Mitgliedstaaten (Art. 2 EGV) sowie eine harmonische Entwicklung der Gemeinschaft als Ganzes (Art. 158 EGV). In diesem Artikel wird ausgeführt, dass es sich die Gemeinschaft zum Ziel setzt, "die Unterschiede im Entwicklungsstand der verschiedenen Regionen und den Rückstand der am stärksten benachteiligten Gebiete oder Inseln, einschließlich der ländlichen Gebiete, zu verringern."

Als typischer Indikator für den Entwicklungsstand einer Region gilt das jeweils erreichte Pro-Kopf-Volkseinkommen. So ermittelte Entwicklungsunterschiede können nur abgebaut werden, wenn es gelingt, in den rückständigen Regionen ein überdurchschnittlich hohes Wirtschaftswachstum zu erreichen. Daher spielen hier im Prinzip dieselben Wirkungszusammenhänge eine Rolle, die auch im Zusammenhang mit den Wachstumswirkungen untersucht wurden. Die verteilungspolitische Diskussion ist dadurch sehr eng mit der wachstumspolitischen verknüpft. Bisher wurde jedoch unterstellt, dass die Wachstumswirkungen in einem Raum gleichmäßig auftreten; die Wachstumswirkungen wurden gesamtwirtschaftlich betrachtet. Diese Vereinfachung wird nun aufgehoben und damit der Tatsache Rechnung getragen, dass sich die Wirkungen von Infrastrukturinvestitionen regional sehr stark unterscheiden.

2. Raumwirtschaftliche Wirkungen großräumiger Infrastrukturnetze

Da die hier behandelten Netze der Raumüberwindung dienen, ist deren Auf- und Ausbau mit raumwirtschaftlichen Wirkungen verbunden. Die wirtschaftlichen Aktivitäten hängen auch in ihrer regionalen Ausrichtung mit dem Vorhandensein bzw. Nichtvorhandensein von Infrastrukturnetzen eng zusammen.

Infrastrukturnetze können einen Raum nicht gleichmäßig erschließen (intraregionaler Diskriminierungseffekt[273]), denn Objekte, die in einem Netz verbunden werden sollen, sind in der Regel nicht gleichmäßig im Raum verteilt. Vielmehr stehen Räume mit niedriger Objektdichte Räumen gegenüber, in denen eine große Zahl von Objekten auf kleinem Raum versammelt sind. Außerdem unterscheiden sich die Objekte in ihrem Interaktionspotential, also dem Ausmaß der Nachfrage nach raumüberwindenden Dienstleistungen. Bündelungsvorteile in Verbindung mit Dichteeffekten[274] legen es aus ökonomischen Gründen nahe, die Nachfrage nach Raumüberwindung zusammenzufassen. Nicht jedes Objekt im Raum wird mit jedem anderen verbunden; die Nachfrage wird vielmehr an bestimmten Punkten im Raum gebündelt und über eine Verbindung höherer Kapazität mit einem Punkt verknüpft, über den dann die Verteilung an die einzelnen Zielpunkte abgewickelt wird (vgl. Abb. 3 auf S. 32). Es entstehen dadurch Knotenpunkte in Verdichtungsgebieten, über die die raumüberwindenden Aktivitäten für eine Region abgewickelt werden. Knotenpunkte ähnlicher Bedeutung sind untereinander durch Verbindungen ähnlicher Kapazität verknüpft. Dadurch entsteht auch aus ökonomischer Notwendigkeit ein hierarchisches System von Verbindungen: überregional bedeutsame Verknüpfungen von Knoten mit hohem Aufkommen stellen dabei die großräumigen Verbindungen her.

Diese hierarchische Struktur von Netzen, die sich aus der unterschiedlichen Dichte und den unterschiedlichen Interaktionspotentialen der zu verbindenden Objekte im Raum ergibt, bewirkt, dass die Objekte in unterschiedlicher Weise von einem Netz profitieren. Wird der Gesamtraum, in dem die Netze aufgebaut werden, in kleinere Einheiten unterteilt, kann entweder

- die Raumeinheit durch Netzverbindungen besser erreichbar sein,

---

[273] Vgl. PFÄHLER u.a.(1995), S. 80ff.

[274] Vgl. Zweiter Teil II.B (S. 29ff.).

- die innerregionale Transportmöglichkeiten können sich verbessern oder
- die Raumeinheit kann lediglich als Transitraum dienen (siehe Abb. 15).

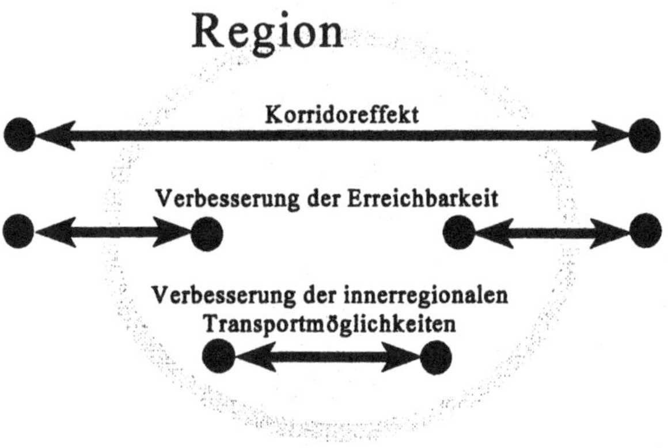

Quelle: SCHEELE(1993a), S. 14.

Abb. 15: Formen der regionalen Betroffenheit durch Infrastrukturnetze

Großräumige Netze, die Verbindungen wichtiger Knoten durch Verbindungen hoher Kapazität herstellen, werden viele Regionen nur durchqueren, so dass durch das Netz nur ein Korridoreffekt entsteht.[275] Ein Infrastrukturnetz hat auf eine Region jedoch nur dann positive Wirkungen, wenn es innerregionale Verbindungen oder Verbindungen zu anderen Regionen schafft. Genauso wie der Nutzen eines Infrastrukturnetzes in aller Regel nicht gleichmäßig im Raum verteilt ist, werden auch die Belastungen nicht gleichmäßig im Raum auftreten. Allgemein entsteht der Nutzen (in der Betriebsphase) über das Netz verteilt an den Knoten des Netzes oder in deren Nahbereich, während die Belastungen in der Regel in besonders großem Maße im Umfeld der Verbindungen entstehen.[276] Werden diese Effekte ökonomisch nicht ausgeglichen, besteht ein Externalitätenproblem, das zu einer Form "regionalen *free rider*-Verhaltens" führen kann, wenn eine Region den Nutzen des Netzausbaus hat, ohne die Belastungen aus den Verbindungen tragen

---

[275] Vgl. SCHEELE(1993a), S. 14.

[276] Vgl. hierzu auch Zweiter Teil II.E.4 (S. 111ff.), insbesondere Abb. 17.

zu müssen[277]. Umgekehrt werden Regionen, in denen die Kosten des Netzausbaus höher sind als der damit verbundene Nutzen, den Netzausbau zu blockieren versuchen.

Ungleichmäßige Verteilung von Nutzen und Kosten eines Netzes kommt auch durch den Netzeffekt zustande.[278] In Netzen verteilt sich der Nutzen einer neuen Verbindung oder einer Kapazitätserweiterung über das gesamte Netz. Wird ein Netz durch eine zusätzliche Verknüpfung engmaschiger, können die dadurch ausgelösten Transportzeitverkürzungen allen Netznutzern zugute kommen. Auch hier müssen allerdings in der Regel die durch den Korridoreffekt betroffenen Regionen die Kosten tragen. Diese Effekte stellen dann ein Problem dar, wenn die beschriebenen Wirkungen nicht internalisiert werden. Das ist zu erwarten, wenn das Netz von mehreren Anbietern bereitgestellt wird. Im Gegensatz zum alleinigen Netzanbieter haben sie nicht die Möglichkeit, positive Netzexternalitäten über die Zugangspreise zu internalisieren.[279] In diesem Fall ergeben sich Netzexternalitäten in der Ausprägung als *spillover*-Effekte.

Der Nutzen eines Infrastrukturnetzes der hier diskutierten Art besteht in der Bereitstellung von Dienstleistungen zur Raumüberwindung. Der Auf- und Ausbau von Infrastrukturnetzen erhöht daher die Mobilität von Produktionsfaktoren und Gütern.

In einem wettbewerblichen System hat dies zwangsläufig Einfluss auf die regionale Allokation der Ressourcen (interregionale Allokationseffekte) sowie auf die Handelsströme zwischen den Regionen (interregionale Handelseffekte). Die infrastrukturinduzierte Reallokation mobiler Produktionsfaktoren hat Auswirkungen auf die Faktorproduktivitäten, die die Kostenunterschiede auf der Grundlage der Ricardo-Hypothese (Kostendifferenzen durch Produktivitätsunterschiede, Theorie komparativer Kostenvorteile) verändern.

Zunehmende Mobilität von Produktionsfaktoren und Gütern hat auch Auswirkungen auf die Faktorausstattung, was auf der Grundlage der Heckscher-Ohlin-Hypothese (Kostendifferenzen durch unterschiedliche qualitative oder quantitati-

---

[277] Vgl. WINK(1996a), S. 304, VICKERMAN(1996), S. 231.

[278] Vgl. Zweiter Teil II.C.4.c (S. 64ff.).

[279] Vgl. Zweiter Teil II.C.4.c (S. 64ff.).

ve Ausstattung mit Produktionsfaktoren; [Neo-]Faktorproportionentheorem) die Kostensituation der Produzenten beeinflusst.[280] Dies wird die regionalen Spezialisierungen und die interregionale Arbeitsteilung und damit auch die Handelsströme zwischen den Regionen verändern.[281]

Aus der Sicht einzelner Regionen betrachtet beeinflusst die Anbindung an Infrastrukturnetze sowie der Ausbau des Netzes insgesamt die Standortgunst. Für die Regionen geht es darum, mobile Faktoren zu attrahieren und so die Reallokation der Produktionsfaktoren und die Güterströme zu ihren Gunsten zu beeinflussen. Die Wirkungen von Infrastrukturinvestitionen sind allerdings nur schwer prognostizierbar. So kann die mobilitätssteigernde Wirkung, die vom Auf- und Ausbau solcher Netze ausgeht, aus Sicht der betroffenen Region auch unerwünschte Effekte auslösen. Diese insbesondere bei der Verkehrsinfrastruktur beobachteten Auswirkungen werden im Extremfall als Entleerungseffekte bezeichnet. Zu Entleerungseffekten kommt es, wenn Regionen durch den Anschluss an Netze in den Sogbereich großer Wirtschaftszentren geraten. Die durch die Netzanbindung verbesserte Mobilität von Produktionsfaktoren und Gütern im Raum kann dann dazu führen, dass Arbeitnehmer auspendeln und Arbeitsplätze mit höherem Einkommen in dem Ballungsgebiet annehmen. Auch die bisher örtlich gebundene Kaufkraft wird durch den Sog des Ballungszentrums abgezogen.[282] Im Hinblick auf die Güterbewegungen kann die Netzanbindung die Möglichkeit für Produzenten in peripheren Regionen verbessern, ihre Produkte in den Zentren anzubieten. Andrerseits können sie aber auch der Konkurrenz durch Produzenten aus den Zentren ausgesetzt werden und so ihre bisher durch die räumliche Entfernung geschützte Absatzbasis verlieren.[283]

Solche Gefahren sind allerdings für die hier behandelten großräumigen Netze eher von nachgeordneter Bedeutung. Die Gefahr von Entleerungseffekten kann in peripheren Regionen und in Umlandgebieten von Ballungsräumen Bedeutung erlangen, wenn die Netze diese Gebiete nicht nur durchqueren, sondern auch

---

[280] Zu den Produktionsgrundlagen internationalen (und interregionalen) Handels siehe z.B. ROSE/SAUERNHEIMER(1995), S. 383ff.

[281] Vgl. PFÄHLER u.a.(1995), S. 80f.

[282] Vgl. KLEMMER(1981), S. 392f., WITTE(1996), S. 71f.

[283] Vgl. SPIEKERMANN/WEGENER(1996), S. 36f.

erschließen. Die durch großräumige Netze verknüpften Zentren entfalten jeweils eine beträchtliche Anziehungskraft auf mobile Faktoren in ihrer Nähe, liegen räumlich in der Regel jedoch so weit getrennt, dass eine starke wechselseitige Beeinflussung unwahrscheinlich ist. Eine Verlagerung ökonomischer Aktivitäten ist in geringerem Umfang allerdings auch bei großflächigen Infrastrukturnetzen regelmäßig zu erwarten.

Diese Veränderungen gehen mit der intra- und interregionalen Umverteilung von Faktoreinkommen einher. Diese Umverteilungseffekte sind das Ziel der verteilungspolitisch orientierten Wirtschafts- und Finanzpolitik. Die Vielgestaltigkeit der Wirkungszusammenhänge zeigt jedoch, dass der Erfolg einer solchen Politik nur schwer vorhersehbar ist.

Die regionalpolitischen Implikationen der Infrastrukturpolitik treten vergleichsweise offen zutage, weshalb der Infrastrukturauf- und ausbau selbstverständlich immer auch das Objekt regionaler *rent seeking*-Aktivitäten ist.[284] Dabei versuchen die Interessenvertreter zu erreichen, dass die von ihnen vertretene Region in den Genuss von Sondervorteilen kommt, die damit in Verbindung stehenden Sonderlasten aber durch andere Regionen getragen werden. Diese sollten möglichst groß sein, um die Lasten nicht so stark spürbar werden zu lassen und zu verhindern, dass die Belasteten gegen diese Sonderbelastungen vorgehen. So kommt es zu politischen Entscheidungen, die wenigen erhebliche Vorteile und vielen nur geringe Nachteile bringen. Auch wenn insgesamt der Wert des Gesamtnutzens unter dem des Gesamtschadens liegt, reizt diese Politik zur Nachahmung. Die Allokationseffizienz einer Volkswirtschaft verringert sich dadurch beständig.[285]

3. Abweichungen vom verteilungspolitischen Ziel bei privater Bereitstellung der Infrastrukturnetze?

War in der allokationspolitischen Diskussion von Bedeutung, ob ein privates Angebot zustandekommt, spielt es hier auch eine Rolle, wo dieses Angebot gegebenenfalls zustandekommt. Für die Fälle, in denen aus allokationspolitischen Gründen ein privates Angebot grundsätzlich nicht entsteht, braucht dies daher

---

[284] Vgl. PFÄHLER u.a.(1995), S. 80f. Andere Unverteilungseffekte, z.B. zwischen mobilen und immobilen Faktoren, werden hier nicht weiter berücksichtigt

[285] Vgl. GROßEKETTLER(1995), S. 623.

nicht weiter untersucht zu werden.[286] Allerdings wurden auch Bereiche identifiziert, in denen Infrastrukturnetze durchaus privat bereitgestellt werden können. Für diese Fälle ist nun zu untersuchen, inwieweit private Investoren den verteilungspolitischen Zielen gerecht werden.[287]

Aus dem Blickwinkel der Neoklassik besteht kein Handlungsbedarf, da es zur Angleichung der regionalen Wirtschaftskraft kommt. Die Wirtschaftssubjekte orientieren sich bei ihren Entscheidungen an der Grenzproduktivität der Produktionsfaktoren. In Ballungsgebieten, die gut mit Kapital ausgestattet sind, hat jeder zusätzliche Einsatz von Kapital geringere Grenzerträge als in Regionen mit schlechter Kapitalausstattung. Investitionen werden daher in den mit Kapital weniger gut ausgestatteten Regionen getätigt, da hier die Grenzproduktivität des Kapitals größer ist als in den Ballungsgebieten. Insgesamt kommt es so zu einem Ausgleich der Kapitalausstattung in den Regionen. Eine aktive regionale Verteilungspolitik wäre bei privat bereitgestellten Infrastrukturnetzen demnach überflüssig.

Diese auf dem Faktorproportionentheorem basierende Argumentation geht jedoch von Annahmen aus, die in der Realität für den hier untersuchten Sachverhalt (private Bereitstellung von Infrastrukturnetzen in Übereinstimmung mit verteilungspolitischen Zielsetzungen) nicht unterstellt werden dürfen. So werden identische Produktionsfunktionen angenommen, was im Falle unterschiedlich entwickelter Regionen eine problematische Vereinfachung darstellt. Wesentlich sind hierbei die Kostenunterschiede bei der Bereitstellung von Infrastrukturnetzen zwischen Ballungsräumen und Räumen mit einer geringeren Dichte der zu verknüpfenden Objekte. Aufgrund des Dichteeffekts kann in Ballungsräumen die Vernetzung der Objekte mit geringerem Aufwand durchgeführt werden.

---

[286] Vgl. hierzu Zweiter Teil II.C (S. 36ff.). Zur Kritik an der mangelnden Wirksamkeit gemeinschaftlicher regionaler Verteilungspolitik (insbesondere Kohäsionspolitik) siehe FRANZMEYER(1996), S. 130f.

[287] Durch die in der Literatur weitverbreitete Annahme, bei der Infrastruktur handele es sich *ex definitione* um öffentlich bereitgestellte Basisfunktionen, werden diese Fragestellungen in der Regel nicht behandelt. Damit fallen allerdings für die Beurteilung der TEN wesentliche Aspekte aus der wissenschaftlichen Diskussion heraus. Die wissenschaftliche Diskussion nimmt sich schwerpunktmäßig der Frage nach den Auswirkungen von Infrastrukturauf- und ausbau auf die Standortgunst sowie der empirischen Untersuchung dieser Zusammenhänge an. Vgl. z.B. KOMMISSION DER EUROPÄISCHEN GEMEINSCHAFTEN(1986), S. 62ff.

In Netzen stehen die Kosten eines Anschlusses in enger Beziehung zur Entfernung, die überwunden werden muss, um den neuen Netzteilnehmer zu erreichen. Dies gilt für den Aufbau, bei vielen Netzen aber auch für die Nutzung der Verbindungen. Zusätzlich wirken sich Bündelungsvorteile aus.[288] In Verdichtungsregionen ist demnach eine Erschließung mit geringerem Aufwand möglich als in Regionen, in denen die Dichte der anzuschließenden Objekte geringer ist (siehe Abb. 16).

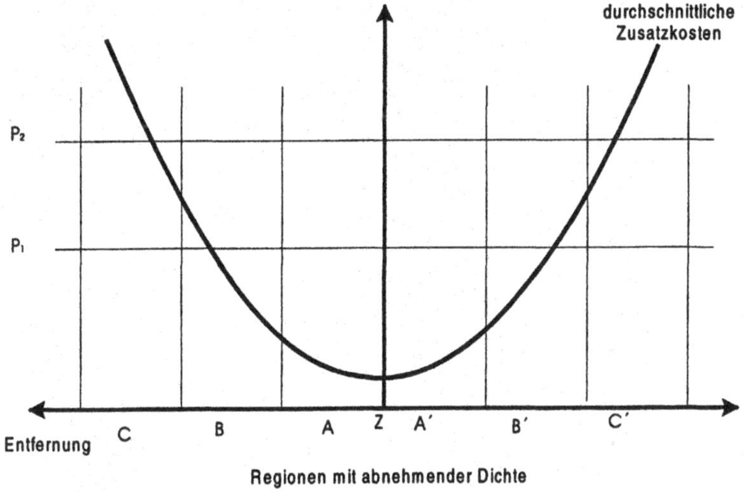

Quelle: BLANKART/KNIEPS(1994), S. 241.

Abb. 16: Kosten der Erschließung im Raum

Ein zusätzliches Problem entsteht durch die Unteilbarkeit beim Ausbau von Netzen. In bisher nicht angeschlossenen Regionen müssen Investoren deshalb hohe Kapazitäten aufbauen, für die erst mittelfristig eine Nachfrage zu erwarten ist. Für private Investoren, die auf einen positiven *cash flow* angewiesen sind, der sich möglichst nahe am Zeitpunkt der Investition befindet, stellt dies eine Investitionshürde dar.[289]

Bei freier Preisgestaltung können die Investoren diese Aspekte jedoch berücksichtigen und die höheren Anschlusskosten in peripheren Regionen an die Kunden

---

[288] Vgl. Zweiter Teil II.B (S. 29ff.).

[289] Vgl. hierzu Zweiter Teil II.C.5.a (S. 77ff.) sowie Zweiter Teil IV (S. 128ff.).

weitergeben. Kann der Anbieter also seine Preise - entsprechend der ihm durch die räumliche Lage der Kunden entstehenden Kosten - differenzieren, wird der Ausbau des Netzes enden, wenn die Zahlungsbereitschaft der Nachfrager überschritten wird. Sie wird bestimmt durch den Nutzen, den der Kunde aus dem Netz ziehen kann.

Eine solche Differenzierung, die dazu führt, dass im Bereich der Infrastrukturnetze räumlich differenzierte Preise für die Nutzer bestehen, wird durch verteilungspolitische Vorgaben aber oft verhindert. Denn um das verteilungspolitische Ziel bei privater Bereitstellung nicht zu gefährden, werden Netzbetreiber oft verpflichtet, ihr Netz im gesamten, politisch definierten Raum - in einer bestimmten Qualität und oft zu einem Einheitspreis ("Tarifeinheit im Raum") - anzubieten (Universaldienstverpflichtung bzw. Infrastrukturauftrag).[290]

Problematisch ist der im Zusammenhang mit der Universaldienstverpflichtung in der Regel geforderte Einheitspreis. Er führt dazu, dass die Bereitstellung des Netzes im Bereich großer Nutzerkonzentration gewinnbringend ist, während die Bereitstellung des Netzes in den Regionen geringerer Nutzerdichte durch interne Subventionen finanziert werden muß. Diese Preisgestaltung ist bei freiem Marktzutritt nicht stabil, da Konkurrenten ein Netz in den zentralen Regionen zu einem geringeren Preis als das etablierte Unternehmen anbieten werden ("Rosinenpikker").[291] Bei der in Abb. 16 dargestellten Kostensituation könnte bei einem politisch festgesetzten Preis P_1 und freiem Marktzutritt ein neuer Anbieter ein Netz für die Räume A und A´ anbieten und so den etablierten Anbieter aus den "lukrativen" Regionen verdrängen.

In größeren Räumen mit unterschiedlichem Entwicklungsstand können sich sowohl die Disparitäten als auch die politischen Präferenzen hinsichtlich der regionalen Egalität unterscheiden. Für Länder mit größerer Homogenität und fortgeschrittenerer Technik wird daher eine Lösung, die allgemeine Universal-

---

[290] Vgl. BLANKART/KNIEPS(1994), S. 239ff. Noch weitergehender ist das Konzept der "gemeinwirtschaftlichen Verkehrsbedienung". Neben regionalpolitischen werden hier auch sozialpolitische Ziele verfolgt, also die Umverteilung von Verkehrsleistungen "zugunsten peripherer Regionen, bestimmter Branchen und einkommensschwacher Gruppen" (LAASER[1991], S. 106) angestrebt. Vgl. hierzu LAASER(1991), S. 104ff.

[291] Vgl. FRITSCH u.a.(1993), S. 170ff., BLANKART/KNIEPS(1994), S. 241f., MÜLLER(1995), S. 94ff.

dienstziele für den gesamten Raum definiert, zu erheblich höheren Universaldienstlasten führen.[292]

Als Ergebnis ist festzuhalten, dass bei Infrastrukturnetzen von einer gleichmäßigen Bereitstellung von Netzdienstleistungen in heterogenen Räumen zu gleichen Preisen nicht ausgegangen werden kann. Es ist vielmehr damit zu rechnen, dass entweder Preisdifferenzierungen die unterschiedlichen Kosten der Netzerstellung widerspiegeln oder es zu einem ungleichmäßigen Netzausbau kommt. Regionen mit niedriger Anzahl anzuschließender Objekte und großen zu überbrückenden Entfernungen werden dabei tendenziell schlechter erschlossen. Einheitspreise in Verbindung mit Universaldienstauflagen sind in einem wettbewerblichen Umfeld nicht stabil, da durch "Rosinenpicker" die etablierten Unternehmen entweder aus den lukrativen Bereichen verdrängt oder ebenfalls zu Preisdifferenzierung gezwungen werden. Ein einheitliches Universaldienstniveau für große, heterogene Räume hat für technisch weiterentwickelte und gleichmäßiger versorgte Länder hohe Universaldienstpflichten zur Folge.

4. Auf- und Ausbau von Infrastrukturnetzen im Dienste regionalpolitischer Ziele

Die ungleichmäßige Erschließung eines Raumes durch Infrastrukturnetze[293] hat auch eine sehr unterschiedliche Verteilung der Nutzen solcher Infrastrukturnetze zur Folge: "Es gibt keine absolute Nutzendiffusion: öffentliche Leistungen sind in der Regel in bezug auf Personen, Sektoren und Regionen selektiv."[294] Diese Tatsache ermöglicht es, die Entwicklung von Infrastrukturnetzen in den Dienst verteilungspolitischer Zielsetzungen zu stellen. Zur Verfolgung regionaler Verteilungsziele muss also versucht werden, die positiven Wirkungen des Auf- und Ausbaus der Netze auf bisher strukturschwache Regionen zu konzentrieren.

Die Wirkungen auf regionaler Ebene sollen anhand des in Abb. 17 dargestellten Schemas aufgezeigt werden.[295] Auf der Abszisse ist die Entfernung von einem Anschlusspunkt einer Trasse (Punkt T auf der Abszisse) in einem Infrastrukturnetz abgetragen. In Abhängigkeit von der Entfernung ändern sich die Kosten der

---

[292] Vgl. KRUSE/KIESSLING(1997), S. 26.

[293] Vgl. Zweiter Teil II.E.2 (S. 103ff.).

[294] FREY(1972), S. 59.

[295] Vgl. WINK(1995), S. 37ff.

Infrastrukturnutzung (TK). Die Nutzung eines überregionalen Netzes (z.B. Straßen-, Eisenbahn- oder Luftverkehrsnetz) ist mit Transportkosten zum nächsten Anschlusspunkt verbunden, die mit wachsender Entfernung zum Knoten zunehmen. Die Belastungen (B), die vom Betrieb eines Infrastrukturnetzes ausgehen, nehmen mit zunehmender Entfernung zur Trasse ab. Je nach Infrastrukturnetz ist der konkrete Verlauf der "Belastungsglocke" jedoch unterschiedlich. Während z.B. durch Hochgeschwindigkeitseisenbahnstrecken oder Autobahntrassen sehr hohe Belastungen auftreten und sich auch räumlich ausbreiten, gehen von einem Energieversorgungsnetz zum Transport von Erdgas wegen der unterirdischen Verlegung der Leitungen nur geringe Belastungen (z.B. Einschränkung der Oberflächennutzung) aus. Der Nutzen des Netzes (N) wird hier über die Fläche innerhalb einer Region als gleichverteilt angenommen, denn der Anschluss einer Region an ein überregionales Infrastrukturnetz ermöglicht allen Wirtschafts-

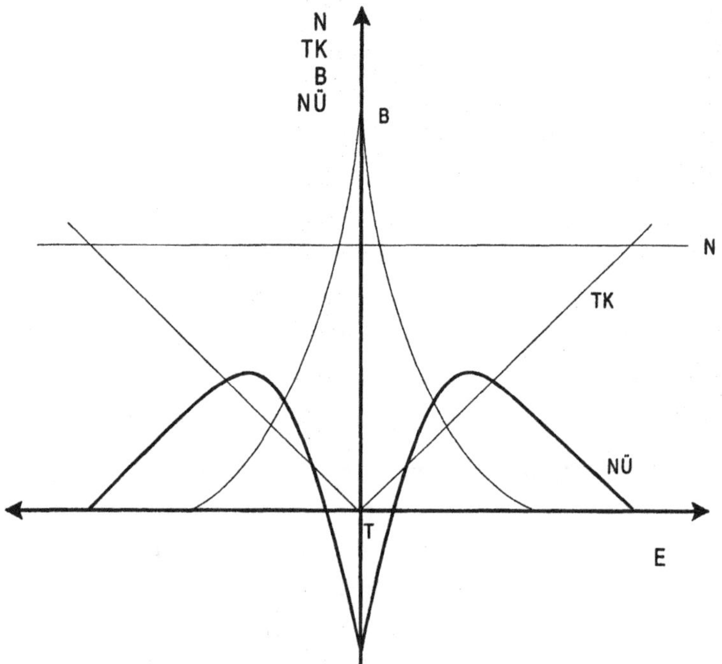

Abb. 17: Räumliche Verteilung von Kosten und Nutzen durch die Trasse eines Infrastrukturnetzes

subjekten - bei unterschiedlichen Kosten der Nutzung entsprechend TK - den Zugang zum Netz und damit die Teilhabe am Nutzen.

Auf der Grundlage dieser Annahmen[296] kann nun die räumliche Verteilung des Nutzenüberschusses abgeleitet werden. Es zeigt sich, dass der Nutzenüberschuss in mittlerer Entfernung zum Infrastrukturnetz sein Maximum erreicht: Die Belastungen durch die Trasse sind hier kaum noch zu spüren, die Kosten zur Nutzung der Infrastruktur jedoch noch nicht sehr hoch. Im direkten Umfeld sind die Belastungen durch die Trasse höher als der Nutzen, der von ihr ausgeht. Hartnäckige Widerstände gegen den Auf- und Ausbau von Infrastrukturnetzen, von deren Trassen in besonderem Maße Belastungen ausgehen, sind hierdurch leicht zu erklären.[297]

Die Wachstumswirkungen gehen im Wesentlichen vom Nutzenüberschuss aus, den der Anschluss an ein Infrastrukturnetz erzeugt.[298] Die Intensität der Wirkung nimmt mit wachsender Entfernung vom Knoten ab. Die räumliche Differenzierung der Nutzeninzidenz eines Anschlusses einer Region an ein Infrastrukturnetz ermöglicht die Förderung regionaler Entwicklung durch einen differenzierten Infrastrukturausbau. Der Infrastrukturausbau hat dann eine primär verteilungspolitische Begründung und trägt den Charakter eines regionalpolitischen Instruments; letztlich handelt es sich um eine Verteilungspolitik durch Bereitstellung öffentlicher Leistungen.[299]

Infrastrukturinvestitionen gelten schon lange als besonders geeignetes Instrument zum Ausgleich regionaler Entwicklungsunterschiede.[300] Spürbare regionale Wachstumswirkungen, die einen merklichen Beitrag zu den regionalpolitischen Zielen leisten, können wohl nur durch relativ starke Veränderung des Nutzenüber-

---

[296] Die Annahmen sind vereinfachend z.B. durch die undifferenzierte Berücksichtigung des Nutzens einer Region: Die Wirkungen müssten z.B. nach Unternehmen und Haushalten oder nach Unternehmen des primären, sekundären und tertiären Sektors differenziert werden. Die wesentlichen Grundaussagen lassen sich jedoch auf der Basis der vereinfachenden Annahmen ableiten.

[297] Vgl. WINK(1995), S. 109, WINK(1996a), S. 304. Besonders anschaulich ist diese Verteilung von Kosten und Nutzen bei internationalen Großflughäfen. Siehe hierzu die Ausführungen in Dritter Teil II.A.3 (S. 188ff.).

[298] Vgl. Zweiter Teil II.C.4 (S. 56ff.) und Zweiter Teil II.D.2 (S. 89ff.).

[299] Vgl. FREY(1972), S. 58f.

[300] Vgl. z.B. HIRSCHMAN(1958), S. 190ff.

schusses erreicht werden. Solche Veränderungen sind immer dann zu erwarten, wenn Regionen einem Infrastrukturnetz angeschlossen werden, zu dem sie bisher keinen Zugang hatten. In den Kernländern der EU kann jedoch bei vielen Infrastrukturnetzen von einer im Wesentlichen vollständigen Erschließung des Gesamtraumes ausgegangen werden.[301] Wachstumseffekte können dann nur durch Ausbau des bestehenden Netzes erzeugt werden. Nachhaltige Wirkungen wird man dann nur von der Beseitigung eines Engpasses erwarten dürfen. Dadurch verändert sich die Belastungskurve der direkt betroffenen Region (siehe Abb. 17) möglicherweise allerdings nur unwesentlich; die Kosten zur Nutzung des Infrastrukturnetzes bleiben unverändert. Der gestiegene Nutzen der Überwindung des Engpasses wirkt sich im Gesamtnetz aus und kommt so allen an das Netz angeschlossenen Regionen zugute, so dass sich die Nutzenkurve nur geringfügig nach oben verschiebt. Die Veränderung des Nutzenüberschusses, den eine solche Maßnahme in einer speziellen Region auslöst, ist folglich geringer als bei einem Neuanschluss an ein Infrastrukturnetz.

Es gilt festzuhalten, dass spürbare regionale Entwicklungswirkungen durch den Auf- und Ausbau von Infrastrukturnetzen nur erwartet werden dürfen, wenn eine Region durch einen Neuanschluss an ein Infrastrukturnetz oder die Überwindung eines wesentlichen Engpasses in den Genuss eines stark erhöhten Nutzenüberschusses kommt.[302] Regionalpolitische Erfolge sind darüber hinaus insbesondere auf die abgestimmte Verbesserung einer Vielzahl von Standortfaktoren zu erreichen.[303] Von entscheidender Bedeutung ist schließlich, dass die wirtschaftspolitischen Rahmenbedingungen regionales Wachstum begünstigen. Empirische Untersuchungen haben jedoch immerhin gezeigt, dass 99,5% der Varianz der regionalen Pro-Kopf-Einkommen durch nur vier Faktoren erklärt werden können: Entfernung zum Zentrum, Agglomerationsgrad, Wirtschaftsstruktur und Infra-

---

[301] Viele großräumige Infrastrukturnetze sind weitgehend ubiquitär (z.B. Straßeninfrastruktur). In anderen Bereichen sind die Netze durchaus noch standortdifferenzierend (Hochgeschwindigkeitseisenbahn- oder Luftverkehrsnetz). Vgl. LUTTER/PÜTZ(1993), S. 619.

[302] Untersuchungen zeigen, dass die Ausstattung mit Verkehrsinfrastruktur nur einen sehr geringen Einfluss auf die Standortwahl der Unternehmen hat. Vgl. LUTTER/PÜTZ(1993), S. 619.

[303] Regionale Ausstattungsmerkmale sind z.B. die Verfügbarkeit qualifizierter Arbeitskräfte und Fühlungsvorteile durch räumliche Nähe zu anderen Unternehmen oder öffentlichen Einrichtungen (z.B. Universitäten). Vgl. FRANZMEYER(1996), S. 113f.

strukturausstattung.[304] Die Wirtschaftspolitik kann nur die Infrastrukturausstattung direkt beeinflussen, wodurch indirekt - durch die Verbesserung der Transportnetze - auch die wahrgenommene bzw. ökonomisch relevante Entfernung zu Zentren verändert wird. Insgesamt wird daher dem Infrastrukturauf- und ausbau in einem abgestimmten Bündel aus regionalpolitischen Maßnahmen zwar eine hervorgehobene Bedeutung zuzumessen sein, seine Wirksamkeit darf aber keinesfalls überschätzt werden.

5. Zusammenfassung

Differenzierte raumwirtschaftliche Wirkungen der großräumigen Infrastrukturnetze entstehen durch die ungleichmäßige Erschließung der Regionen durch solche Netze: Ihr Nutzen ist daher ungleichmäßig im Raum verteilt. Zusätzlich weisen Infrastrukturnetze eine von der Nutzenverteilung völlig abweichende regionale Verteilung der Kosten auf. Transportnetze erhöhen die Mobilität von Gütern und Produktionsfaktoren, wodurch interregionale Allokations- und Handelseffekte ausgelöst werden. Dies führt auch zu einer Umverteilung der Faktoreinkommen.

Private Anbieter von Infrastrukturnetzen werden durch ihre Aktivitäten dem politisch definierten Ziel, eine Annäherung regionaler Pro-Kopf-Einkommen durch Infrastrukturausbau zu erreichen, oft nicht entsprechen. Durch steigende Kosten, die durch den Anschluss weit voneinander entfernter Netzteilnehmer entstehen, wird die Bereitstellung durch miteinander in Konkurrenz stehenden Unternehmen dazu führen, dass Verdichtungsregionen versorgt werden und entweder in den weniger stark verdichteten Regionen höhere Anschluss- oder Nutzungspreise zu entrichten sind oder auf einen Anschluss dieser Teilnehmer verzichtet wird.

Zur Verfolgung verteilungspolitischer Ziele kann der Auf- und Ausbau von Infrastrukturnetzen als wirtschafts- bzw. regionalpolitisches Instrument eingesetzt werden. Dessen Wirksamkeit sollte jedoch nicht überschätzt werden; so wie

---

[304] Vgl. BIEHL(1991), S. 15ff., FRANZMEYER(1996), S. 113f. Es gilt hier jedoch zu berücksichtigen, dass hiermit möglicherweise nur die Ergebnisse historischer Verdichtungsprozesse reflektiert und keine kausalen Zusammenhänge aufgezeigt werden. Vorsicht bei der Interpretation solcher Daten scheint auch angebracht, weil der empirische Nachweis für den Einfluss der Infrastruktur auf die *Veränderung* ökonomischer Indikatoren in den Regionen bisher nicht erbracht werden konnte. Vgl. SPIEKERMANN/WEGENER(1996), S. 37.

im Zusammenhang mit den Wachstumswirkungen darauf hingewiesen wurde, dass ein Infrastrukturdefizit das Wachstum behindert, vorhandene Infrastruktur jedoch keineswegs (regionales) Wachstum garantiert, so gilt im Zusammenhang mit der räumlichen Verteilung, dass Infrastruktureinrichtungen zu den notwendigen, nicht aber zu den hinreichenden Bedingungen für eine gedeihliche regionale Entwicklung gehören.

F. Ergebnis

Großräumige Infrastrukturnetze weisen einige charakteristische Merkmale auf, die ihre Bereitstellung unter rein wettbewerblichen Bedingungen behindern können. Die hier untersuchten Netze unterscheiden sich allerdings erheblich, so dass für die unterschiedlichen Netze jeweils im Einzelnen untersucht werden muss, inwieweit die Markt- und Wettbewerbskräfte wirken bzw. wirken könnten. Auch wenn pauschale Urteile aufgrund der unterschiedlichen Merkmale der hier untersuchten Netze unzulässig sind und eine differenzierte Analyse unter Einbeziehung der spezifischen Bedingungen vorbehalten sein muss, erscheint die Einschätzung vertretbar, dass "insbesondere die leitungsgebundenen Netzinfrastrukturen, was Bau und Eigentum und Trägerschaft angeht, eher öffentliche Güter zu sein scheinen"[305]. Trotzdem erscheint auch bei vorsichtiger Interpretation der Ergebnisse der allokationspolitischen Diskussion die Vermutung angebracht, dass in vielen Bereichen die Bereitstellung der Infrastruktur in weit größerem Maße als bisher der wettbewerblichen Allokation durch Wettbewerbsprozesse überlassen werden könnte, ohne dass mit negativen gesamtwirtschaftlichen Auswirkungen zu rechnen wäre. Bei angemessenen Rahmenbedingungen könnten umgekehrt sogar Verbesserungen der Effizienz erwartet werden. Dazu muss nach einer differenzierten Betrachtung der speziellen Bedingungen in jedem der Netze ein differenzierter Einsatz wirtschafts- und finanzpolitischer Instrumente vorgenommen werden, wobei eine möglichst niedrige Eingriffsintensität in den Markt anzustreben ist.

Über den Beitrag der Infrastruktur zum Wachstum einer Volkswirtschaft und über Art und Ausmaß der räumlichen Diffusion des Nutzens können genaue Aussagen kaum gemacht werden. Dies erschwert die Entwicklung eines Bewusstseins für

---

[305] ERNST/WALPUSKI(1997), S. 27.

ein Defizit in diesem Bereich erheblich, was die vergleichsweise niedrige Priorität infrastrukturpolitischer Maßnahmen in den meisten Industrieländern z.T. erklärt. Hinzu kommt, dass es auch bei einem Infrastrukturdefizit zu einer positiven gesamtwirtschaftlichen Entwicklung kommen kann, weil, wie oben schon beschrieben, in gewissem Rahmen die öffentlich bereitgestellte Infrastruktur durch erhöhte Aufwendungen bei der Suprastruktur kompensiert werden kann.

Konjunkturpolitische Ziele mit Hilfe des Auf- und Ausbaus der Infrastrukturnetze erreichen zu wollen, erscheint problematisch. Schiebt man Infrastrukturinvestitionen auf, um sie zu einem aus konjunkturpolitischer Sicht günstigen Zeitpunkt zu realisieren, ergeben sich daraus Wachstumseinbußen. Infrastrukturinvestitionen, die ohne aktuellen Bedarf "auf Vorrat" durchgeführt werden, haben ebenfalls Wachstumseinbußen zur Folge; Ressourcen werden in die "falsche" Verwendung gelenkt. Schließlich sind Infrastrukturinvestitionen wegen ihrer Komplexität und der großen Bereitstellungszeiträume als konjunkturpolitische Instrumente nicht sonderlich gut geeignet: Die Komplexität macht lange Planungszeiträume notwendig, woraus die Gefahr erwächst, prozyklische Impulse auszulösen. Aber auch wenn eine Investition zum konjunkturpolitisch richtigen Zeitpunkt begonnen wird, können die langen Bauzeiten dazu führen, dass die Bereitstellungsphase über die Phase mit Unterauslastung hinaus und so letztlich auch prozyklisch wirkt. Vor diesem Hintergrund sind deutlich konjunkturpolitisch inspirierte Pläne, Währungsreserven der Zentralbanken in den EWU-Beitrittsländern zur Finanzierung von großen Infrastrukturprojekten heranzuziehen, kritisch zu betrachten.[306]

Die Schwierigkeiten, die Wachstumseffekte von Infrastrukturinvestitionen richtig einzuschätzen, haben auch im Zusammenhang mit regionalpolitischen Zielsetzungen eine erhebliche Unsicherheit über die Wirkungen von Infrastrukturinvestitionen zur Folge. Die Verbesserung der Mobilität der Produktionsfaktoren und Güter kann regionales Wachstum auslösen, aber auch zu Entleerungsgebieten führen. Eine private Bereitstellung solcher Netze wird die Erreichung politisch definierter Verteilungsziele in der Regel nicht befördern. Regionalpolitische Ziele werden dann am besten erreicht, wenn Infrastrukturinvestitionen innerhalb eines abgestimmten Instrumentenbündels durchgeführt werden.

---

[306] O.V.(1998j), S. 3.

III. Zuordnung der Verantwortung für die Bereitstellung von Infrastrukturnetzen im föderalen Staat

A. Einführung

Konzentrierte sich die Diskussion bisher darauf, Bereiche zu identifizieren, die nicht der dezentralen Allokation durch Wettbewerbsprozesse überlassen werden können, soll nun der Frage nachgegangen werden, welcher Ebene in einem föderalen System die Verantwortung für diese Bereiche aus ökonomischer Sicht zugeordnet werden soll. Dies bedeutet konkret, dass mit Hilfe geeigneter ökonomischer Kriterien entschieden werden muss, in welcher Weise eine Arbeitsteilung zwischen der Gemeinschaftsebene und den Mitgliedstaaten vorgenommen werden sollte.

Als Hilfsmittel für die Analyse kann dabei auf die Erkenntnisse der Theorie des fiskalischen Föderalismus zurückgegriffen werden. Das Subsidiaritätsprinzip nimmt darin eine zentrale Stellung ein.[307] Aus seiner ökonomischen Interpretation wird das Primat der dezentralen Aufgabenzuordnung abgeleitet,[308] von dem nur abgewichen werden soll, wenn ökonomische Gründe für eine Zentralisierung sprechen.[309]

In dem hier behandelten Zusammenhang soll dabei nur untersucht werden, ob sich Gründe für eine Zuordnung der Verantwortung für die Bereitstellung von Infrastrukturnetzen zu europäischen Institutionen finden lassen. Auf die Frage, auf welcher Ebene innerhalb eines Mitgliedstaates eine Aufgabe durchgeführt werden soll, die nicht auf der Gemeinschaftsebene verantwortet werden sollte, wird daher nicht weiter eingegangen.

Diskutiert werden im Wesentlichen die Zuordnung der Netzverantwortung und der Finanzierung[310] als den aus wirtschafts- und finanzwissenschaftlicher Sicht wesentlichen Aufgaben im Bereitstellungsprozess von Infrastrukturnetzen.[311]

---

[307] Vgl. Erster Teil II.C (S. 19ff.).

[308] Dieser Aspekt wird in Zweiter Teil III.B (S. 119ff.) vertieft.

[309] Hierauf geht Zweiter Teil III.C (S. 121ff.) ein.

[310] Auf die Finanzierung von Infrastrukturnetzen wird Zweiter Teil IV (S. 128ff.) im Einzelnen eingehen.

[311] Zu den Aufgaben im Bereitstellungsprozeß vgl. Erster Teil III (S. 24ff.).

Allerdings soll auch der Frage nachgegangen werden, wie die Aufgabenwahrnehmung insgesamt verbessert werden könnte, so dass am Rande auch der Vollzug des Auf- und Ausbaus von Infrastrukturnetzen betrachtet wird.[312]

B. Primat einer dezentralen Aufgabenerfüllung

Die EU hat sich mit Art. 4 EGV dem Prinzip der Subsidiarität verschrieben. Dieses Prinzip dient auf der individuellen Ebene der Sicherung der Freiheit des Einzelnen. Die nur in Kollektiven durchzuführenden Aufgaben sollen in den jeweils kleinstmöglichen Gemeinwesen wahrgenommen werden.[313] Damit liegt das Subsidiaritätsprinzip implizit auch schon der Abgrenzung von privater und öffentlicher Aufgabenwahrnehmung[314] zugrunde: Kollektive Allokationsmechanismen sollten nur dann verwendet werden, wenn ökonomische Gründe eine dezentrale Aufgabenwahrnehmung über Märkte nicht zulassen. Die Theorie des fiskalischen Föderalismus nimmt ebenfalls auf das Subsidiaritätsprinzip Bezug, macht es durch die Einbeziehung ökonomischer Aspekte jedoch operationaler. Es zeigt sich dabei, dass auch aus ökonomischer Sicht viele Argumente dafür sprechen, öffentliche Aufgaben kleineren Gemeinwesen zuzuordnen.

So kann angenommen werden, dass in kleineren Gemeinwesen Präferenzen besser artikuliert werden können und daher die Entscheidungsträger über die Präferenzen eher informiert sind (Informationsvorteile). Besonderheiten, die in der jeweiligen Region auftreten, können bei dezentralen Kompetenzen besser berücksichtigt werden.

Darüber hinaus wird vermutet, dass in kleineren, regional abgegrenzten Gruppen homogenere Präferenzen vorliegen. Die Verlagerung von Kompetenzen auf eine höhere Ebene hat einheitliche Lösungen zur Folge, bei denen regionale Besonderheiten oft nicht berücksichtigen werden. Durch Mehrheitsentscheidungen werden bestimmte Lösungen ausgewählt. Je stärker die Präferenzen in größeren

---

[312] Vgl. Zweiter Teil III.D.

[313] Für die Gemeinschaft folgt daraus, dass konkurrierende Kompetenzen der Gemeinschaftsebene nur dann zugeordnet werden, wenn 1) die Ziele der Gemeinschaft auf der Ebene der Mitgliedstaaten nicht erreicht werden können und wenn 2) die Ziele auf der Gemeinschaftsebene besser erreicht werden können. Vgl. hierzu auch Erster Teil II.C (S. 19ff.).

[314] Vgl. Zweiter Teil II.C (S. 36ff.).

Einheiten differieren, umso größer sind die Wohlfahrtsverluste innerhalb der Gruppe der Wirtschaftssubjekte, deren Präferenzen nicht berücksichtigt werden (Präferenzenkosten, Frustrationskosten), weil sie keine Mehrheit finden konnten.[315]

Außerdem kann in vielen Fällen beobachtet werden, dass die Kosten einer dezentralen Bereitstellung öffentlicher Güter niedriger sind als bei einer zentralen Bereitstellung. Hierbei wirken sich z.B. geringere Transportkosten und niedrigere Kosten der Informationsbeschaffung aus.[316]

Im Hinblick auf dynamische Aspekte spricht für eine dezentrale Kompetenzzuweisung, dass sie dem "Wettbewerb als Entdeckungsverfahren" Raum gibt.[317] Entgegen der Situation, in der eine zentrale Instanz wirtschaftspolitische Entscheidungen trifft und dadurch als wirtschaftspolitischer Monopolist gelten kann, entfaltet sich bei einer dezentralen Kompetenzzuweisung ein institutioneller Wettbewerb zwischen den einzelnen Körperschaften.[318] Dadurch können in einem Prozess von Versuch und Irrtum neue Erkenntnisse gewonnen werden, wobei erfolgreiche Entscheidungen imitiert, die negativen Auswirkungen eventueller Misserfolge jedoch räumlich begrenzt bleiben.[319]

Die räumliche Mobilität der Individuen forciert solche Prozesse, denn durch eine "Abstimmung mit den Füßen" kann die Orientierung regionaler Entscheidungsträger an den Präferenzen der Wirtschaftssubjekte und die effiziente Produktion der bereitgestellten Güter und Dienstleistungen "belohnt" werden.[320]

Aufgaben sollten daher so weit wie möglich niedrigen Ebenen in föderalen Systemen zugeordnet werden, die diese Aufgaben autonom durchführen sollen (Prinzip der Autonomie). Um rationale Entscheidungen über die Bereitstellung öffentlicher Leistungen zu treffen, ist es notwendig, dass sowohl dem Prinzip fiskalischer Äquivalenz (Nutznießer örtlicher Leistungen sollen auch deren Kosten tragen) als

---

[315] Zu Präferenzen- bzw. Frustrationskosten vgl. z.B. FRANZMEYER(1996), S. 114.

[316] Vgl. hierzu PEFFEKOVEN(1980), S. 613f.

[317] Vgl. HAYEK(1969), S. 249ff.

[318] Zu den Grenzen dieses Wettbewerbs siehe Diskussion zwischen SINN und BLANKART. Vgl. SINN(1995), S. 240ff., BLANKART(1996), S. 87ff., SINN(1996), S. 92ff.

[319] Vgl. z.B. LAASER u.a.(1993), S. 10f.

[320] Dies entspricht dem Ansatz von TIEBOUT. Vgl. BLANKART(1996), S. 88.

auch dem Prinzip der Konnexität (Aufgabenkompetenz und Ausgabenverantwortung sollen zusammenfallen) gefolgt wird. Ersteres soll verhindern, dass es zu Fehlentscheidungen kommt, weil Nutzer für die von ihnen in Anspruch genommenen Leistungen nicht aufkommen müssen. Letzteres soll die Zuordnung der finanzwirtschaftlichen Verantwortung für Entscheidungen und Kosteneffizienz sichern. Aus diesen Prinzipien wird in Verbindung mit dem Subsidiaritätsprinzip in seiner ökonomischen Interpretation die Zuordnung von Aufgaben, Ausgaben und Einnahmen auf einer möglichst niedrigen Ebene in einem föderativ gestalteten Staatswesen abgeleitet.

C. Mögliche Argumente für eine Zentralisierung der Aufgabenerfüllung

Aus ökonomischer Sicht sollte vor dem Hintergrund dieser Überlegungen eine Zentralisierung von Kompetenzen nur dann erwogen werden, wenn die Effizienzgewinne durch die zentrale Bereitstellung öffentlicher Leistungen die Kosten einer zentralen Bereitstellung überschreiten.

Die Eigenschaften von Infrastrukturnetzen und die besonderen Bedingungen ihrer Bereitstellung[321] lassen eine dezentrale Zuordnung der Netzverantwortung jedoch in vielen Fällen, in denen öffentliche Institutionen diese Aufgabe aus allokationspolitischen Gründen wahrnehmen müssen, problematisch erscheinen. Berücksichtigt werden muss hierbei jedoch, dass die Aufgabenverantwortung des Staates auch im Sinne einer öffentlichen Bereitstellung eines Gutes oder einer Dienstleistung nicht gleichbedeutend ist mit der öffentlichen Produktion dieser Güter und Dienstleistungen.

Für eine ökonomisch rationale Zuordnung von Aufgaben müssen die spezifischen Bedingungen der Bereitstellung von Infrastrukturleistungen betrachtet werden. Die Zentralisierung der Aufgabenzuordnung ist ökonomisch dann gerechtfertigt, wenn aufgrund von Unteilbarkeiten die Bereitstellung auf einer niedrigeren Stufe nicht gelingt. Bei Netzen ist nur die Bereitstellung eines Netzteils als Verbindung zweier Knoten mit Interaktionspotential rational. So ist das Gesamtnetz als physisches Netz zwar durchaus teilbar, die als logisches Netz interpretierbaren Stan-

---

[321] Vgl. Zweiter Teil II.B (S. 29ff.).

dards bilden allerdings eine Ausnahme. Sie müssen bei den einzelnen Verbindungen angewendet werden, um deren Zusammenarbeit als "Netz" zu gewährleisten.

Diese "immateriellen" Netze in Form von Standards bereitzustellen ist eine Aufgabe, für die eine Zentralisierung gefordert werden kann. Der Aufbau europaweiter Infrastrukturnetze erfordert die Schaffung europaweiter Standards. Sie sind in kleineren Einheiten nicht bereitzustellen, denn ein Standard zeichnet sich gerade dadurch aus, dass er "ungeteilt" angewendet wird. Kann ein Standard ohne Verletzung der Rechte Dritter frei genutzt werden, handelt es sich um ein international öffentliches Gut. Dieser Unteilbarkeitstatbestand rechtfertigt die zentralisierte Bereitstellung dieses Gutes.[322]

Eine Zentralisierung kann ebenfalls gerechtfertigt werden, wenn einzelne Verbindungen zwar durchaus unabhängig voneinander geschaffen werden, Größenvorteile aber nur bei der Produktion in größeren Einheiten realisiert werden. Ziel ist dabei die Bereitstellung des Infrastrukturnetzes zu minimalen Durchschnittskosten. Steigende Skalenerträge können z.B. auf Unteilbarkeiten bei den Leit- und Managementsystemen oder auf Lernkurveneffekte zurückgehen, die bei der Wiederholung gleichartiger Planungsabläufe auftreten. Größenvorteile können sich im Bereich der Netzverantwortung durch Ausnutzen von Erfahrungen bei der Planung und Koordinierung großer Infrastrukturvorhaben ergeben. Da auf einer zentralen Ebene besonders umfangreiche Vorhaben wahrscheinlich häufiger durchgeführt werden als in einzelnen Regionen, sind solche Erfahrungen auf einer zentralen Ebene in größerem Umfang zu erlangen. Sie werden jedoch oft ab einem bestimmten Punkt durch Kostensteigerungen als Folge der Zentralisierung überkompensiert. Es ist daher in diesen Fällen ein optimaler Zentralisierungsgrad ableitbar, bei dem die Durchschnittskosten minimal sind.

Ähnlich kann im Zusammenhang mit Verbundvorteilen argumentiert werden. Eine zentrale Aufgabenzuweisung ist danach immer dann gerechtfertigt, wenn die Koordination von Politikbereichen und wirtschaftspolitischen Instrumenten durch eine Institution effizienter zu realisieren ist als in getrennten Institutionen. Die Diskussion der großen Anzahl an Instrumenten, die der Förderung des Auf- und Ausbaus der europäischen Infrastrukturnetze dienen (wettbewerbspolitische

---

[322] Vgl. hierzu auch Zweiter Teil II.C.6 (S. 85ff.).

Maßnahmen, Finanzierung aus Haushaltsmitteln, Kredite, Bürgschaften usw.[323]), legt die Vermutung nahe, dass eine Zusammenfassung dieser Instrumente auf zentraler Ebene Verbundvorteile schafft. Andererseits wäre aber auch zu prüfen, inwieweit durch eine Reduzierung des Instrumentariums und eine Unterstützung der Mitgliedstaaten (z.B. durch ein System vertikaler Zuweisungen) die gesetzten Ziele mit geringeren Mitteln und den Vorteilen einer dezentralen Aufgabenwahrnehmung erreicht werden können.[324]

Verbundvorteile anderer Art können von einer zentralen Stelle dann wahrgenommen werden, wenn es auf untergeordneten Ebenen zu Abstimmungsproblemen kommt, die sich aus nicht bewältigten Koordinierungszwängen ergeben. Der Auf- und Ausbau großräumiger Netze ist stark geprägt von solchen Zwängen, da Verbindungen über die Grenzen von Regierungsgebieten hinweg aufgebaut werden müssen. Dies zwingt die beteiligten Länder oder Regionen dazu, z.B. Trassenführungen und Zeitpläne untereinander abzustimmen. Zwar ist auch hier prinzipiell wieder eine bi-, tri- oder multilaterale Verhandlungslösung möglich. Der Druck auf die Entscheidungsträger, zu einer einvernehmlichen Lösung zu gelangen, die auch die gesamtwirtschaftlichen Effekte berücksichtigt, wird durch die auftretenden *spillover*-Effekte allerdings reduziert. Die Entscheidungsträger orientieren sich berechtigterweise an dem Nutzenüberschuss, der aus den Investitionen in dem Bereich entsteht, den sie vertreten. Die Abstimmungsprobleme werden also in dem Maße zunehmen, wie die Verteilung von Kosten und Nutzen divergiert.

Besonders brisant wird dieses Problem, wenn politische Einheiten ausschließlich durch den Korridoreffekt einer Infrastrukturverbindung betroffen werden.[325] Dies bedeutet für diese Region, dass sie am Nutzen nicht partizipiert, Kosten jedoch zumindest in Form negativer Externalitäten tragen muss.

Auch dieser Konflikt kann prinzipiell durch Ausgleichszahlungen überwunden werden. Allerdings sind oft die Voraussetzungen für strategisches Verhalten

---

[323] Zum finanzpolitischen Instrumentarium vgl. Zweiter Teil IV (S. 128ff.).

[324] Vgl. hierzu die Ausführungen in Zweiter Teil III.D (S. 126ff.).

[325] Vgl. Zweiter Teil II.E.2 (S. 103ff), insbesondere Abb. 15 (S. 104).

günstig.[326] Außerdem nehmen bei großräumigen Infrastrukturprojekten, an denen eine größere Zahl an Ländern und Regionen beteiligt ist, die Koordinationskosten überproportional zu. Dies lässt erwarten, dass bei einer zentralisierten Netzverantwortung der Auf- und Ausbau von Infrastrukturnetzen effizienter ist.

Solchen Vorteilen zunehmender Zentralisierung müssen jedoch die steigenden Frustrationskosten gegenübergestellt werden. Sie entstehen dadurch, dass z.B. regional differenzierte Präferenzen immer weniger Berücksichtigung finden, wodurch immer größere Gruppen einer Gesellschaft Nutzenverluste erleiden. Für die Gesellschaft als Ganzes steigen hierdurch die Frustationskosten.[327]

Probleme aus einer dezentralen Aufgabenwahrnehmung entstehen auch dann, wenn von öffentlich bereitgestellten Gütern Wirkungen ausgehen, die die Regierungsgebiete überschreiten und nicht ausgeglichen werden (*spillover*-Effekte). Die räumliche Verteilung des Nutzens einer öffentlichen Leistung ist nicht dekkungsgleich mit der räumlichen Verteilung der Kosten; es fehlt die fiskalische Äquivalenz.

Die hier behandelten großräumigen Infrastrukturnetze verursachen fast zwangsläufig *spillover*-Effekte, da sie Verbindungen über die Grenzen der Mitgliedstaaten hinweg schaffen sollen. Konkret entstehen diese Effekte beispielsweise, wenn ein Lückenschluss in Land A den Nutzen des Netzes auch in Land B erhöht, weil für Wirtschaftssubjekte in Land B die Zahl der erreichbaren Orte zunimmt oder weil sie geringere Kosten der Raumüberwindung zu tragen haben. Werden beispielsweise die Straßen- und Schienenverbindungen des Ost-West-Transportkorridors in Ostdeutschland ausgebaut, profitieren hiervon in erheblichem Maße auch Unternehmen in Frankreich und Polen. Allgemein können Verbesserungen im Infrastrukturnetz eines Landes Nutzensteigerungen oder Kostensenkungen in anderen Ländern zur Folge haben. Werden sie dezentral bereitgestellt und entsprechend finanziert, werden die Kosten des Lückenschlusses von den Wirtschaftssubjekten des Landes A getragen, der Nutzen kommt aber auch den Wirtschaftssubjekten in Land B zugute (positive Netzexternalitäten).

---

[326] Vgl. Zweiter Teil II.C.2.b (S. 43ff.).

[327] Vgl. zu Frustrationskosten auch Zweiter Teil III.B (S. 119ff.).

Netzeffekte treten hier in Form grenzüberschreitender positiver Netzexternalitäten auf, also als positive *spillover*-Effekte. Negative *spillover*-Effekte gehen von einem Regierungsbereich aus, der durch eine mangelhaft ausgebaute Infrastruktur sowohl den Nutzen der Infrastruktur in angrenzenden Regionen als auch im gesamten Netz reduziert und die Infrastrukturnetze damit entwertet.[328]

Die über einzelne Regierungsbereiche hinausgehende Ausrichtung der hier behandelten Infrastrukturnetze in Verbindung mit dem Auftreten von Netzexternalitäten führt dazu, dass sich die Wirkung von Infrastrukturinvestitionen räumlich nur schwer eingrenzen lässt.[329] Sie erstrecken sich auf das gesamte Netz und damit auf alle beteiligten Regionen. Stellen untergeordnete Gebietskörperschaften die entsprechenden Infrastrukturen bereit, hat dies zur Folge, dass diese Netzeffekte bei der Entscheidung über den Auf- und Ausbau der großräumigen Infrastrukturnetze durch einzelne Länder oder Regionen nicht (oder zumindest nicht ausreichend) berücksichtigt werden.

Für die Wahrnehmung der Netzverantwortung folgt daraus, dass ein gesamtwirtschaftlich optimaler Ausbau der Infrastrukturnetze nur zustande kommt, wenn die einzelnen Staaten nicht mehr als abgeschlossene Planungsräume für Infrastrukturnetze angesehen werden.[330]

Die *spillover*-Effekte können prinzipiell auch bei Verhandlungen zwischen den Beteiligten berücksichtigt werden, insbesondere dann, wenn die sie in einem eng begrenzten Raum auftreten und die Zahl der Beteiligten daher gering ist. Schließen z.B. zwei Länder die in ihrem Regierungsgebiet liegenden Netze durch eine Netzbrücke zusammen, könnte dies durchaus auch bilateral zu lösen sein.[331] Im Fall der europäischen Infrastrukturnetze muss jedoch von einer sehr weiten Streuung der Netzexternalitäten ausgegangen werden.[332] Schließt sich ein Land einem europäischen Netz an (wie dies z.B. im Hochgeschwindigkeitseisenbahnbereich durch die Einführung europäischer Standards in Spanien geschieht, das bisher andere Standards verwendete), ist eine Internalisierung der entstehenden

---

[328] Vgl. HEINSCH(1986), S. 25.
[329] Vgl. PFÄHLER u.a.(1995), S. 138.
[330] Vgl. HEINSCH(1986), S. 25.
[331] Vgl. VAUBEL(1994), S. 9.
[332] Vgl. VICKERMAN(1996), S. 231.

Netzeffekte nur durch Verhandlungen mit vielen Verhandlungspartnern möglich. Die Transaktionskosten eines solchen Vorgehens wären wahrscheinlich beträchtlich, und die Gefahr von *free rider*-Verhalten einzelner Mitgliedstaaten nimmt zu; die Netzverantwortung wird auf zentraler Ebene geringere Kosten verursachen.

D. Koordinationsverfahren zum Infrastrukturnetzauf- und -ausbau

Bei der Bereitstellung von Infrastrukturnetzen handelt es sich um eine sehr komplexe Aufgabe: Neben der Bereitstellungsaufgabe und der Finanzierung ist auch der Vollzug der Planungen und der Betrieb der Infrastrukturnetze zu organisieren. Dazu gilt es, Informationen über vorhandene Kapazitäten, die derzeitige und zukünftige Nachfrage, Gestaltungs- und Finanzierungspotentiale. Eine große Zahl von Entscheidungs- und Aufgabenträger muss koordiniert werden, wobei Verknüpfungs- und Kompatibilitätsanforderungen sowie die zeitliche Struktur des Auf- und Ausbaus abzustimmen ist.[333]

Für die Infrastrukturnetze, in denen Marktversagen Staatsaufgaben begründen, müssen die Aufgaben im Bereitstellungsprozess einer Ebene im föderalen System zugeordnet werden. Die Ausführungen in den vorangegangenen Kapitel beschäftigten sich im Wesentlichen damit, wie die Kompetenzen im Zusammenhang mit der Wahrnehmung der Netzverantwortung aus ökonomischer Sicht zugeordnet sein sollten. Hierbei gilt es, institutionelle Symmetrie zu wahren, also die Übereinstimmung von Steuerzahlern, Entscheidungsträgern und Nutznießern zu erreichen.[334]

Auch wenn damit die Netzverantwortung mit Hilfe ökonomischer Kriterien einer Ebene im Staatsaufbau zugewiesen wird, bleibt das Problem, ein angemessenes Planungsverfahren zu etablieren, das eine effiziente Entwicklung der Netze ermöglicht. Koordinationsvorteile bei zentraler Planung stehen den Informationsvorteilen dezentraler Planung gegenüber. Die Komplexität des Planungsprozesses, in die die vielfältigen Auswirkungen in der Bereitstellungs- und Nutzungsphase

---

[333] Vgl. Erster Teil III (S. 24ff.), insbesondere Abb. 2 (S. 25).

[334] Vgl. BLANKART(1996), S. 91.

einbezogen werden müssen, erschweren die Aufgabenzuordnung in einem föderal gestalteten politischen System.[335]

In einem *bottom up*-Verfahren werden Informationen dezentral zusammengetragen und an die zentrale Institution weitergeleitet, durch die die Koordination geleistet werden soll. Ein solches Verfahren wird bei der Planung der TEN angewendet. Der Informationsfluss von unten nach oben ermöglicht es, spezifische Hindernisse konkreter Vorhaben genauer zu untersuchen.[336] Andererseits besteht das Problem, dass die dezentralen Einheiten durch strategische Informationsversorgung Entscheidungen der Koordinationsinstanz in ihrem Sinne beeinflussen können. So nutzten die Mitgliedstaaten dieses Verfahren bei der Planung zu den TEN, in den Mitgliedstaaten gewünschte Vorhaben in die TEN aufzunehmen, um dann von der finanziellen Förderung zu profitieren, obwohl die transeuropäische Bedeutung einzelner Vorhaben durchaus umstritten ist.[337]

Diesem Ansatz steht ein *top down*-Verfahren gegenüber, das in der Gemeinschaft z.B. bei der gemeinschaftlichen Strukturpolitik Anwendung findet. Die Kommission kommt in diesem Fall der Koordinationsaufgabe nach, indem sie durch Vorgabe von Förderkonzepten, an deren Umsetzung die Vergabe von Mitteln gebunden ist, indirekt eine *top down*-Steuerung durchgeführt wird. Dabei ist ein tiefgestaffeltes System entstanden, dass im Falle der Strukturpolitik Einfluss nimmt auch auf regionale und lokale Gebietskörperschaften.[338] Sind Kompetenzen in dieser Form zugeordnet und ein solches Verfahren etabliert, kann durch die zentrale Institution eine einheitliche Wirtschaftspolitik durchgesetzt werden. Es besteht jedoch die nicht unerhebliche Gefahr, dass regionale Unterschiede, z.B. hinsichtlich der wirtschaftspolitischen Probleme oder der regionalen Präferenzen, nicht berücksichtigt werden und es so zu Wohlfahrtseinbußen kommt.

Mit dem Konzept der "kooperativen Gegenstromplanung" könnten die Vorteile zentraler Koordination mit dem Informationsvorteil auf dezentraler Ebene zu vereinen, wodurch der Gegensatz von *bottom up*- und *top down*-Planung über-

---

[335] Zu den Problemen der Komplexitätsbewältigung im Zusammenhang mit der europäischen Integration vgl. PITSCHAS(1994), S. 514ff.

[336] Vgl. Dritter Teil II (S. 169ff.). Vgl. außerdem EUROPÄISCHES PARLAMENT(1997), S. 23.

[337] Vgl. Dritter Teil II (S. 169ff.).

[338] Vgl. PITSCHAS(1994), S. 529ff.

wunden werden soll.[339] Die zentrale Ebene in einem föderalen System legt ihre Ziele fest und konkretisiert sie durch quantifizierbare Kriterien. Für nachgeordnete Körperschaften, aber auch private Investoren, muss daraus deutlich hervorgehen, welche Förderung sie erwarten können, wenn sie solche Kriterien erfüllen und dadurch zu den Zielen der zentralen Ebene beitragen. Die Zentralinstanz könnte z.B. festlegen, dass sie die Verringerung der Reise- bzw. Transportzeit zwischen einer Stadt mit 250.000 Einwohnern und dem europäischen Zentrum um 60 Minuten mit einem bestimmten Betrag fördern wird.[340] Hierdurch lägen nun den Gebietskörperschaften und privaten Investoren klare Informationen vor, wie dezentrale Infrastrukturplanungen auch zu den Zielen der Zentralinstanz beitragen.

IV. Finanzierung großer Infrastrukturnetze

A. Einführung

Die Finanzierung stellt eine zentrale Frage beim Auf- und Ausbau großer Infrastrukturnetze in der EU dar. Die besonderen Eigenschaften von großräumigen Infrastrukturnetzen werfen auch für die Finanzierung spezifische Fragen auf. Wegen der besonderen Bedeutung der Finanzierung für das Gelingen der Aktivitäten zum Auf- und Ausbau von Infrastrukturnetzen wird hier allgemein untersucht, wie der Auf- und Ausbau großer Infrastrukturnetze finanziert werden kann.

Die gesamtwirtschaftlich sinnvolle Finanzierung des Auf- und Ausbaus großer Infrastrukturnetze steht in engem Zusammenhang mit den Ergebnissen der allokationspolitischen Analyse.[341] Prinzipiell müsste ein öffentliches Gut durch Steuermittel oder öffentlichen Kredit finanziert werden, in einzelnen Fällen auch durch Gebühren und Beiträge, zur Finanzierung eines privaten Gutes müssten private Mittel herangezogen werden.

Bei der Finanzierung konkreter Großprojekte im Infrastrukturbereich zeigt sich jedoch eine große Vielfalt an Finanzierungsformen. Hierin zeigen sich zum einen

---

[339] Vgl. hierzu und dem folgenden EWERS/TEGNER(1997).

[340] Die zeitliche Erreichbarkeit als Kriterium müssten z.B. verbunden werden mit den Kosten der Nutzung und den Wachstumseffekten dieser Verbindungen. Vgl. EWERS/TEGNER(1997), S. 24f.

[341] Vgl. Zweiter Teil II.C (S. 36ff.).

die unterschiedlichen Präferenzen mehrerer Finanziers bzw. Investoren. Der Umfang der Projekte macht es zum anderen oft notwendig, mehrere Finanzquellen für die Finanzierung zu nutzen. Prinzipiell vergleichbare Großprojekte werden daher nicht nur sehr unterschiedlich, sondern gerade bei Großprojekten zum Auf- und Ausbau von großräumigen Infrastrukturnetzen auch aus einer Vielzahl unterschiedlicher Quellen finanziert ("Finanzierungspakete").

In der EU kommen zur Finanzierung des Auf- und Ausbaus der Infrastrukturnetze folgende Quellen in Betracht:

- Steuereinnahmen (in geringem Umfang steuerähnliche Einnahmen der EU, in größerem Umfang Steuereinnahmen der Mitgliedstaaten, die der EU zugewiesen werden),
- Gebühren- und Beitragsaufkommen, die für die Bereitstellung und Finanzierung bestimmter Infrastrukturnetze eine zunehmende Bedeutung gewinnen könnten,
- öffentlicher Kredit bzw. die Kreditaufnahme öffentlicher Banken (z.B. der Europäischen Investitionsbank [EIB]), die mit diesen Mittel den Auf- und Ausbau von europäischen Infrastrukturnetzen unterstützt,
- private Finanzierung unter Beanspruchung öffentlicher Bürgschaften (die z.B. durch den Europäischen Investitionsfonds [EIF] vergeben werden),
- private Finanzierung im Rahmen von Leasingmodellen, Vergabe von Konzessionen und Betreibermodellen sowie
- die private Finanzierung solcher Infrastrukturen, bei denen die Investoren neben der Netzverantwortung auch die Risiken des Projektes vollständig tragen.

Von einer privaten Finanzierung wird prinzipiell eine effiziente und der Nachfrage nach Infrastrukturleistungen am besten angepasste Lösung erwartet. Die Diskussion der gesamtwirtschaftlich "günstigsten" Finanzierungsform wird allerdings durch die Tatsache kompliziert, dass bei einer privaten Finanzierung höhere Finanzierungskosten zu erwarten sind, wenn die Netzverantwortung und damit auch das Projektrisiko in privaten Händen liegen. In diesem Fall sind private Finanziers zur Übernahme von Risiken nur gegen Zahlung eines Risikoaufschlages bereit. Liegt die Verantwortung für die Finanzierung eines Investitionsobjekts bei einer öffentlichen Institution oder hat diese das Risiko durch eine Bürgschaft übernommen, so reduziert sich das Ausfallrisiko für den privaten Finanzier stark. Unter diesen Umständen ist die Finanzierung zu geringeren Zinsen möglich als dies der Fall wäre, wenn ein Privater die Verantwortung für die Finanzierung des Vorhabens alleine trägt. Dies zeigt, dass eine Analyse der Finanzierungsfunktion nicht möglich ist, ohne die ihr zugrunde liegenden Zuordnung der Netzverantwortung im Sinne der Risikoallokation einzubeziehen.

Ist die private Bereitstellung der Infrastrukturnetze im Marktprozess möglich, muss auch die Finanzierung der Investitionen privat vorgenommen werden. Öffentliche Finanzierungsbeiträge sind nur gerechtfertigt, um Distributions- oder Stabilisierungs- und Wachstumsziele zu verfolgen. Verhindert jedoch Marktversagen die private Bereitstellung, sind neben einer rein öffentlichen Bereitstellung und Finanzierung auch unterschiedliche Mischformen denkbar.

Für die öffentlichen Institutionen besteht infolgedessen die Aufgabe, entweder die Rahmenbedingungen für das Infrastrukturprojekt so zu beeinflussen, dass private Investoren gewonnen werden können oder Maßnahmen zum Auf- und Ausbau der Infrastruktur selbst zu finanzieren bzw. mitzufinanzieren. Eine schematische Übersicht über die Möglichkeiten, die hierzu bestehen, gibt Abb. 18.

Dem Staat stehen nichtmonetäre, hoheitliche Instrumente der Wirtschaftspolitik zur Verfügung (Ordnungspolitik, Regulierungspolitik), die er einsetzen kann, um den wirtschaftspolitischen Rahmen für die Bereitstellung von Infrastrukturnetzen bzw. Netzteilen zu gestalten. Der Staat sollte diese Instrumente nutzen, um die privaten Wirtschaftssubjekte in einem möglichst weiten Feld unter wettbewerblichen Bedingungen in die Bereitstellungsaufgabe einzubinden, da hierdurch die Allokationseffizienz im Vergleich zur öffentlichen Bereitstellung verbessert werden kann. Wegen der Entlastung der öffentlichen Haushalte erhält die Einbeziehung privater Mittel in die Finanzierung von Infrastrukturinvestitionen auch aus finanzpolitischer Sicht eine besondere Attraktion.

Zu einer privaten Finanzierung wird es jedoch nur kommen, wenn die Finanzinvestition aus der Sicht des privaten Investors wirtschaftlich ist, der Schuldendienst gewährleistet ist und das Projekt ein im Hinblick auf die individuelle

Risikopräferenz akzeptables Risikoprofil aufweist.[342] Anpassungen der institutionellen Rahmenbedingungen durch ordnungspolitische Eingriffe oder die Regulierung bestimmter Wirtschaftsbereiche oder Unternehmen können dies befördern.

Außerdem können die öffentlichen Institutionen durch Zahlungen an Private (Subventionen, öffentlicher Kreditvergabe, Gewährleistungen) versuchen, deren Investitionskalkül so zu beeinflussen, dass sie die Finanzierung des Projektes in privater Verantwortung übernehmen. Zu deren Finanzierung kann der Staat aufgrund der ihm übertragenen hoheitlichen Rechte Zwangseinnahmen (Steuern, Gebühren, Beiträge) erheben oder auf den Finanzmärkten Einnahmen aus öffentlichem Kredit erzielen.

Schließlich sind Kooperationen zwischen öffentlichen Institutionen und privaten Unternehmen denkbar, die der Verfolgung gemeinsamer infrastrukturpolitischer Ziele dienen (*public private partnership*).

Im Weiteren sollen zuerst die Verfahren für eine private Finanzierung großer Investitionsobjekte untersucht werden. Im Anschluss werden unterschiedliche Möglichkeiten zur öffentlichen Finanzierung von Infrastrukturinvestitionen bzw. öffentlicher Finanzierungsbeiträge diskutiert. Schließlich werden Modelle be-

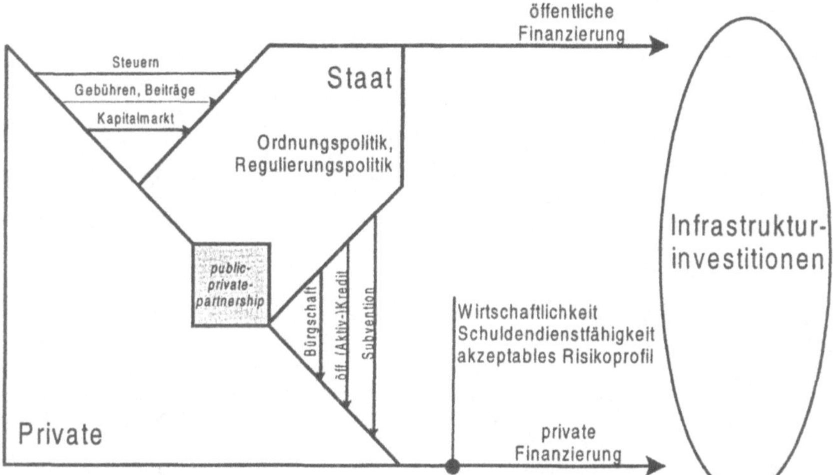

Abb. 18: Möglichkeiten zur Finanzierung von Infrastrukturinvestitionen

---

[342] Die Bedingungen für private Investitionen werden in Zweiter Teil IV.B (S. 132ff.) diskutiert.

trachtet, in denen durch die Zusammenarbeit von öffentlichen Institutionen und privaten Unternehmen trotz der Notwendigkeit öffentlicher Eingriffe eine möglichst weitgehende Einbeziehung privater Investoren erreicht werden soll, mit den entsprechenden Vorteilen insbesondere für die Effizienz der Finanzierung und der Bereitstellung der Infrastrukturnetze.

B. Privatwirtschaftliche Projektfinanzierung

Der private Aufbau von Infrastrukturnetzen wird in der Regel als wirtschaftlich und rechtlich abgegrenzte, selbständige Wirtschaftseinheit (Projekt) finanziert (Projektfinanzierung).[343] Diese Form der Finanzierung wird u.a. dann gewählt, wenn ein Investitionsvorhaben einen Umfang hat, der die finanziellen Möglichkeiten eines einzelnen Unternehmens übersteigt. Das erforderliche Kapital kann dann nur durch eine eigenständige Projektgesellschaft, die damit rechts- und kreditfähig ist, beschafft werden (*off balance sheet financing*). Bei solchen Projekten muss der Kapitaldienst aus den zu erwartenden Projektrückflüssen aufgebracht werden. Die Projektrückflüsse stellen die Grundlage für die Bedienung der investierten Mittel dar.[344] Die Projektfinanzierung muss daher so geplant sein, dass der Netto-*cash flow* in jeder Phase des Projektes ausreicht, um den Kapitaldienst, also Zins- und Tilgungszahlungen, sowie möglicherweise anfallende Ersatzinvestitionen decken zu können (*cash flow related lending*).[345] Dies setzt eine intensive Analyse der Chancen und Risiken des Vorhabens voraus (*risk analysis*). Diese Analyse ist insbesondere auch deshalb notwendig, weil das durchzuführende Projekt im Rahmen einer wirtschaftlich selbständige Einheit abgewickelt wird, die als solche keine wirtschaftliche Vergangenheit hat, auf deren Grundlage Aussagen über die Ertrags- und Vermögenslage möglich sind.

---

[343] Vgl. hierzu und im folgenden UEKERMANN(1990), S. 15ff., SCHULTE-ALTHOFF(1992), S. 27ff.

[344] Als Sicherheiten stehen prinzipiell auch die zu erstellenden bzw. erstellten Anlagen zur Verfügung. Infrastrukturinvestitionen sind hierzu jedoch nicht sonderlich gut geeignet, da sie durch Inflexibilität und Irreversibilität gekennzeichnet und oft außerordentlich spezifisch sind (siehe Zweiter Teil II.B [S. 29ff.]). Eine wirtschaftliche Verwertung in einer anderen als der vorgesehenen Verwendung solcher Investitionsgüter ist daher kaum möglich. Vgl. SCHULTE-ALTHOFF(1992), S. 27 und S. 35ff. Als Sicherheiten können allerdings feste Abnahmeverpflichtungen ("*take or pay*") dienen, die aus Sicht der Finanziers günstige Beleihungsgrundlagen darstellen. Möglichkeiten hierzu bieten sich jedoch in der Regel allenfalls beim Aufbau von Erdgastransportnetzen. Vgl. SCHRAAD/PÄHLER(1998), S. 27.

[345] Vgl. SCHULTE-ALTHOFF(1992), S. 27ff.

Statt der Bonität der beteiligten Unternehmen steht für die Kapitalgeber die Renditeerwartung des Projekts im Vordergrund. Der Analyse folgt dann die Vereinbarung einer von allen an der Projektfinanzierung Beteiligten - also insbesondere Auftraggeber, Eigen- und Fremdkapitalgeber und die Ersteller des Infrastrukturnetzes - akzeptierten Risikoverteilung (*risk sharing*).

Damit sind die charakteristischen Merkmale der Projektfinanzierung genannt:

- ertragsorientierte Kreditaufnahme (*cash flow related lending*),
- außerbilanzielle Finanzierung (*off balance sheet financing*),
- Risikoteilung (*risk sharing*).

Aus diesen Merkmalen ergeben sich aus der Sicht der Kapitalgeber die folgenden Anforderungen an eine Projektfinanzierung:[346]

- Wirtschaftlichkeit, d.h. eine Projektrendite, die bei vergleichbarem Risiko zu einer marktüblichen Eigenkapitalrendite führt,
- Schuldendienstfähigkeit, d.h. ein Netto-*cash flow*, der zu jedem Zeitpunkt des Projektablaufs die Zahlungsverpflichtungen des Projektes deckt,
- akzeptables Risikoprofil,[347] also ein vom Investor als vertretbar angesehenes Ausmaß an Unsicherheit hinsichtlich des Projekterfolgs, wobei der Einsatz von Sicherungsinstrumenten (z.B. Bürgschaften) in die Beurteilung einbezogen wird.

Der privat finanzierte Auf- und Ausbau großer Infrastrukturnetze kann vor diesem Hintergrund durch die folgenden Probleme gekennzeichnet sein:

- Unteilbarkeiten von erheblichem Ausmaß, durch die es zu einem natürlichen Monopol kommen kann, machen wirtschaftspolitische Eingriffe notwendig. Deren Ziel ist es, die aus einzelwirtschaftlicher Sicht erwünschten, gesamtwirtschaftlich aber schädlichen Monopolgewinne zu begrenzen. Dies kann in unterschiedlichem Ausmaß gelingen, wobei die Auswirkung

---

[346] Vgl. BÜSCHGEN/ERGENZINGER(1993), S. 90ff., insbesondere Fußnote 267.

[347] Das Risikoprofil umfasst alle relevanten Risiken im zeitlichen Bezug mit ihrer Eintrittswahrscheinlichkeit und Tragweite. Vgl. SCHULTE-ALTHOFF(1992), S. 155.

auf das betroffene Unternehmen von den wirtschaftspolitischen Aktivitäten öffentlicher Institutionen abhängt. Politische Unsicherheiten sind die Folge.

- Das Auftreten positiver externer Effekte beeinträchtigt die private Wirtschaftlichkeit des Projekts.
- Die mit dem Projekt verbundenen Risiken können von privaten Investoren als zu hoch angesehen werden, so dass es nicht zu einer ertragsorientierten Finanzierung kommt.
- Fehlende Wirtschaftlichkeit, auch aus dem Eintreten von Risiken, stellt für das Projekt als Ganzes oder auch nur phasenweise die Schuldendienstfähigkeit in Frage, die jedoch unabdingbare Voraussetzung für die ertragsorientierte Kreditaufnahme ist.

Die beiden letzten Punkte wären das Ergebnis von Risiko- und Renditeabwägungen privater Unternehmer, die in einem wettbewerblichen System zur Annäherung an die Allokationseffizienz führen. Sie sind unproblematisch, sofern die Marktallokation (zumindest weitgehend) frei von Verzerrungen ist.

C. Öffentliche Finanzierung

1. Gebühren und Beiträge

Gebühren und Beiträge[348] werden auf der Grundlage äquivalenztheoretischer Überlegungen erhoben. Die Nutzer einer Leistung, hier also eines Infrastrukturnetzes, sollen zu deren Finanzierung entsprechend des von ihnen bezogenen Nutzens bzw. der verursachten Kosten beitragen. Dabei trifft die Finanzierung von Infrastrukturnetzen über Beiträge die Gruppe potentieller Nutzer dieses Netzes und die Finanzierung über Gebühren die tatsächlichen Nutzer. Es handelt sich in beiden Fällen um Abgaben mit Entgeltcharakter.

Die "gerechte" Aufteilung der Finanzierungslasten der Infrastruktur steht damit im Vordergrund. Dies hat zur Folge, dass bei einer größer werdenden Zahl potentieller Nutzer bzw. zunehmender tatsächlicher Nutzung der Infrastruktur die

---

[348] In beiden Fällen handelt es sich um Entgelte für spezielle Gegenleistungen auf der Grundlage hoheitlicher Akt. Gebühren werden als Entgelt für die Inanspruchnahme einer öffentlichen Einrichtung erhoben; Beiträge werden schon dann erhoben, wenn Wirtschaftssubjekte potenzielle Vorteile aus einer öffentlichen Einrichtung haben. Vgl. PEFFEKOVEN(1996), S. 43.

Beiträge bzw. die Gebühren sinken. Dieses Vorgehen ist allerdings nur so lange sinnvoll, wie es nicht zu - auch temporären - Kapazitätsengpässen kommt. In diesen Fällen muss eine effiziente Allokation der Kapazitäten gewährleistet werden; das Äquivalenzprinzip ist hierfür nicht die geeignete Grundlage.

Zwar beeinflussen Höhe und Ausgestaltung von Beiträgen und Gebühren die tatsächliche Nutzung des Infrastrukturnetzes in der Phase der Leistungsabgabe. Da die Beitragshöhe unabhängig von der tatsächlichen Nutzung ist, gibt sie Anreize zu verstärkter Nutzung der Infrastruktur, da die Kosten pro tatsächlich nachgefragter Infrastrukturleistung mit jeder zusätzlich bezogenen Einheit sinken. Wird mit der Gebührenerhebung die Kostendeckung angestrebt, beeinflusst auch sie die tatsächliche Nutzung des Infrastrukturnetzes nicht in Richtung einer effizienten Kapazitätsrationierung. Vielmehr werden die Gebühren mit steigender Nutzerzahl sinken.

Zur Gebühren- und Beitragserhebung muss das Ausschlussprinzip gelten. Deswegen sind in Fällen, in denen ein Gut in der Nähe der Kapazitätsgrenze langsam seinen Charakter als reines öffentliches Gut verliert, zwei Möglichkeiten denkbar:[349]

1.) Ein Netz wird als Ganzes von den Nutzern über Beiträge finanziert (Clubgut).

2.) Gebühren werden an Engpässen der jeweiligen Auslastung entsprechend erhoben, um die Nutzung zu steuern.

Ad 1.) Werden alle Nutzer eines Infrastrukturnetzes als Mitglieder eines Clubs interpretiert, die durch ihren Beitritt zu diesem Club das Recht an der Nutzung des Clubgutes erwerben, kann die Finanzierungslast auf die Clubmitglieder verteilt werden. Der Beitritt zum Club ist mit Beitragszahlungen verbunden. Die Nutzer des Netzes finanzieren so den Auf- und Ausbau des Netzes selbst.

Ad 2.) Die Weiterentwicklung von Gebühren in Richtung Knappheitspreise kann in Form von Zugangs- oder Engpassgebühren die Nutzung vorhandener Netzinfrastrukturen im Hinblick auf eine optimale Allokation der Ressourcen ver-

[349] Vgl. WISSENSCHAFTLICHER BEIRAT BEIM BUNDESMINISTER FÜR VERKEHR(1997), S. 73ff., GROSSEKETTLER(1991), S. 194f.

bessern: Knappheitsorientierte Preise verhindern bei knapper Infrastruktur die suboptimale - also exzessive - Nutzung der vorhandenen Infrastruktur. Bei nur kurzzeitig auftretenden Kapazitätsengpässen in Spitzenzeiten und ausreichenden Kapazitäten außerhalb dieser Zeiten kann daher eine zeitliche Differenzierung der Gebühren (*peak load pricing*) die Allokation der knappen Ressourcen verbessern. Zu den Spitzenlastzeiten werden dann nur noch die Wirtschaftssubjekte die Infrastruktur nutzen, die eine große Präferenz dafür haben. Wirtschaftssubjekte mit niedrigerer Präferenz für eine Nutzung zu dieser Zeit können die Infrastruktur in niedriger ausgelasteten Zeiträumen nutzen.[350]

Zugangs- oder Engpassgebühren dienen in erster Linie der Allokation vorhandener Infrastrukturnetze. Sie können aber auch zur Finanzierung dieser Netze nicht unerheblich beitragen. Hierzu wäre eine simultane Bestimmung von Engpassgebühr und Investitionsniveau wünschenswert. Danach wäre die Infrastruktur nur so lange auszubauen, bis der zusätzliche Nutzen einer Kapazitätsausweitung (in Form vermiedener Staukosten) mit den zusätzlichen Kosten durch den Infrastrukturausbau übereinstimmt.[351] Wird der Auf- und Ausbau der Netze in einem Wettbewerbssystem dezentral durchgeführt, liegen also keine wettbewerbsbe- oder -verhindernden Tatbestände vor, wird dies von den miteinander im Wettbewerb stehenden Anbietern geleistet. Die simultane Bestimmung von Knappheitspreis und Investitionsniveau kann bei Vorliegen von Marktmängeln - insbesondere Unteilbarkeiten und Informationsmängeln - nur schwer auf administrativem Wege erreicht werden.

Aus finanzierungstechnischer Sicht muss schließlich auch die zeitliche Dimension des Aufkommens durch Gebühren oder Beiträge berücksichtigt werden. Während Beiträge schon erhoben werden können, bevor das Infrastrukturnetz zur Nutzung bereitsteht, so dass auf diesem Wege die Finanzierung der Bereitstellung gewährleistet werden kann, können Gebühren in der Regel erst in der Nutzungsphase erhoben werden, denn erst dann zeigt sich die konkrete Inanspruchnahme. Das Gebührenaufkommen kann der Finanzierung einer rentabilitätsorientierten Ver-

---

[350] Vgl. z.B. BRÜMMERHOFF(1996), S. 49.

[351] Vgl. KNIEPS(1997), S. 191ff.

schuldung dienen. Dabei wird die öffentliche Kreditaufnahme eines Investitionsobjekts durch das Gebührenaufkommen in der Nutzungsphase refinanziert.[352]

2. Steuern

Einnahmen aus Steuern stellen den mit Abstand wichtigsten Einnahmenposten in den öffentlichen Haushalten moderner Volkswirtschaften dar. Sie werden als Zwangseinnahmen im Rahmen eines - gesetzlich legitimierten - hoheitlichen Eingriffs in die Verfügungsgewalt der Privaten erhoben. Dadurch kommt es zu allokativen Verzerrungen in Form des Substitutionseffekts. Die Finanzierung des Infrastrukturauf- und -ausbaus durch die Erhebung von Steuern geht - im Gegensatz zur privaten Finanzierung - daher in der Regel mit erheblichen Verzerrungen der Ressourcenallokation einher. Die Beteiligung an der Finanzierung der öffentlichen Infrastruktur soll sich an der individuellen Leistungsfähigkeit der Bürger orientieren.[353]

Eine Steuerfinanzierung ist dennoch nur solange ökonomisch zu rechtfertigen, wie es nicht gelingt, die Nutzer individuell oder in Gruppen äquivalent zum empfangenen Nutzen oder den verursachten Kosten an der Finanzierung zu beteiligen. Diese spezielle Entgeltlichkeit gelingt jedoch nur, wenn es Indikatoren für die Inanspruchnahme der Infrastruktur durch die Gruppe oder das Individuum gibt. Mangelt es an einer Möglichkeit zur genauen Eingrenzung des Nutzerkreises bzw. an Indikatoren für die Inanspruchnahme oder Kostenverursachung, muss die Gesellschaft als Ganzes über Steuern an der Finanzierung beteiligt werden.

Fehlende Äquivalenz in einem anderen Sinne kann die zeitliche Verteilung des Nutzens auslösen: Werden die gegenwärtigen Steuerzahler zur Finanzierung großer Infrastrukturprojekte herangezogen, belastet dies die gegenwärtige Generation zugunsten zukünftiger Generationen, da die getätigten Investitionen auch in der Zukunft Nutzen stiften. Zukünftigen Generationen fließt der Nutzen dann ohne Finanzierungsverpflichtung zu. Überwiegend wird daher in der Steuerfinanzierung von Investitionen, die ihren Nutzen über einen langen Zeitraum

---

[352] Vgl. hierzu auch die Ausführungen in Zweiter Teil IV.C.3 (S. 139ff.).

[353] Hierin kommt eine organische Staatsauffassung zum Ausdruck, die im Staat ein dem Individuum übergeordnetes Subjekt sieht, dass den einzelnen Bürgern ohne Berücksichtigung der spezifischen Vorteile aus den staatlichen Aktivitäten Einnahmen zur Erfüllung der staatlichen Aufgaben abverlangen kann. Vgl. PEFFEKOVEN(1996), S. 67f.

abgeben, eine Überforderung der gegenwärtigen Steuerzahler gesehen. Sie kann durch eine auf die öffentlichen Investitionen begrenzte Kreditfinanzierung vermieden werden.[354]

Wird die Infrastruktur jedoch als volkswirtschaftlicher Vermögensbestand interpretiert, der im Rahmen eines "Generationenvertrages" ständig vermehrt und an die folgende Generation übergeben wird, kann auch die Finanzierung aus Steuermitteln gerechtfertigt werden. Untersuchungen anhand eines neoklassischen Wachstumsmodells lassen den Schluss zu, dass dies auch wirtschaftspolitisch wünschenswert ist: Werden die wachstumsinduzierenden Effekte der Infrastruktur und die wachstumshemmenden Effekte der Infrastrukturfinanzierung zusammengefasst, zeigt sich, dass die durch die Infrastrukturinvestitionen ausgelöste gesamtwirtschaftliche Outputsteigerung bei einer Ausdehnung der Steuerfinanzierung in geringerem Maße abgeschwächt wird als bei einer betragsmäßig gleichen Erhöhung der Kreditfinanzierung. Der größte Nettoeffekt wird demnach erzielt, wenn die Infrastrukturinvestitionen ausschließlich aus Steuermitteln finanziert werden.[355]

Die eine Argumentation sieht also in Infrastrukturinvestitionen eine Abfolge singulärer Beiträge zum volkswirtschaftlichen Kapitalstock, die jeweils das Ergebnis einer ökonomischen Kraftanstrengung sind, was die Kreditfinanzierung zur Nutzenverteilung auf mehrere Generationen rechtfertigt. In der anderen Argumentation wird ein beständiger Investitionsvorgang unterstellt, den jede Generation ohne besondere Belastungen auch aus dem regelmäßigen Steueraufkommen tragen kann. Zusätzlich ist in der Steuerfinanzierung eine aus wachstumspolitischer Sicht günstige Finanzierungsalternative zu sehen. Daher sollte insbesondere der in kleineren Schritten vorgenommene Ausbau von Infrastrukturnetzen in möglichst großem Umfang aus Steuermitteln finanziert werden. Werden jedoch neue großräumige Infrastrukturnetze aufgebaut oder bestehende in erheblichem Ausmaß ausgebaut, so erreichen die Investionen in vielen Infrastruktur-

---

[354] Auf die Probleme mit öffentlichem Kredit geht das folgende Kapitel (Zweiter Teil IV.C.3) ein.

[355] Empirische Untersuchung auf der Basis eines neoklassischen Wachstumsmodells scheinen diese Vermutung zu bestätigen. Vgl. KELLERMANN/SCHLAG(1998), S. 315ff., SCHLAG(1999), S. 89ff.

bereichen ein Volumen, das stärker die intergenerativen Belastungswirkungen in den Vordergrund treten lässt. Bei diesen z.T. sehr langlebigen Infrastrukturnetzen entstehen dann die unerwünschten intergenerativen Verteilungswirkungen, die durch eine Kreditfinanzierung gemindert werden können.

3. Kapitalmarktfinanzierung durch öffentlichen Kredit

Der öffentliche Kredit verhilft dem Staat zu Einnahmen, die im Gegensatz zu Steuern sowie Gebühren und Beiträgen aus der gleichberechtigten Beteiligung des Staates am marktwirtschaftlichen Prozess entstehen.[356] Der öffentliche Kreditnachfrager muss sich wie jeder private Nachfrager den Marktbedingungen auf dem Kapitalmarkt anpassen.

Auch der Staat kann zur Finanzierung großer Investitionsvorhaben die Kapitalmärkte in Anspruch nehmen. Dies fällt ihm leicht, weil er als hervorragender Schuldner gilt, denn er kann sich Einnahmen auf der Basis von hoheitlichen Eingriffen (Zwangseinnahmen) verschaffen. Die Kreditaufnahme öffentlicher Institutionen kann so anfangs Steuereinnahmen ersetzen, die Aktivitäten auf den Kapitalmärkten können aber auch dann schon über *crowding out*-Effekte allokationspolitische Auswirkungen haben.

Die Begründung einer Kreditaufnahme wird aus der Verwendung der aufgenommenen Mittel abgeleitet, wobei objekt- und situationsbezogene Ansätze unterschieden werden. Beide können, je nach Charakter des Investitionsobjekts und der jeweiligen wirtschaftspolitischen Situation, als Begründung für die Kreditfinanzierung von Infrastrukturnetzen von Bedeutung sein.

Für die Kreditfinanzierung großer Infrastrukturinvestitionen können insbesondere objektbezogene Rechtfertigungen angeführt werden:

- Nach dem rentabilitätsbezogenen Grundsatz ist eine Kreditfinanzierung immer dann zulässig, wenn die zu erwartenden Nettoerträge einer Investition die für den Schuldendienst erforderlichen Ausgaben decken. Nutzungsgebühren, die entsprechend der Inanspruchnahme der Infrastruktur von den Nutzern erhoben werden, können zur Deckung der eingegangenen Verpflichtungen herangezogen werden. Außerdem können im Fall wachs-

[356] Von Zwangsanleihen soll in diesem Zusammenhang abgesehen werden.

tumspolitisch ausgerichteter Infrastrukturinvestitionen Kapazitätseffekte erwartet werden, so dass die Investition gesamtwirtschaftlich positive Nettoerträge hat, an denen die Fisci auch bei einem Verzicht auf Gebührenerhebung durch erhöhte Steuereinnahmen partizipieren.

- Auch der belastungspolitische Grundsatz des *pay-as-you-use* könnte für die Kreditfinanzierung von Infrastrukturinvestitionen in Frage kommen. Sie sind langlebig und können voraussichtlich auch von zukünftigen Generationen genutzt werden, weshalb sie über die in Zukunft anfallenden Zins- und Tilgungszahlungen auch an der Finanzierung beteiligt werden sollten.[357]

Wird neben den Eigenschaften des Investitionsobjektes auch die gesamtwirtschaftliche Situation in der Bereitstellungsphase einbezogen, wird von einer situationsbezogenen Begründung der Kreditaufnahme gesprochen, wobei konjunktur- und wachstumspolitische Grundsätze unterschieden werden. Der konjunkturpolitischen Begründung nach ist die staatliche Kreditaufnahme gerechtfertigt, wenn sie dazu dient, durch die kreditfinanzierte Ausweitung staatlicher Nachfrage die Nachfragelücken auszugleichen, die durch das Zurückbleiben privater Nachfrage im Verhältnis zum Produktionspotential entstehen.[358]

Eine wachstumspolitische Begründung liegt vor, wenn eine öffentliche Verschuldung damit gerechtfertigt wird, dass mit ihrer Hilfe öffentliche Investitionen getätigt werden, die das gesamtwirtschaftliche Produktionspotential erhöhen. Inwieweit aber wirklich Wachstumsimpulse ausgelöst werden, hängt von der Art der Investitionen und von den ausgelösten *crowding out*-Effekten der staatlichen

---

[357] In besonderen historischen Situationen kann die Kreditfinanzierung auch mit dem *intergeneration equity*-Prinzip begründet werden. Danach ist Kreditfinanzierung dann gerechtfertigt, wenn nach Naturkatastrophen, Kriegen usw. die entstehenden Ausgaben einer einzelnen Generation nicht auferlegt werden sollen, auch wenn spätere Generationen keinen direkten Nutzen aus diesen Investitionen haben. Die Lebensdauer von Infrastrukturnetzen ist allerdings in der Regel hoch, so dass auch als Folge solcher Sondersituationen aufgebaute Netze Nutzen über mehrere Generationen abgeben und daher auch mit dem *pay as you use*-Prinzip gerechtfertigt werden könnten.

[358] Zur Wirksamkeit solcher Maßnahmen vgl. Zweiter Teil II.D.3 (S. 96ff.). Bisher nimmt der EU-Haushalt eine eher prozyklische Entwicklung. Hier spielt z.B. eine Rolle, dass Abschöpfungen (wegen ihrer Abhängigkeit von der Preisentwicklung auf den Weltmärkten) und Zölle recht starken Aufkommensschwankungen unterliegen. Allerdings hat der prozyklische Charakter des EU-Haushalts noch keine besonderen negativen Auswirkungen, da der EU-Haushalt bisher gesamtwirtschaftlich mit ca. 2% des Bruttoinlandsprodukts ein geringes Gewicht hat. Vgl. SACHVERSTÄNDIGENRAT ZUR BEGUTACHTUNG DER GESAMTWIRTSCHAFTLICHEN ENTWICKLUNG(1994), Ziff. 321.

Kreditaufnahme ab. Bei der Bereitstellung öffentlicher Güter z.B. mit regionalpolitischer Begründung, für die keine komplementäre private Nachfrage besteht und sich auch nicht entwickelt, bleiben Wachstumsimpulse aus. Die wachstumspolitische Wirkung kreditfinanzierter öffentlicher Investitionen sinkt in dem Maße, wie diese zu Lasten privater Investitionen gehen.

Öffentliche Kreditaufnahme schränkt über die Zinsbelastungen den Haushaltsspielraum in zukünftigen Perioden ein. Daher wird gefordert, die öffentliche Kreditaufnahme an das Kriterium der Tragbarkeit zu binden.[359] Als tragbar gilt eine Kreditaufnahme dann, wenn sie die gesamtwirtschaftliche Schuldenstandsquote nicht erhöht. Eine Defizitquote wird diesem Kriterium gerecht, wenn sie kleiner oder gleich dem Produkt aus der Wachstumsrate des Bruttoinlandsprodukts und der Schuldenstandsquote ist.[360] Öffentliche Investitionen in den Auf- und Ausbau von Infrastrukturnetzen sollten daher auch dann nicht durch öffentlichen Kredit finanziert werden, wenn diese Investitionen zwar objektorientiert begründet werden können, aber die Schuldenstandsquote erhöhen und damit den Haushaltsspielraum in zukünftigen Perioden weiter reduzieren.

Die Diskussion über die Möglichkeiten, Investitionen in Infrastrukturnetze durch öffentlichen Kredit zu finanzieren, sollte jedoch nicht ohne Einbeziehung der institutionellen Bedingungen geschehen. Hier müssen die Anreize berücksichtigt werden, die für die politischen Entscheidungsträger bei einer Finanzierungsentscheidung bestehen. In dem hier diskutierten Zusammenhang steht konkret eine Verschuldungskompetenz für Gemeinschaftsinstitutionen zur Finanzierung des Auf- und Ausbaus großräumiger Infrastrukturnetze zur Diskussion:

- Für eine zurückhaltende Beurteilung einer solchen Kompetenz sprechen politökonomische Argumente:[361] Dazu wird sowohl bei Wählern als auch Politikern rationales Verhalten angenommen und die Analyse dadurch vereinfacht, dass zur Finanzierung der Staatsausgaben nur die Einnahmealternativen auf Steuer- und Krediteinnahmen reduziert werden. Die Politiker versuchen, die Zustimmung der Wähler zu ihrer Politik zu maximieren

[359] Vgl. z.B. BLANCHARD u.a.(1990), S. 7ff.

[360] Vgl. SACHVERSTÄNDIGENRAT ZUR BEGUTACHTUNG DER GESAMTWIRTSCHAFTLICHEN ENTWICKLUNG(1994), Ziff. 183.

[361] Vgl. z.B. CAESAR(1992), S. 170ff., CAESAR(1996), S. 163, STURM(1997), S. 11ff.

(Stimmenmaximierung). Durch Ausgaben können Wählerstimmen gewonnen werden, denn der Nutzen der Wähler wird hierdurch in der Regel erhöht. Steuereinnahmen jedoch werden die Zustimmung der Wähler verringern, denn sie reduzieren deren Konsummöglichkeiten. Die Attraktion der Kreditfinanzierung besteht nun darin, die Ausgaben in der Gegenwart zu erhöhen, ohne sie durch Steuereinnahmen decken zu müssen, die Stimmenverluste zur Folge haben ("*to spend and to avoid taxing*"[362]). Im Hinblick auf die institutionellen Verhältnisse in der EU könnten diese Anreize das EP veranlassen, auf die Ausweitung der Kreditfinanzierung hinzuwirken.

- Problematisch wäre es aber auch, wenn mit der Kommission eine Exekutivinstitution ohne direkte Wählerkontrolle mit einer Verschuldungskompetenz ausgestattet würde. Die Administrationen bzw. die dort tätigen Individuen versuchen aus eigenem Interesse, ihr Einflussgebiet und die ihnen zur Verfügung stehenden Mittel auszudehnen. Hierdurch nimmt beispielsweise das Prestige der Mitarbeiter und tendenziell auch ihr Einkommen zu. Mit Hilfe des öffentlichen Kredits könnte der finanzielle Spielraum der Institution erheblich erweitert werden, ohne dass die politischen Rahmenbedingungen geeignet wären, eine effiziente Verwendung der Mittel zu garantieren.

- Andererseits könnte für eine sehr restriktive, prinzipiell aber mögliche Verschuldung auf öffentlicher Ebene jedoch sprechen, dass ein ökonomisch schlecht begründetes und im öffentlichen Bewusstsein nicht verwurzeltes Verbot jeglicher Kreditaufnahme mit großer Wahrscheinlichkeit Umgehungstendenzen der politischen Entscheidungsträger zur Folge hätte.[363] Solche Umgehungsmaßnahmen führen oft zu intransparenten und demokratisch nur unzulänglich kontrollierten Verschuldungsaktivitäten.[364] In politischen Systemen sind vielfach durchaus auch Kräfte vorhanden, die auf eine

[362] BUCHANAN/WAGNER(1977), S. 183.

[363] Vgl. CAESAR(1992), S. 173f., CAESAR(1996), S. 150.

[364] Dies kann in der politischen Realität der Gemeinschaft - in der Funktion und der Wirkung des Finanzierungsinstituts der Europäischen Union (EIB) - schon beobachtet werden. Vgl. hierzu auch Dritter Teil II.B.5.c (S. 218ff.). Vgl. auch HEINEMANN(1993), S. 98ff., HEINEMANN(1995), S. 13.

Eindämmung der öffentlichen Schuld drängen. Intransparente Verschuldungstatbestände werden in der Öffentlichkeit jedoch kaum erkannt, so dass sie der politischen Kontrolle und dem Einfluss solcher Kräfte daher entzogen sind. Vor diesem Hintergrund spricht einiges dafür, statt der in dieser wenig transparenten Form vorgenommenen Verschuldung besser die direkte öffentliche Kreditaufnahme in einer restriktiven, dann aber offenen Form zu ermöglichen. Dies muss allerdings gekoppelt sein mit durchsetzbaren Regelungen, die weitere Umgehungsmaßnahmen und damit eine Ausweitung der Verschuldungsaktivitäten verhindern.

Einen Sonderfall, der aber in seiner ökonomischen Wirkung durchaus mit der öffentlichen Kreditaufnahme vergleichbar ist, stellt die Kreditaufnahme öffentlich-rechtlicher Kreditinstitute dar.[365] Durch den Zusatz "öffentlich" wird zunächst das öffentliche Eigentum bzw. die öffentliche Trägerschaft dieser Institute bezeichnet.[366] Aus dieser Trägerschaft leitet sich darüber hinaus ein öffentlicher Auftrag ab, d.h. eine Aufgabe im öffentlichen Interesse, die den Banken z.B. durch Gesetz oder Satzung zugewiesen wurde. Zu den vielgestaltigen Aufgaben,[367] mit denen diese Banken betraut werden können, gehört in vielen Fällen auch die Finanzierung von Infrastruktureinrichtungen. Auch öffentliche Banken müssen kaufmännische Gesichtspunkte berücksichtigen; so sind sie durch die Träger häufig auf ein kostendeckendes Arbeiten und die Finanzierung aller Kredite aus eigener Geschäftstätigkeit verpflichtet. Demnach ist nicht Gewinnerzielung das Hauptziel der öffentlichen Banken, sondern die Erfüllung der ihr übertragenen Aufgabe. Sie werden z.B. durch Steuervorteile oder günstige Gewinnverwendungsvorschriften gegenüber privaten Geschäftsbanken begünstigt. Gegenüber anderen staatlichen Institutionen, die dem Haushaltsrecht unterworfen sind, haben öffentliche Banken den Vorteil der selbständigen Wirtschaftsführung und der Eigenverantwortlichkeit in dem vom Träger vorgegebenen Rahmen. Dies

---

[365] Ökonomische Implikationen bei der *Vergabe* von Krediten durch solche Institute werden in Zweiter Teil IV.E (S. 161ff.) behandelt.

[366] In Deutschland bestehen die öffentlichen Banken als juristische Personen in Rechtsformen des öffentlichen Rechts. Vgl. GESELLSCHAFT FÜR ÖFFENTLICHE WIRTSCHAFT(1990), S. 413.

[367] Vgl. hierzu GESELLSCHAFT FÜR ÖFFENTLICHE WIRTSCHAFT(1990), S. 414ff.

gibt ihnen im Vergleich zu staatlichen Institutionen eine ungleich größere Flexibilität bei ihrer Aufgabendurchführung.[368]

Kritisch ist jedoch zu vermerken, dass öffentliche Banken, insbesondere solche, denen Sonderaufgaben etwa im Bereich der Infrastruktur- oder Innovationsförderung zugewiesen wurden, als Instrumente der Wirtschaftspolitik dienen ("Interventionsbanken"). Sie können in diesem Rahmen administrative Aufgaben bei der banktechnischen Abwicklung öffentlicher Finanzierungshilfen übernehmen. Dieser Aufgabenbereich könnte jedoch auch von Geschäftsbanken problemlos wahrgenommen werden. Als "verlängerter Arm"[369] des Staates werden sie allerdings tätig, wenn sie Kredite zu Vorzugskonditionen anbieten, die zu Lasten der eigenen Erträge gehen. Die konkrete Ausgestaltung der Aufgaben wird in einem Dialog zwischen dem Kreditinstitut und dem Träger erarbeitet. Aus finanzwissenschaftlicher Sicht ergibt sich hieraus die Einschätzung, dass es sich bei solchen Instituten um Schattenhaushalte handelt, da ihnen die Unabhängigkeit von politischer Einflussnahme fehlt. Neben den gesetzlichen Regelungen und den Satzungen wird dies auch durch die Besetzung der wesentlichen Leitungsinstitutionen innerhalb der Bank durch Vertreter der (politischen) Trägerinstitutionen deutlich. Weil dadurch insbesondere gegen die Haushaltsgrundsätze der Vollständigkeit und Einheit verstoßen wird, ist die politische Kontrolle der Aktivitäten dieser Institute erheblich erschwert.[370]

D. Wirtschaftspolitische Maßnahmen zur Förderung privatwirtschaftlicher Finanzierung

1. Disaggregierter Ansatz zur Reduzierung der öffentlichen Finanzierung

Die Förderung der Privatfinanzierung von Infrastruktur ist eng mit den Bedingungen der Bereitstellung verbunden. Finanzierungsverpflichtungen ergeben sich aus öffentlichen Aufgaben. Werden die öffentlichen Aufgaben z.B. durch Privatisierung reduziert, sinken auch die Finanzierungserfordernisse. Um solche Möglichkeiten identifizieren zu können, sollten die Netze nicht als Ganzes, sondern

---

[368] Vgl. GESELLSCHAFT FÜR ÖFFENTLICHE WIRTSCHAFT(1990), S. 415, BIETA/GELBHAAR(1998), S. 237ff.

[369] DEUTSCHE BUNDESBANK(1992), S. 26.

[370] Vgl. BIETA/GELBHAAR(1998), S. 237ff.

disaggregiert betrachtet werden. Durch die Gliederung der Infrastrukturnetze in Wegeinfrastruktur, Leit- bzw. Managementsysteme und Transportleistung, die technisch und ökonomisch sehr unterschiedliche Merkmale aufweisen, ist die disaggregierte Betrachtung von Infrastrukturnetzen schon vorgezeichnet. Jeder dieser Bereiche ist auf die Möglichkeit hin zu untersuchen, inwieweit private Anbieter - auch in einem regulierten Markt - als Anbieter von Gütern und Leistungen in Frage kommen. Es sind nur solche Bereiche der öffentlichen Bereitstellung zuzuordnen, die aus allokationspolitischen Gründen, also insbesondere wegen ausgeprägter Unteilbarkeiten in Verbindung mit Irreversibilitäten und erheblichen externen Effekten, nicht privat bereitgestellt werden können. Nur in diesen Bereichen entsteht dann noch Finanzierungsbedarf, der durch öffentliche Institutionen bereitgestellt werden muss. Je größer daher die Bereiche, die durch Deregulierung oder Privatisierung der dezentralen Allokation durch Marktmechanismen zugeordnet werden, desto kleiner die Finanzierungsverpflichtungen öffentlicher Institutionen. Im Rahmen des disaggregierten Ansatzes steht also das Ziel im Vordergrund, öffentliche von privater Bereitstellung zu trennen und dabei die öffentlichen Interventionen auf Kernbereiche zu beschränken. Öffentliche Aufgaben sollen nur noch in diesen Kernbereichen wahrgenommen werden.

2. "*Public Private Partnership*"

Für die Bewältigung öffentlicher Aufgaben werden in jüngerer Zeit vielfältige Formen öffentlich-privater Zusammenarbeit beschrieben und diskutiert.[371] Ein Grund hierfür sind die sich in den letzten Jahren zunehmend verschlechternden Rahmenbedingungen für die Wahrnehmung öffentlicher Aufgaben insbesondere aus fiskalischen Gründen. Hier spielen die mit dem Schlagwort "Globalisierung" beschriebenen Prozesse eine Rolle: Durch Vergrößerung der Märkte geraten Anbieter unter verstärkten internationalen Wettbewerbsdruck, wodurch die Standortbedingungen eine stärkere Betonung erfahren haben - an prominenter Stelle gehören hierzu die steuerlichen Rahmenbedingungen einer Volkswirtschaft. Außerdem müssen öffentliche Institutionen auf Veränderungen reagieren, die mit zunehmender Geschwindigkeit eintreten und komplexe Problemlagen schaffen.

---

[371] Vgl. z.B. LACASSE/WALL(1994), KINNOCK(1995), BÖS/SCHNEIDER(1996) sowie die in dem Tagungsband BUDÄUS/EICHHORN(1997) enthaltenen Beiträge.

Die Beschäftigung mit unterschiedlichen Formen der Zusammenarbeit zwischen privaten Unternehmen (nur in Einzelfällen auch mit privaten Haushalten) und öffentlichen Institutionen ist daher von der Erkenntnis geprägt, dass bei den öffentlichen Aufgabenträgern eine "Diskrepanz zwischen Handlungsbedarf und Handlungsfähigkeit entstanden ist, die die Erschließung neuer Handlungsformen [...] unumgänglich macht."[372]

Diese Diskrepanz soll durch die Zusammenarbeit Privater mit öffentlichen Institutionen (*Public Private Partnership* [PPP]) überbrückt werden. Die systematische Auseinandersetzung mit diesem Ansatz fällt insofern schwer, als sich eine allgemein gültige Definition von PPP noch nicht durchgesetzt hat.[373] Der Begriff wird oft auf eine sehr heterogene Gruppe von Situationen angewendet, bei denen öffentliche Stellen mit privaten Unternehmen zusammenarbeiten. Durch diese Begriffsbildung werden praktisch alle Kontakte zwischen Privaten und Vertretern öffentlicher Institutionen zu einem PPP gemacht. Der PPP-Begriff wird hierdurch zu einer Leerformel und ist so offensichtlich wenig hilfreich.[374]

Es soll daher hier eine Definition verwendet werden, die auf zwei wesentliche Elemente Bezug nimmt:

- Eine Partnerschaft im Wortsinne zwischen privaten und öffentlichen Akteuren kann nur entstehen, wenn zwischen den Beteiligten Zielkomplementarität besteht[375] und aus der Zusammenarbeit Synergieeffekte entstehen.[376]

  Diese Zielkonvergenz unterscheidet sich von den Fällen öffentlich-privater Zusammenarbeit, in denen private Unternehmen Güter oder Dienste bereitstellen, ohne jedoch direkt an den erbrachten Leistungen, sondern lediglich an den damit verbundenen Einnahmen interessiert zu sein. In diesen

---

[372] BUDÄUS/GRÜNING(1997), S. 40

[373] Vgl. BUDÄUS/GRÜNING(1997), S. 40

[374] Vgl. BUDÄUS/GRÜNING(1997), S. 46

[375] Berücksichtigt werden muss natürlich, dass die Zielkomplementarität schwer ermittelt werden kann, wenn die an der Zusammenarbeit Beteiligten Mehrfachzielsetzungen nachzugehen versuchen und sich möglicherweise schon innerhalb dieser Zielsysteme Konkurrenzen ergeben. In diesen Fällen kann dieses Kriterium keine eindeutigen Ergebnisse erbringen.

[376] Beispiel für diese Ausprägung eines PPP ist das duale Ausbildungssystem in Deutschland. Das öffentliche Interesse, Jugendlichen eine Ausbildung zu ermöglichen, und das Interesse der Unternehmen, berufs- und bedarfsnah ausgebildete Arbeitnehmer zu bekommen, sind konvergierende Ziele.

Auftraggeber-Auftragnehmer-Beziehungen besteht zwischen Privaten und öffentlichen Institutionen insofern ein Zielkonflikt, als der Unternehmer z.B. beabsichtigen kann, zu Lasten der beauftragenden öffentlichen Institution möglichst hohe Gewinne aus der Bereitstellung von Gütern und Dienstleistungen zu erzielen.[377]

- Durch die jeweils gewählte Form der Zusammenarbeit sollen hier zusätzlich PPPs im engeren von solchen im weiteren Sinne abgegrenzt werden. Von PPPs im engeren Sinne soll immer dann die Rede sein, wenn die öffentlich-private Zusammenarbeit auf der Grundlage formaler Verträge vorgenommen wird. Sind ausschließlich informelle Kontakte zwischen öffentlichen Stellen und Privaten die Grundlage, so soll von PPPs im weiteren Sinne gesprochen werden.

Um ein PPP handelt es sich also, wenn öffentliche Hand und private Unternehmen zur Verfolgung gemeinsamer Ziele zusammenarbeiten, wobei Identität und Verantwortung beider Partner durch die Zusammenarbeit unberührt bleiben. Dies kann bei hoher Formalisierung durch verschiedene Formen kontraktbestimmter Zusammenarbeit geschehen ("PPP im engeren Sinne") oder durch informelle Kooperation z.B. in Ausschüssen, die als Planungs-, Koordinierungs- oder Mobilisierungsinstrument dienen ("PPP im weiteren Sinne").[378]

Diese Abgrenzung schließt viele Instrumente aus, die in einem Teil der Literatur, insbesondere aber in der wirtschaftspolitischen Diskussion, als PPP bezeichnet werden. Hierbei handelt es sich jedoch häufig nur um die Vergabe von Aufträgen an spezialisierte Dienstleister (*Contracting Out*), mit anderen Worten also um Privatisierung.[379] Die Finanzierung von Infrastrukturprojekten nach dem Leasing-

---

[377] Dies soll allerdings nicht die Möglichkeit ausschließen, dass auch eine Auftraggeber-Auftragnehmer-Beziehung partnerschaftliche Züge tragen kann bzw. dies auch wünschenswert ist, z.B. um Transaktionskosten zu reduzieren. In diesem Zusammenhang wird jedoch auf die zugrundeliegenden Ziele Bezug genommen, um zu verhindern, dass eine weite Interpretation zu einer fast beliebigen Verwendung des Begriffs für fast alle Kontakte von Privaten mit öffentlichen Institutionen führt.

[378] Ähnliche Definitionen geben auch EICHHORN(1995), S. 174ff., BÖS/SCHNEIDER(1996), S. 127ff.

[379] Dass dennoch oft nicht von Privatisierung, sondern von PPP gesprochen wird, mag an den beträchtlichen politischen Konflikten liegen, die mit dem Privatisierungsbegriff verbunden sind. Eine öffentlich-private Partnerschaft ist positiver besetzt und daher politisch weniger brisant. Vgl. BUDÄUS/GRÜNING(1997), S. 46f.

verfahren sowie mit Hilfe von Konzessions- und Betreibermodellen wird nach dieser Definition also nicht zu den PPP zu rechnen, sondern als Finanzierungsprivatisierung anzusehen sein.[380]

Der Anreiz, eine Partnerschaft einzugehen, liegt in der Möglichkeit, Ziele zu verfolgen, die ohne den Partner nicht oder nicht in demselben Ausmaß erreicht werden könnten. Im Rahmen des PPP wird der Zugang zu spezifischen Ressourcen getauscht, die den jeweils Beteiligten sonst nicht zugänglich wären.[381] So kann für die privaten Unternehmen die Sicherung ihrer Gewinnaussichten oder die Erhaltung bzw. Verbesserung der Wettbewerbsfähigkeit ein Anreiz für ein PPP sein. Dies kann durch die Produktion solcher öffentlichen Güter geschehen, von deren Bereitstellung die öffentliche Institution insofern profitiert, als sie eine von ihr wahrzunehmende Aufgabe besser - also z.B. zur größeren Zufriedenheit der Wähler - erfüllen kann.[382] Das "Trittbrettfahrer-Problem" kann bei partnerschaftlich bereitgestellten öffentlichen Gütern dadurch begrenzt werden, dass durch Gruppendruck oder eine organisierte Interessenvertretung (in Deutschland auf kommunaler Ebene z.B. durch die Kammern) die Nutznießer auch an den entsprechenden Lasten beteiligt werden.

Wichtiger Anreiz für die Teilnahme an einem PPP ist für Private außerdem die damit in der Regel einhergehende Verbesserung der Kommunikationsmöglichkeiten mit den beteiligten öffentlichen Institutionen, mit denen die Partnerschaft eingegangen wurde. Dies ist insbesondere bei solchen Vorhaben von Bedeutung, bei denen ein umfangreiches Genehmigungs- und Überwachungssystem zu hohen Transaktionskosten bei den privaten Unternehmen führt. Diese können durch ein PPP reduziert werden. Privaten Unternehmen können in einem PPP auch die Entlastung von Risiken suchen. Schon die Verbesserung der Kommunikations-

---

380 Vgl. Zweiter Teil IV.D.3 (S. 150ff.). Über die Finanzierungsprivatisierung hinaus werden innerhalb dieser Modelle je nach konkreter Ausgestaltung auch der Vollzug des Infrastrukturauf- und -ausbaus (Ausführungsplanung, Bau) sowie der Betrieb und die Unterhalt der Infrastruktur von den staatlichen Auftraggebern als private Vorleistungen bezogen. Vgl. Zweiter Teil IV.D.3 (S. 150ff.).

381 Vgl. BUDÄUS/GRÜNING(1997), S. 55f.

382 Beispiele aus dem Bereich der kommunalen Wirtschaftspolitik sind PPP zur Entwicklung bestimmter Stadtteile (z.B. das Amsterdamer Projekt zur Entwicklung der Einkaufsstraße Zeedijk). Der Erfolg solcher Maßnahmen kommt sowohl den öffentlichen Institutionen (insbesondere Politikern) als auch den ansässigen Unternehmen zugute. Vgl. BUDÄUS/GRÜNING(1997), S. 43f.

möglichkeiten zwischen öffentlichen Institutionen und Privaten reduziert die politischen Unsicherheiten. Die Vereinbarungen zwischen den Partnern können außerdem vielfältige Formen der Risikostreuung vorsehen, die insbesondere dazu dienen können, den privaten Partner von Risiken zu entlasten.[383]

Für die öffentlichen Institutionen entstehen Anreize für PPPs durch die Außenwirkungen in das Organisationsumfeld, die zu einer Erweiterung ihrer Einflussräume führen können: So können wirtschaftspolitisch gewünschte Investitionsvorhaben auch mit geringeren öffentlichen Ausgaben durchgeführt und Projekte angestoßen werden, die aufgrund der Finanzsituation der öffentlichen Institution andernfalls nicht durchführbar wären. Nach innen werden PPPs mit Modernisierungs-, Rationalisierungs- und Flexibilisierungseffekten in Verbindung gebracht. Die Zusammenarbeit mit Privaten erschließt den öffentlichen Institutionen den Zugang zu *know how* und z.T. auch zu Organisationskapazitäten der privaten Partner, was zu einer Professionalisierung der Entscheidungsverfahren und der Durchführung der jeweiligen Vorhaben beitragen kann. Hierzu kann auch beitragen, dass in PPPs eingebundene öffentliche Institutionen durch den privaten Einfluss etwas unabhängiger von politischen Entscheidungen arbeiten können.

Risiken und Probleme von PPPs erwachsen aus der asymmetrischen Informationsverteilung in öffentlich-privaten Partnerschaften. Dies birgt die Gefahr opportunistischen Verhaltens. So muss sich die öffentliche Institution ausreichend über die nicht offensichtliche Leistungsfähigkeit und Qualität der privaten Partner ("*hidden characteristics*") informieren, was hohe Kosten verursachen kann. Auch die Absichten der Privaten sind der öffentlichen Institution nicht bekannt ("*hidden intention*"). Die Komplementarität der Ziele, die die Partner vorgeblich verfolgen, kann so möglicherweise nicht gegeben sein. Wenn die öffentliche Institution transaktionsspezifische Investitionen getätigt hat, besteht für den privaten Partner die Möglichkeit, den sich hieraus ergebenden Ausbeutungsspielraum zu seinen Nutzen auszuschöpfen. Für den privaten Partner besteht die Möglichkeit, den so bestehenden Spielraum durch Aktivitäten zu seinen Gunsten zu nutzen und den öffentlichen Partner zu schädigen ("*hidden actions*"). Vorkehrungen formeller

---

[383] Vgl. Zweiter Teil II.C.5.a (S. 77ff.).

(z.B. Gewinnteilung oder Sanktionen) oder informeller (z.B. öffentlicher Druck) Art müssen dies verhindern.[384]

Aus den Problemen leiten sich wesentliche Anforderungen an PPPs ab:

- Als Startbedingungen müssen Komplementarität der Ziele und Interdependenzen zwischen den Partnern gegeben sein.
- Es muss ein soziales Netzwerk bestehen, in dem sich die Zusammenarbeit entwickeln kann und das diese durch seine soziale Dimension absichert.
- Die Zusammenarbeit selbst muss mit einer klaren Definition der Ziele und der eindeutigen Zuordnung von Kompetenzen, Aufgaben und Risiken beginnen. Daneben sind Konfliktlösungsmechanismen und Vorkehrungen zur Verhinderung von Missbrauch vorzusehen.
- Von besonderer Bedeutung ist, dass die öffentliche Seite den Anforderungen an eine Partnerschaft mit privaten Unternehmen gerecht wird und Kompetenzen gewinnt, um sich in einer solchen Zusammenarbeit zu behaupten; gefordert sind "*smart partner*" auf öffentlicher Seite.

Insgesamt können PPPs als Form einer "einzelfallbezogenen wirtschaftspolitischen Rahmenpolitik" betrachtet werden, bei der die öffentliche Hand ihre hoheitlichen Rechte nicht starr und regelgebunden, sondern flexibel und zielorientiert einsetzt.[385] Hierdurch können sich erhebliche Effizienzgewinne ergeben, wenn es gelingt, die beschriebenen Risiken zu begrenzen.

3. Privatisierung der Infrastrukturfinanzierung

Die Privatisierung der Infrastrukturfinanzierung hat für die öffentlichen Institutionen, die sich dieser Instrumente bedienen, den entscheidenden Vorteil, direkt kassenwirksame Verpflichtungen in der Periode zu vermeiden, in der die Investition vorgenommen wird. Damit steht die "Liquiditätsschonung" für den öffentlichen Haushalt im Vordergrund. Einige typische Finanzierungsmodelle sollen kurz dargestellt werden.

---

384 Vgl. BUDÄUS/GRÜNING(1997), S. 57ff.

385 Die öffentlichen Institutionen müssen hierzu aber einen "Kulturwandel" innerhalb der Organisation vollziehen, um aus der Rolle der administrativ-hoheitlichen Institution zu einem partnerschaftlichen Verhältnis mit den privaten Unternehmen zu kommen.

a. Betreibermodell

Dieses Modell sieht im Rahmen staatlicher Zuständigkeit eine weitgehende Privatisierung der Bereitstellung eines Infrastrukturnetzes oder eines Teilnetzes vor. Finanzierung und Vollzug (Ausführungsplanung, Bau, Betrieb und Unterhalt) werden von einer privaten Objektgesellschaft vorgenommen. Sie erhält von der öffentlichen Institution ein zeitlich begrenztes Recht zur Errichtung und zum Betrieb eines Infrastrukturnetzes bzw. eines Teilnetzes, verbunden mit dem Recht, Nutzungsgebühren direkt bei den Nutzern zu erheben. Auch die Refinanzierung der zum Bau verwendeten Mittel wird also von der öffentlichen Institution auf die Objektgesellschaft verlagert, die die Refinanzierung durch die von ihr erhobenen Nutzungsgebühren darstellen muss. Die öffentliche Institution beschränkt sich auf wenige, aber wesentliche Aufgaben im Bereich der Netzverantwortung. So wird sie die strategische Netzplanung und die Trassenplanung selbst vornehmen. In diesem Rahmen kann sie auch hoheitliche Aufgaben wahrnehmen, z.B. durch die Androhung von Enteignung. In unterschiedlichem Ausmaß können die darüber hinausgehenden Planungen an Private vergeben werden.[386] Nach Ablauf des Betreibervertrages zwischen der öffentlichen Institution und der Betreibergesellschaft geht das Infrastrukturnetz in den Besitz der beauftragenden öffentlichen Institution über (Heimfallrecht).[387]

Dieses Modell entspricht weitgehend einer privaten Projektdurchführung, mit dem Unterschied, dass hier nicht ein allgemeiner rechtlicher Rahmen die Aktivitäten der Privaten regelt, wie dies z.B. im privaten Anlagenbau der Fall ist, sondern die Objektgesellschaft in einem wettbewerblichen Ausnahmebereich durch eine vertragliche Regelung zwischen öffentlicher Institution und privatem Investor tätig wird.

---

[386] Bei detaillierten Vorgaben durch die öffentliche Institution bleibt die Ausführungsplanung in der Hand der Privaten; werden größere Spielräume gewährt, kann auch die Art und Ausgestaltung im Rahmen eines "Ideenwettbewerbs" Teil der privaten Planungstätigkeit sein. Vgl. TOMAS(1997), S. 167ff.

[387] Vgl. BÜSCHGEN/ERGENZINGER(1993), S. 94ff., BUSCH/KLÖS(1995), S. 33ff., AX(1998), S. 24f. Dieses Modell, das je nach konkreter Ausgestaltung z.B. als BOT (*Build Operate Transfer*)- oder BOOT (*Build Own Operate Transfer*)-Modell bezeichnet wird (vgl. zu den Typen von privater Beteiligung an der Leistungserstellung vgl. BUSCH/KLÖS(1995), S. 36, Übersicht 3), entspricht der in Frankreich zum Bau von Autobahnen verwendeten Regelung. Vgl. BÜSCHGEN/ERGENZINGER(1993), S. 95.

Davon abgesehen wird allerdings auch hier ein Projekt als selbständige wirtschaftliche Einheit privat finanziert. Die entstehenden Verbindlichkeiten werden durch die Projektrückflüsse (*cash flow*[388]) bedient. Einnahmen entstehen der Betreibergesellschaft aus dem nutzungsabhängigen, direkt von den Nutzern zu zahlenden Entgelt. Hinsichtlich der Art und Höhe der Gebühren wird die öffentliche Institution wegen der in der Regel auch hier vorhandenen wettbewerblichen Ausnahmestellung Vorgaben machen müssen, um den Missbrauch von Monopolmacht durch den Betreiber zu verhindern.

b. Konzessionsmodell

Die öffentliche Institution gibt auch hier die Finanzierung sowie die Ausführungsplanung und den Bau an eine private Objektgesellschaft ab. Sie erteilt dieser Gesellschaft dazu ein Recht zur Errichtung des Netzes oder des Netzteils (Konzession). Mit dieser Konzession ist ein langfristiges Nutzungsrecht verbunden, das die Objektgesellschaft gegen Zahlung eines Nutzungsentgelts an die öffentliche Institution abtritt. Das erstellte Netz bzw. das Netzteil sind jedoch sofort Eigentum der öffentlichen Institution.

Die private Objektgesellschaft gewährleistet damit die Vorfinanzierung des Investitionsobjekts, die überwiegend auf Fremdkapital basiert. Die Objektgesellschaft strebt schon während der Vertragslaufzeit die Vollamortisation an. Diese Konstruktion stellt eine Form des Ratenkaufs durch die öffentliche Institution dar, weshalb dieses Modell auch als Konzessionsleasingmodell bezeichnet wird.[389] Während der Bauphase liegt das Risiko voll beim Konzessionsnehmer; der Konzessionsgeber beginnt seine Zahlungen erst nach Fertigstellung des Investitionsobjektes. In der Nutzungsphase hat die vertragliche Gestaltung aber zur Folge, dass der öffentliche Investor das wirtschaftliche Investitionsrisiko trägt. Die Mietzahlungen werden aus dem Haushalt der öffentlichen Institution bestritten.

Die Objektgesellschaft kann die Refinanzierung entweder direkt durch die Mietraten der öffentlichen Institution leisten oder die Forderungen gegenüber dem Konzessionsgeber an ein Kreditinstitut bzw. ein Bankenkonsortium abtreten

---

[388] Hier verstanden als Differenz zwischen Einnahmen und Ausgaben. Vgl. TOMAS(1997), S. 165, Fußnote 73.

[389] Vgl. BÜSCHGEN/ERGENZINGER(1993), S. 87.

(Forfaitierung). Die Rückzahlung der Forderung durch die öffentliche Institution wird nun an das Kreditinstitut geleistet; wegen der hervorragenden Bonität, die öffentliche Schuldner in der Regel haben, kann dies zu Konditionen geschehen, die einem öffentlichen Kredit fast gleichwertig sind.[390]

Das Konzessionsmodell ermöglicht einen zügigen Beginn von Planungs- und Baumaßnahmen. Die Ausgestaltung, die Zahlungen der öffentlichen Institution erst nach Beendigung der Bauphase vorsieht, schafft für die Konzessionsnehmer Anreize für eine beschleunigte Abwicklung des Projekts, um eine möglichst frühzeitige Übergabe zu erreichen[391].

Eine Abwandlung aus der Vielzahl denkbarer Varianten des Konzessionsmodells sieht neben der Verlagerung des Fertigstellungs- und Finanzierungsrisikos auch eine Verlagerung eines großen Teils des Marktrisikos in den privaten Bereich vor. Die Abgeltung der privat erbrachten Vorfinanzierung des Investitionsobjektes durch die öffentliche Institution wird nicht als festgelegte periodische Zahlung, sondern in Abhängigkeit von der tatsächlichen Nutzung des Infrastrukturnetzes bzw. Teilnetzes erbracht. Die Position des Konzessionsnehmers erweitert sich hierdurch vom reinen Ersteller hin zum Betreiber. Diese Funktion teilt er sich mit dem Konzessionsgeber, der öffentlichen Institution. In ihrer Funktion als Betreiberin muss die Objektgesellschaft an einer ausreichenden Beanspruchung des Infrastrukturnetzes interessiert sein, weil davon die Höhe des Rückflusses abhängt. Diese an der tatsächlichen Nutzung ausgerichteten, nicht aber von den Nutzern direkt zu entrichtenden Zahlungen werden "Schattengebühren" (*shadow tolls*) genannt.[392]

Durch die spezifische Rückflussregelung kommt es hier im Vergleich zum "klassischen" Konzessionsmodell zu einer stärkeren Einbindung des privaten Investors, der einen größeren Teil des Risikos trägt. Auch dieses Modell führt jedoch nicht

---

[390] Vgl. BÜSCHGEN/ERGENZINGER(1993), S. 87ff., BUSCH/KLÖS(1995), S. 33ff., AX(1998), S. 24f. Diese Konstruktion hat wiederum einige steuerliche Implikationen. So wird auf die Kreditkosten keine Umsatzsteuer erhoben, und wegen Dauerschulden fällt keine Gewerbesteuer an. Vgl. TOMAS(1997), S. 157.

[391] Für Deutschland hält die Bundesregierung das Konzessionsmodell z.Z. für den geeigneten Ansatz. Sie hat zwölf Pilotprojekte im Bereich Bundesfernstraßen festgelegt. Vgl. TOMAS(1997), S. 159 und Anhang 3.

[392] Vgl. BÜSCHGEN/ERGENZINGER(1993), S. 90ff., TOMAS(1997), S. 159ff.

zu einer unter allokativen Gesichtspunkten optimalen Einbindung der Nutzer, da die "Schattengebühren" für die Nutzer nicht spürbar sind und daher in die Nachfrageentscheidung nicht eingehen.

c. Leasingmodell

Auch beim Leasingmodell wird die Finanzierungsfunktion sowie die Ausführungsplanung und der Bau auf Private übertragen. Diese Funktionen übernimmt eine Objektgesellschaft, die das Investitionsobjekt errichtet und finanziert und auch juristische und wirtschaftliche Eigentümerin dieses Objektes ist[393]. Sie vermietet das Objekt langfristig an die öffentliche Institution, die als Betreiberin fungiert. Nach Ablauf der Grundmietzeit kann der Leasingnehmer den Leasingvertrag unter neu zu verhandelnden Bedingungen fortführen, oder er kann seine Kaufoption ausüben und das Objekt zu einem vereinbarten Ankaufpreis erwerben.

Besondere Attraktion erhält dieses Modell durch die steuerliche Behandlung der in der ersten Phase anfallenden Verluste. Beim Leasingmodell besteht steuerrechtlich die bei anderen Modellen nicht gegebene Möglichkeit für die Eigenkapitalgeber der Objektgesellschaft, Verluste gegen andere Einkünfte aufzurechnen. Die Gesellschaft kann daher eine geringere Grundverzinsung auf das eingezahlte Kapital gewähren, denn für die Anteilszeichner setzt sich die Eigenkapitalrendite aus der Verzinsung und den steuerlichen Vorteilen zusammen. So kommt für den einzelnen Eigenkapitalgeber eine Steuerstundung zustande, für die Objektgesellschaft werden die Kapitalkosten gesenkt. Dem stehen natürlich Steuerausfälle gegenüber, die in die Beurteilung dieses Finanzierungsmodells einbezogen werden müssen.

Während der Grundmietzeit zahlt die öffentliche Institution jährliche Leasingraten. Sie setzen sich aus den Finanzierungskosten (Zins und Tilgung), einer Verwaltungskostenpauschale und einem Gewinnaufschlag zusammen. Die Leasingraten werden aus dem laufenden Haushalt der öffentlichen Institution finanziert.

---

393 Aus steuerlichen Gründen muss außerdem die Drittverwendungsfähigkeit gewährleistet sein. Erst wenn nach Ablauf der Grundmietzeit auch ein Verkauf an Dritte möglich ist, wird dieses Objekt nicht dem Spezial-Leasing zugerechnet und kann dem Leasinggeber steuerlich zugerechnet werden. Vgl. BÜSCHGEN/ERGENZINGER(1993), S. 79f.

Vorteil dieser Ausgestaltung ist die Tatsache, dass die Objektgesellschaft das Investitionsobjekt bis zur "schlüsselfertigen" Übergabe an den öffentlichen Investor eigenständig erstellt. Hierdurch können Kostensenkungspotentiale und ein Beschleunigungseffekt entstehen. Die Besonderheiten dieses Modells speziell in steuerrechtlicher Hinsicht können jedoch - gerade im Vergleich zu dem in seiner Wirkung recht ähnlichen Konzessionsmodell - auch Verzögerungen des Baubeginns auslösen. So muss ein Projekt als Ganzes ausgeschrieben und vergeben werden. Dies ist notwendig, um die Möglichkeit der eigenwirtschaftlichen Verwertung des Leasingobjekts durch den Leasinggeber zu gewährleisten. Außerdem müssen alle Eigentumsfragen eindeutig geklärt sein, bevor die Objektgesellschaft ihre Arbeit aufnehmen kann, um eine Bilanzierung der Baukosten und damit die Nutzung der steuerlichen Vorteile zu ermöglichen.

Dieses Modell stellt eine Vorfinanzierung von Infrastrukturinvestitionen dar und ist damit eine besondere Form der Kreditfinanzierung, die darüber hinaus mit Steuerausfällen einhergeht. Die Gesamtkosten der Investition werden durch Haushaltsmittel gedeckt. Daher muss auch bei dieser Form der Finanzierung die Frage gestellt werden, ob sie den Anforderungen an Wirtschaftlichkeit und Sparsamkeit der Haushaltsführung gerecht wird; hierauf geht die folgende zusammenfassende Bewertung der Modelle ein.

d. Zusammenfassende Bewertung

Aus ordnungspolitischer Sicht sind zweifellos solche Modelle zu präferieren, bei denen die Bedeutung öffentlicher Investitionen für den Auf- und Ausbau der Infrastrukturnetze durch (materielle) Privatisierung verringert wird. Die Preise der Infrastrukturnutzung geben dann die Knappheitsrelationen wieder. Sind die - oben schon ausführlich diskutierten - Voraussetzungen für eine private Bereitstellung in einem wettbewerblichen Umfeld gegeben, kann die gesamtwirtschaftliche Effizienz sowohl in statischer als auch dynamischer Hinsicht hierdurch verbessert werden. Die Infrastruktur wird dann privat finanziert und bereitgestellt.

Wird privates Kapital zur Finanzierung öffentlicher Investitionen jedoch in einer Form einbezogen, die den Charakter einer von Privaten bezogenen Vorleistung hat, stellt sich allerdings die Frage nach der Wirtschaftlichkeit dieses Verfahrens. Hierbei ist zu berücksichtigen, dass öffentliche Institutionen im Vergleich zu privaten Unternehmen in der Regel eine höhere Bonität aufweisen. Die Zahlungsfähigkeit öffentlicher Institutionen ist hoch, da sie ihre hoheitlichen Befugnisse zur Einnahmenverbesserung einsetzen können. Sie können sich daher in der Regel günstiger refinanzieren als private Investoren. Es überrascht deshalb nicht, dass Vergleichsrechnungen anhand konkreter Projekte, u.a. aus dem Straßenbau in Deutschland, ergeben haben, dass eine Finanzierung durch öffentlichen Kredit günstiger gewesen wäre als die Privatfinanzierung durch Konzessionsmodelle.[394]

Bei Leasingmodellen ist dies differenzierter zu betrachten. Zwar wird - unter Inkaufnahme anderer Nachteile - durch die beschriebene Konstruktion, also unter Einbeziehung der Steuerersparnisse für die privaten Investoren, eine Finanzierung zunächst zu günstigeren Bedingungen dargestellt werden, als es dies der öffentlichen Hand möglich wäre. Die dabei hinzunehmenden Steuerausfälle müssen jedoch gegengerechnet werden. Diese Einnahmenausfälle verursachen zusätzliche Probleme, wenn die Steuerersparnisse bei Gemeinschaftsteuern zustandekommen: Während eine Gebietskörperschaft als Aufgabenträger kurzfristig von diesem Finanzierungsmodell profitiert, müssen die Steuerausfälle aber von allen Gebietskörperschaften getragen werden. Auch wenn der Leasinggeber den Steuervorteil in vollem Umfang an den Leasingnehmer, also den öffentlichen Aufgabenträger, zurückgeben würde, könnte sich daraus *per saldo* kein Finanzierungsvorteil für die öffentliche Institution ergeben.[395]

Privatfinanzierungsmodelle, bei denen die private Finanzierung ausschließlich Vorleistungscharakter hat, sind hinsichtlich der Finanzierungskosten im Vergleich zur traditionellen öffentlichen Schuld daher nicht empfehlenswert. Im Zusammenhang mit solchen Privatfinanzierungsformen werden jedoch auch immer wieder die betriebswirtschaftlichen Effizienzgewinne betont, die durch diese Verfahren möglich werden.[396] Private Investoren sollen aufgrund ihrer Marktübersicht sowie Spezialisierungs- und Rationalisierungsvorteilen die Infrastrukturnetze zu geringeren Kosten bereitstellen können. Weil die Privaten die Vorfinanzierung über-

---

[394] Vergleichsrechnungen des Bayerischen Landesrechnungshofes haben beispielsweise Barwerte errechnet, die zwischen 6,2 und 14,4% über den Werten liegen, die sich bei einer traditionellen Kreditfinanzierung ergeben hätten. Vgl. ODENWALD(1997), S. 150.

[395] Vgl. ODENWALD(1997), S. 151, BÜSCHGEN/ERGENZINGER(1993), S. 142.

[396] Vgl. ARBEITSGRUPPE "PRIVATE FINANZIERUNG ÖFFENTLICHER INFRASTRUKTUR"(1991), S. 17f.

nehmen (vor allem beim Konzessionsmodell), deren Kosten sie durch Reduzierung der Bauzeit senken können, besteht ein Anreiz, die Anlagen möglichst schnell fertig zu stellen.

Werden Private in die Finanzierung eingebunden, kann dies auch zu einer administrativ-organisatorischen Entlastung von Gebietskörperschaften führen.[397] Auch hierdurch können sich zeitliche Vorteile bei Privatfinanzierungsmodellen ergeben, auf die mit dem Schlagwort "Einkauf von Zeit" Bezug genommen wird.[398] Allerdings muss beim Vergleich einer privat finanzierten Bereitstellung mit einer "traditionellen" öffentlichen darauf geachtet werden, dass gleiche Rahmenbedingungen zugrunde gelegt werden. Ein Teil der Verzögerungen bei öffentlichen Investitionen kann durch Regeln zustande kommen, denen sich öffentliche Institutionen aus wirtschaftspolitischen Gründen selbst unterwerfen (z.B. Ausschreibungsverfahren, Mittelstandsförderung); dies müsste bei der Ermittlung der möglichen Beschleunigungswirkungen berücksichtigt werden.[399]

Dass durch Privatfinanzierungsmodelle "zusätzliche" Investitionen getätigt werden könnten, trifft nur z.T. zu.[400] Dies gilt nur bei Betreibermodellen, bei denen die Privatfinanzierung nicht zu Rückzahlungs- und Zinsverpflichtungen der öffentlichen Hand führt. Sollen "zusätzliche" Investitionen jedoch dadurch getätigt werden, dass mit Hilfe von Konzessions- oder Leasingmodellen Projekte möglich werden, die aus dem Haushalt auch mit Hilfe öffentlichen Kredits nicht realisiert werden könnten, würde der "Unterscheidung zwischen offener und verdeckter Staatsverschuldung eine durch nichts gerechtfertigte Bedeutung"[401] beigemessen. Hiermit wird auf ein ganz wesentliches haushaltsrechtliches Problem hingewiesen, das mit der Anwendung solcher Modelle verbunden ist. Bei der Finanzierung durch Konzessions- oder Leasingmodelle wird auf eine offen ausgewiesene Kreditaufnahme verzichtet, um gegenüber Privatfinanziers Ver-

---

[397] Dieser Aspekt spielte beim Infrastrukturausbau kurz nach Vollendung der deutschen Einheit eine bedeutende Rolle. Vgl. SACHVERSTÄNDIGENRAT ZUR BEGUTACHTUNG DER GESAMTWIRTSCHAFTLICHEN ENTWICKLUNG(1991), Ziff. 32.

[398] Vgl. BÜSCHGEN/ERGENZINGER(1993), S. 143.

[399] Vgl. ODENWALD(1997), S. 152.

[400] Vgl. BÜSCHGEN/ERGENZINGER(1993), S. 143, ARBEITSGRUPPE "PRIVATE FINANZIERUNG ÖFFENTLICHER INFRASTRUKTUR"(1991), S. 17, KARL-BRÄUER-INSTITUT(1994), S. 19ff.

[401] ODENWALD(1997), S. 152.

pflichtungen in Form monatlicher oder jährlicher Ratenzahlungen einzugehen, die sich letztendlich ebenfalls im Wesentlichen aus Zins- und Tilgungsleistungen zusammensetzen. Damit sind diese Modelle Formen verdeckter Staatsverschuldung, was als Verstoß gegen den Grundsatz der Vollständigkeit eines öffentlichen Haushalts gewertet werden kann.[402] Die Kreditaufnahme geht auch nicht in die Kennzahlen zu den fiskalischen Grenzen der öffentlichen Verschuldung (z.B. Schuldenstands- oder Defizitquote) ein und wird deshalb bei den politischen Diskussion um eine Begrenzung der Verschuldung vernachlässigt, obwohl sie in gleicher Weise wie die unmittelbare Kreditaufnahme der öffentlichen Hand den Haushaltsspielraum in der Zukunft einschränkt.

Müssen aus ökonomischer Sicht diese Finanzierungsmodelle kritisch betrachtet werden, bestehen aus europarechtlicher Sicht - nach herrschender juristischer Meinung - keine Bedenken gegen eine stärkere Einbeziehung Privater in die Finanzierung und Bereitstellung von Infrastrukturnetzen[403]:

- Von Bedeutung sind im Bereich der Verkehrsinfrastruktur die Regelungen zur Verkehrspolitik (Art. 70ff. EGV). Die Verkehrspolitik ist, soweit sie sich auf die Verkehrsinfrastruktur bezieht, auf Beratung und Koordinierung der nationalen Maßnahmen und auf finanzielle Förderung einzelner Maßnahmen beschränkt. Sie enthält keine Vorgaben hinsichtlich der Trägerschaft, insbesondere nicht solche, die Mitgliedstaaten an der Beteiligung privater Träger am Infrastrukturauf- und ausbau hindern könnten.[404]
- Das Betreibermodell könnte aus kartellrechtlicher Sicht problematisch sein, da einem Unternehmen durch Gewährung eines Betreiberrechts eine Monopolstellung für eine Trasse oder ein Teilnetz eingeräumt wird. Der EGV (Art. 86 Abs. 1 EGV) bzw. die Auslegung der Vorschriften zum Dienstleistungsverkehr und zum Wettbewerb durch den Europäischen Gerichtshof schränken die Möglichkeiten der Mitgliedstaaten ein, Unternehmen ausschließliche Rechte zu verleihen und damit den Wettbewerb in diesem Bereich zu verhindern. Die herrschende juristische Meinung geht jedoch

[402] Vgl. KARL-BRÄUER-INSTITUT(1994), S. 13ff.

[403] Vgl. ARBEITSGRUPPE "PRIVATE FINANZIERUNG ÖFFENTLICHER INFRASTRUKTUR"(1991), S. 19f., BÜSCHGEN/ERGENZINGER(1993), S. 109f., GRILL(1994), S. 524ff.

[404] Vgl. FRIAUF(1991), S. 96

davon aus, dass "aufgrund natürlicher Gegebenheiten"[405] der parallele Aufbau konkurrierender Infrastrukturen nicht möglich ist, so dass von einer Gewährung ausschließlicher Rechte im Sinne des Art. 86 Abs. 1 EGV nicht gesprochen werden kann. Wenngleich dies im juristischen Bereich als herrschende Meinung gilt, ist diese Einschätzung aus ökonomischer Sicht insofern undifferenziert, als die durch öffentliche Institutionen gegebenen Rahmenbedingungen einen wesentlichen Einfluss darauf haben, ob wettbewerbliche Strukturen auch im Infrastrukturbereich möglich sind.[406]

- Schließlich formuliert Art. 154 Abs. 2 EGV (Titel XV. Transeuropäische Netze), dass die Gemeinschaft zur Förderung der TEN im Rahmen eines Systems "offener und wettbewerbsorientierter Märkte" tätig werden soll, was als Absage an interventionistische Praktiken der Gemeinschaftsorgane interpretiert werden muss.[407] Daraus kann abgeleitet werden, dass die Förderung privaten Engagements hierdurch nicht beeinträchtigt werden sollte.
- Die Vergabe der Finanzierungs- oder Bereitstellungsaufgabe muss den Grundprinzipien öffentlicher Auftragsvergabe entsprechen, zu denen die Gemeinschaft mehrere Richtlinien erlassen hat (Publizität, Anwendung objektiver Teilnahme- und Vergabekriterien, Verbot der Beschreibung technischer Merkmale mit diskriminierender Wirkung[408]).

Als Ergebnis der vorangegangenen Diskussion müssen die folgenden Punkte hervorgehoben werden:

- Wo immer dies möglich ist, sollte die Privatisierung der jeweiligen Aufgabe vorgenommen werden, im Zusammenhang mit Infrastrukturnetzen insbesondere unter Anwendung eines disaggregierten Ansatzes. Nach einer Privatisierung der Bereitstellungsaufgabe stellt sich die Finanzierungsfrage für die öffentliche Hand nicht mehr.

---

[405] BÜSCHGEN/ERGENZINGER(1993), S. 109

[406] Vgl. die Ausführungen in Zweiter Teil II.C.3.a (S. 45ff.). Ein besonders prägnantes Beispiel hierfür sind die Telekommunikationsinfrastrukturen.

[407] Vgl. RAMBOW(1994), S. 858ff.

[408] Vgl. BÜSCHGEN/ERGENZINGER(1993), S. 110.

- Die oben aufgezeigten Vorteile von Privatfinanzierungsmodellen lassen sich im Wesentlichen auch durch eine möglichst weitgehende Einbeziehung privater Anbieter in den Prozess des Auf- und Ausbaus von Infrastrukturnetzen realisieren. Dabei muss der Zukauf privater Vorleistungen neben Gütern in besonderem Maße auch Dienstleistungen umfassen, um zeitliche Vorteile zu erreichen. Die - insbesondere im politischen Raum - immer wieder suggerierte Möglichkeit, mittels der oben dargestellten Sonder-Finanzierungsformen "Zeit einzukaufen" oder Infrastrukturprojekte ohne störende gesamtwirtschaftliche Auswirkungen über den Kapitalmarkt zu finanzieren, bestehen - wie gezeigt wurde - nicht.

- Aus wachstumspolitischer Sicht ist die Finanzierung von öffentlichen Infrastrukturinvestitionen aus Steuermitteln zu begrüßen, wenn dies Teil eines "Generationenvertrages" ist, der den kontinuierlichen Infrastrukturausbau zum Gegenstand hat. Dies ist wachstumspolitisch wünschenswert, weil gesamtwirtschaftliches Wachstum in der Gegenwart positive intergenerative Effekte hat, da ein größerer Kapitalstock an die folgende Generation übergeben wird.

- Werden jedoch Infrastrukturnetze, die nicht privat bereitgestellt werden können und bei denen von einem gesamtwirtschaftlichen Nutzenüberschuss ausgegangen werden kann, neu aufgebaut oder in erheblichem Umfang erweitert und ergeben sich daraus außerordentliche Finanzierungslasten, sollten diese Investitionen durch offen ausgewiesenen öffentlichen Kredit finanziert werden. Die günstigen Finanzierungsmöglichkeiten, über die öffentliche Institutionen in der Regel verfügen, sollten genutzt werden. Außerdem ermöglicht der offene Ausweis der öffentlichen Verschuldung eine demokratische Kontrolle. Hierbei gilt es jedoch zu berücksichtigen, dass in demokratisch verfassten Systemen Kräfte auf eine Ausweitung des öffentlichen Kredits wirken. Hier gilt es also, eine möglichst restriktive Regelung zu finden, die den Handelnden, insbesondere Politikern und Wählern, eine über das ökonomisch Vertretbare hinausgehende Verschuldung erschweren. Allerdings dürfen auch in demokratischen Systemen durchaus Kräfte vermutet werden, die auf eine Eindämmung der öffentlichen Schuld drängen. Gerade deshalb sollte verhindert werden, dass intransparente Verschuldungstatbestände geschaffen werden, die in der Öffentlichkeit kaum erkannt und der politischen Kontrolle daher fast gänzlich entzogen werden.

E. Ergänzende finanzpolitische Maßnahmen

Ergänzend zu den beschriebenen Maßnahmen können finanzpolitische Instrumente eingesetzt werden, um die Finanzierung großräumiger Infrastrukturnetze zu ermöglichen und damit einen Beitrag zu den allokations- und distributionspolitischen Zielen zu leisten. Eines der weitverbreitetesten, aber auch umstrittensten Instrumente sind Subventionen, also partielle Begünstigungen durch Geldzahlungen oder geldwerte Leistungen, die öffentliche Institutionen Unternehmen ohne marktwirtschaftliche Gegenleistung gewähren.[409] An deren Stelle werden "in der Regel bestimmte Verhaltensweisen gefordert oder doch erwartet"[410]. Der Staat versucht, private Unternehmen mit Hilfe von Transfers zu veranlassen, "ihre grundsätzlich auf privaten Nutzen gerichtete Tätigkeit zugunsten staatlicher Ziele zu modifizieren"[411].

Die Begünstigung durch Subventionen kann in unterschiedlicher Form geschehen. Auf der Einnahmenseite des Budgets schlagen sich Steuersubventionen nieder, die z.B. als Sonderabschreibung oder als Steuerkredit ausgestaltet sein können. Im Zusammenhang mit dem Auf- und Ausbau von Infrastrukturnetzen haben jedoch Verbilligungssubventionen, also die Abgabe staatlicher Leistungen unter Marktpreis z.B. in Form zinsverbilligter öffentlicher Aktivkredite, sowie Geldleistungen eine besondere Bedeutung.[412] Solche Subventionen wirken bei den Empfängern entweder wie eine Preiserhöhung für die Produkte oder wie eine Preissenkung für Produktionsfaktoren, ohne dass die Abnehmer der Produkte oder die Anbieter von Produktionsfaktoren dies direkt zu tragen hätten. Daher sind sie prinzipiell geeignet, das Aktivitätsniveau - hier also die zusätzliche Bereitstellung von Infrastrukturnetzen bzw. -netzteilen - zu steigern.[413]

---

[409] Vgl. DICKERTMANN/DILLER(1989), S. 166, HANSMEYER(1977), S. 960ff., HEIDINGER(1996), S. 77, SCHMÖLDERS(1970), S. 232.

[410] SCHMÖLDERS(1970), S. 232.

[411] HANSMEYER(1977), S. 983.

[412] Vgl. DICKERTMANN/DILLER(1989), S. 167f.

[413] Vgl. ANDEL(1992), S. 253f.

Diese Subventionen sind typischweise als "verlorene Zuschüsse" oder Zinssubventionen ausgestaltet:

- Zu den "verlorenen Zuschüssen" werden die Investitionshilfen gezählt, bei denen für die begünstigten Unternehmen keine Rückzahlungsverpflichtungen bestehen.
- Bei Zinssubventionen wird die Zinsbelastung für ein Darlehen reduziert, so dass das Darlehen vom Schuldner zu einem niedrigeren als dem marktüblichen Zinssatz verzinst werden muss.[414] Die große Attraktion dieses Instrumentes liegt in der Tatsache, dass ein größeres Investitionsvolumen induziert werden kann als es den eingesetzten Haushaltsmitteln entspricht ("Hebeleffekt").[415] Der Subventionsbetrag ergibt sich dabei aus der Differenz zwischen Marktzinssätzen und den politisch bestimmten Zinssätzen. Das quantitative Gewicht dieser Subvention kann allerdings leicht unterschätzt werden; es kann bei langen Laufzeiten und großer Zinsdifferenz erhebliche Bedeutung erlangen.[416] Die Attraktivität solcher Angebote nimmt offensichtlich zu, wenn die relative Bedeutung der Zinsersparnisse an den Gesamtkosten des Investitionsobjektes wächst. Deshalb ist dieses Instrument bei privat finanzierten Infrastrukturinvestitionen besonders wirksam, da es sich hierbei in der Regel um Investitionen mit hohem Fremdkapitalanteil handelt.[417] Besondere Bedeutung kommt ihm außerdem in Hochzinsphasen zu. Problematisch sind Zinssubventionen im Hinblick auf Substitutionseffekte, die dadurch auftreten, dass nur ein Produktionsfaktor gefördert wird. Solche Verzerrungen wirken prinzipiell auch bei Infrastrukturnetzen auf kapitalintensive Verfahren zur Herstellung der Transportdienstleistung. Da es sich bei diesen Netzen in der Regel jedoch ohnehin um sehr kapitalintensive Verfahren handelt, sind nennenswerte Verzerrungen durch Zinssubventionen in diesem Bereich nicht zu erwarten.

---

[414] Vgl. HANSMEYER(1977), S. 970.

[415] Vgl. hierzu auch DEUTSCHE BUNDESBANK(1992), S. 22ff.

[416] Zur formalen Ableitung der durch die Zinssubvention entstehenden Zinsersparnis siehe ZEITEL(1977), S. 1008f.

[417] Vgl. hierzu Zweiter Teil IV.B (S. 132ff.).

Neben der Veränderung des marktwirtschaftlichen Allokations- und Distributionsergebnisses kann die Subventionsvergabe auch dem Ziel der "Konfliktmilderung" dienen.[418] Hiermit können wirtschaftspolitische Entscheidungsträger z.B. auf Unzufriedenheit reagieren, politischen Widerstand besänftigen und das Entstehen politischer Kompromisse erleichtern. Für die politischen Akteure besteht der Vorteil von Subventionen in den umfangreichen Gestaltungsmöglichkeiten, durch die sich die Wirkungen auf die für die Konfliktminderung bedeutsame Gruppe oder Region lenken lassen. Insbesondere dann, wenn Einkommens- oder Vermögensdisparitäten bestehen oder sich vergrößern, können Investitionen in Infrastrukturen diese Rolle einnehmen. Sie sind von diesem Blickpunkt aus auch deshalb besonders geeignet, weil ihre positiven gesamtwirtschaftlichen Wirkungen im politischen Raum weitgehend unstrittig sind - von negativen externen Effekten durch Bau und Betrieb abgesehen - und sie daher im politischen Verteilungskampf um knappe finanzielle Ressourcen nicht unmittelbar dem Vorwurf ausgesetzt werden können, partikularen Interessen zu dienen. Wichtig ist außerdem, dass eine Konfliktminderung oft auch dann schon gelingen kann, wenn durch die Subventionszahlung dem Subventionsempfänger zwar Liquidität zugeführt wird, die tatsächliche Inzidenz der Subvention dem aber nicht entspricht. Ökonomische Anpassungsprozesse werden in der politischen und gesellschaftlichen Diskussion oft nicht berücksichtigt, so dass schon ein "Begünstigtengefühl"[419] durch den direkten Liquiditätszufluss ausreicht, um konfliktmildernd zu wirken.[420]

Gerade vor diesem Hintergrund ist der Einsatz von Subventionen als wirtschaftspolitischem Instrument vielfältiger, oft heftiger Kritik ausgesetzt:

- Im Hinblick auf das wirtschaftspolitische Ziel, allokations- und distributionspolitische Veränderungen herbeizuführen, stehen Subventionen ins-

---

[418] Vgl. ANDEL(1992), S. 251ff. Andel nennt außerdem das Ziel "Vermeidung sozialer Härten". Dies kann im Zusammenhang mit der EU als Kompensation der Verlierer des Binnenmarktes interpretiert werden.

[419] HANSMEYER(1977), S. 988.

[420] Die ökonomische Beurteilung der Subventionen aus diesem Blickwinkel ist sehr schwierig. Zwar dienen diese Zahlungen einer um institutionenökonomische Elemente erweiterten stabilitätspolitischen Zielsetzung (Stabilität nicht nur der Wirtschaft, sondern auch der sie tragenden Institutionen), die Unbestimmtheit dieser Begriffe macht aber Überlegungen im Hinblick auf die Effizienz konkreter Maßnahmen praktisch unmöglich.

besondere wegen ihrer mangelnden Zielgenauigkeit in der Kritik. Ihre schwer prognostizierbaren Wirkungen (Preis- und Mengenänderungen, Beeinflussung der Ausbringungs- und der Faktoreinsatzseite) lassen sich auch durch die zielorientierte Gestaltung von Form und Höhe der Subvention und der Empfangs- und Verwendungsauflagen nur eingeschränkt steuern. Eine besondere Rolle spielen hierbei die Mitnahmeeffekte.[421] Sie treten auf, wenn die durch die Subvention begünstigten Wirtschaftssubjekte zu einer Verhaltensänderung, z.B. zur privaten Bereitstellung bisher öffentlich bereitgestellter Infrastruktur, auch ohne Subventionszahlung bereit sind, die Subvention aber trotzdem in Anspruch nehmen.

- Insbesondere verteilungspolitisch motivierte Subventionen führen außerdem zu einem Verlust an Allokationseffizienz. So verhindern strukturkonservierende Subventionen, dass Produktionsfaktoren in Sektoren mit höherer Produktivität abwandern oder kostengünstiger produzierte Produkte nachgefragt werden. Sie vermindern dadurch die Selektionsfunktion des Marktes, reduzieren die Motivation zur Anpassung in den strukturell benachteiligten Bereichen und diskriminieren die Bereiche, die die Mittel zur Subventionierung aufbringen müssen.
- Mit Zinssubventionen, bei denen der Marktzins auf einen bestimmten Zinssatz heruntergeschleust wird ("Methode auf"), gehen schließlich auch haushalts- und geldpolitische Probleme einher:[422]
    - Die notwendigen Ausgaben zur Sicherung dieses Zinssatzes, die in der Regel über die gesamte Laufzeit des zinsverbilligten Kredits bereitgestellt werden müssen, sind vom herrschenden Marktzins abhängig. Damit wird ein weiterer Bereich des Budgets der kurzfristigen Einflussnahme durch die Finanzpolitik entzogen, denn die Kreditnehmer haben in der Regel Ansprüche auf diese Zahlungen erworben. Außerdem ist die Höhe dieses Budgetpostens abhängig von der Zinsentwicklung auf den Kapitalmärkten. Immerhin kann dieses Problem beseitigt werden, wenn dem Kreditnehmer nur eine

---

421 Vgl. HEIDINGER(1996), S. 77ff., DICKERTMANN/DILLER(1989), S. 166ff.

422 Vgl. HANSMEYER(1977), S. 970f.

Reduzierung des Marktzinses um einen bestimmten Prozentsatz ("Methode um") gewährt wird.

- Zinssubventionen schränken die Wirksamkeit des Marktzinses erheblich ein. Dies gilt insbesondere dann, wenn - wie zur Stimulierung der Wirtschaft in den ostdeutschen Ländern geschehen - dieses Instrument im großen Stil zum Einsatz kommt. Damit können ganze Sektoren einer Volkswirtschaft gegenüber dem Zinseinfluss abgeschirmt werden.

Eine in ihrer ökonomischen Wirkung sehr ähnliche Form der Investionsförderung sind öffentliche Gewährleistungen, die als verdeckte Zinssubventionen interpretiert werden können. Eine öffentliche Gewährleistung entsteht durch die Haftungsübernahme einer öffentlichen oder quasi-öffentlichen Institution zugunsten privater oder öffentlicher Unternehmen. Der Institution, die in die Gewährleistungsverpflichtung eingetreten ist, entsteht hieraus eine Eventualverpflichtung, die jedoch deren Haushalt noch nicht belastet. Die Begünstigten dieser Haftungsübernahme werden dadurch in die Lage versetzt, sich am Geld- und Kapitalmarkt Mittel zu beschaffen.[423]

Durch die öffentliche Gewährleistung kommt es zu einer Veränderung der Risikoverteilung zwischen den Beteiligten in einem Projekt. Das wirtschaftliche Risiko, das die Kapitalgeber zu tragen hätten und das durch die Risikoprämie auch abgegolten wird, geht auf die öffentliche Institution über. Die hohe Bonität der öffentlichen Institution geht auf die begünstigten Unternehmen über, so dass sich private Investoren zu den günstigen Zinssätzen refinanzieren können, die öffentlichen Institutionen eingeräumt werden.

Die Übernahme von Ausfallrisiken durch die öffentliche Institution beeinflusst das Investitionskalkül und damit die Steuerungsfunktion des Marktzinses. In einem funktionierenden Markt kommt es hierdurch zu einer Verzerrung der Ressourcenallokation; es besteht die Gefahr von Fehlinvestitionen, also der Verschwendung knapper Ressourcen.[424] Wenn vom Markt gesamtwirtschaftlich effiziente Ergebnisse aber nicht erwartet werden können, die Allokationseffizienz

---

[423] Vgl. DEUTSCHE BUNDESBANK(1992), S. 24, ZEITEL(1977), S. 999ff.

[424] Vgl. BÜSCHGEN/ERGENZINGER(1993), S. 115, Fußnote 356.

also wegen wettbewerbsbehindernder Rahmenbedingungen schon gestört ist, kann der Einsatz dieses Instrumentariums vertretbar sein. Bürgschaften ermöglichen - insbesondere im Vergleich zur Subventionierung durch verlorene Zuschüsse - mit einer geringeren Eingriffsintensität und geringerem Einsatz öffentlicher Mittel eine Förderung privaten Kapitaleinsatzes in Bereichen, für die privates Kapital sonst nicht in ausreichendem Maße zur Verfügung stehen würde. Dabei sollten geeignete Maßnahmen, z.B. Publikationspflichten, möglichst verhindern, dass praktisch ein Nebenhaushalt geschaffen wird, der die Transparenz und die demokratische Kontrolle der Finanzpolitik reduziert.

Als ergänzende wirtschaftpolitische Maßnahme zur Förderung des Auf- und Ausbaus von Infrastrukturnetzen kommt auch die Vergabe von Darlehen durch öffentliche Institutionen, d.h. öffentliche Aktivkredite, in Frage. Als Aktivkredite soll hier "die leihweise Hergabe von Geldmitteln zu Vorzugbedingungen an private oder staatliche Unternehmen oder Haushalte verstanden werden, die vornehmlich direkt oder indirekt aus hoheitlichen oder quasi-hoheitlichen Budgeteinnahmen finanziert wird"[425]. Als Träger öffentlicher Aktivkredite kommen neben Gebietskörperschaften auch andere öffentliche Institutionen in Betracht, insbesondere öffentliche Banken. Hierdurch wird die Abgrenzung der staatlichen Aktivitäten in diesem Bereich schwierig, da es versteckte wirtschaftpolitische Interventionen einzubeziehen gilt.

Bei der Zinspolitik spielt - entgegen den banküblichen Gepflogenheiten - die Bonität des Kreditnehmers keine Rolle; auch Kreditnehmer mit schwächerer Bonität kommen in der Regel in den Genuss erstklassiger Konditionen. Auch die Laufzeiten öffentlicher Darlehen sind oft länger als bei vergleichbaren privaten Krediten, wodurch sich für die Schuldner Unsicherheiten reduzieren, da diese auf die Kreditgeber verlagert werden. Zusätzlich können die Zahlungsverpflichtungen durch Zins und Tilgung in ihrem zeitlichen Verlauf an der Ertrags- bzw. Einkommenslage der Schuldner ausgerichtet werden, indem z.B. tilgungsfreie Zeiten eingeräumt werden.[426]

---

[425] ZEITEL(1977), S. 999.

[426] Vgl. ZEITEL(1977), S. 1005.

Mit Hilfe von Verwendungsauflagen wird erreicht, dass die bereitgestellten Mittel nicht als allgemeine Finanzierungsmittel verwendet werden, sondern in die vorgesehenen Investitionen fließen.

Darlehen öffentlicher Institutionen stellen eine vergleichsweise undurchsichtige Subventionierung der Schuldner dar, die in ihrer Höhe negativ von der Bonität des Kreditnehmers abhängt. Der Subventionsnehmer wird dadurch von Preissignalen abgeschirmt; "marktmäßige" Verschuldungsbegrenzungen, z.B. tendenziell steigende Zinsbelastung bei steigender Verschuldung, werden ausgehebelt. Dies hat immer dann negative Auswirkungen auf die Allokationseffizienz, wenn Rahmenbedingungen herrschen, die eine marktliche Lösung prinzipiell zulassen. Als verteilungs- und konjunkturpolitisches Instrument sind Aktivkredite daher kritisch zu beurteilen.

Wird dieses Instrumentarium allerdings eingesetzt, um auf Allokationsmängel zu reagieren, zeichnet es sich - wie auch die Bürgschaften - durch eine geringere Eingriffsintensität aus. Die Notwendigkeit der Rückzahlung durch die geförderten Unternehmen setzt Anreize zur effizienten Verwendung der bereitgestellten Finanzmittel.[427] Haushaltstechnisch stehen den Auszahlungen an die Privaten in späteren Perioden Einnahmen aus Zins- und Tilgungszahlungen gegenüber. Sie sind im Wege des Factoring gegebenenfalls auch monetarisierbar. Dazu werden die Forderungen gegen den Schuldner von einem Dritten aufgekauft, wodurch sich die öffentliche Institution auch vom Kreditrisiko befreit.[428]

---

[427] Vgl. SACHVERSTÄNDIGENRAT ZUR BEGUTACHTUNG DER GESAMTWIRTSCHAFTLICHEN ENTWICKLUNG(1997), Ziff. 426.

[428] Vgl. WALTER(1995), S. B9f.

Dritter Teil: Analyse der Netze im Einzelnen

I. Gang der weiteren Untersuchung

Die verschiedenen zu den TEN zusammengefaßten Infrastrukturnetze (Verkehrs-, Energieversorgungs- und Telekommunikationsnetze) werden hier auf der Basis der Ergebnisse des zweiten Teils der Arbeit im Einzelnen auf ihre spezifischen Merkmale hin untersucht. Dazu werden zuerst die ökonomisch relevanten technischen Merkmale der unterschiedlichen Infrastrukturnetze betrachtet, also Unteilbarkeiten, Bündelungsvorteile, Systemeffekte, langer Ausreifungs- und Nutzungszeitraum, Immobilität und Irreversibilität. Die Auswirkungen dieser technischen Merkmale auf die ökonomischen Bedingungen der Bereitstellung der Netze werden dann aus allokations-, distributions-, wachstums- und stabilisierungspolitischer Sicht analysiert. Eine besondere Rolle spielen dabei die allokationspolitischen Probleme (Unteilbarkeiten, externe Effekte, Anpassungsmängel, Informationsmängel), denn sie bestimmen die Möglichkeiten für die private Bereitstellung eines Gutes. Daher kann als Zwischenergebnis auf der Basis dieser Analyse entschieden werden, welche öffentlichen Aufgaben in dem jeweiligen Bereich anfallen. Im Folgenden ist dann der Frage nachzugehen, ob die identifizierten Aufgaben von den Mitgliedstaaten oder der Gemeinschaft getragen werden sollten. Schließlich ist zu klären, wie die Ebene, der die Aufgabe zugewiesen wurde, die aus der Aufgabenwahrnehmung entstehenden Ausgaben finanzieren soll.

Vor dem Hintergrund dieser ökonomischen Analyse werden die Maßnahmen und Fortschritte beim Auf- und Ausbau der TEN dargestellt; eine kritische Analyse soll die Behandlung der drei Infrastrukturbereiche jeweils abschließen.

II. Auf- und Ausbau großräumiger Verkehrsinfrastrukturnetze

A. Ökonomische Merkmale großräumiger Verkehrsinfrastrukturnetze

1. Fernstraßennetz

Straßennetze mit transeuropäischem Charakter sind Verbindungen hoher Kapazität zwischen Knotenpunkten mit großem Interaktionspotential. Solche Verbindungen sind in der Regel zu Autobahnen ausgebaut.[429] In der Gemeinschaft sind derzeit ca. 180.000 km Autobahnen vorhanden.[430] Diese Straßen bilden das "Rückgrat" des Straßenverkehrsnetzes. Es ist der Hauptverkehrsträger sowohl für den Güter- als auch den Personenverkehr. Über das gesamte Straßennetz der EU werden über 70% der Gütertransporte und über 80% des Personenverkehrs abgewickelt.[431]

Bei disaggregierter Betrachtung können diese Straßenverkehrsnetze in die Wegeinfrastruktur (Straßenverkehrsinfrastruktur) und in Leitsysteme (Straßenverkehrstelematik[432]) unterschieden werden. Letztere spielt derzeit noch eine untergeordnete Rolle, dürfte in absehbarer Zeit jedoch erheblich an Bedeutung gewinnen. Beide Bereiche der Straßenverkehrsnetze weisen einige der für Infrastrukturnetze charakteristischen Merkmale auf:[433] Bei der Straßenverkehrsinfrastruktur treten insbesondere Unteilbarkeiten, Bündelungsvorteile, lange Ausreifungs- und Nutzungszeiträume, Immobilität des Infrastrukturkapitals und Irreversibilität der Infrastrukturinvestitionen auf. Außerdem bestehen Systemeffekte sowohl zwischen einzelnen Teilnetzen (z.B. den sich regional ergänzenden Netzen unterschiedlicher Länder) als auch zwischen den einzelnen Systemelementen (Straße, Kraftfahrzeuge, in Zukunft zusätzlich telematische Systeme).

Diese technischen Merkmale haben die erwarteten - und im Zweiten Teil für großräumige Infrastrukturnetze allgemein schon beschriebenen - ökonomischen Auswirkungen:[434]

---

[429] Als Autobahnen gelten gemäß dem "Europäischen Abkommen von Genf über die internationalen Verkehrswege", das 1975 im Rahmen der UNO geschlossen wurde, Straßen, die eine Kapazität von 10.000 bis 100.000 Fahrzeuge pro Tag auf zwei oder mehr Richtungsfahrbahnen ermöglichen. Vgl. KOMMISSION DER EUROPÄISCHEN GEMEINSCHAFTEN(1993b), S. 63f.

[430] Vgl. KOM(1998)614 endg. vom 28.10.1998: Transeuropäisches Verkehrsnetz. Bericht über die Umsetzung der Leitlinien und die Prioritäten für die künftige Entwicklung 1998, S. 6f.

[431] Vgl. EUROPÄISCHE KOMMISSION(1998a).

[432] Bei der Straßenverkehrstelematik handelt es sich um Informations- und Verkehrssteuerungssysteme, mit deren Hilfe der Verkehrsfluss verbessert und die Sicherheit im Straßenverkehr erhöht werden soll. Zur Straßenverkehrstelematik vgl. z.B. LIPPOLT(1996), S. 470ff., LEUFEN(1997), S. 30f., ERNST/WALPULSKI(1997), S. 234ff.

[433] Vgl. Zweiter Teil II.B (S. 29ff.).

[434] Vgl. z.B. VICKERMAN(1995), S. 243ff., SCHULZE(1996), S. 31ff.

- Unteilbarkeiten

  Beim Aufbau von Trassen und Netzen der großräumigen Straßenverkehrsinfrastruktur treten Unteilbarkeiten auf. Die dadurch verursachte Subadditivität der Kostenfunktion hat ein natürliches Monopol auf der Infrastrukturebene zur Folge.[435] Zwar treten temporär erhebliche Kapazitätsengpässe auf, sie stellen das natürliche Monopol jedoch für das Gesamtnetz nicht in Frage.

  Unteilbarkeiten treten auch bei der Wahrnehmung der Netzverantwortung für großräumige Straßenverkehrsnetze auf, die u.a. das Zusammenwirken der Teilnetze und Trassen als Gesamtsystem gewährleisten muss. Auch bei den derzeit entwickelten Systemen zur Steuerung des Straßenverkehrs besteht zumindest die Gefahr eines natürlichen Monopols. Es wird jedoch von der konkreten technischen Ausgestaltung dieser Systeme abhängen, ob die Kostenfunktionen das Merkmal der Subadditivität aufweisen. Prinzipiell müssen allerdings Verkehrsleitsysteme, die sicherheitsrelevante Leit- und Steuerungsaufgaben haben, als Monopole (in einem geographisch eindeutig abgegrenzten Raum) gestaltet sein. Nur so kann verhindert werden, dass Transportmittel, die dieselbe Infrastruktur verwenden, von unterschiedlichen (und nicht koordinierten) Institutionen gesteuert werden.[436] Die Systeme sollen Begegnungen und Kollisionen verhindern, was nicht gewährleistet werden kann, wenn mehrere Systeme unkoordiniert die Fahrzeuge führen. Ob und in welchem Ausmaß telematische Systeme im Straßenverkehr solche sicherheitsrelevanten Dienstleistungen anbieten werden, ist derzeit jedoch noch nicht absehbar.[437]

  Ein natürliches Monopol bei der Straßeninfrastruktur wird durch die Bestreitbarkeit der Märkte kaum zu disziplinieren sein. Schon der Auf- und Ausbau einzelner Trassen ist mit erheblichen *sunk costs* verbunden, was auf die weitgehende Irreversibilität der Infrastrukturinvestitionen und die Immobilität des Infrastrukturkapitals zurückzuführen ist. Dies hat hohe

---

[435] Vgl. KRUSE/KIESSLING(1997), S. 18f.

[436] Vgl. KNIEPS(1997), S. 189f.

[437] Eine weitergehende ökonomische Analyse von Leitsystemen im Straßenverkehr ist wegen der noch unklaren Ausgestaltung solcher Systeme verfrüht.

Marktzutrittsschranken zur Folge, die den Markteintritt potentieller Wettbewerber erheblich erschweren.[438]

Auch von der Substitutionskonkurrenz (monopolistische Konkurrenz) darf eine disziplinierende Wirkung auf private Anbieter von Straßenverkehrsinfrastruktur nicht erwartet werden. Monopolistische Konkurrenz könnte zwar sowohl vom Schienenverkehr als auch von der Binnenschifffahrt ausgehen. Die Entwicklung der letzten Jahrzehnte, die zu einer Verlagerung vom Schienen- auf den Straßenverkehr geführt hat, zeigt, dass Infrastrukturnetze - zumindest mittelfristig - in gewissen Grenzen substituierbar sind. Die Gründe für diese Verlagerung sind jedoch nur zu einem Teil in einem intermodalen Preiswettbewerb zu suchen, sondern sind im Wesentlichen als Anpassung an die veränderten Anforderungen zu interpretieren, die an Transportdienstleistungen gestellt werden. Hiervon sind alle Transportnetze betroffen. Der Transport von Rohstoffen und Industriegütern der Kohle- und Stahlindustrie, eine Domäne der Binnenschifffahrt und des Güter-Schienenverkehrs, hat erheblich an Bedeutung verloren zugunsten des schnellen und komfortablen Personenverkehrs und des schnellen und flexiblen Transports relativ hochwertiger Industriegüter. Der Anteil der Transportdienstleistungen an der Wertschöpfung hat insgesamt abgenommen.[439] Die Transportkosten spielen daher eine geringere Rolle, die Qualität der Transportdienstleistung im Hinblick auf Geschwindigkeit, Steuerbarkeit und Transparenz des Transportvorgangs hat demgegenüber jedoch zugenommen. Die unterschiedlichen Verkehrsmodi können die daraus entstehenden Anforderungen in unterschiedlichem Ausmaß erfüllen, sind also keine engen Substitute. Dies lässt die Vermutung zu, dass Substitutionskonkurrenz für private Anbieter von Straßenverkehrsnetzen nur in einigen Teilbereichen disziplinierend wirkt.[440]

---

[438] Vgl. KNIEPS(1996c), S. 7 und 17.

[439] Untersuchungen haben gezeigt, dass Gütertransportbedingungen als Standortfaktor an Bedeutung verloren haben. Zunehmende Bedeutung haben demgegenüber niedrige Reisezeiten im Personenverkehr. Vgl. LUTTER/PÜTZ(1993), S. 619ff.

[440] Letztlich geht es hier um die Frage nach der Abgrenzung des relevanten Marktes: Wird er sehr groß gewählt, kann fast immer Substitutionskonkurrenz festgestellen werden; wird er sehr eng abgegrenzt, wird Substitutionskonkurrenz - hier in Form intermodalen Wettbewerbs - nur selten erkennbar werden. Vgl. LAASER(1991), S. 68ff. sowie z.B.

Dem privaten Anbieter von Straßeninfrastrukturnetzen verbliebe also ein nicht unerheblicher Spielraum zur Ausnutzung seiner Monopolstellung. Die Straßenverkehrsinfrastruktur kann daher einem vor Konkurrenz weitgehend geschützten natürlichen Monopol zugeordnet werden.[441]

- Externe Effekte

Die Straßenverkehrsinfrastruktur verursacht zum einen erhebliche negative externe Effekte. Sie gehen von den Trassen des Straßenverkehrsnetzes aus, z.B. aufgrund von Flächenversiegelung und den daraus resultierenden negativen Auswirkungen auf das Grundwasser.[442] Zu ihrer Internalisierung können Ge- oder Verbote, Steuern oder die Schaffung von Eigentumstiteln dienen, die Verhandlungslösungen zwischen Verursachern und Betroffenen erleichtern bzw. möglich machen.[443] Ziel müsste es sein, die externen Kosten den Wegenutzern anzulasten.[444]

Zum anderen entstehen positive externe Effekte durch den Auf- und Ausbau der Fernstraßennetze immer dann, wenn die von Kapazitäts-, Rationalisierungs- und indirektem Produktivitätseffekt ausgehenden Wirkungen ganz oder teilweise nicht internalisiert werden:

- Ein Kapazitätseffekt entsteht durch die Erhöhung der statischen Kapazität, d.h. der Durchlassfähigkeit an einem Wegepunkt, bei Fernstraßen z.B. durch die Zahl der Fahrbahnen. Die dynamische Kapazität einer Trasse erhöht sich z.B. durch steigende Geschwin-

---

BERG(1995), S. 289ff. und die dort angegebene Literatur.

441 Vgl. KRUSE/KIESSLING(1997), S. 17ff., insbesondere Abb. 3. Dieses Ergebnis bezieht sich auf Netze oder Teilnetze der Straßenverkehrsinfrastruktur. Für Punktinfrastruktur in Straßenverkehrsnetzen ist häufig in größerem Maße "Marktfähigkeit" gegeben. Zum einen besteht seltener Subadditivität, weil in vielen Fällen die Nachfrage nach den Leistungen der Punktinfrastruktur (z.B. Brücke, Tunnel) größer ist als die Kapazität; daher können auch mehrere Anbieter auftreten. Auch die Wirksamkeit "monopolistischer Konkurrenz" kann in diesen Fällen weit stärker sein (Bsp. Kanaltunnel im Wettbewerb mit Fähren).

442 Vgl. die Beispiele in Zweiter Teil II.C.4.b.ii (S. 62ff.). Vgl. auch WILLEKE(1993). Schätzungen externer Kosten der Straßeninfrastruktur enthalten z.B. BICKEL/FRIEDRICH(1996), S. 77ff. und ROTHENGATTER(1996), S. 91ff. Auf die externen Kosten, die bei der Nutzung der Infrastruktur von Fahrzeugen entstehen, soll hier wegen der inhaltlichen Beschränkung auf die Infrastrukturfrage nicht eingegangen werden. BICKEL/FRIEDRICH(1996), S. 77ff. enthält hierzu umfangreiche Literaturhinweise.

443 Vgl. LAASER(1991), S. 94ff.

444 Vgl. EUROPÄISCHE KOMMISSION(1995), KLATT(1990), S. 211.

digkeit des Verkehrs und abnehmende Heterogenität der Verkehrsteilnehmer.[445]

- Der Rationalisierungseffekt entsteht beispielsweise durch die Reduzierung der Transportkosten nach einer Streckenverkürzung.
- Ein indirekter Produktivitätseffekt kommt zustande, wenn es durch die Infrastrukturinvestition zu einer Erhöhung der Produktivität in den Bereichen der Volkswirtschaft kommt, die durch den Kapazitäts- und Rationalisierungseffekt nicht direkt betroffen sind.

In vielen Mitgliedstaaten der EU wird von einer Internalisierung insbesondere der Externalitäten aus dem Kapazitäts- und Rationalisierungseffekt abgesehen, indem auf die Erhebung von Gebühren verzichtet wird. Beispiele in anderen europäischen Staaten zeigen jedoch, dass die technischen Möglichkeiten vorhanden sind, um mit vertretbaren Kosten und Zeitverlusten Gebühren zu erheben und das Ausschlussprinzip durchzusetzen. Bei der Straßeninfrastruktur bestehen keine prinzipiellen Schranken für eine Internalisierung positiver externer Effekte. Eine entsprechende Gestaltung der Rahmenbedingungen könnte verhindern, dass ein bedeutender Teil der Infrastrukturleistung als externer Effekt anfällt.[446]

Durch den Auf- und Ausbau der großräumigen Straßenverkehrsinfrastruktur ist nur noch mit geringen Netzexternalitäten zu rechnen, denn die Grundlage von Netzexternalitäten ist in Verkehrsnetzen die Zunahme von Verbindungsmöglichkeiten, die jedoch mit der Annäherung an die - in den Mitgliedstaaten der EU in weiten Gebieten erreichte - Vollversorgung kaum noch zustandekommen.

- Informationsmängel

Informationsmängel treten als Unsicherheit (Risiko) oder Unkenntnis auf. Die Unsicherheiten beim Auf- und Ausbau von großräumigen Infrastruktur-

---

[445] Vgl. KLATT(1990), S. 210.

[446] Auf Möglichkeiten und Probleme einer Gebührenfinanzierung der Straßenverkehrsinfrastruktur, die bei Annäherung an die Kapazitätsgrenze geboten ist, wird in Zweiter Teil IV (S. 128ff.) eingegangen.

netzen sind beträchtlich.[447] Investoren sehen sich sowohl technischen als auch wirtschaftlichen Risiken ausgesetzt. Für das wirtschaftliche Risiko kann insbesondere die schwer vorhersehbare Verkehrsnachfrage verantwortlich gemacht werden, die z.B. durch das Aufkommen von Substitutionskonkurrenz oder Verkehrsnachfrageverlagerungen entsteht. In dieser Beziehung unterscheiden sich solche Investitionen allerdings nicht wesentlich von anderen technischen Großprojekten. Bedeutend sind aber die politischen Risiken: Die Trassen- und Netzplanung wird von einer Vielzahl politischer Akteure beeinflusst. In der Aufbauphase, insbesondere aber in der Nutzungsphase, in der private Investoren die Refinanzierung sicherstellen müssen, können die Rahmenbedingungen durch politische Entscheidungen erheblich verändert werden. Darüber hinaus treten *force majeure*-Risiken[448] auf, die für sich genommen jedoch keinen Grund für wirtschaftspolitische Aktivitäten darstellen. Jede Investition ist diesen Risiken ausgesetzt, wobei die Investoren Instrumente anwenden können, die sie von einem Teil des Risikos entlasten. Zwar werden hierdurch in der Regel Kosten verursacht, kommt allerdings ein Investitionsprojekt wegen der steigenden Gesamtkosten nicht zustande, kann dies auf die Präferenzen der Wirtschaftssubjekte zurückgeführt werden.

Treten Unsicherheiten im Verbund mit anderen wirtschaftspolitischen Problemen auf, können sie der Ansatzpunkt für wirtschaftspolitische Instrumente mit vergleichsweise geringer Eingriffsintensität sein, z.B. Bürgschaften oder Aktivkredite.[449]

Keine der besonderen Merkmale von Straßenverkehrsnetzen lassen den Schluss zu, dass Unkenntnis wirtschaftspolitische Aktivitäten notwendig macht. Dabei ist Unkenntnis zu verstehen als die unzureichende, falsche oder irreführende Information über ein Investitionsprojekt, die aber im Gegensatz zu Unsicherheit durch weitere Informationsbeschaffung behoben

---

[447] Vgl. z.B. SCHULTE-ALTHOFF(1992), S. 63.

[448] Hierbei handelt es sich um Risiken, die vom Investor nicht beeinflusst werden können ("höhere Gewalt"), z.B. Naturkatastrophen oder kriegerische Auseinandersetzungen. Vgl. Zweiter Teil II.C.5.a (S. 77ff.).

[449] Vgl. hierzu die Ausführungen in Zweiter Teil IV.E (S. 161ff.).

werden könnte. An potentielle Investoren gerichtete Informationsangebote stellen aber auch hier eine denkbare wirtschaftspolitische Aktivität mit vergleichsweise geringer Eingriffsintensität dar. Dieser dient dazu, private Investoren vor dem Hintergrund vielfältiger Investitionsmöglichkeiten für den Auf- und Ausbau der Verkehrsinfrastruktur zu interessieren.

- Anpassungsmängel

Da der Auf- und Ausbau von Straßenverkehrsnetzen wegen der Unteilbarkeit der Investitionen und des Umfangs der notwendigen Arbeiten nicht kurzfristig durchzuführen ist, reduziert sich die Fähigkeit dieses Bereichs zur Anpassung an veränderte Rahmenbedingungen. Diese Anpassungsprobleme haben jedoch keine Auswirkung auf die Möglichkeit, die Netze privat bereitstellen zu können. Aus ökonomischer Sicht ist jedoch die Tatsache von Bedeutung, dass die Investitionen in Straßeninfrastruktur zu einem erheblichen Teil versunken sind, also *sunk costs* darstellen. Werden solche Netze im Wettbewerb konkurrierender Anbieter bereitgestellt, könnte daher die Gefahr ruinöser Konkurrenz bestehen. Bei großräumigen Infrastrukturnetzen relativiert sich diese Gefahr jedoch aufgrund der Tatsache, dass die *sunk costs* auch hohe Markteintrittsschranken darstellen. Ein ruinöser Wettbewerb wäre - bei ausreichender Markttransparenz - nur nach einem erheblichen Nachfragerückgang zu erwarten, der z.B. durch Verlagerungen der Nachfrage auf andere Trassen ausgelöst werden könnte. Es ist allerdings schwer vorstellbar, dass großräumige Infrastrukturnetze oder größere Teile solcher Netze, die ein rational handelnder Investor vorher erstellt hat, in kurzer Zeit von Nachfragerückgängen betroffen sein könnten. Dennoch kann eine solche Situation, z.B. als Folge politischer Entscheidungen, auch nicht prinzipiell ausgeschlossen werden, so dass bei wettbewerblicher Bereitstellung durchaus eine geringe Gefahr ruinöser Konkurrenz besteht.[450]

---

[450] Die Punktinfrastruktur muss hier ausgenommen werden. Das Risiko erheblicher Nachfrageverlagerungen ist bei einer Punktinfrastruktur größer als in einem Gesamtnetz oder großen Netzteilen , in dem z.B. Durchmischungseffekte wirken können (vgl. hierzu Zweiter Teil II.B (S. 29ff.).

Wesentliches Ergebnis der allokationspolitischen Überlegungen ist, dass großräumige Straßeninfrastrukturen zwar prinzipiell privat bereitgestellt werden könnten, eine öffentliche Einflussnahme jedoch wirksam verhindern müsste, dass monopolistische Preissetzungsspielräume zu Lasten der Nachfrager ausgenutzt werden. Es gilt also zu verhindern, dass die Anbieter Monopolrenten abschöpfen, die auf das vor Konkurrenz weitgehend geschützte natürliche Monopol beim Angebot großräumiger Straßeninfrastruktur zurückgehen. Die Überwachung der privaten Preisbildung wird sich an den Herstellungskosten orientieren müssen. Durch das Fehlen wettbewerblicher Strukturen besteht für die Anbieter jedoch nicht der Zwang zu effizienter Produktion, so dass auch hierdurch ein effizientes Angebot nicht garantiert ist.

Wachstumspolitische Bedeutung hat der Auf- und Ausbau der großräumigen Straßeninfrastruktur, da durch solche Investitionen die Produktivität der Produktionsfaktoren zunimmt und sich die Produktionsmöglichkeiten erweitern. In den Fällen, in denen ein privates Angebot nicht zustande kommen kann, ist deshalb ein Verzicht auf die öffentliche Bereitstellung mit Wachstumseinbußen verbunden. Wachstumseinbußen müssen auch dann hingenommen werden, wenn ein Monopolist durch das Setzen des *Cournot*-Preises die nachgefragte Menge reduziert und so die gesamtwirtschaftlich positiven Wirkungen des Infrastrukturangebots insbesondere auf das Wachstum der Volkswirtschaft vermindert.

Zuweilen soll mit dem Auf- und Ausbau der großräumigen Straßenverkehrsinfrastruktur die Wirtschaftsentwicklung auch kurzfristig (stabilisierungspolitisch) beeinflusst werden. Die Erfolgsaussichten hierfür sind jedoch gering. Das Ausmaß dieser Investitionen macht eine langwierige Planung notwendig, die eine kurzfristige Beeinflussung der gesamtwirtschaftlichen Nachfrage nicht zulässt. Außerdem besteht bei einem stabilisierungspolitisch motivierten Straßeninfrastrukturausbau die Gefahr von Fehlinvestitionen, da Investitionen vorgenommen werden, die gesamtwirtschaftlich nicht sinnvoll sind oder gesamtwirtschaftlich sinnvolle Investitionen bis zu einem stabilisierungspolitisch günstigen Zeitpunkt verzögert werden und daher aus infrastruktur- und wachstumspolitischer Sicht nicht zum richtigen Zeitpunkt durchgeführt werden. Darüber hinaus sind die allgemein mit einer Politik konjunktureller Steuerung verbundenen Probleme zu berücksichtigen.[451]

Regionalpolitische Ziele sind bei einer privaten Bereitstellung der Straßenverkehrsinfrastruktur nicht ohne wirtschaftspolitische Eingriffe zu erreichen, denn in heterogenen Räumen werden entweder Preisdifferenzierungen die unterschiedlichen Kosten der Netzerstellung widerspiegeln, oder es kommt zu einem ungleichmäßigen Netzausbau: Regionen mit einer geringen Zahl anzuschließender Objekte, bei deren Anschluss große Entfernungen zu überbrücken sind, werden tendenziell schlechter erschlossen.

Der regionalpolitisch motivierte Ausbau der großräumigen Infrastruktur bleibt daher auch dann eine öffentliche Aufgabe, wenn es unter geeigneten Rahmenbedingungen zu einer privaten Aufgabenwahrnehmung in diesem Infrastrukturbereich kommt. Öffentliche Institutionen können Verbindungen oder Netzteile bereitstellen und zur unentgeltlichen Nutzung freigeben, um die verteilungspolitischen Ziele zu erreichen. Alternativ können Konzession zum Betrieb der Fernstraßennetze mit der Auflage verknüpft werden, auch regionalpolitisch begründete Verbindungen oder Netzteile bereitzustellen. Die gezielte Beeinflussung regionaler Einkommens- und Vermögensverteilung wird jedoch nur gelingen, wenn ein spürbarer Nutzenüberschuss entsteht.[452]

Als Zwischenergebnis ist festzuhalten, dass die Straßenverkehrsinfrastruktur Eigenschaften aufweist, die eine unregulierte wettbewerbliche Bereitstellung nicht ermöglicht; es besteht eine Regulierungsaufgabe. Wurde ein geeigneter ordnungspolitischer Rahmen geschaffen, ist die private Bereitstellung der Infrastruktur möglich. Insbesondere regionalpolitische Zielsetzungen werden aber auch in Zukunft trotz der möglichen Veränderungen der Rahmenbedingungen ein großes finanzielles Engagement öffentlicher Institutionen notwendig machen.

Die Notwendigkeit, das Zusammenwirken mehrerer (nationaler) Teilnetze in einem transeuropäischen Fernstraßennetz zu gewährleisten, spricht dafür, die Netzverantwortung einer zentralen Stelle zuzuordnen. Auch die Überwindung von Abstimmungsproblemen kann es erforderlich machen, die Netzverantwortung für

---

[451] Vgl. hierzu Zweiter Teil II.D.3 (S. 96ff.).

[452] Vgl. Zweiter Teil II.E.4 (S. 111ff.).

großräumige Straßenverkehrsnetze der Ebene eines föderalen Systems zuzuweisen, bei der sich der Kompetenzbereich mit der räumlichen Ausdehnung des Netzes deckt, hier also der EU. Dies ermöglicht auch den besseren Ausgleich von *spillover*-Effekten, die beim Auf- und Ausbau großräumiger Infrastrukturnetze auftreten. Prinzipiell ist es möglich, diese Externalitäten durch Verhandlungen zwischen den Beteiligten auszugleichen, wobei jedoch mit nicht unerheblichen Transaktionskosten zu rechnen ist.

Auf nachgeordneten Ebenen bestehen jedoch erhebliche Informationsvorteile, die bei fortschreitender Konkretisierung der Vorhaben noch zunehmen, bei zentraler Netzverantwortung dagegen weitgehend verloren gehen. Wenig sachgerechte Planungen können die Folge sein. Außerdem können hierdurch regionale Präferenzen vernachlässigt werden, die bei dezentraler Aufgabenwahrnehmung möglicherweise in die Planungen hätten einbezogen werden können; Wohlfahrtsverluste in Form von Präferenzenkosten sind die Folge.

Es ist daher insgesamt unbefriedigend, die Netzverantwortung[453] als Ganzes einer Ebene zuzuordnen. Dieses Problem kann zumindest im Planungsbereich durch das Konzept der "kooperativen Gegenstromplanung" überwunden werden, bei dem die Informationsvorteile untergeordneter Ebenen mit dem Koordinationsvorteil zentraler Institutionen zusammengeführt werden.[454] Dies setzt entsprechende institutionelle Veränderungen auf Gemeinschaftsebene voraus.

Zu finanzieren ist die Straßeninfrastruktur aus ökonomischer Sicht am besten durch Knappheitspreise bzw. entsprechend ausgestaltete Gebühren. Hierdurch kann die Nutzung der vorhandenen Straßenverkehrsinfrastruktur optimiert werden, denn die Wirtschaftssubjekte werden den individuellen Nutzen aus der Straßenbenutzung dann den ihnen entstehenden Kosten in Form der zu zahlenden Straßenbenutzungsgebühren gegenüberstellen und die Straßenbenutzung daran ausrichten. Kann durch solche Gebühren die Infrastruktur nicht vollständig finanziert werden,[455] so müssen zusätzlich andere Finanzierungsquellen her

---

[453] Vgl. Abb. 2 (S. 25).

[454] Vgl. zur Diskussion um mögliche Koordinationsmechanismen bei der Netzplanung Zweiter Teil III.D (S. 126ff.).

[455] Vgl. KNIEPS(1994b), S. 13ff. KNIEPS kommt zu dem Ergebnis, dass bei steigenden Skalenerträgen das Aufkommen aus optimalen Benutzungsgebühren nicht ausreicht, um die

angezogen werden. Hierzu können Zugangsgebühren bzw. Beiträge dienen, die unabhängig von der Engpasssituation für die Nutzung der Straßenverkehrsinfrastruktur zu zahlen sind; auch dies setzt natürlich die Durchsetzung des Ausschlussprinzips voraus.

In der Finanzierung von Infrastrukturnetzen wie dem Straßenverkehrsnetz aus Steuermitteln wird wegen deren langen Nutzungszeitraums oft eine Überforderung derzeitiger Steuerzahler zugunsten zukünftiger Straßennutzer gesehen. Solche Infrastrukturinvestitionen können jedoch als Beitrag im Rahmen eines Generationenvertrags interpretiert werden, wie dies bei Investitionen in die Straßeninfrastruktur nahe liegt: Sie dienen in der EU in weiten Teilen dem schrittweisen Ausbau eines insgesamt schon sehr weit ausgebauten Netzes. Von einer Überbelastung einer Generation durch den Auf- und Ausbau der Infrastruktur ist bei dieser Interpretation erst dann auszugehen, wenn Investitionen getätigt werden, die in Art und Umfang außergewöhnlich sind und dadurch über den Generationenvertrag hinausreichen. Dies dürfte für die Straßeninfrastruktur jedoch nur in wenigen Regionen der EU der Fall sein (Griechenland, Portugal). Außerdem können von einem steuerfinanzierten Infrastrukturausbau größere wachstumspolitische Wirkungen erwartet werden als bei kreditfinanziertem Ausbau.[456]

Prinzipiell ist allerdings die Kapitalmarktfinanzierung öffentlicher Investitionen zum Auf- und Ausbau von großräumigen Straßennetzen mit dem belastungspolitischen Grundsatz durchaus zu rechtfertigen. Über den langen Nutzungszeitraum der Straßennetze werden auch die zukünftigen Nutzer über die Zins- und Tilgungszahlungen an der Finanzierung beteiligt. Darüber hinaus können kreditfinanzierte öffentliche Investitionen auch rentabilitätsbezogen gerechtfertigt werden: Die öffentliche Institution kann den Schuldendienst für den öffentlichen Kredit über zukünftig steigendes Steueraufkommen oder direkt über Nutzungsgebühren decken. Können vom Auf- und Ausbau also Wachstumswirkungen erwartet werden, dann ist die Kreditfinanzierung schließlich auch wachstumspolitisch zu begründen. Inwieweit solche Erwartungen jedoch erfüllt werden, hängt nicht nur von der jeweiligen Investition, sondern auch von den gesamtwirt-

---

Kosten der Infrastruktur zu decken. Zur Diskussion um die Gebührenfinanzierung von Infrastrukturnetzen vgl. auch Zweiter Teil IV.C.1 (S. 134ff.).

[456] Vgl. KELLERMANN/SCHLAG(1998), S. 338f.

schaftlichen Bedingungen ab. So können *crowding out*-Effekte dazu führen, dass die Wachstumserwartungen enttäuscht werden.[457] Bei starker öffentlicher Kreditfinanzierung können schließlich auch die Grenzen der Tragfähigkeit öffentlicher Verschuldung erreicht werden. Als tragbar gilt eine Kreditaufnahme dann, wenn sie die gesamtwirtschaftliche Schuldenstandsquote nicht erhöht.[458] Auch öffentliche Investitionen in den Auf- und Ausbau von Infrastrukturnetzen sollten dann endgültig nicht mehr durch öffentlichen Kredit finanziert werden, wenn sie die Schuldenstandsquote erhöhen und damit den Haushaltsspielraum in zukünftigen Perioden weiter reduzieren.

Werden schließlich auch die Anreize berücksichtigt, die durch die politischen Rahmenbedingungen in demokratischen Staaten für die Entscheidungsträger bestehen, kann ebenfalls für den völligen Verzicht auf die Kreditfinanzierung solcher Investitionen plädiert werden. Auf ihre Wiederwahl bedachte Politiker werden die Kreditfinanzierung nutzen, um Ausgaben tätigen zu können, ohne die Wähler, um deren Zustimmung sie kämpfen, unmittelbar mit Steuern belasten zu müssen. Besonders problematisch ist die Möglichkeit zur öffentlichen Verschuldung aber auch für Institutionen, die nicht direkt politisch verantwortlich gemacht werden können, z.B. Verwaltungseinheiten und öffentliche Unternehmen. Ihre leitenden Mitarbeiter könnten die Möglichkeit zur Kreditaufnahme nutzen, um ihre Einflussmöglichkeiten auszuweiten und so z.B. ihr Prestige und ihr Einkommen erhöhen. Erhält diese Institution daher eine Verschuldungskompetenz und ist gleichzeitig in der Lage, die daraus entstehenden Belastungen in die Zukunft zu verschieben, besteht die Gefahr, dass die Verschuldung erheblich ausgedehnt wird.[459]

---

[457] Vgl. hierzu SCHLAG(1999), S. 89ff.

[458] Durch dieses Konzept wird eine Operationalisierung der intertemporalen Budgetrestriktion erreicht, nach der der öffentliche Kredit solange tragbar ist, wie der Schuldenstand in der Ausgangslage nicht größer ist als der Gegenwartswert der zukünftigen, abdiskontierten Haushaltsüberschüsse ohne Berücksichtigung der Zinszahlungen (Primärüberschüsse). Die Zinszahlungen werden ausgenommen, weil sie - wenn die Kreditwürdigkeit des Staates nicht gefährdet werden soll - in jedem Fall zu leisten sind und daher keinen budgetpolitischen Spielraum darstellen. Vgl. z.B. STURM(1997), S. 182ff.

[459] Vor diesem Hintergrund ist eine Verschuldungskompetenz für die Europäische Kommission abzulehnen. Auch die Kreditaufnahme durch die Europäische Investitionsbank muß kritisch beleuchtet werden. Siehe hierzu auch Dritter Teil II.D (S. 233ff.).

Es sprechen daher gewichtige Argumente für einen Verzicht auf die Kreditfinanzierung des Ausbaus der Straßenverkehrsnetzes.

2. Hochgeschwindigkeitsschienennetz

Im Bereich des schienengebundenen Verkehrs haben Verbindungen eine transeuropäische Bedeutung, die Knoten großen Interaktionspotentials durch Strecken hoher Kapazität verbinden. Diese Anforderungen werden durch ein Hochgeschwindigkeitseisenbahnnetz erfüllt, das Zuggeschwindigkeiten über 200 km/h ermöglicht, die allerdings derzeit nur im Personenverkehr erreicht werden. Um den Eisenbahnverkehr mit diesen Geschwindigkeiten abwickeln zu können, ist es notwendig, Neubaustrecken mit entsprechender Auslegung zu erstellen oder geeignete bestehende Strecken umzubauen.[460]

Der überregionale Schienenverkehr trägt zwar noch einen erheblichen Teil der Gesamtverkehrsleistung in der Gemeinschaft, seine Bedeutung ist jedoch in den letzten Jahrzehnten insbesondere im Güterverkehr stark zurückgegangen. 1970 wurden noch über 30% der Gütertransporte auf der Schiene durchgeführt. Derzeit werden durch den überregionalen Schienenverkehr nur noch ca. 14% des Güterverkehrs und ca. 6% des Personenverkehrs abgewickelt (1996).[461]

In Frankreich, Spanien, Deutschland und Italien bestehen schon nationale Hochgeschwindigkeitsnetze.[462] Die technische Ausgestaltung unterscheidet sich zwischen den Ländern jedoch erheblich, beispielsweise bei den Stromsystemen und den Signal- und Kommunikationssystemen.[463] Ein transeuropäisches Hochgeschwindigkeitsnetz existiert daher erst in Ansätzen.

Schienennetze sind hinsichtlich ihrer Eigenschaften mit der oben behandelten Straßeninfrastruktur in vielen Bereichen vergleichbar. Auch hier kann die Schienenverkehrsinfrastruktur von dem Leitsystem unterschieden werden. Insbesondere

---

[460] Vgl. ELLWANGER/WILCKENS(1993), S. 284ff.

[461] Vgl. EUROPÄISCHE KOMMISSION(1998a).

[462] Vgl. KOM(1998)614 endg. vom 28.10.1998: Transeuropäisches Verkehrsnetz. Bericht über die Umsetzung der Leitlinien und die Prioritäten für die künftige Entwicklung 1998, S. 13, Tab. 5.

[463] Während unterschiedliche Stromsysteme technisch in den Fahrzeugen gelöst werden können, bereiten die unterschiedlichen Signal- und Kommunikationssysteme erheblich größere Probleme, da an den Systemschnittstellen die Sicherheit des Gesamtsystems unbedingt gewährleistet werden muss. Vgl. ELLWANGER/WILCKENS(1993), S. 286

erstere zeigt viele typische Merkmale von Infrastrukturnetzen,[464] vor allem Unteilbarkeiten, Bündelungsvorteile, lange Ausreifungs- und Nutzungszeiträume, Immobilität des Infrastrukturkapitals und Irreversibilität der Infrastrukturinvestitionen. Die ökonomische Analyse der großräumigen Schienennetze kommt daher in vielen Punkten zu ähnlichen Ergebnissen wie die Analyse der großräumigen Straßenverkehrsnetze.[465] Deshalb kann festgehalten werden, dass bei der materiellen Infrastruktur ein natürliches Monopol vorliegt, beim dem auch monopolistische Konkurrenz oder die Bestreitbarkeit des Marktes die Marktmacht kaum begrenzen kann.[466]

Es bestehen allerdings auch Unterschiede: Im Vergleich zu Straßennetzen hat das Leitsystem im Schienenverkehr eine ungleich größere Bedeutung, da es die sichere Abwicklung des Zugverkehrs gewährleisten muss. Das Zugverkehrskontrollsystem muss daher aus Sicherheitsgründen als (regional begrenztes) natürliches Monopol ausgestaltet sein.[467] Außerdem spielen Systemeffekte in Schienennetzen eine weit größere Rolle als im Straßennetz, da die Funktionsfähigkeit des Gesamtsystems nur gewährleistet werden kann, wenn die technischen Standards genau eingehalten werden. Dies gilt sowohl im Hinblick auf das Zusammenwirken unterschiedlicher Netzteile als auch auf das Zusammenwirken von Infrastruktur, Leitsystem und "rollendem Material".[468]

Auch die wettbewerblichen Rahmenbedingungen im Eisenbahnbereich unterscheiden sich erheblich vom Straßenverkehr. Hier dominierten in Europa bis vor wenigen Jahren öffentliche Unternehmen, die als vertikal integrierte Betreiber sowohl die Infrastruktur aufgebaut und betrieben als auch den Eisenbahnbetrieb durchgeführt haben. Sie haben jedoch bei ständig steigendem Verkehrsaufkom-

---

[464] Vgl. Zweiter Teil II.B (S. 29ff.).

[465] Vgl. Dritter Teil II.A.1 (S. 169ff.).

[466] Vgl. EWERS(1994), S. 187ff., KNIEPS(1996c), S. 6ff., KNIEPS(1997), S. 187ff.

[467] Vgl. KNIEPS(1997), S. 189f.

[468] So ist es zwar möglich, dass Kraftfahrzeuge aus dem Vereinigten Königreich trotz erheblicher technischer Unterschiede (Rechtslenkung) auf Straßen in anderen europäischen Staaten verwendet werden können, aufgrund technischer Unterschiede aber das Befahren des französischen Hochgeschwindigkeitsschienennetzes für deutsche Hochgeschwindigkeitszüge z.Z. noch nicht möglich ist. Vgl. hierzu auch Vgl. ELLWANGER/WILCKENS(1993), S. 286.

men kontinuierlich Marktanteile verloren[469] und dabei oft erhebliche Defizite angehäuft. In den letzten Jahren wurden jedoch umfangreiche institutionelle und organisatorische Veränderungen vollzogen, die auch auf eine EG-Richtlinie zurückgehen.[470] Sie sieht vor, Verwaltung und Betrieb der Eisenbahninfrastruktur organisatorisch zu verselbständigen und die Verschuldung auf ein betriebswirtschaftlich tragbares Niveau zurückzuführen. Das Unternehmen, das den Eisenbahnbetrieb durchführt, muss dann nutzungsabhängige Entgelte an den Netzbetreiber entrichten.[471] Diese vertikale Aufspaltung entspricht dem Konzept der disaggregierten Regulierung.[472] Trotz eines vor Konkurrenz weitgehend geschützten natürlichen Monopols im Infrastrukturbereich[473] wird dadurch Wettbewerb im Eisenbahnbetrieb möglich.

Einen weiteren wesentlichen Unterschied zum Fernstraßennetz bildet der Ausbaustand der Netze. Da ein europäisches Hochgeschwindigkeitseisenbahnsystem bisher erst in Ansätzen existiert,[474] werden Netzexternalitäten in erheblichem Ausmaß auftreten, wenn dieses Netz - ausgehend von den bisher auf nationaler Ebene bestehenden Hochgeschwindigkeitsnetze bzw. einzelner Hochgeschwindigkeitsverbindungen - ausgebaut wird. Die Verbindungsmöglichkeiten in das europäische Ausland im Hochgeschwindigkeitseisenbahnverkehr nehmen zu. Der Gesamtnutzen der Netzerweiterung in einem Mitgliedstaat ergibt sich aus dem Nutzen, der diesem Land aus den neuen Verbindungen zu anderen europäischen Destinationen entsteht und aus dem Nutzen, den die anderen europäischen Länder aus den neuen Verbindungsmöglichkeiten haben. Der Nutzen in dem Land, das die Netzerweiterung durchführt, ist geringer als der Gesamtnutzen, der in ganz

---

[469] Der Anteil des Schienenverkehrs hat beim Gütertransport von über 30% im Jahr 1970 auf unter 14% im Jahr 1996 abgenommen, beim überregionalen Personenverkehr ging er von ca. 10% im Jahr 1970 auf unter 6% im Jahr 1996 zurück. In diesem Zeitraum hat sich das Transportaufkommen sowohl beim Gütertransport als auch im Personenverkehr etwa verdoppelt. Vgl. EUROPÄISCHE KOMMISSION(1998a).

[470] Vgl. Richtlinie 91/440/EWG v. 29.7.1991 (ABl. L 237 vom 24.8.1991), S. 25ff.

[471] Vgl. BRANDT(1996), S. 923f.

[472] Vgl. Zweiter Teil II.C.3.c (S. 54ff.).

[473] So z.B. auch LAASER(1991), S. 61ff., KRUSE/KIESSLING(1997), S. 17.

[474] Seit Ende 1997 verbindet der "Thalys" Köln, Brüssel, Paris und Amsterdam. Dabei wird ein Zugsystem verwendet, das in den vier verschiedenen Stromnetzen betrieben werden kann. Nur auf einigen Teilstrecken, die im Rahmen des TEN-Projektes PBKAL (siehe Tab. 3 [S. 228]) für Hochgeschwindigkeiten ausgebaut wurden, erreicht der Zug 300 km/h. Vgl. DEUTSCHE BAHN AG(1997).

Europa entsteht; in Höhe der Differenz bestehen Netzexternalitäten. Wenn die Netzexternalitäten nicht internalisiert werden, könnte die Konsequenz der Verzicht dieses Landes auf den Anschluss an das Netz sein.

Spanien verwendet beispielsweise andere Spurweiten im Eisenbahnverkehr, als sie in Mitteleuropa üblich sind. Müsste ausschließlich Spanien die Umrüstung finanzieren, könnte eine Nutzen-Kosten-Analyse aus spanischer Sicht zu dem Ergebnis kommen, dass es günstiger wäre, auf die Umrüstung verzichten, da der in Spanien entstehende Nutzen einer Umstellung der Spurweite kleiner ist als die hierfür entstehenden Kosten. Verzichtet Spanien daher auf den Anschluss an das Netz, kann auch aus anderen europäischen Ländern kein Hochgeschwindigkeitsschienenverkehr nach Spanien durchgeführt werden. Daraus entstehen in diesen Ländern Nutzeneinbußen, denn der Nutzen der Eisenbahnnetze in ihren Ländern wäre größer, wenn das Hochgeschwindigkeitseisenbahnnetz auch Verbindungen nach Spanien zuließe. Um die Netzexternalitäten (*spillover*-Effekte) auszugleichen, müssten daher Zahlungen zum Ausgleich der positiven externen Effekte geleistet werden.[475]

Hinsichtlich der von den Hochgeschwindigkeitsschienennetzen ausgehenden negativen externen Effekten ist von Bedeutung, dass der Flächenverbrauch durch den Verkehrsweg in Schienennetzen relativ niedrig ist, insbesondere im Vergleich zu Autobahn-Trassen.[476] Es ist daher zu vermuten, dass auch die von den Trassen ausgehenden negativen Wirkungen, die zu einem erheblichen Teil nicht internalisiert werden, relativ niedrig sind.[477] Daraus sollte jedoch nicht abgeleitet werden, der Ausbau der Schienenverkehrsnetze sei zu fördern, weil die negativen externen Effekte anderer Verkehrsträger höher sind. Ökonomisch sinnvoll wäre stattdessen die vollständige Anlastung der negativen externen Effekte bei allen Verkehrsträgern. Dies würde zu einer im Hinblick auf die externen Effekte effizienten Verkehrsträgerwahl führen. Aus der Tatsache, dass entsprechende Rahmenbedin-

---

[475] Vgl. Zweiter Teil II.C.4.c.ii (S. 68ff.).

[476] Der Flächenverbrauch bei einer Autobahn liegt bei 9,6 ha/km, beim Bau von Trassen im Hochgeschwindigkeitsverkehr bei 3,2 ha/km. Vgl. ELLWANGER/WILCKENS(1993), S. 290.

[477] Auf die von der Benutzung vom "rollenden Material" ausgehenden externen Kosten soll hier wegen der inhaltlichen Beschränkung auf Infrastrukturfragen nicht eingegangen werden. Vgl. hierzu z.B. ELLWANGER/WILCKENS(1993), S. 290.

gungen nicht geschaffen werden, sollte daher nicht automatisch die systematische Bevorzugung der Schieneninfrastruktur abgeleitet werden.[478]

Unterschiede in der Wirkung eines Auf- und Ausbaus der Eisenbahninfrastruktur auf die regionale Entwicklung gehen - im Vergleich zu Straßenverkehrsnetzen - auf zwei Aspekte zurück: Im Gegensatz zum Autobahnnetz ist der derzeitige Ausbaustand des Hochgeschwindigkeitsschienennetzes noch schlecht. Zusätzlich verändern sich die ökonomischen Anforderungen an diese Netze: Ergab sich die Bedeutung des Schienennetzes für die Standortgunst in der Vergangenheit aus dem Gütertransport, ist sie in jüngerer Zeit insbesondere auf den schnellen Personenverkehr zurückzuführen.[479] Für den wirtschaftlichen Erfolg von Unternehmen wird die Verfügbarkeit vielfältiger persönlicher Kontaktmöglichkeiten immer wichtiger.[480] Die Standortqualität wird hierbei wesentlich durch die Reisezeit beeinflusst, in der andere Regionen erreichbar sind. Besondere Bedeutung haben Reisezeiten unter drei Stunden, denn dabei ist innerhalb eines Tages die Hin- und Rückfahrt möglich, wenn Tagesrandverbindungen genutzt werden.[481] Bei den derzeit erreichbaren Geschwindigkeiten von Hochgeschwindigkeitseisenbahnen entspricht dies etwa einer Entfernung von 200 bis 600 km. Regionen, die durch solche Verbindungen erschlossen werden, verbessern - zumindest theoretisch - ihre Standortqualität.

Dennoch sind hinsichtlich der regionalen Auswirkungen zweierlei Entwicklungen denkbar: Zwar ergibt sich aus der verkürzten Reisezeit in periphere Regionen ein besonderes Entwicklungspotential.[482] Ob es jedoch genutzt werden kann, bleibt fraglich, denn andererseits entfaltet der Hochgeschwindigkeitsschienenverkehr seine regionalpolitische Wirkung, indem er durch Tagesreisen persönliche Geschäftskontakte möglich macht. Deshalb haben Hochgeschwindigkeitsschienenstrecken in den Kernregionen besondere Bedeutung, in denen die ökonomisch

---

[478] Vgl. EWERS(1994), S. 183f.

[479] Vgl. LUTTER/PÜTZ(1993), S. 620.

[480] Vgl. BLUM u.a.(1992), S. 215.

[481] Vgl. LUTTER/PÜTZ(1993), S. 621. Unter Tagesrandverbindungen werden solche Reisemöglichkeiten verstanden, die von Verkehrsunternehmen in den frühen Morgen- und den späten Abendstunden angeboten werden.

[482] Vgl. LUTTER/PÜTZ(1993), S. 627.

relevanten Zentren im Entfernungsbereich von Tagesreisen liegen.[483] Diese Regionen sind in der Regel jedoch durch Verkehrsnetze schon gut erschlossen, oft allerdings von Überfüllung der Infrastruktur betroffen. Der Ausbau der Netze führt dann zu einer Stärkung der Kernregionen zu Lasten peripherer Regionen. Untersuchungen der regionalen Beschäftigungseffekte, die der Ausbau des Hochgeschwindigkeitsschienennetzes hat, legen diese Vermutung nahe.[484] Dies läuft den verteilungspolitischen Vorstellungen offensichtlich zuwider.[485] Es ist daher sehr fraglich, ob die Forderung nach einem "flächendeckenden" Ausbau dieses Netzes[486] die erwarteten regionalen Wirkungen haben wird.[487]

In noch größerem Umfang als bei den Straßenverkehrsnetzen ist es bei den Hochgeschwindigkeitsschienennetzen notwendig, mehrere Teilnetze in einem TEN zu integrieren, was auch hier dafür spricht, die Netzverantwortung zentral wahrzunehmen.[488] Abstimmungsprobleme können so besser überwunden und die als *spillover*-Effekte auftretenden Netzexternalitäten besser ausgeglichen werden. Um die auf den nachgeordneten Ebenen bestehenden Informationsvorteile zu nutzen und regionale Präferenzen so weit als möglich zu integrieren, könnte auch hier das Konzept der "kooperativen Gegenstromplanung" angewandt werden. Die Informationsvorteile der untergeordneten Ebenen lassen sich so mit dem Koordinationsvorteil einer zentralen Institution verknüpfen.[489]

Hinsichtlich der Leitsysteme für den Hochgeschwindigkeitsschienenverkehr sollte eine zentrale Lösung angestrebt werden. Die oben beschriebenen Netzeffekte durch die Zunahme der Verbindungsmöglichkeiten in der EU und des Wettbewerbs zwischen den Betreibern kommen durch die gemeinsame Nutzung der

---

[483] Vgl. SPIECKERMANN/WEGENER(1996), S. 39ff.

[484] Vgl. EVERS/OOSTERHAVEN(1988), S. 40ff. Dieser Untersuchung liegen jedoch stark vereinfachende Annahmen zugrunde. So wird als Wachstumsanstoß ausschließlich die Veränderung der komparativen Vorteile einzelner Regionen durch den Ausbau der Hochgeschwindigkeitsschienennetze einbezogen. Vgl. EVERS/OOSTERHAVEN(1988), S. 40.

[485] Vgl. VICKERMAN(1995), S. 243.

[486] Vgl. Entscheidung 1692/96/EG des Europäischen Parlaments und des Rates vom 23.7.96 über gemeinschaftliche Leitlinien für den Aufbau eines transeuropäischen Verkehrsnetzes (ABl. L228 vom 9.9.1996), S. 2.

[487] Vgl. SPIECKERMANN/WEGENER(1996), S. 41.

[488] Vgl. Zweiter Teil III (S. 118ff.).

[489] Zur Diskussion um mögliche Koordinationsmechanismen bei der Netzplanung vgl. Zweiter Teil III.D (S. 126ff.).

Infrastruktur zustande. Deshalb ist zumindest die enge Koordination, besser aber eine Integration der Leitsysteme erforderlich, um die Betriebssicherheit zu gewährleisten. Die derzeitige nationale Ausrichtung dieser Systeme behindert eine solche Zusammenarbeit. Mit der zunehmenden Verknüpfung der nationalen Netze entsteht eine steigende Nachfrage nach gemeinsamen Leitsystemen. Eine Duplizierung sicherheitsrelevanter Leitsysteme ist aus Sicherheitsgründen ausgeschlossen; dies macht solche Systeme zu einem natürlichen Monopol. Wegen der räumlichen Ausdehnung eines effizienten Überwachungs- und Leitsystems für den Hochgeschwindigkeitsschienenverkehr, das große Räume mit mehreren Mitgliedstaaten umfassen müsste, wäre diese Aufgabe sinnvollerweise der europäischen Ebene zuzuordnen: Eine zentrale Lösung ist den bisherigen nationalen Systemen bei weitem überlegen.[490]

Finanziert wurden die schon bestehenden Teile des transeuropäischen Hochgeschwindigkeitseisenbahnnetzes auf sehr unterschiedliche Weise: Sie reichten von der ausschließlichen Finanzierung durch den jeweiligen Betreiber (z.B. die Strecke des *Train à Grande Vitesse* [TGV] *Sud-Est* in Frankreich) bis hin zur weitgehenden Finanzierung aus öffentlichen Mitteln (Neubaustrecken der Deutschen Bahn).[491] Dies zeigt, dass eine Finanzierung durch den Betreiber durchaus möglich ist; regionalpolitische Zielsetzungen werden jedoch auch weiterhin öffentlich finanziert werden müssen. Es sollte angestrebt werden, dies schon durch die Förderung der privaten Netzbetreiber mit Instrumenten geringer Eingriffsintensität zu erreichen (z.B. Bürgschaften zur Senkung der Finanzierungskosten). Zur Verfolgung regionalpolitischer Ziele und für transeuropäische Verbindungen, die erhebliche Netzexternalitäten auslösen, sind Subventionen an Unternehmen bzw. zweckgebundene Zuweisungen an nachgeordnete Körperschaften durch die Gemeinschaft politisch wie ökonomisch vertretbar.

3. Luftverkehrsnetz

Luftverkehrsnetze haben eine grundsätzlich andere Struktur als die bisher diskutierten Straßen- oder Schienennetze. Knoten des Luftverkehrsnetzes sind die Flughäfen, die damit auch im Wesentlichen die physische Infrastruktur des Luft-

---

[490] Vgl. KNIEPS(1996c), S. 12, KNIEPS(1997), S. 190.

[491] Vgl. ELLWANGER/WILCKENS(1993), S. 284.

verkehrsnetzes darstellen. Die Verbindungen entstehen auf der Basis eines Flugnavigationsplans und der Unterstützung eines Luftverkehrsmanagementnetzes. Der Flugnavigationsplan besteht aus dem Luftraum für den allgemeinen Luftverkehr, den Flugstrecken sowie den Flugnavigationshilfen, der Verkehrsflussregelung und der Flugsicherung. Um den Flugverkehr abzuwickeln und dabei die Flugsicherheit zu gewährleisten, ist bei diesem hochkomplexen Verkehrsträger ein Leitsystem notwendig, das die Bewegungen von Flugzeugen am Boden und insbesondere in der Luft koordiniert.

Transeuropäische Bedeutung hat hier also ein Flughafen, über den Linienflugverkehr abgewickelt wird und der als großer Knoten über erhebliche Kapazitäten zur Abfertigung von Personen und Gütern verfügt.[492]

Aus ökonomischer Sicht bewirken diese technischen Bedingungen der Bereitstellung von Luftverkehrsnetzen, dass die physische Infrastruktur (Flugplätze) eine subadditive Kostenfunktion aufweist, so dass es zu einem regionalen, natürlichen Monopol kommt.[493] Auch wenn die Kapazitäten der zentralen Großflughäfen z.T. erschöpft sind, wäre der parallele Aufbau eines weiteren Flughafens in derselben Region sehr viel aufwendiger als der Ausbau des bestehenden. Dass dies dennoch oft nicht geschieht, hat mit raumordnungspolitischen Aspekten zu tun und steht auch im Zusammenhang mit den erheblichen externen Kosten, die von einem Großflughafen ausgehen.[494] In einigen Bereichen (z.B. Luftfracht, Charterverkehr) stehen Großflugplätze auch bei größerer räumlicher Entfernung

---

[492] Die Gemeinschaft weist zusätzlich sog. Flughafensysteme aus, die aus zwei oder mehr Flughäfen bestehen und zusammen dieselbe Stadt oder dasselbe Ballungsgebiet bedienen. Ein Beispiel ist das Flughafensystem Berlin mit den Flughäfen Tegel, Schönefeld und Tempelhof. Vgl. Verordnung (EWG) Nr. 2407/92 des Rates vom 23.7.1992 über die Erteilung von Betriebsgenehmigungen an Luftfahrtunternehmen (ABl. L240 vom 24.8.1992). Die Gemeinschaft unterscheidet nach verschiedenen Kriterien internationale Netzpunkte, Gemeinschaftsnetzpunkte und regionale Netzpunkte. Vgl. Entscheidung 1692/96/EG des Europäischen Parlaments und des Rates vom 23.7.96 über gemeinschaftliche Leitlinien für den Aufbau eines transeuropäischen Verkehrsnetzes (ABl. L228 vom 9.9.1996), Anhang II, Abschnitt 6. Letztere haben offensichtlich keine transeuropäische Bedeutung, sondern müssen mit regionalpolitischen Zielen der Gemeinschaft in Verbindung gebracht werden.

[493] Vgl. KRUSE/KIESSLING(1997), S. 17.

[494] Beispiele sind die Großflughäfen in der Nähe von Ballungsgebieten wie Frankfurt/Main oder Mailand. Während der Flughafen Frankfurt - gegen den Widerstand von Anwohnern - am bestehenden Standort ausgebaut wird, wurde in Mailand im Rahmen eines vorrangigen TEN-Vorhabens ein neuer Flugplatz gebaut, weil am alten Standort in unmittelbarer Nähe zur Mailänder Innenstadt keine Erweiterungsmöglichkeiten mehr bestanden. Vgl. hierzu auch O.V.(1998b), S. 15, O.V.(1998c), S. 14.

durchaus in Konkurrenz zueinander.[495] Dies wird jedoch den Betreiber nicht nachhaltig daran hindern können, seine Monopolposition missbräuchlich zu nutzen, so dass für Flughäfen eine Regulierungsaufgabe verbleibt.[496]

Die Verbindungen in Luftverkehrsnetzen sind dagegen in hohem Maße angreifbare Märkte, denn für die Luftverkehrsunternehmen existieren keine wesentlichen Markteintritts- oder -austrittsschranken beim Angebot von Flugverbindungen. Die notwendigen Verkehrsflugzeuge können auf verschiedenen Verbindungen eingesetzt und bei Marktaustritt auch leicht verkauft werden.[497] Auch in den Fällen, in denen eine Verbindung wegen geringer Nachfrage am kostengünstigsten von nur einem Nachfrager bedient wird, bestehen keine wettbewerbspolitischen Probleme, denn der jeweilige Anbieter muss bei Preisen, die wesentlich über den Durchschnittskosten liegen, damit rechnen, dass die potentielle Konkurrenz zu einer realen wird.

Die Analyse der Verkehrsüberwachungs- und Verkehrssteuerungssysteme für die Luftfahrt kommt zu anderen Ergebnissen. Aus Sicherheitsgründen muss hier ein regional eindeutig abgegrenztes Monopol geschaffen werden.[498] Darüber hinaus bestehen jedoch auch erhebliche Größenvorteile, die derzeit allerdings weitgehend ungenutzt bleiben, denn die Luftaufsicht in Westeuropa ist sehr stark zersplittert.[499] Ihre Effizienz könnte durch die Harmonisierung der unterschiedlichen Luftverkehrskontrollsysteme (Standardisierung der Kommunikations-, Computer- und Radarsysteme bzw. Integration zu einem System) erheblich verbessert werden.[500]

Die Besonderheit des Flugverkehrs hinsichtlich der externen Effekte macht aus, dass die physische Infrastruktur im Wesentlichen auf die Netzknoten beschränkt ist, die allerdings erhebliche externe Kosten verursachen. Hier sind neben großflächiger Bodenversiegelung auch erhebliche Eingriffe in das Landschaftsbild und

---

495 Vgl. VICKERMAN(1995), S. 245.

496 Vgl. KNIEPS(1996b), S. 76f.

497 Vgl. LAASER(1991), S. 75ff.

498 Vgl. KNIEPS(1997), S. 188f. sowie Zweiter Teil II.C.3.a (S. 45ff.).

499 Für die zivile Luftraumkontrolle sind in den 22 europäischen Staaten, die die *European Civil Aviation Conference* bilden, 42 regional abgegrenzte Luftverkehrskontrollzentren zuständig, die mit 22 unterschiedlichen Systemen ausgestattet sind. Vgl. KNIEPS(1996b), S. 72ff.

500 Vgl. KNIEPS(1992b), S. 645, VICKERMAN(1995), S. 245f., KNIEPS(1996c), S. 11f.

in ökologische Systeme notwendig.[501] Auf den Verbindungen - von den Bodeneinrichtungen des Leit- und Kontrollsystems (z.B. Sendeanlagen) abgesehen - ist keine Infrastruktur notwendig, von der externe Effekte ausgehen könnten. Dagegen verursachen die Flugzeuge externe Effekte durch Lärm- und Abgasemissionen, die aber ökonomisch nicht unmittelbar mit der hier diskutierten Infrastruktur in Verbindung stehen.

Der zunehmende Einfluss des schnellen Personenverkehrs für die Standortqualität, der schon im Zusammenhang mit Hochgeschwindigkeitsschienennetzen beschrieben wurde, verstärkt auch die regionalpolitische Bedeutung des Flugverkehrs. Er ermöglicht vielfältige persönliche Kontakte, die für den wirtschaftlichen Erfolg von Unternehmen in zunehmendem Maße erforderlich sind, sowie den schnellen Transport von Gütern als Luftfracht.

Die wachstumsstimulierende Wirkung eines Großflughafens, der durch den von ihm ausgehenden Nutzenüberschuss bestimmt wird, entfaltet sich nicht gleichmäßig im Raum, sondern konzentriert sich in einem gewissen Abstand rund um den Flughafen.[502] Der Wirkungsbereich wird wesentlich durch die Vernetzung mit den Verkehrsträgern bestimmt, die Zubringerdienste für den Großflughafen leisten. Daher kann der Anschluss eines Flughafens an das Hochgeschwindigkeitsschienennetz die räumliche Ausdehnung der wachstumsstimulierenden Effekte stark erweitern.

Staatliche Eingriffe sind bei der physischen Infrastruktur von Luftverkehrsnetzen also insbesondere als Regulierung der privaten Anbieter notwendig, um eine Ausbeutung des regionalen natürlichen Monopols zu verhindern. Auch hinsichtlich der Luftverkehrsüberwachungs- und Luftverkehrssteuerungssysteme besteht ein regional eindeutig abgegrenztes natürliches Monopol, weshalb die Regulierung dieses Bereichs notwendig ist. Zusätzlich sollten die Luftaufsichtsregionen deutlich vergrößert werden, um die Effizienz der Luftraumüberwachung zu erhöhen.

Die Aufgaben müssen - dem disaggregierten Ansatz folgend - den Ebenen eines föderalen Systems differenziert zugeordnet werden:

---

[501] Vgl. ABERLE u.a.(1991), S. 13f.

[502] Vgl. Zweiter Teil II.E.4 (S. 111ff.), insbesondere Abb. 17 (S. 112).

- Die Verantwortung für die Punktinfrastruktur in Luftverkehrsnetzen wird traditionell dezentral wahrgenommen.[503] Zwar können subadditive Kostenfunktionen bei der Bereitstellung eines Flughafens vermutet werden, sie erstrecken sich aber nicht über mehrere Flughäfen; Verbundvorteile durch die Bereitstellung mehrerer Flughäfen sind nicht erkennbar. Da im nationalen und internationalen Flugverkehr detaillierte Regelungen und Standards als immaterielle Netze vorliegen und da für den Aufbau von transeuropäischen Verbindungen nicht - wie bei Straßen- oder Schienennetzen - die Abstimmung zwischen den Mitgliedstaaten notwendig ist, erübrigt sich die Zentralisierung aus Koordinationserfordernissen. Die raumerschließende Wirkung des Flughafens als Punktinfrastruktur ist regional begrenzt, so dass die Internalisierung von *spillover*-Effekten nicht notwendig ist. Schließlich lässt der in Europa schon weit vorangeschrittene Ausbau des Luftverkehrsnetzes auch Netzexternalitäten nur noch in geringem Umfang erwarten; auch hieraus ergibt sich daher kein wirtschaftspolitischer Handlungsbedarf.
- Der Luftverkehr erfordert aus Sicherheitsgründen geographisch genau abgegrenzte Luftkontrollzonen, aus ökonomischer Sicht also ein (natürliches) Monopol mit Gebietsschutz. Aber auch der Verkehr über die Grenzen der Gemeinschaft hinaus muss sicher abgewickelt werden, so dass für Verkehrsüberwachungs- und Verkehrssteuerungssysteme internationale, oft sogar weltweit gültige Vereinbarungen über die anzuwendenden Verfahren unabdingbar sind.[504] Darüber hinaus bestehen auch erhebliche Größenvorteile, so dass der jeweils von einer Luftkontrolleinrichtung überwachte Raum groß sein sollte. Unbestritten ist die derzeit in Europa herrschende Luftraumüberwachungsstruktur ökonomisch suboptimal und sollte daher weniger dezentral organisiert werden.[505]

Die Infrastruktur kann durch die Nutzer finanziert werden, da ein Ausschluss von der Infrastrukturnutzung problemlos möglich ist. Erreicht die Infrastruktur die

---

503 Vgl. VICKERMAN(1995), S. 245.

504 Vgl. VICKERMAN(1995), S. 245f., KNIEPS(1996c), S. 10ff.

505 Vgl. KNIEPS(1996c), S. 11f., SCHULZE(1996), S. 35f.

Kapazitätsgrenze, wie dies z.B. auf vielen Großflughäfen insbesondere zu attraktiven Reisezeiten der Fall ist, können Knappheitspreise die Allokation der knappen Ressourcen verbessern. Für die Finanzierung der Luftüberwachung bieten sich unterschiedliche Modelle auf der Basis von Gebühren an; die Äquivalenz ist in diesem Bereich recht gut herstellbar.[506]

4. Binnenwasserstraßennetz

Das Binnenwasserstraßennetz basiert in vielen Fällen auf natürlichen Wasserläufen, die allerdings im Naturzustand als Wasserstraßen nur bedingt brauchbar sind. Erst durch Flussregulierungen sowie den zusätzlichen Auf- und Ausbau künstlicher Wasserstraßen und Hafenanlagen entsteht ein Binnenwasserstraßennetz. Flüsse und Kanäle sind in diesem Netz die Verbindungen mit den Hafenanlagen als Knoten.[507]

Transeuropäische Bedeutung hat ein solches Netz, wenn es die Verbindung von Ballungsregionen und großen Seehäfen gewährleistet. Die Ausgestaltung der Wasserstraßen muss diesen Anforderungen gerecht werden, indem es den Verkehr mit großen Schiffseinheiten möglich macht.[508]

Das zur Infrastruktur im weiteren Sinne gehörende Informations- und Managementnetz umfaßt Küsten- und Hafenverkehrsdienste, Schiffsortungssysteme,

---

506 Für Flugüberwachungsdienste werden in Europa Gebühren in Orientierung am Starthöchstgewicht und der Flugstrecke erhoben. Vgl. KNIEPS(1992b), S. 644, KOM(1998)466 endg. vom 22.7.1998: Faire Preise für die Infrastrukturbenutzung: Ein abgestuftes Konzept für einen Gemeinschaftsrahmen für Verkehrs-Infrastrukturgebühren in der EU - Weißbuch, S. 26f.

507 Vgl. BERGMEIER(1987), S. 331, Entscheidung 1692/96/EG des Europäischen Parlaments und des Rates vom 23. Juli 1996 über gemeinschaftliche Leitlinien für den Aufbau eines transeuropäischen Verkehrsnetzes.

508 Die technischen Anforderungen an ein europäisches Wasserstraßennetz wurden in der Resolution Nr. 8 von 1961 über die "Klassifizierung der Wasserstraßen und die Standardabmessungen der Schiffe und Bauwerke" der Europäischen Verkehrsministerkonferenz (ECMT) niedergelegt. Wasserstraßen der Klasse IV müssen die Durchfahrt eines Schiffes von 80-85 m Länge und 9,50 m Breite oder eines Schubverbandes von bis zu 172-185 m Länge und 11,40 Breite gestatten. In den Klassen V und VI muß der Verkehr mit Schiffen bis 110 m Länge und 11,40 Breite, in Klasse VI auch mit Schubverbänden bis 270 m Länge möglich sein. Vgl. BERGMEIER(1987), S. 331f., BUNDESMINISTER FÜR VERKEHR(1990), Anhang 7. Für die hier diskutierten Wasserstraßen wird mindestens die Klasse IV gefordert. Vgl. Entscheidung 93/630/EWG des Rates vom 29. 10.1993 über die Entwicklung eines transeuropäischen Binnenwasserstraßennetzes (ABl. L 305 vom 10.12.1993).

Meldesysteme für Schiffe mit gefährlichen Gütern sowie Notruf- und Rettungssysteme.

Die Netzinfrastruktur ist durch Unteilbarkeit, Bündelungsvorteile, sehr lange Ausreifungs- und Nutzungszeiträume sowie völlige Immobilität und weitgehende Irreversibilität gekennzeichnet. Damit sind die Voraussetzungen für die wettbewerbliche Bereitstellung dieser Art von Infrastruktur nicht gegeben. Erhebliche Subadditivitäten lassen am Vorhandensein eines natürlichen Monopols keine Zweifel. Große Teile des Nutzens von Binnenwasserstraßen entstehen als positive externe Effekte, z.B. durch verbesserte Austauschmöglichkeiten (indirekte Produktivitätseffekte) oder die Möglichkeit, Rohstoffe und andere Produktionsfaktoren kostengünstiger transportieren zu können (Rationalisierungseffekt).[509] Wasserstraßen erfüllen neben ihrer Funktion als Transportinfrastruktur viele weitere Aufgaben, z.B. als Trinkwasserreservoir oder Naherholungsgebiet.

Der Gütertransport auf Binnenwasserstraßen gilt als eine umweltfreundliche Form des Transports.[510] Dem stehen jedoch nicht unerhebliche negative Auswirkungen auf die Umwelt gegenüber, die beim Bau von Kanälen und dem Ausbau von natürlichen Wasserläufen zu Binnenwasserstraßen entstehen (Eingriffe in die Landschaft, Veränderung von Ökosystemen, Zerschneidung natürlicher Verbundsysteme usw.). Da es schwerlich gelingen wird, alle wesentlichen Auswirkungen auf die Umwelt in den Preisen zu berücksichtigen und dadurch die Verkehrsträgerwahl durch Marktkräfte an der gesamtwirtschaftlichen Effizienz auszurichten, müssen bei der Entscheidung für den Ausbau des Wasserstraßennetzes den vergleichsweise geringen externen Kosten der Transportdienstleistung die negativen externen Effekte beim Auf- und Ausbau von Binnenwasserstraßen gegenübergestellt werden.

Die Leitsysteme der Binnenschifffahrt dienen mit sicherheitsrelevanten Dienstleistungen dem unfallfreien Binnenschifffahrtsverkehr. Bei den sicherheitsrelevanten Verkehrsleitsystemen, hier also zumindest bei den Meldesystemen für Gefahrguttransporte und Notrufsystemen, besteht daher ein regional eindeutig abgegrenztes natürliches Monopol.[511]

---

[509] Vgl. Zweiter Teil II.C.4.b.i (S. 58ff.).

[510] Vgl. ARNOLD-ROTHMAIER(1996), S. 20.

[511] Vgl. KNIEPS(1996c), S. 10ff., KNIEPS(1997), S. 189f.

Die Wachstums- und insbesondere die regionalpolitische Bedeutung des Auf- und Ausbaus von Binnenwasserstraßen wird durch die Tatsache beeinflusst, dass diese besonders für Massenguttransporte (Kohle, Erze, Schrott usw.) geeignet sind. Durch den Lückenschluss in Binnenwasserstraßen können bei diesen Gütergruppen nicht unerhebliche "handelsschaffende Effekte" ausgelöst werden, d.h. es kommt zu zusätzlichen Güterim- und -exporten, die vor dem Lückenschluss im Binnenwasserstraßennetz nicht möglich gewesen wären. Die wachstumsstarken Branchen insbesondere im Dienstleistungsbereich sind auf solche Transportdienstleistungen aber nicht angewiesen, so dass der Infrastrukturauf- und -ausbau hier nur geringe Wachstumseffekte auslösen kann.

Insgesamt machen die Eigenschaften eines Binnenwasserstraßennetzes in hohem Maße ein öffentliches Engagement notwendig. Für eine wettbewerbliche Bereitstellung fehlen wesentliche Voraussetzungen; es besteht ein natürliches Monopol. Wesentlich ist weiterhin, dass Wasserstraßen neben ihrer Funktion als Transportinfrastruktur viele weitere Aufgaben erfüllen, z.B. als Trinkwasserreservoir oder Naherholungsgebiet. Bei Bau und Betrieb von Binnenwasserstraßen entsteht daher ein erheblicher Abstimmungsbedarf. Bei Auf- und Ausbau der Leit- und Managementsysteme können sich öffentliche Eingriffe auf die Regulierung der sicherheitsrelevanten Leitsysteme beschränken.

Eine internationale Koordination der Auf- und Ausbaumaßnahmen ist unabdingbar, eine Aufgabenzuordnung auf der europäischen Ebene jedoch nicht notwendig. Die erforderliche Koordination der Maßnahmen kann auch durch Zusammenarbeit der jeweils auf nationaler Ebene Verantwortlichen geleistet werden. Die Gemeinschaft könnte jedoch die Verhandlungen erleichtern und die Transaktionskosten senken, indem sie solchen Verfahren einen rechtlichen Rahmen gibt.[512]

Die Kapazitäten der Infrastruktur sind derzeit nicht ausgeschöpft; es bestehen also keine Engpässe bei der Netzinfrastruktur.[513] Die Binnenschifffahrtsunternehmen sind durch die abnehmende Bedeutung von Massenguttransporten betroffen, bei denen die Binnenschifffahrt Wettbewerbsvorteile hat. Es bestanden anhaltende,

---

[512] Vgl. hierzu auch die Ausführungen zu den Komitee-Verfahren im Bereich der Telekommunikationsnetze in Dritter Teil III (S. 251ff.), insbesondere S. 260.

[513] Vgl. ARNOLD-ROTHMAIER(1996), S. 20.

strukturelle Überkapazitäten in Verbindung mit einem scharfen Preiswettbewerb, der auf die Deregulierung der Marktordnung für die Binnenschifffahrt zurückgeführt werden kann.[514] Außerdem besteht gesamtwirtschaftlich ein weiter zunehmender Bedarf an Stückguttransporten, für die die Binnenschifffahrt weniger gut geeignet ist. Wenn solche Güter durch Binnenschiffe transportiert werden, dann geschieht dies in der Regel im Kombinierten Verkehr.[515] Für die weitere Entwicklung der Binnenschifffahrt sind im Hinblick auf die Netzinfrastruktur daher moderne und leistungsfähige Umschlaganlagen von besonderer Bedeutung, die Zeitverluste an den "Schnittstellen" zwischen den Verkehrsträgern reduzieren.[516]

Zur Finanzierung könnten Gebühren für die Nutzung von Binnenwasserstraßen als Transportinfrastruktur zwar beitragen, denn der Ausschluss wäre problemlos möglich und nur mit geringen Exklusionskosten verbunden. Wasserstraßen weisen jedoch nur sehr geringe Grenzkosten bei nicht ausgeschöpften Kapazitäten auf, so dass ein Ausschluss gesamtwirtschaftlich nicht sinnvoll ist. Der Auf- und Ausbau wird daher eine weitgehend öffentliche Finanzierung erfordern.

5. Netz des Kombinierten Verkehrs

Der Kombinierte Verkehr ist der Gütertransport in einer Transportkette, die mindestens zwei unterschiedliche Verkehrsträger umfasst (multimodaler Transport), und bei dem die Güter in demselben Transportgefäß (Ladeeinheit) befördert werden.[517] Prinzipiell können in solche Transportketten LKW, Bahn, Binnenschiff, Seeschiff und Flugzeug eingebunden sein. Gängige Definitionen schränken jedoch die Verkehrsträger aus verkehrs- und umweltpolitischen Gründen insofern ein, als im Kombinierten Verkehr der Schienen- oder Wassertransport einen möglichen Straßentransport auf der langen Strecke ersetzen und LKW nur im Zustellverkehr zum Einsatz kommen sollen.[518]

---

[514] Vgl. ABERLE u.a.(1991), S. 15f., ARNOLD-ROTHMAIER(1996), S. 16ff., SCHUH(1989), S. 175ff.

[515] Vgl. ARNOLD-ROTHMAIER(1996), S. 20f. Vgl. hierzu auch Dritter Teil II.A.5 (S. 196ff.).

[516] Vgl. hierzu die Ausführungen Dritter Teil II.A.5 (S. 196ff.).

[517] Vgl. BUKOLD(1996), S. 21f., KOSSAK(1991), S. 74.

[518] Diese Definition macht sich insbesondere die EU und die Europäische Verkehrsministerkonferenz (*European Conference of Ministers of Transport*, ECMT) zu Eigen. Vgl. z.B. Richtlinie 92/106/EWG des Rates vom 7. Dezember 1992, BUKOLD(1996), S. 21f. Daher soll sie im weiteren - trotz der im Prinzip willkürlichen Abgrenzung - verwendet werden.

Damit ein Netz des Kombinierten Verkehrs als Netz mit transeuropäischer Bedeutung gelten kann, muss es den an verschiedenen Stellen schon formulierten Anforderungen genügen, also Verbindungen großer Kapazität auf Hauptrelationen zwischen europäischen Zentren herstellen.

Die physische Infrastruktur, die das Netz des Kombinierten Verkehrs bildet, entsteht mit Hilfe der Infrastruktur anderer Verkehrsnetze, der oben formulierten Begriffsbestimmung folgend also im Wesentlichen im Eisenbahn- und Wasserstraßennetz. Die Knoten dieses Netzes bestehen aus punktförmigen Infrastruktureinrichtungen ("Terminals"), die den Umschlag der Ladeeinheiten zwischen den einzelnen Verkehrsträgern ermöglichen. Sie stellen also im Wesentlichen als intermodale Schnittstellen die Funktion einer Netzbrücke bereit und ermöglichen den reibungslosen Übergang von einem Infrastrukturnetz auf ein anderes (und damit von einem Verkehrsträger auf einen anderen).[519] Besonders bedeutsam ist hierbei, dass die verwendeten Transportgefäße bzw. Ladeeinheiten beispielsweise hinsichtlich des Beladungsmaßes und des zulässigen Gesamtgewichts Standards entsprechen, um ein möglichst reibungsloses Umladen zu ermöglichen. Auch hier wird sich der Nutzen der einzelnen Anwender eines Transportgefäßtyps vergrößern, je größer das Netz der Anwender wird (Netzexternalitäten).

Das Leit- und Managementsystem des Kombinierten Verkehrs ist ein transportbegleitendes Informations- und Kontrollsystem, das es z.B. ermöglicht, jederzeit aktuelle Informationen darüber zu erhalten, wo sich eine bestimmte Sendung befindet. Planabweichungen können so frühzeitig ermittelt werden. Dieses System muss natürlich verkehrsträgerübergreifend funktionieren, hat jedoch keine sicherheitsrelevanten Funktionen.

Die Terminals im Kombinierten Verkehr sind - analog zu Flughäfen - zwar ein (lokales) natürliches Monopol, weil Größenvorteile und Irreversibilität vorliegen. Der Betreiber wird diese Monopolstellung jedoch nur eingeschränkt zu seinen Gunsten ausnutzen können: Der Kombinierte Verkehr steht nicht primär in einem *intra*modalen Wettbewerb, wie dies im Flugverkehr zwischen einzelnen Flughä-

---

519 Vgl. KOSSAK(1991), S. 80ff. Hierin besteht ein wesentliches technisches und ökonomisches Problem des Kombinierten Verkehrs. Die Umladeverfahren sind zu zeit- und kostenaufwendig. Technische Entwicklungen können hier jedoch möglicherweise Abhilfe schaffen. Vgl. hierzu FEUERHAKE/MORITZ(1998), S. 59.

fen der Fall ist, sondern in einem *inter*modalen Wettbewerb insbesondere mit dem "reinen" Straßengüterverkehr. Er dient als regulierendes Element, da er auf Umschlageinrichtungen in der oben beschriebenen Form nicht angewiesen ist.

So wie die "originären" Transportleistungen auf der Grundlage der Schienen-, Wasserstraßen- und Straßeninfrastruktur im Wettbewerb durch private Unternehmen erbracht werden bzw. in absehbarer Zukunft erbracht werden sollen, besteht auch im Kombinierten Verkehr auf der Transportebene keine Berechtigung für Eingriffe in den Wettbewerb. Auch die Dienstleistungen der Terminals, die den Kombinierten Verkehr durch ihre Netzbrückenfunktion wesentlich ausmachen, können im Wettbewerb unterschiedlicher Anbieter erbracht werden. Da es sich bei den Leitsystemen nicht um sicherheitsrelevante Systeme handelt, die ein regionales natürliches Monopol rechtfertigen, können auch sie privat bereitgestellt werden: Solche Systeme verursachen beim heutigen Stand der Technik keine außergewöhnlichen versunkenen Kosten, auch subadditive Kostenfunktionen sind unwahrscheinlich.

Die ökonomische Notwendigkeit für öffentliche Eingriffe ist daher nur im Hinblick auf die Standardisierung der Transportgefäße erkennbar. Deren besondere Bedeutung bei dieser Form des Gütertransports macht eine Normung auf internationaler Ebene wünschenswert. Bisher unterscheiden sich die verwendeten Typen international z.B. durch Beladungsmaße und zulässige Gesamtgewichte noch erheblich, was den Nutzen des Kombinierten Verkehrs reduziert.[520]

Eine öffentliche Förderung des Kombinierten Verkehrs wird mit den geringeren externen Kosten begründet, die beim Gütertransport auf Schienen und Wasserstraßen im Vergleich zum Gütertransport auf der Straße entstehen. Effizienter wäre es jedoch, die externen Effekte den einzelnen Verkehrsträgern anzurechnen; der Kombinierte Verkehr könnte dann in einem gesamtwirtschaftlich optimalen Ausmaß zustandekommen. Da es hierzu bislang nicht kommt, wird der Kombinierte Verkehr gefördert, um externe Kosten anderer Verkehrsträger, insbesondere des Straßengüterverkehrs, zu vermeiden. Um die hierdurch an anderer Stelle entstehenden Allokationsverzerrungen zu reduzieren, sollten sich die Fördermaßnahmen dann wenigstens auf die Förderung der Terminalinfrastruktur beschrän-

---

[520] Vgl. VICKERMAN(1995), S. 246f., KOSSAK(1991), S. 82.

ken und Verbindungen von der Förderung ausschließen, um den Wettbewerb bei den Transportdienstleistungen nicht zu stören.

B. Wirtschaftspolitische Aktivitäten der EU

1. Vorarbeiten

Schon bevor die Förderung des Auf- und Ausbaus der TEN als Aufgabe der Gemeinschaft in den EGV aufgenommen wurde, wurden ähnliche Aktivitäten auf Gemeinschaftsebene durchgeführt. Zwar war vor Inkrafttreten des Vertragswerks von Maastricht die Zuständigkeit der Gemeinschaft für den Auf- und Ausbau der Infrastrukturnetze in der EU nicht eindeutig geregelt. Es bestand jedoch die Möglichkeit, auf der Basis des Titel V des EGV ("Der Verkehr") zweckdienliche Vorschriften zu erlassen, um die Ziele der gemeinsamen Verkehrspolitik zu erreichen. Auf dieser Grundlage wurden schon 1978 ein Ausschuss für die Verkehrsinfrastruktur und ein Konsultationsverfahren eingeführt, das der Koordinierung der Verkehrsinfrastrukturentwicklung dienen sollte.[521] Finanzielle Beiträge in geringem Umfang wurden ab 1982 geleistet.[522] Diese Initiativen blieben allerdings ohne nachhaltige Wirkung. Erst ab Mitte der achtziger Jahre bekam die gemeinsame Verkehrspolitik neuen Schwung, der im Zusammenhang mit neuen integrationspolitischen Initiativen zur Schaffung eines europäischen Binnenmarktes gesehen werden muss. Der Europäische Rat betonte 1989 - und auch danach immer wieder[523] - die große integrationspolitische Bedeutung, die eine Verknüpfung der nationalen Netze und die Förderung des Auf- und Ausbaus transeuropäischer Netze habe.[524]

In diesen Zeitraum fallen auch die Aktivitäten der *United Nations Economic Commission for Europe* (UNECE), die Konzepte zur Integration der Verkehrs-

---

[521] Vgl. Entscheidung des Rates 78/174/EWG vom 20.2.1978 zur Einführung eines Beratungsverfahrens und zur Schaffung eines Ausschusses auf dem Gebiet der Verkehrsinfrastruktur (ABl. L 54/16 vom 25.2.1978).

[522] Vgl. KOM(1992)231 endg. vom 11.6.1992: Mitteilung der Kommission "Verkehrsinfrastruktur", S. 5.

[523] Vgl. z.B. Schlussfolgerungen des Vorsitzes des Europäischen Rats, Tagung am 24. und 25. Juni 1994 in Korfu.

[524] Vgl. Entschließung 90/C27/05 des Rates vom 22.1.1990 zu einer europäischen Infrastruktur (ABl. C 27 vom 6.2.1990), Verordnung (EWG) Nr. 3359/90 über die Durchführung eines Aktionsprogramms auf dem Gebiet der Verkehrsinfrastruktur im Hinblick auf die Vollendung des integrierten Verkehrsmarktes bis 1992 (ABl. L326 vom 24.11.1990).

netze in Europa erarbeitete. Dabei gingen diese Integrationsbemühungen über die Grenzen der Gemeinschaft hinaus; die Planungen der Gemeinschaft haben später in ihrer "externen Dimension" diesen Aspekt aufgegriffen.[525]

Die Kommission bekräftigte ihren Willen, an einem europäischen Hochgeschwindigkeitseisenbahnnetz mitzuwirken, nachdem einige Mitgliedstaaten auf nationaler Ebene begonnen hatten, solche Netze aufzubauen. Die Eisenbahngesellschaften der Gemeinschaft (incl. Schweiz und Österreich), zusammengeschlossen im "Internationalen Eisenbahnverband - Gemeinschaft der Europäischen Bahnen" (*Union Internationale des Chemins de fer*, UIC), griffen diese Initiative auf. Sie veröffentlichten 1989 einen "Vorschlag für ein europäisches Hochgeschwindigkeitsnetz"[526], in dem drei Konzepte für Eisenbahnnetze präsentiert werden.[527] Deren erklärtes Ziel ist es, die nationalen Initiativen in einem Netz europäischen Zuschnitts zu integrieren.[528]

Dieser Vorschlag war dann offensichtlich Grundlage für eine Arbeitsgruppe unter der Leitung der Kommission, die im Auftrag des Ministerrats in der Zusammensetzung der Verkehrsminister ein Leitschema für ein Hochgeschwindigkeitseisenbahnnetz erstellte, wobei wesentliche Teile des UIC-Vorschlags übernommen wurden.[529] Der Rat nahm den Bericht dieser Arbeitsgruppe im Dezember 1990 an. Ihm folgten weitere Leitschemata für ein Netz für den Kombinierten Verkehr, ein Straßen- sowie ein Binnenwasserstraßennetz.[530]

Die Gemeinschaft intensivierte ihre Aktivitäten im verkehrspolitischen Bereich, nachdem über das Vertragswerk von Maastricht Einigkeit erzielt worden war. Ihre Vorstellungen präsentierte sie im "Weißbuch über Wachstum, Wettbewerbsfähig-

---

[525] Vgl. EUROPÄISCHES PARLAMENT(1997), S. 24f.

[526] Vgl. GEMEINSCHAFT DER EUROPÄISCHEN BAHNEN(1989).

[527] Diese Konzepte unterscheiden sich im Ausbaustand der Netze.

[528] Vgl. GEMEINSCHAFT DER EUROPÄISCHEN BAHNEN(1989), S. 14ff.

[529] Vgl. LUTTER/PÜTZ(1993), S. 626ff., ELLWANGER/WILCKENS(1993), S. 284ff., KNIEPS(1996a), S. 20, KNIEPS(1996b), S. 33ff.

[530] Vgl. Entscheidung 93/628/EWG des Rates zur Schaffung eines transeuropäischen Netzes für den Kombinierten Verkehr, Entscheidung 93/629/EWG des Rates vom 29. Oktober 1993 zur Schaffung eines transeuropäischen Straßennetzes, Entscheidung 93/630/EWG des Rates vom 29. Oktober 1993 über die Entwicklung eines transeuropäischen Binnenwasserstraßennetzes (Amtsblatt L 305 vom 10.12.1993).

keit, Beschäftigung"[531]. Das Weißbuch wurde insbesondere von den Anstrengungen um die Vollendung des europäischen Binnenmarktes und den sich dadurch ergebenden neuen Anforderungen an die Infrastrukturnetze beeinflusst. Im Gegensatz zu den sektoral ausgerichteten Konzepten für einzelne Bereiche der Verkehrsinfrastruktur im Vorfeld des Vertragswerks von Maastricht wird hier nun die Vernetzung unterschiedlicher Verkehrsträger zu einem leistungsfähigen Gesamtverkehrsnetz angestrebt. Es stellt darüber hinaus auch den Versuch dar, eine umfassende verkehrspolitische Konzeption auf Gemeinschaftsebene zu präsentieren. Daraus entwickelten sich drei Schwerpunkte europäischer Verkehrspolitik:

- Um die Vorteile des Binnenmarktes nutzbar zu machen, soll die Dienstleistungsfreiheit im Verkehrssektor hergestellt werden (wettbewerbspolitisches Element).
- Die Berücksichtigung ökologischer Aspekte soll eine auf Dauer tragbare Mobilität gewährleisten und insbesondere verhindern, dass die Wohlstandsgewinne aus der Intensivierung des Handels durch zusätzliche Umweltbelastung konterkariert werden (umweltpolitisches Element).
- Die Entwicklung der (trans-)europäischen Verkehrsinfrastruktur - auch zur Sicherung einer umweltgerechten Mobilität - wird ein Schwerpunkt der gemeinschaftlichen Verkehrspolitik (infrastrukturpolitisches Element).

2. Aufstellung der Leitlinien

Dieses infrastrukturpolitische Element der Gemeinschaftspolitik fußt auf der Rechtsgrundlage, die durch das Vertragswerk von Maastricht für den Auf- und Ausbau der TEN geschaffen wurden. Mit diesem Vertragswerk wurde Titel XII in den EGV eingefügt, der die Rechtsgrundlage für Aktivitäten der Gemeinschaft zum Auf- und Ausbau transeuropäischer Netze darstellt. Er sieht eine größere Zahl unterschiedlicher Maßnahmen der Gemeinschaft zur Förderung des Auf- und Ausbaus der TEN vor.[532] Wesentlich ist jedoch die Aufstellung der Leitlinien, in denen die Ziele, die Prioritäten und in ihren Grundzügen die in Betracht gezoge-

---

[531] Vgl. KOMMISSION DER EUROPÄISCHEN GEMEINSCHAFTEN(1993c).

[532] Vgl. Erster Teil II.A.1 (S. 10ff.).

nen Aktionen für den jeweiligen Infrastrukturbereich ausgewiesen sowie konkrete "Vorhaben von gemeinsamem Interesse" benannt werden sollen.

Die Leitlinien für das transeuropäische Verkehrsnetz (TEN-Verkehr) sind das Ergebnis intensiver und langwieriger Verfahren, an denen - den Bestimmungen des Art. 156 EGV entsprechend - die im Mitentscheidungsverfahren (Art. 251 EGV) beteiligten Organe der EU sowie die Mitgliedstaaten mitwirken.[533] Daneben haben auch Interessenverbände Einfluss auf die Planungs- und Entscheidungsprozesse, wie dies im Zusammenhang mit der Planung des Hochgeschwindigkeitseisenbahnnetzes schon deutlich wurde. Für den Planungsprozess wies der Rat der Kommission eine "Stimulierungs- und Koordinationsaufgabe" zu.[534] Die Generaldirektion "Verkehr" der Kommission nimmt diese Funktion wahr. Der von ihr erarbeitete Vorschlag[535] ist jedoch offensichtlich nicht das Ergebnis einer systematischen Gesamtplanung. Vielmehr wurden solche Projekte bevorzugt ausgewählt, die eine schnelle Realisierung versprachen. Daher schien es der Kommission sinnvoll, aus Zeitgründen auf schon in nationalem Rahmen vorgenommene Planungen zurückzugreifen, so dass die Leitlinie für die TEN-Verkehr letztlich eine Zusammenstellung der auch schon in nationalem Rahmen angestellten Überlegungen ist.[536]

Das Europäische Parlament und der Rat haben am 23. Juli 1996 abschließend die Leitlinien für den Aufbau eines transeuropäischen Verkehrsnetzes erlassen.[537]

Parallel zu den Arbeiten an der Leitlinie hatte eine "Gruppe persönlich Beauftragter der Staats- und Regierungschefs" die Aufgabe, die Kommission bei der Aufstellung der Leitlinie zu unterstützen, sowie konkrete Projekte zu identifizie-

---

[533] Vgl. zum Entscheidungsverfahren Erster Teil II.B (S. 18ff.). Das Verfahren lief vom 8.8.1994 (Vorschlag der Kommission) bis 23.7.1996 (Unterzeichnung der Entscheidung durch das Europäische Parlament und den Rat). Dabei durchlief der Vorschlag nach zwei Lesungen im Parlament auch das Vermittlungsverfahren. Zu den einzelnen Verfahrensschritten vgl. Bulletin der EU, Nr. 7/8, 1996.

[534] Vgl. Schlussfolgerungen des Vorsitzenden des Rates am 10./11.12.1993 in Brüssel.

[535] Vgl. Vorschlag für eine Entscheidung des Europäischen Parlaments und des Rates über gemeinschaftliche Leitlinien für den Aufbau eines transeuropäischen Verkehrsnetzes, KOM(1994)106 endg.(ABl. Nr. C220 vom 8.8.1994)

[536] Vgl. FONGER(1994), S. 628f.

[537] Vgl. Entscheidung Nr. 1692/96/EG des Europäischen Parlaments und des Rates vom 23.7.1996 (ABl. L228 vom 9.9.1996); Berichtigung der Entscheidung Nr. 1692/96/EG des Europäischen Parlaments und des Rates vom 23.7.1996 (ABl. L15 vom 17.1.1997).

ren und dem Europäischen Rat vorzuschlagen, die prioritär verwirklicht werden sollten.[538] Daneben sollte die Gruppe Konzepte für die Finanzierung der Projekte ausarbeiten.[539] Die Mitglieder dieser Gruppe wurden überwiegend aus den Wirtschafts- und Finanzministerien der Mitgliedstaaten entsandt.[540] Schon im "Weißbuch über Wachstum, Wettbewerbsfähigkeit, Beschäftigung"[541] wurde eine Reihe von konkreten Projekten genannt, deren Realisierung besonders dringlich war. Die Gruppe erweiterte dieses Verzeichnis auf 34 Infrastrukturvorhaben, die sie nach Dringlichkeit und Planungsstand in drei Kategorien gliederte. An der Bedeutung solcher Kategorisierung entzündete sich eine Kontroverse zwischen Europäischem Rat, Europäischem Parlament und Kommission. Das Europäische Parlament wollte erreichen, dass eine Liste prioritärer Projekte in die Leitlinie aufgenommen wird und damit Entscheidungen für finanzielle Förderung vorweggenommen werden. Rat und Kommission vertraten die Auffassung, dass im Rahmen des Mitentscheidungsverfahrens nur allgemein über die Vorhaben von gemeinsamem Interesse zu entscheiden sei. Die Prioritäten seien dann im administrativen Verfahren nach den in der TEN-Finanzierungsverordnung festgelegten Kriterien festzulegen. Dies hätte Rat und Kommission einen größeren Spielraum bei der Entscheidung über die finanzielle Förderung von Infrastrukturprojekten gegeben. Schließlich konnten sich die drei am Mitentscheidungsverfahren beteiligten Institutionen auf einen Kompromiss einigen.[542] Es wurde eine Liste von 14 Verkehrsprojekten erarbeitet,[543] deren Investitionsvolumen insgesamt ca. 100 Mrd. ECU beträgt.[544] Sie sind Bestandteil der Leitlinie, ihre Bedeutung wird aber durch Art. 19 der Leitlinie relativiert. Hier heißt es, diese Vorhaben seien "indikativ aufgeführt"; aus der Aufnahme in dieser Liste sollen sich offen-

---

[538] Die Gruppe wurde nach ihrem Vorsitzenden, dem dänischen EU-Kommissar Christophersen auch als "Christophersen-Gruppe" bezeichnet.

[539] Vgl. hierzu im einzelnen Dritter Teil II.B.5 (S. 214ff.).

[540] Vgl. FONGER(1994), S. 623.

[541] Vgl. KOMMISSION DER EUROPÄISCHEN GEMEINSCHAFTEN(1993c).

[542] Vgl. EUROPÄISCHES PARLAMENT(1997), S. 25ff.

[543] Vgl. Verordnung (EG) Nr. 2236/95 des Rates vom 18.9.1995 über die Grundregeln für die Gewährung von Gemeinschaftszuschüssen für transeuropäische Netze (ABl. L228 vom 23.9.1995).

[544] Ein Aufstellung aller Vorhaben von gemeinsamem Interesse findet sich in Anhang 4. Vgl. hierzu auch Tab. 3 (S. 228).

sichtlich keine Ansprüche ableiten lassen. Formal sind sie daher nur ein Teil der insgesamt 35 Vorhaben von gemeinsamem Interesse, genießen *de facto* aber besondere politische Aufmerksamkeit.[545] Nach der Behandlung der Liste im Europäischen Rat von Essen (9./10.12.1994) stellte die "Christophersen-Gruppe" im Dezember 1994 ihre Arbeit ein.[546]

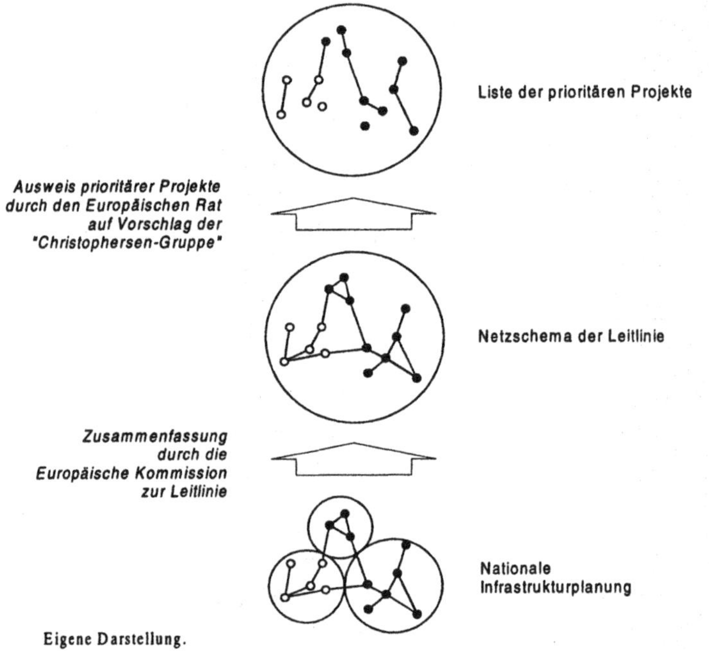

Eigene Darstellung.

Abb. 19: Schematischer Planungsprozess der transeuropäischen Verkehrsinfrastruktur

Letztlich basiert der dargestellte Planungsprozess also auf den Planungen der Mitgliedstaaten. Durch Aggregation dieser nationalen Pläne, die z.T. auch den Auf- und Ausbau grenzüberschreitender Verbindungen umfassten, gelangte die Kommission zu dem Leitschema im Verkehrsbereich (siehe Abb. 19). Eine systematische Engpass- und Bedarfsbetrachtung findet auf Gemeinschaftsebene nicht

545 So berichtet die Kommission gesondert über die Fortschritte bei diesen prioritären Vorhaben. Vgl. EUROPÄISCHE KOMMISSION(1998d), S. 27f.

546 Vgl. SCHULZE(1996), S. 40.

statt. Von der Kommission wird der Mangel an geeignetem Datenmaterial als Grund genannt.[547] Interessanterweise wird bei der Planung der erweiterten TEN, die auf die Mittel- und Osteuropäischen Länder ausgedehnt werden sollen, durchaus eine Bedarfsuntersuchung in Form des *Transport Infrastructure Needs Assessment* (TINA) durchgeführt.[548] Der von der Kommission angesprochene Mangel an Datenmaterial müsste dann auch bei den Hauptverbindungen innerhalb der Gemeinschaft durchaus zu überwinden sein. Zwar orientiert sich die "Gruppe persönlich Beauftragter der Staats- und Regierungschefs" bei der Auswahl vorrangiger Projekte an bestimmten Kriterien.[549] Sie sind allerdings so allgemein gehalten, dass sie eine politisch beeinflusste Auswahl der Projekte kaum verhindern können.[550] Bei der Zusammensetzung der vorrangigen Projekte fällt auf, dass jeder Mitgliedstaat an prioritären Projekten beteiligt ist. Da es unwahrscheinlich ist, dass die Infrastruktur-Engpässe gleichmäßig über die Gemeinschaft verteilt sind, kann vermutet werden, dass politische Aspekte bei der Auswahl prioritärer Projekte auch eine Rolle gespielt haben. Daher gilt für die Projekte, die der Europäischen Rat für vorrangig hält, in besonderem Maße, dass sie einen politischen Kompromiss darstellen, dem keine verkehrspolitische Konzeption zugrunde liegt.[551]

Nicht unbeachtet dürfen die Auswirkungen bleiben, die internationale Abkommen auf die Planungen zum Auf- und Ausbau der TEN haben:

- Eine leistungsfähige Transportinfrastruktur ist für den Handel mit Regionen außerhalb der EU von großer Bedeutung; die Ausführungen zu den regionalwirtschaftlichen Wirkungen des Infrastrukturausbaus gelten analog auch

---

[547] Vgl. KOM(1997)453 endg. vom 10.9.1997: Mitteilung der Kommission über öffentlich-private Partnerschaften bei transeuropäischen Verkehrsprojekten, S. 10f.

[548] Vgl. KOM(1997)654 endg. vom 4.12.1997: Transeuropäische Netze. Jahresbericht 1997, S. 6.

[549] Vgl. z.B. KOMMISSION DER EUROPÄISCHEN GEMEINSCHAFTEN(1993c), S. 85f. Danach muss ein gemeinschaftliches Interesse an dem Vorhaben vorliegen, die Finanzierung die Beteiligung privater Investoren ermöglichen, das Vorhaben kurzfristig in Angriff genommen werden, Arbeitsplätze auch außerhalb des Verkehrsbereichs geschaffen werden und eine Umweltverträglichkeitsprüfung (UVP) bestehen.

[550] Vgl. FONGER(1994), S. 627f.

[551] Vgl. FONGER(1994), S. 625.

für die internationalen Wirtschaftsbeziehungen.[552] Daher ist die Einbindung transeuropäischer Netze in die Transportnetze angrenzender Räume (insbesondere Mittel- und Osteuropas sowie der Mittelmeeranrainer) sowie in internationale Netze (im Flug- und Hochseeschifffahrtsverkehr) von größter Bedeutung.[553]

- Berücksichtigt werden muss außerdem, dass die mittel- und osteuropäischen Staaten schon auf absehbare Zeit Mitglieder der EU werden und daher auch der Auf- und Ausbau der Infrastrukturnetze vorangetrieben werden muss, um den neuen Teilnehmern am europäischen Binnenmarkt eine weitere Intensivierung des wirtschaftlichen Austauschs zu ermöglichen und dadurch dazu beizutragen, die damit verbundenen Wohlstandseffekte zu realisieren.[554]

Für diese Bereiche muss also eine internationale Abstimmung der Projekte stattfinden.[555] Hier engagiert sich die Europäische Verkehrsministerkonferenz (*European Conference of Ministers of Transport*, ECMT), eine Organisation, die seit 1953 besteht und derzeit 36 Mitgliedstaaten hat.[556] In einem "*Trans-European master plan*" hat sie die wesentlichen gesamteuropäischen und nationalen Vorhaben zum Ausbau der Transportinfrastruktur (Straße, Schiene, Binnenwasserstraßen) zusammengefasst und will die Maßnahmen der Mitgliedstaaten koordinieren.[557] Einen erweiterten Rahmen bieten die Gesamteuropäischen Verkehrskonferenzen. Diese Konferenzen wurden von Gemeinschaftsorganen (Europäisches Parlament, Europäische Kommission, Europäischer Rat, Wirtschafts- und Sozialausschuss), der UNECE, der Europäischen Verkehrsministerkonferenz

---

[552] Vgl. Zweiter Teil II.E.2 (S. 103ff.).

[553] Der Europäische Rat betont diesen Aspekt stark. Vgl. z.B. Schlussfolgerungen des Vorsitzes des Europäischen Rats, Tagung am 24. und 25. Juni 1994 in Korfu.

[554] Vgl. hierzu die Ausführungen in DOC/97/6 vom 15.7.1997: Agenda 2000-Band I: Eine stärkere und erweiterte Union, S. 12.

[555] Der EGV bietet die rechtliche Basis für die Gemeinschaft, um in diesem Bereich tätig zu werden: Nach Art. 155 Abs. 3 EGV kann die Gemeinschaft beschließen, mit Drittstaaten zusammenzuarbeiten, um Vorhaben von gemeinsamem Interesse zu betreiben und die Interoperabilität der Netze zu gewährleisten. Vgl. hierzu auch Erster Teil II.A.2 (S. 11ff.).

[556] Vgl. EUROPEAN CONFERENCE OF MINISTERS OF TRANSPORT(1998), S. 2.

[557] Vgl. EUROPEAN CONFERENCE OF MINISTERS OF TRANSPORT(1997), S. 3ff. Zum "*Trans-European master plan*" vgl. EUROPEAN CONFERENCE OF MINISTERS OF TRANSPORT(1998), S. 4ff.

(*European Conference of Ministers of Transport*, ECMT) und der Europäischen Konferenz für Zivilluftfahrt veranstaltet.[558] Bei der Zweiten Gesamteuropäischen Verkehrskonferenz in Kreta (1994) wurde damit begonnen, Leitlinien für die Entwicklung gesamteuropäischer ("paneuropäischer") Netze aufzustellen.[559] Dabei ähnelt das Vorgehen dem Verfahren zur Aufstellung der Leitlinien im Rahmen der TEN, denn es werden Projekte, die von den ausrichtenden Institutionen wie auch einzelnen Staaten geplant werden, gesammelt und zu Gesamtplänen zusammengefasst. Es wurden paneuropäische Korridore ausgewiesen ("Kreta-Korridore"), die die Anbindung der mittel- und osteuropäischen Länder an das Transeuropäische Verkehrsnetz der EU gewährleisten sollen.

Die bei diesem Vorgehen auftretenden Probleme werden hier offensichtlich: An die Teilnehmer der Konferenz wird appelliert, sich im Rahmen einer Selbstverpflichtung auf solche Vorschläge zu beschränken, die im gemeinsamen Interesse liegen.[560] Die Anreize, nationalen Projekten internationale Bedeutung zu geben, um an Finanzhilfen zu partizipieren, bestehen auch innerhalb der Gemeinschaft. Daher dürfte auch das oben beschriebene Verfahren zur Aufstellung der Leitlinien für die transeuropäischen Verkehrsnetze erhebliche Anreize für Mitnahmeeffekte bieten.

Über die Mitarbeit in diesen Gremien hinaus sind die Kompetenzen der Gemeinschaft im außenpolitischen Bereich jedoch begrenzt. Die konkreten Verhandlungen werden weiterhin von den Mitgliedstaaten geführt.[561]

3. Leitschemata des transeuropäischen Verkehrsnetzes

Im Gegensatz zu den sektoral ausgerichteten Konzepten für einzelne Bereiche der Verkehrsinfrastruktur im Vorfeld des Vertragswerks von Maastricht wird in der Leitlinie für die TEN im Verkehrsbereich (TEN-Verkehr) die Vernetzung unter-

[558] Bisher wurden drei Gesamteuropäische Verkehrskonferenzen abgehalten: die erste in Prag (1991), die zweite in Kreta (1994) und die dritte in Helsinki (1997). Vgl. BUNDESMINISTERIUM FÜR VERKEHR(1997).

[559] Vgl. KOM(1997)172 endg. vom 23.4.1997: Mitteilung der Kommission "Anbindung des Verkehrsinfrastrukturnetzes der Europäischen Union an die Nachbarstaaten - Entwicklung einer kooperativen gesamteuropäischen Verkehrspolitik".

[560] Vgl. KULKE-FIEDLER(1994), S. 218.

[561] Ein Beispiel sind die Verhandlungen über einen Verkehrskorridor zwischen Berlin und Moskau. Vgl. KULKE-FIEDLER(1995), S. 132f.

schiedlicher Verkehrsträger zu einem leistungsfähigen Gesamtverkehrsnetz angestrebt.[562] Dazu sollen die Straßen-, Schienen-, Binnenschifffahrts- und Luftverkehrsinfrastrukturen, die Teil der TEN sind und in Netzschemata zusammengestellt werden, schrittweise bis 2010 in ein transeuropäisches, multimodales Verkehrsnetz integriert werden.[563] Dieses Netz soll neben der Wegeinfrastruktur auch die Managementsysteme enthalten.

Im verfügenden Teil der Leitlinie werden - wie im EGV vorgesehen[564] - Ziele, Grundzüge der Aktionen und Prioritäten benannt. Die für den Auf- und Ausbau transeuropäischer Verkehrsnetze genannten Ziele sind aus den in Art. 154 EGV für die TEN insgesamt festgelegten Zielen abgeleitet. Der Auf- und Ausbau der TEN-Verkehr soll einen auf Dauer tragbaren Personen- und Güterverkehr ermöglichen und einen Beitrag zu den umwelt-, regional- und wettbewerbspolitischen Zielen leisten, die schon vorhandenen Kapazitäten sollen optimal genutzt und die Interoperabilität zwischen den Netzen soll gefördert werden. Der Zugang zu den Verkehrsnetzen soll verbessert werden, so dass auch "insulare, eingeschlossene und am Rande gelegene Gebiete mit den zentralen Gebieten sowie die städtischen Ballungsgebiete und die Regionen der Gemeinschaft ohne Engpässe miteinander verbunden werden"[565]. Schließlich sollen auch die außerhalb der EU liegenden Staaten an die TEN angeschlossen werden, insbesondere die EFTA(*European Free Trade Association*)-Staaten, die Mittel- und Osteuropäischen Staaten und die Mittelmeeranrainer.

Als Grundzüge der Aktionen sehen die Leitlinien vor, Netzpläne aufzustellen und Vorhaben von gemeinsamem Interesse zu bestimmen. Die Interoperabilität soll gefördert werden, sowohl zwischen den Netzteilen eines Verkehrsträgers als auch zwischen unterschiedlichen Verkehrsträgern. Hierfür müssen entsprechende

---

[562] Vgl. Entscheidung Nr. 1692/96/EG des Europäischen Parlaments und des Rates vom 23. Juli 1996 über gemeinschaftliche Leitlinien für den Aufbau eines transeuropäischen Verkehrsnetzes (ABl. L228 vom 9.9.1996).

[563] Vgl. Entscheidung Nr. 1692/96/EG des Europäischen Parlaments und des Rates vom 23. Juli 1996 über gemeinschaftliche Leitlinien für den Aufbau eines transeuropäischen Verkehrsnetzes (ABl. L228 vom 9.9.1996), Art. 2.

[564] Vgl. Erster Teil II.A.1 (S. 10ff.).

[565] Entscheidung Nr. 1692/96/EG des Europäischen Parlaments und des Rates vom 23. Juli 1996 über gemeinschaftliche Leitlinien für den Aufbau eines transeuropäischen Verkehrsnetzes (ABl. L228 vom 9.9.1996), Art 2, Absatz 2, lit. g.

Einrichtungen geschaffen werden, also Netzknoten mit einer Netzbrückenfunktion. Auch Forschungs- und Entwicklungsarbeiten, die der Verbesserung der Interoperabilität dienen, sowie die Zusammenarbeit zwischen Mitgliedstaaten, mit Drittstaaten und internationalen Organisationen sollen durch die Gemeinschaft gefördert werden.

Schließlich werden die Prioritäten genannt, die jedoch im Wesentlichen mit Bezug auf die Grundzüge der Aktionen formuliert sind und deshalb kaum Anhaltspunkte für eine Stufung geplanter Vorhaben nach der Dringlichkeit oder Hinweise für die Auswahl von alternativen Maßnahmen bieten.

Der verfügende Teil enthält außerdem eine Reihe von Bestimmungen, die ebenfalls für alle behandelten Verkehrsinfrastrukturbereiche gelten. Zur Verbesserung des Informationsaustauschs zwischen den Mitgliedstaaten soll ein Ausschuß für das transeuropäische Verkehrsnetz zusammenkommen, in dem Informationen über die von den Mitgliedstaaten verfolgten Pläne und Programme ausgetauscht werden sollen.[566] Der Dynamik auch im Verkehrsbereich trägt die Regelung Rechnung, dass die Kommission alle fünf Jahre einen Bericht über mögliche Anpassungen der Leitlinien an veränderte Bedingungen vorlegen soll.[567]

Die Leitlinie enthält neben dem verfügenden Teil die so genannten Netzschemata für die verschiedenen Teilbereiche der Verkehrsinfrastruktur. Hierbei handelt es sich um Kartenwerke, in denen die aus gemeinschaftlicher Sicht schon bestehenden und die zu schaffenden bzw. auszubauenden Verbindungen als Korridore verzeichnet sind. Für Punktinfrastrukturen (z.B. Flughäfen) gilt entsprechendes. Diese Verbindungen oder Punktinfrastrukturen bilden das transeuropäische Verkehrsnetz. Ergänzt werden diese Kartenwerke durch weitere Kriterien und

---

[566] Vgl. Entscheidung Nr. 1692/96/EG des Europäischen Parlaments und des Rates vom 23. Juli 1996 über gemeinschaftliche Leitlinien für den Aufbau eines transeuropäischen Verkehrsnetzes (ABl. L228 vom 9.9.1996), Art. 18. Das durch die Entscheidung des Rates 78/174/EWG vom 20.2.1978 zur Einführung eines Beratungsverfahrens und zur Schaffung eines Ausschusses auf dem Gebiet der Verkehrsinfrastruktur (ABl. L 54/16 vom 25.2.1978) eingeführte Verfahren zur gegenseitigen Information wird durch diesen Ausschuss ersetzt (Art. 22 der Leitlinie). Für die beiden anderen Teilbereiche, Telekommunikation und Energieversorgung, wurden ebenfalls solche Ausschüsse gebildet. Siehe hierzu auch die Ausführungen in Dritter Teil IV (S. 280ff.) und Dritter Teil III (S. 251ff.).

[567] Vgl. Entscheidung Nr. 1692/96/EG des Europäischen Parlaments und des Rates vom 23. Juli 1996 über gemeinschaftliche Leitlinien für den Aufbau eines transeuropäischen Verkehrsnetzes (ABl. L228 vom 9.9.1996), Art. 21.

Spezifikationen, die bei einigen Netzen insbesondere Schnittstellenelemente in die transeuropäischen Verkehrsnetze einbeziehen (Straßennetz, Eisenbahnnetz, Binnenwasserstraßennetz, Netz für den Kombinierten Verkehr) oder die Art der in die Netzschemata einbezogenen Infrastruktur abgrenzen (z.B. Binnenhäfen, Seehäfen, Flughäfen).

Das in den Leitschemata ausgewiesene transeuropäische Verkehrsnetz enthält u.a.

- 58.000 km Straßen und Autobahnen,
- 70.000 km Schienenstrecken, davon 23.000 km Strecken, die mit mindestens 200 km/h befahren werden können (Hochgeschwindigkeitsstrecken),
- 12.000 km Schifffahrtswege sowie
- über 300 Flughäfen.[568]

Auf der Grundlage dieser Netzeschemata sollen die Vorhaben von gemeinsamem Interesse identifiziert werden. Solche Projekte müssen die Ziele der Leitlinie verfolgen, Teil der transeuropäischen Verkehrsnetze sein, den Prioritäten entsprechen und potentiell wirtschaftlich lebensfähig sein.[569]

Die wirtschaftliche Lebensfähigkeit soll dabei "im Lichte von Analysen des sozioökonomischen Kosten-/Nutzenverhältnisses" beurteilt werden. Die wirtschaftliche Lebensfähigkeit wird allgemein an der Aufrechterhaltung des finanziellen Gleichgewichts festgemacht. Werden Nutzen-/Kosten-Analysen einbezogen, wird die Lebensfähigkeit damit zusätzlich mit einem gesamtwirtschaftlichen Nutzenüberschuss in Verbindung gebracht.

---

[568] Vgl. FONGER(1994), S. 623, SCHULZE(1996), S. 35. Die Kommission hat vorgeschlagen, die Netzschemata um 300 Seehäfen, 35 Binnenhäfen und 210 multimodale Terminals zu erweitern. Vgl. KOM(1997)681 endg. vom 10.12.1997: Vorschlag für eine Entscheidung des Europäischen Parlaments (EP) und des Rates zur Änderung der Entscheidung Nr. 1692/96/EG über Seehäfen, Binnenhäfen und intermodale Terminals sowie das Vorhaben Nr. 8 im Anhang III. Dieser Vorschlag befindet sich z.Z. im Mitentscheidungsverfahren (vgl. Anhang 2); der Wirtschafts- und Sozialausschuß (WSA) befürwortete diesen Vorschlag am 29.4.1998.

[569] Vgl. Entscheidung Nr. 1692/96/EG des Europäischen Parlaments und des Rates vom 23. Juli 1996 über gemeinschaftliche Leitlinien für den Aufbau eines transeuropäischen Verkehrsnetzes (ABl. L228 vom 9.9.1996), Art. 7.

4. Maßnahmen zur Gewährleistung der Interoperabilität der Netze

Bei der Darstellung der in den transeuropäischen Verkehrsnetzen zusammengefassten Verkehrsbereiche wurde schon auf die unterschiedlichen Probleme hingewiesen, die durch nicht vorhandene Interoperabilität entstehen. Besonders schwerwiegend sind diese Probleme beim Hochgeschwindigkeitseisenbahnverkehr durch die unterschiedliche technische Auslegung von Schienenverbindungen, Stromversorgungssystemen und Signalsystemen. Auch der Kombinierte Verkehr zwischen den Mitgliedstaaten wird durch abweichende Vorschriften und Maße (z.B. der Transportbehälter) behindert. Die Zersplitterung der Flugmanagementsysteme ist ineffizient. Von Bedeutung sind auch die in vielen Fällen unzureichenden Anpassungen an den Schnittstellen zwischen den Verkehrsnetzen, die den Übergang von einem Verkehrsträger zu einem anderen erheblich erschweren. Ziel der Leitlinien ist es daher, die Interoperabilität innerhalb der Netzbereiche (z.B. zwischen den nationalen Eisenbahnnetzen) und die Intermodalität zwischen den Netzbereichen (z.B. zwischen Straßen- und Eisenbahnnetzen) zu fördern.[570] Diese Anforderungen gehen aus der Leitlinie allerdings nicht hervor, wobei insbesondere auffällt, dass verkehrsträgerübergreifende Verknüpfungspunkte, die zur Förderung der Intermodalität notwendig wären, nicht ausgewiesen werden.[571] Sie werden gesondert festgelegt,[572] wobei offensichtlich die Interoperabilität durch Richtlinien hergestellt werden soll, also mit einer im Vergleich zu den Leitlinien größeren rechtlichen Bindungswirkung für die Mitgliedstaaten.[573]

Bei Straßennetzen ist die Interoperabilität der Verbindungen aus technischen Gründen von geringerer Bedeutung. Dennoch sind Bestrebungen im Gange, auf vergleichbaren Verbindungen einen gleichen Standard zu erreichen. Eine wichtige Grundlage sind in diesem Bereich internationale Vereinbarungen (z.B. das AGR-

---

[570] Vgl. Entscheidung Nr. 1692/96/EG des Europäischen Parlaments und des Rates vom 23. Juli 1996 über gemeinschaftliche Leitlinien für den Aufbau eines transeuropäischen Verkehrsnetzes (ABl. L228 vom 9.9.1996), Art. 2.

[571] Vgl. FONGER(1994), S. 628.

[572] Vgl. Entscheidung 1692/96/EG des Europäischen Parlaments und des Rates vom 23.7.96 über gemeinschaftliche Leitlinien für den Aufbau eines transeuropäischen Verkehrsnetzes (ABl. L228 vom 9.9.1996), Berichtigung der Entscheidung Nr. 1692/96/EG des Europäischen Parlaments und des Rates vom 23.7.1996 (ABl. L15 vom 17.1.1997), Art. 1.

[573] Ein Beispiel ist die Richtlinie 96/48/EG des Rates vom 23.7.1996 über die Interoperabilität des europäischen Hochgeschwindigkeitsnetzes (ABl. L235 vom 17.9.1996).

Abkommen[574], die Wiener Konvention über Verkehrsbeschilderung und Markierungen[575] sowie Vereinbarungen im Rahmen der *United Nations Economic Commission for Europe* (UNECE)). Dabei steht die Erhöhung der Sicherheit im Vordergrund. Diese Abkommen legen gewissermaßen Mindeststandards fest, die Gemeinschaft ist jedoch bestrebt, für transeuropäische Verbindungen darüber hinausgehende Aspekte europaweit zu verwirklichen.[576]

Für transeuropäische Hochgeschwindigkeitsbahnnetze, für die die Interoperabilität von entscheidender Bedeutung ist, liegt eine Richtlinie vor.[577] Die Maßnahmen beziehen sich auf die Planung, den Bau und den Betrieb der Infrastruktur, aber auch auf das "rollende Material". Die Gemeinschaft unterstützt außerdem die Entwicklung eines europäischen Schienenverkehrsmanagementsystems (*European Rail Traffic Management System*, ERTMS) bzw. als Vorstufe ein Zugkontrollsystem (*European Train Control System*, ETCS) und wird nur den Auf- und Ausbau solcher Hochgeschwindigkeitsschienenverbindungen fördern, die mit diesen Systemen ausgestattet werden.[578]

Auch für den Kombinierten Verkehr hat die Kommission in einer Richtlinie gemeinsame Regeln erlassen, die allerdings nicht die technischen Standards betreffen, sondern sich mit den ordnungsrechtlichen Rahmenbedingungen für den Kombinierten Verkehr in den Mitgliedstaaten befassen.[579] Maße und Eigenschaften der Ladeeinheiten werden als weltweit geltende Standards festgelegt. Die Kommission erstattet dem Rat alle zwei Jahre Bericht über die Entwicklungen in diesem Verkehrsbereich.[580] Danach muss die für den Kombinierten Verkehrs

---

[574] *European Agreement on Main International Traffic Arteries* (AGR), geschlossen am 15.11.1975 in Genf.

[575] *Convention on Road Signs and Signals*, geschlossen am 8.11.1968 in Wien.

[576] Vgl. SCHULZE(1996), S. 37.

[577] Vgl. Richtlinie 96/48/EG des Rates vom 23.7.1996 über die Interoperabilität des europäischen Hochgeschwindigkeitsnetzes (ABl. L235 vom 17.9.1996).

[578] Vgl. FAHLE(1996), S. 14. In Deutschland soll die Hochgeschwindigkeits-Neubaustrecke zwischen Köln und Frankfurt/Main als erste Verbindung mit ETCS ausgestattet werden.

[579] Vgl. Richtlinie 92/106/EWG des Rates vom 7. 12.1992 über die Festlegung gemeinsamer Regeln für bestimmte Beförderungen im kombinierten Güterverkehr zwischen Mitgliedstaaten (ABl. L368 vom 17.12.1992).

[580] Ein Bericht wurde zuletzt 1997 veröffentlicht. Vgl. KOM(1997)243 endg. vom 29.5.1997: Mitteilung der Kommission: Intermodalität und intermodaler Güterverkehr in der Europäischen Union.

notwendige Interoperabilität der zugrunde liegenden Verkehrsträger in der Gemeinschaft noch verbessert werden.[581]

Eine Initiative, die in diesem Zusammenhang über die technische Interoperabilität hinaus auch die organisatorischen Abläufe und institutionellen Rahmenbedingungen einbezieht, wurde mit den sog. *freeways* im Schienengüterverkehr (*trans-european rail freight freeways*) durch die Gemeinschaft initiiert.[582] Für bestimmte transeuropäische Schienenverbindungen sollen die Netzbetreiber den Fahrwegzugang für sämtliche Güterverkehrsleistungen öffnen. Sie sollen eine für die Beförderungsunternehmen faire und attraktive Gestaltung des Wegeentgelts sicherstellen und den Aufenthalt zur Abwicklung von Verwaltungsverfahren an den Grenzen verkürzen oder sogar beseitigen. Um den Zugang zu diesen Verbindungen für die Nutzer zu vereinfachen, sollen für eine möglichst zügige Abwicklung von Anträgen auf Fahrplantrassenzuweisung eine zentrale Stellen eingerichtet (sog. *one stop shopping*) und gemeinsame Wegeentgelte und Nutzungsbedingungen zugrunde gelegt werden. Für die Nutzer dieser Verbindungen sinken hierdurch die Transaktionskosten, da sie sich ansonsten mit einer Vielzahl von Betreibern, unterschiedlichen Beförderungs- und Haftungsbedingungen und Entgeltsystemen auseinandersetzen müssten. Nach der Anhörung von Netzbetreibern, Eisenbahn- und Beförderungsunternehmen sollen die Mitgliedstaaten - von der Kommission koordiniert - einige Verbindungen für dieses Vorhaben auswählen.[583]

Der transeuropäische Schienengüterverkehrs soll daher durch zwei Elemente gefördert werden:

---

[581] Vgl. auch BUKOLD(1996), S. 116f.

[582] Vgl. KINNOCK(1998a) sowie KOM(1996)421 endg. vom 30.7.1996: Weißbuch. Eine Strategie zur Revitalisierung der Eisenbahn in der Gemeinschaft in Verbindung mit KOM(96)421/2 endg. vom 15. 11.1996: Weißbuch. Eine Strategie zur Revitalisierung der Eisenbahn in der Gemeinschaft (Korrigendum), S. 19ff., KOM(1997)242 endg. vom 29.5.1997: Mitteilung der Kommission Transeuropäische Freeways für den Schienengüterverkehr.

[583] Auf einer Nord-Süd-Achse sollen als Pilotmaßnahme Verbindungen auf den Linien
- Brindisi-Verona-Brenner-Innsbruck-München-Nürnberg-Bremen/Hamburg,
- Gioia Tauro-Genua-Domodossola/Chiasso (Mailand)-Basel-Rhein-Ruhr-Rotterdam und
- Rotterdam/Bremen/Hamburg-Nürnberg-Passau-Wien entwickelt werden.

Vgl. KOM(1997)242 endg. vom 29.5.1997: Mitteilung der Kommission Transeuropäische Freeways für den Schienengüterverkehr.

- Offener Zugang zur Schieneninfrastruktur und
- Harmonisierung und Vereinfachung der Schieneninfrastruktur-Nutzung.

Diese Güter-*freeways* sind ein vergleichsweise schnell zu implementierender Ansatz, der unbeschadet der langfristig wirkenden Maßnahmen (z.B. Infrastrukturinvestitionen oder Harmonisierung technischer Spezifikation) durchgeführt werden sollte.

5. Finanzielle Unterstützung

a. Rahmenbedingungen

Die finanzpolitischen Rahmenbedingungen erschweren in den meisten Mitgliedstaaten umfangreiche Investitionen zum Auf- und Ausbau der Verkehrsinfrastruktur. Die Entwicklung der öffentlichen Haushalte ist durch steigende öffentliche Defizite und der damit in Verbindung stehenden Einschränkung der Handlungsspielräume durch zunehmende Zins- und Tilgungszahlungen gekennzeichnet. In den meisten Mitgliedstaaten der EU besteht die Notwendigkeit, die öffentlichen Haushalte zu konsolidieren, um die finanzpolitischen Referenzwerte des Vertragswerks von Maastricht und des Europäischen Stabilitäts- und Wachstumspakts zu erreichen. In dieser Situation ist die öffentliche Finanzierung großer Infrastrukturauf- und -ausbauprojekte außerordentlich schwierig, da sie insbesondere in der Bereitstellungsphase erhebliche Haushaltsmittel über einen längeren Zeitraum erfordern.

Die Finanzierung der für notwendig gehaltenen Investitionen in den Auf- und Ausbau transeuropäischer Infrastrukturen kann daher nicht nur aus Haushaltsmitteln der Mitgliedstaaten geleistet werden. Die Gemeinschaft will daher im Rahmen der TEN unterstützend eingreifen, um den Mitgliedstaaten - auch in der Phase der Konsolidierung im Hinblick auf die dauerhafte Einhaltung der finanzpolitischen Referenzwerte des Vertragswerks von Maastricht und des Stabilitäts- und Wachstumspakts - Infrastrukturinvestitionen zu ermöglichen.[584]

---

[584] Vgl. KOM(1992)231 endg. vom 11.6.1992: Mitteilung der Kommission "Verkehrsinfrastruktur", S. 11, BÜSCHER(1993), S. 3. Der Zusammenhang zwischen Konsolidierung und Infrastrukturinvestitionen wurde durch den Kohäsionsfonds hergestellt, mit dem die wirtschaftliche Konvergenz gefördert werden soll, um die realwirtschaftlichen Voraussetzungen für den Beitritt zur EWU zu schaffen. Die Gemeinschaft unterstützt daher die ärmeren Länder, um sie in die Lage zu versetzen, sowohl notwendige

b. Gewährung von Gemeinschaftszuschüssen

Die Grundlage für die finanzielle Förderung der TEN aus Haushaltsmitteln der Gemeinschaft wurde durch die TEN-Finanzierungsverordnung des Rates geschaffen.[585] Sie gilt für alle in den TEN zusammengefasste Infrastrukturbereiche, ist also nicht auf die finanzielle Förderung von Verkehrsnetzen beschränkt. Danach sind Gemeinschaftszuschüsse nur für die in Leitlinien ausgewiesenen Vorhaben von gemeinsamem Interesse möglich. Als Formen des Zuschusses werden genannt (Art. 4 der TEN-Finanzierungsverordnung):

- Kofinanzierung von Studien, wobei die finanzielle Beteiligung “in der Regel” 50 v.H. nicht überschreiten soll;
- Zinszuschüsse für Darlehen, deren Laufzeit “in der Regel” 5 Jahre nicht überschreiten soll;
- Prämien für Anleihebürgschaften;
- direkte Subventionen “in begründeten Fällen”.

Kombinationen dieser Instrumente sind je nach konkreten Gegebenheiten möglich. Als Höchstgrenze der Förderung über den Gemeinschaftshaushalt sind - unabhängig von der gewählten Form der Unterstützung - höchstens 10 v.H. der Investitionssumme vorgesehen.

Die Leitlinie unterscheidet Zuschüsse für Studien und Zuschüsse für Vorhaben von gemeinsamem Interesse (bzw. Teile solcher Vorhaben, die "technisch und finanziell selbständige Einheiten darstellen"[586]). Diese Unterscheidung hat Bedeutung im Zusammenhang mit den Umweltverträglichkeitsprüfungen (UVP): Um Zuschüsse für Vorhaben beantragen zu können, muss ein positives Ergebnis einer Umweltverträglichkeitsprüfung vorliegen.[587] Es ist daher möglich, Zuschüsse für

Infrastrukturmaßnahmen zu finanzieren als auch die Kriterien zur Haushaltsdiziplin zu erreichen. Vgl. PEFFEKOVEN(1994), S. 80f.

[585] Vgl. Verordnung (EG) Nr. 2236/95 des Rates vom 18.9.1995 über die Grundregeln für die Gewährung von Gemeinschaftszuschüssen für transeuropäische Netze (ABl. L228 vom 23.9.1995).

[586] Verordnung (EG) Nr. 2236/95 des Rates vom 18.9.1995 über die Grundregeln für die Gewährung von Gemeinschaftszuschüssen für transeuropäische Netze (ABl. L228 vom 23.9.1995), Art.2 Abs. 1 Satz 2.

[587] Vgl. Richtlinie 85/337/EWG vom 27.6.1985 über die Umweltverträglichkeitsprüfung bei bestimmten öffentlichen und privaten Projekten (ABl. L 175 vom 5.7.1995).

Durchführbarkeitsstudien einschließlich der UVP zu erhalten und auf dieser Grundlage Zuschüsse für die Vorhaben selbst zu beantragen.[588]

Das Verfahren zur Vergabe sieht vor, dass die Anträge durch die Mitgliedstaaten oder - mit deren Zustimmung - durch die betroffene Einrichtung eingereicht werden. Die Kommission entscheidet über die Vergabe der Mittel. Sie wird dabei von einem Ausschuss unterstützt, der sich aus Vertretern der Mitgliedstaaten, einem Vertreter der Kommission - der auch den Vorsitz führt - und einem nicht stimmberechtigten Vertreter der Europäischen Investitionsbank zusammensetzt.[589]

Der Entscheidung für die Förderung soll eine Reihe von Kriterien zugrundegelegt werden:[590]

- Wirtschaftliche Lebensfähigkeit,[591]
- Stand des Vorhabens,
- Umwelt- und Beschäftigungswirkungen,
- stimulierende Wirkung der Förderung auf öffentliche und private Finanzierung.[592]

Die in diesem Verfahren zur Verfügung stehenden Mittel belaufen sich für alle Infrastrukturbereiche zusammen auf 2.345 Mio. ECU für die Finanzplanungsperiode 1995-1999.[593]

---

588 Vgl. EUROPÄISCHES PARLAMENT(1997), S. 13f.

589 Vgl. Verordnung (EG) Nr. 2236/95 des Rates vom 18.9.1995 über die Grundregeln für die Gewährung von Gemeinschaftszuschüssen für transeuropäische Netze (ABl. L228 vom 23.9.1995), Art. 17. Für jeden der drei Infrastrukturbereiche (Verkehr, Telekommunikation, Energie) wird ein eigener Ausschuß gebildet.

590 Vgl. Verordnung (EG) Nr. 2236/95 des Rates vom 18.9.1995 über die Grundregeln für die Gewährung von Gemeinschaftszuschüssen für transeuropäische Netze (ABl. L228 vom 23.9.1995), Art. 6.

591 Unterstützt werden sollen Projekte, die "potentiell wirtschaftlich lebensfähig sind und deren finanzielle Rentabilität zum Zeitpunkt der Antragstellung als unzureichend angesehen wird".

592 Dieser Aspekt spielt im Zusammenhang mit der Förderung von *public private partnership* (PPP) eine besondere Rolle. Vgl. SCHULZE(1996), S. 38.

593 Es handelt sich um die sog. Haushaltslinien TEN (Haushaltslinie B5-700, B5-710 und B5-720).

Zwischenzeitlich wurde von der Kommission ein Vorschlag für eine Revision der dargestellten Regelungen vorgelegt.[594] Er enthält als Veränderungen - neben der Finanzplanung für den Zeitraum 2000-2006[595] - folgende konzeptionelle Veränderungen:[596]

- Es sollen unverbindliche Planungen über mehrere Jahre ("unverbindliches Mehrjahresprogramm") vorgenommen werden, um dem Zeithorizont typischer Infrastrukturinvestitionen bei der Vergabe von Gemeinschaftsmitteln näherzukommen. Hierdurch sollen die Unsicherheiten für Mitgliedstaaten und private Investoren reduziert werden, die sich daraus ergeben, dass Gemeinschaftsmittel nicht für den Bereitstellungs- oder gar den Nutzungszeitraum der Investitionen verbindlich zugesagt werden können.
- Der Förderhöchstsatz soll in besonderen Fällen von 10% auf 20% der Gesamtinvestitionssumme erhöht werden, insbesondere bei Projekten, die erhebliche *spillover*-Effekte verursachen. In diesen Fällen haben die Zahlungen der Gemeinschaft an nachgeordnete Körperschaften den Charakter von vertikalen zweckgebundenen Zuweisungen. Sie sind zu begrüßen, wenn die Mittel wirklich zum Ausgleich von regionalen externen Effekten eingesetzt werden und dazu führen, dass es zu einem den Präferenzen der Wirtschaftssubjekte entsprechenden Angebot von öffentlichen Gütern kommt.
- Es sollen Möglichkeiten für die Einbindung privaten Kapitals in die Finanzierung verbessert werden. Dies ist eine Reaktion auf die nicht den Erwartungen der Kommission entsprechende Beteiligung Privater am Auf- und Ausbau der Infrastrukturnetze.[597]

---

[594] Vgl. KOM(1998)172 endg. vom 18.3.1998: Vorschlag für eine Verordnung (EG) des Rates zur Änderung der Verordnung (EG) Nr. 2236/95 über die Grundregeln für die Gewährung von Gemeinschaftszuschüssen für transeuropäische Netze.

[595] Die Kommission sieht eine Erweiterung der Haushaltslinie TEN auf insgesamt 5.500 Mio ECU (2000-2006) vor. Vgl. KOM(1998)172 endg. vom 18.3.1998: Vorschlag für eine Verordnung (EG) des Rates zur Änderung der Verordnung (EG) Nr. 2236/95 über die Grundregeln für die Gewährung von Gemeinschaftszuschüssen für transeuropäische Netze, S. 37f.

[596] Vgl. KOM(1998)172 endg. vom 18.3.1998: Vorschlag für eine Verordnung (EG) des Rates zur Änderung der Verordnung (EG) Nr. 2236/95 über die Grundregeln für die Gewährung von Gemeinschaftszuschüssen für transeuropäische Netze, S. 9ff.

[597] Vgl. KINNOCK(1998b).

c. Weitere Instrumente

Neben der Gewährung von Zuschüssen aus der Haushaltslinie TEN kann der Auf- und Ausbau der TEN noch durch andere Instrumente auf Gemeinschaftsebene gefördert werden.

Aus dem Regional- und dem Kohäsionsfonds können Zuschüsse gezahlt werden, die Förderungsmöglichkeiten sind hier jedoch räumlich beschränkt: Mittel aus dem Regionalfonds können nur für Projekte verwendet werden, die in den sog. Ziel-1- oder Ziel-6-Gebieten (bis 1999) bzw. in Ziel-1-Regionen liegen (ab 2000).[598] Dies sind Regionen mit Entwicklungsrückstand (z.B. in Ostdeutschland, Süditalien) oder mit geringer Bevölkerungsdichte (in Finnland, Schweden). Aus dem Kohäsionsfonds können Infrastrukturinvestitionen in Griechenland, Irland, Portugal und Spanien mitfinanziert werden.[599] Durch diese regionale Beschränkung wird die Förderung von Infrastrukturprojekten erheblich erschwert, die nicht oder nicht vollständig in diesen Förderregionen liegen. Dies ist im Hinblick auf die infrastrukturpolitischen Zielsetzungen der Anstrengungen zum Auf- und Ausbau transeuropäischer Verkehrsprojekte problematisch. Es besteht hierdurch die nicht unerhebliche Gefahr, dass die Orientierung an der infrastrukturpolitischen Notwendigkeit zugunsten regionalpolitischer Gesichtspunkte zurückgedrängt und daher der wachstumspolitisch sinnvolle Auf- und Ausbau von Netzen durch distributionspolitische Aspekte verwässert wird.[600]

Einen beachtlichen Anteil der Finanzierung großer Infrastrukturnetze leisten Institutionen außerhalb des Haushalts der Gemeinschaft, insbesondere die Europäische Investitionsbank (EIB) und der Europäische Investitionsfonds (EIF). Die EIB wurde 1958 - auf der Grundlage der Römischen Verträge - als selbständiges Kreditinstitut gegründet.[601] Die EIB sieht sich als Finanzierungsinstitut der Euro-

---

[598] Der Europäische Rat von Berlin (1999) hat u.a. beschlossen, für den Zeitraum 2000-2006 die Zahl der strukturpolitischen Ziele von sechs auf drei zu verringern, wobei den Ziel-1-Status ab 2000 im wesentlichen die alten Ziel-1- und Ziel-6-Regionen erhalten. Vgl. Schlussfolgerungen des Vorsitzes des Europäischen Rats, Tagung am 24. und 25. März 1999 in Berlin, WISDORF(1999), S. 10.

[599] Der Kohäsionsfonds bleibt nach den Beschlüssen des Europäischen Rats von Berlin bestehen. Vgl. Schlussfolgerungen des Vorsitzes des Europäischen Rats, Tagung am 24. und 25. März 1999 in Berlin, WISDORF(1999), S. 10.

[600] Vgl. FONGER(1994), S. 628.

[601] Vgl. Art. 129 EWGV, HEINEMANN(1993), S. 98f.

päischen Union, das zur ausgewogenen Entwicklung und zum wirtschaftlichen und sozialen Zusammenhalt der Mitgliedsländer beitragen soll. Die Aufgaben der Bank liegen also insbesondere in den Bereichen Regional- und Infrastrukturpolitik.

Wichtiges Instrument der EIB ist die Vergabe von Darlehen, die zum größten Teil (ca. 95%) an Vorhaben innerhalb der EU fließen. Im Einzelnen setzt die EIB folgende Finanzierungsformen ein:[602]

- Rahmenkreditvereinbarungen, deren Inanspruchnahme an den Projektfortschritt gebunden sein können;
- Kofinanzierung der Projektschulden, wodurch die EIB einen Teil des langfristigen Ertragsrisikos übernimmt;
- Finanzierung der Zinsen in der Bauphase;
- Verlängerung der tilgungsfreien Zeit;
- Gewährung sehr langer Laufzeiten, z.T. von über 20 Jahren;
- Festlegung der Darlehenszinsen vor Inanspruchnahme der Mittel, wodurch Unsicherheiten für den Investor verringert werden.

Die von der EIB gewährten Darlehen haben insgesamt ein beachtliches Ausmaß erreicht: Die Bilanzsumme der EIB beträgt 157,1 Mrd. ECU (1997), im Jahr 1997 wurden Darlehen in Höhe von 26,2 Mrd. ECU unterzeichnet. Der Haushaltplan der EU umfasste im gleichen Jahr 82,4 Mrd. ECU (Mittel für Zahlungen).

Bei der Zinspolitik der EIB spielt die Bonität des Kreditnehmers keine Rolle; auch Mitgliedstaaten mit schwächerer Bonität kommen in den Genuss erstklassiger Konditionen. Dies stellt eine im hohen Maße undurchsichtige Subventionierung dieser Staaten dar, die in ihrer Höhe negativ von der Bonität des Mitgliedstaats abhängt. Eine "marktmäßige" Verschuldungsbegrenzung (steigende Zinsen bei steigender Verschuldung) wird so ausgehebelt. Ein zusätzlicher Umverteilungseffekt kommt zustande, weil die Mitgliedstaaten zum einen in unterschiedlicher Höhe Anteile am eingezahlten Kapital der EIB halten und sich zum anderen

[602] Vgl. EUROPÄISCHES PARLAMENT(1997), S. 62f.

die vergebenen Darlehen auf die Mitgliedstaaten sehr ungleichmäßig verteilen.[603] Es zeigt sich, dass insbesondere die Länder, die auch durch den Strukturfonds begünstigt werden, von diesem Umverteilungseffekt im besonderen Maße profitieren. Daraus lässt sich schließen, dass die Tätigkeit der EIB auch einen wenig transparenten Umverteilungsmechanismus von den zentralen zu den peripheren Ländern der EU darstellt.

Aus finanzwissenschaftlicher Sicht kann die EIB als Schattenhaushalt eingestuft werden. Dies kann zum einen aus der fehlenden Unabhängigkeit der EIB von politischer Einflussnahme geschlossen werden. Es wird zum anderen durch die Besetzung der wesentlichen Leitungsinstitutionen dieser Bank deutlich: Der Rat der Gouverneure besteht aus Ministern der Mitgliedstaaten und der Verwaltungsrat wird vom Ministerrat bestellt.

Eine weitere an der Förderung des Auf- und Ausbaus der TEN beteiligte Institution ist der Europäische Investitionsfonds (EIF). Er vergibt Garantien zur Unterstützung mittel- und langfristiger Investitionen in TEN sowie kleiner und mittlerer Unternehmen (KMU).[604] Mit dieser Aufgabenstellung wurde er 1993 gegründet und verfügt über ein autorisiertes Kapital von 2 Mrd. ECU. Bis Ende 1995 waren davon 1,784 Mrd. ECU gezeichnet, davon 384 Mio. ECU (21,5%) von privaten Banken, 800 Mio. ECU von der EIB und 600 Mio. ECU von der Europäischen Kommission. Seit 1996 kann sich der EIF - neben der Vergabe von Garantien - in den genannten Bereichen (TEN, KMU) auch an Unternehmen beteiligen. Dies soll allerdings nicht direkt, sondern indirekt durch Beteiligung an Investitionsfonds geschehen, um das Risiko für den EIF zu reduzieren.[605] Der Fonds gewährte bis Ende 1996 Darlehen in Höhe von 1,465 Mrd. ECU, davon 78% für TEN. Der Umfang der Bürgschaften nahm 1997 jedoch erheblich zu und lag zum Ende 1997 schon bei 2,311 Mrd. ECU.[606] Die derzeitige Kapitalaus-

[603] Vgl. hierzu HEINEMANN(1993), S. 98ff.

[604] Vgl. EUROPÄISCHER INVESTITIONSFONDS(1997), S. 5f.

[605] Vgl. EUROPÄISCHES PARLAMENT(1997), S. 65f. Erste Beteiligungen in Höhe von 26 Mio. ECU wurden 1997 übernommen. Vgl. EUROPÄISCHE KOMMISSION(1998b), Kap. V, Abschnitt 3, Ziff. 126f.

[606] Vgl. EUROPÄISCHER INVESTITIONSFONDS(1997), S. 4, EUROPÄISCHE KOMMISSION(1998b), Kap. V, Abschnitt 3, Ziff. 126f.

stattung des EIF ermöglicht es ihm, sich mit höchstens 5,397 Mrd. ECU in TEN-Projekte zu engagieren.[607]

Die Förderung der TEN in den Fällen, in denen sie sich über das Gemeinschaftsgebiet hinaus erstrecken, ist aus Mitteln zur Förderung der mittel- und osteuropäischen Länder möglich. Hierbei handelt es sich insbesondere um die Programme PHARE (*Poland Hungary Assistance for the Reconstruction of the Economy*)[608] und TACIS (*Technical Assistance for the Commonwealth of Independent States*)[609]. Aus beiden Programmen soll die Infrastrukturentwicklung dieser Länder in den Bereichen Verkehr, Telekommunikation und Energie gefördert werden, wobei das Hauptaugenmerk auf der Schaffung von Übergängen und Anschlüssen an die TEN in der EU liegt. Aus den PHARE-Mitteln sollten, so hatte der Europäische Rat in Kopenhagen angeregt, bis zu 15 v.H. für den Anschluss großer Infrastrukturen an die TEN eingesetzt werden; auf dem Essener Gipfel wurde dann sogar eine Quote von bis zu 25 v.H. empfohlen.[610]

Für den nächsten Finanzplanungszeitraum (2000-2006) plant die Kommission einen neuen Fonds (*Instrument for Structural Policies for Pre-Association* [ISPA]), der im Bereich der Verkehrsinfrastruktur- und Umweltpolitik - nach dem Vorbild des Kohäsionsfonds gestaltet - die Beitrittsländer an die Gemeinschaft heranführen soll.[611] Zusammen mit einem weiteren Fonds, der die ländliche Entwicklung fördern soll, plant die Kommission hier Mittel in Höhe von 21 Mrd. ECU in dem Finanzplanungszeitraum einzusetzen.

Die Kommission wollte außerdem erreichen, dass zur Finanzierung der TEN von der Gemeinschaft auch Mittel auf dem Kapitalmarkt aufgenommen und die hierdurch aufgebrachten Mittel an Projektträger weitergereicht werden sollten.[612]

---

[607] Vgl. EUROPÄISCHE KOMMISSION(1998b), Kap. V, Abschnitt 3, Ziff. 126f.

[608] Vgl. Verordnung Nr. 3906/89 des Rates vom 18.12.1989 (ABl. L 375/11 vom 23.12.1989). Dieses Programm kommt den Mittel- und osteuropäischen Ländern zugute mit Ausnahme der Länder der ehem. Sowjetunion, die durch TACIS fördert werden.

[609] Vgl. Verordnung (EURATOM, EWG) Nr. 2053/93 des Rates vom 19.7.1993 (ABl. L 1993/187 vom 29.7.1993).

[610] Vgl. KALBE/BACHMANN(1996), S. 502ff., insbesondere S. 507. Die PHARE-Mittel umfaßten 1996 1,2 Mrd. ECU. Vgl. KOM(1998)178 vom 23.3.1998: PHARE-Jahresbericht 1996.

[611] Vgl. WULF-MATHIES(1998), *Council Regulation (EC) N° .../98 of ...1998 Establishing an Instrument for Structural Policies for Pre-Accession* (Entwurf).

[612] Vgl. KOMMISSION DER EUROPÄISCHEN GEMEINSCHAFTEN(1993c), S. 37.

Hierzu sollte die Gemeinschaft - unterstützt von der EIB - Schuldverschreibungen mit einem Gesamtvolumen von ca. 100 Mrd. ECU mit langen Laufzeiten auflegen.[613] Außerdem sollten langlaufende Wandelschuldverschreibungen privater oder öffentlicher Projektträger durch Bürgschaften des EIF gesichert werden. Diese Pläne der Kommission wurden jedoch vom Rat abgelehnt.[614] Insbesondere Großbritannien und Deutschland fürchteten den Einstieg in eine Verschuldungskompetenz der Gemeinschaft. Auch die EIB lehnte diese neuen Finanzierungsformen ab.[615] Grund hierfür dürfte die Erwägung gewesen sein, dass die finanzpolitische Bedeutung der EIB abnehmen könnte, wenn der Gemeinschaft die Möglichkeit eingeräumt würde, Ausgaben durch Kreditaufnahme auf den Kapitalmärkten zu decken. Die EIB verwies vielmehr darauf, dass sie durchaus in der Lage sei, die bei einigen Projekten auftretenden Finanzierungslücken zu schließen.[616] Der Gemeinschaft ist es daher - mit guten Gründen[617] - auch weiterhin nicht direkt möglich, Ausgaben durch öffentlichen Kredit zu finanzieren.[618]

d. Überblick: Finanzielle Förderung der TEN-Verkehr durch die Gemeinschaft

Die vorangegangenen Ausführungen haben gezeigt, dass die finanzielle Förderung der TEN auf Gemeinschaftsebene mit einer Vielzahl unterschiedlicher Instrumente durchgeführt wird (einen Überblick gibt Tab. 2).

Zwar ist die Tatsache, dass unterschiedliche Instrumente bereitstehen, prinzipiell positiv zu beurteilen: Die Förderung kann so den spezifischen Bedingungen eines jeden Projektes besser angepasst werde. Eine stringente und effiziente Förderpolitik wird jedoch dadurch erheblich erschwert, dass die Vergabe der Mittel in vielen Fällen an Bedingungen geknüpft ist, die mit der Orientierung an infrastrukturpolitischen Erfordernissen nicht kompatibel sind. Besonders problematisch sind in diesem Zusammenhang solche Mittel, für die eine regionale Einschrän-

---

[613] Vgl. O.V.(1993a), S. 1.

[614] Vgl. EUROPÄISCHES PARLAMENT(1997), S. 58f.

[615] Vgl. O.V.(1996c), S. 7.

[616] Vgl. O.V.(1996b), S. 15. Diese Möglichkeiten wurde vom Rat geschaffen, der damit den Spielraum der EIB erweiterte und die Ambitionen der Kommission dämpfte. Vgl. TURNER(1995), S. 39.

[617] Vgl. Zweiter Teil IV.C.3 (S. 139ff.).

[618] Vgl. O.V.(1993b), S. 10, WISDORF(1994), S. 2.

kung der Vergabe besteht (Regional- und Kohäsionsfonds- sowie PHARE- und TACIS-Mittel).

Verkehr (in Mio. ECU)	Instrumente	1993 - 1994	1995	1996	1997 (1)	**Gesamt (94-97)**	in %
Haushaltslinie TEN (2)	Zuschüsse, Bürgschaften	385	240	280	352	1.257	
darunter: 14 prioritäre Projekte		180	182	211	211	784	***62,4***
EFRE ("Regionalfonds")	Zuschüsse	884	115	2639	436	3.638	
Kohäsionsfonds	Zuschüsse	1.887	1.108	1.088	1.901	5.984	
EIB	Darlehen	4.028	3.310	3.021	2.665	13.024	
darunter: 14 prioritäre Projekte		2.959	1.603	1.189	1.401	7.152	***55,0***
EIF	Bürgschaften	76	85	303	0	464	

Quellen: EUROPÄISCHE KOMMISSION(1996), S. 11. Mitteln mit außenpolitischem Bezug (insb. PHARE, TACIS) werden nicht im Hinblick auf die TEN aufgegliedert.

(1) Januar bis Oktober 1997.

(2) Für den Zeitraum 1995-1999 sind Mittel in Höhe von 2,345 Mrd. ECU vorgesehen.

Tab. 2: Überblick Finanzielle Beteiligung der EU an den TEN-Verkehr

Im Hinblick auf Kredite oder Garantien, die EIB und EIF vergeben, handelt es sich letztlich um Aktivkredite aus Schattenhaushalten der EU, deren Refinanzierung zu einem bedeutenden Teil durch Kreditaufnahme auf dem Kapitalmarkt geleistet wird.[619] Zwar können diese Institutionen flexibler agieren als staatliche Stellen, die politische Kontrolle ihrer Aktivitäten ist jedoch erheblich eingeschränkt.

Der Finanzbedarf zum Ausbau der Netze in der in den Leitlinien ausgewiesenen Form wird auf 307 Mrd. ECU geschätzt.[620] Mit Blick auf diesen Finanzbedarf

---

619 Vgl. Zweiter Teil IV.C.3 (S. 139ff.).

620 Vgl. KOM(1998)614 endg. vom 28.10.1998: Transeuropäisches Verkehrsnetz. Bericht über die Umsetzung der Leitlinien und die Prioritäten für die künftige Entwicklung 1998, S. 26.

wird das vergleichsweise geringe Gewicht deutlich, das insbesondere Zuschüsse aus dem Gemeinschaftshaushalt haben.

e. *Public-Private Partnership* (PPP)

Schon bei den ersten Überlegungen der Kommission zur Förderung des Auf- und Ausbaus der TEN hatte die Einbeziehung privater Unternehmen einen besonderen Stellenwert. Die Haushaltslage der Mitgliedstaaten ließ kaum Spielraum für die Erhöhung der investiven Ausgaben.[621] Auch der Gemeinschaft stehen Mittel in der notwendigen Höhe nicht zur Verfügung. Zusätzliche Einnahmen der Gemeinschaft aus den Eigenmitteln hätten von den Mitgliedstaaten befürwortet werden müssen, die dies jedoch abgelehnt haben.[622] Auch die von der Kommission befürwortete Möglichkeit, solche Netze auf Gemeinschaftsebene mit Hilfe von Kredit zu finanzieren,[623] wurde vom Rat - mit guten Gründen[624] - verworfen.[625] Hält man an den ehrgeizigen infrastrukturpolitischen Zielen fest, wird der größte Teil der Mittel daher durch private Investoren aufgebracht werden müssen. Die Voraussetzungen hierfür soll eine "Partnerschaft zwischen Staat und Wirtschaft"[626] schaffen.

Eine Arbeitsgruppe unter der Leitung des Kommissars Kinnock untersuchte die Möglichkeiten zur verstärkten Einbindung privaten Kapitals in den Auf- und Ausbau der TEN. Sie setzte sich aus 15 persönlichen Vertretern der Verkehrsminister der Mitgliedstaaten, aus Vertretern von Bau-, Anlagenbau- und Verkehrsunternehmen, der Kommission und von Finanzinstituten (darunter EIB und EIF) zusammen. Diese Arbeitsgruppe empfahl Änderungen des Gemeinschaftsrechts bei der Vergabe von Aufträgen und bei den Wettbewerbsregeln.[627] Sie legte der Kommission außerdem nahe, im Rahmen von PPPs private Unternehmen möglichst früh und umfassend an den Projekten zu beteiligen, um die spezifischen

---

[621] Eine Übersicht über die Haushaltssituation und die nationalen Anstrengungen zum Auf- und Ausbau von Infrastrukturnetzen bietet EUROPÄISCHES PARLAMENT(1997), S. 42ff.

[622] Vgl. O.V.(1996b), S. 15, EUROPÄISCHES PARLAMENT(1997), S. 59.

[623] Vgl. KOMISSION DER EUROPÄISCHEN GEMEINSCHAFTEN(1993c), S. 37f.

[624] Vgl. Zweiter Teil IV.C.3 (S. 139ff.).

[625] Vgl. O.V.(1994), S. 1.

[626] KOMMISSION DER EUROPÄISCHEN GEMEINSCHAFTEN(1993c), S. 34.

[627] Vgl. EUROPÄISCHE KOMMISSION(1997a).

Fähigkeiten des privaten Sektors - über die Finanzierungsfunktion hinaus - nutzen zu können.[628] Diese Maßnahmen sollen den Auf- und Ausbau der Verkehrsinfrastruktur beschleunigen und die Qualität der Netze verbessern.

Von PPP kann bei der in dieser Arbeit verwendeten Abgrenzung jedoch nur gesprochen werden, wenn öffentliche Institutionen mit privaten Unternehmen zusammenarbeiten, um gemeinsame Ziele zu verfolgen.[629] Demnach sind alle Formen der Zusammenarbeit kein PPP, die im Wesentlichen Auftraggeber-Auftragnehmer-Beziehungen zur Privatisierung der Finanzierungsfunktion darstellen und damit das Kriterium der Zielkomplementarität nicht erfüllen. Die Finanzierung eines Autobahnteilstücks mit Hilfe eines Leasingvertrags zwischen einem öffentlichen Auftraggeber und einer Leasinggesellschaft ist daher eine spezifische Form der Finanzierungsprivatisierung und in der hier verwendeten Abgrenzung kein PPP.

Anders stellt sich dies dar, wenn die Rahmenbedingungen eine private Bereitstellung von Infrastrukturnetzen möglich machen und der private Infrastrukturanbieter das wirtschaftliche Risiko der Investition zumindest weitgehend trägt. In diesen Fällen kann zwischen dem infrastrukturpolitischen Ziel der Gemeinschaft und dem unternehmerischen Ziel des die Infrastruktur bereitstellenden Unternehmens eine komplementäre Beziehung bestehen. In diesen Fällen können PPP im weiteren Sinne ein zusätzliches Instrument sein, um die zügige Bereitstellung solcher Netze oder Netzteile zu erreichen. Die Partner könnten spezifische Ressourcen einbringen und wechselseitig von den spezifischen Kenntnissen und Möglichkeiten profitieren.

Es sind in diesem Zusammenhang also folgende Elemente zu unterscheiden:

- Die Rahmenbedingungen zur Bereitstellung von Infrastrukturnetzen müssen ein PPP möglich machen. Wesentlich ist, dass die Bereitstellungsaufgabe, die mit der Übernahme der Risiken verbunden ist, von privaten Unternehmen übernommen wurde, denn die Zusammenarbeit zwischen öffentlichen Institutionen und privaten Infrastrukturbereitstellern soll

---

[628] Vgl. KOM(1997)453 endg. vom 10.9.1997: Mitteilung der Kommission über öffentlich-private Partnerschaften bei transeuropäischen Verkehrsprojekten, S. 12ff.

[629] Vgl. hierzu die Ausführungen in Zweiter Teil IV.D.2 (S. 145ff.).

gerade nicht durch die Beziehung eines Auftraggebers zu einem Auftragnehmer gekennzeichnet sein.

- Demgegenüber kann bei Fortbestehen eines öffentlichen Angebots, bei dem die öffentlichen Institutionen auch die wesentlichen Risiken tragen, und privater Finanzierung der Infrastruktur von einem PPP nicht die Rede sein. Es handelt sich vielmehr um eine Finanzierungsprivatisierung mit neuen Instrumenten.

Dem Aufbau von PPP muss also die Gestaltung geeigneter Rahmenbedingungen vorausgehen. Erst wenn dadurch die Zusammenarbeit zwischen öffentlichen Institutionen und privaten Unternehmen in einem etwa gleichgeordneten Verhältnis mit gleichen Zielen zustande kommen kann, werden z.B. "PPP im weiteren Sinne"[630] als Mobilisierungs- und Koordinierungsinstrument positive Wirkung entfalten können.

C. Stand der Implementierung

Aufschluss über die erzielten Fortschritte beim Auf- und Ausbau der transeuropäischen Verkehrsnetze geben insbesondere die Berichte der Kommission, die sie - nach Art. 18 der Leitlinie[631] - regelmäßig veröffentlichen soll. Hierbei nehmen im Verkehrsbereich die 14 prioritären Projekte eine herausgehobene Stellung ein. Informationen über den Stand der Arbeiten an diesen Projekten können der Übersicht (Tab. 3) entnommen werden.

Im Einzelnen entsteht im Hinblick auf die 14 prioritären Projekte das folgende Bild:

- Fertig gestellt bzw. der Vollendung sehr nahe sind drei Projekte, die insgesamt jedoch nur ein Investitionsvolumen von 4,9 Mrd. ECU und damit 4,8% der Gesamtinvestitionen in die 14 prioritären Projekte ausmachen. Die Projekte sind dabei z.T. wenig ambitioniert (konventionelle Eisenbahn in Irland) oder Projekte zum Aufbau von Punktinfrastrukturen (Flughafen

---

630 Zur Unterscheidung der PPP im engeren von denen im weiteren Sinne vgl. Zweiter Teil IV.D.2 (S. 145ff.).

631 Vgl. Entscheidung Nr. 1692/96/EG des Europäischen Parlaments und des Rates vom 23.7.1996 über gemeinschaftliche Leitlinien für den Aufbau eines transeuropäischen Verkehrsnetzes (ABl. L 228 vom 9.9.1996).

Malpensa bei Mailand und Øresund-Brücke zwischen Dänemark und Schweden), die in weit geringerem Maße internationale Koordination erfordern als z.B. der Aufbau von Netzteilen mit mehreren beteiligten Ländern.

- Demgegenüber ist bei fünf Projekten mit einem Investitionsvolumen von 47,7 Mrd. ECU, dies entspricht 46,2% der Gesamtinvestitionen in prioritäre Verkehrsprojekte, die Projektabwicklung und die Finanzierung noch ungeklärt bzw. kann mit der Fertigstellung des Gesamtvorhabens erst nach 2005 gerechnet werden. Damit ist bei fast der Hälfte der Projekte, die von Kommission und Europäischem Rat als besonders bedeutsam eingestuft wurden, der Durchbruch noch nicht geschafft.

- Schließlich gibt es eine Reihe von Projekten, bei denen die Fertigstellung innerhalb der kommenden fünf Jahren erwartet wird. Das hier erwartete Investitionsvolumen liegt bei 38,1 Mrd. ECU und damit bei 36,9% der gesamten Investitionen in prioritäre Projekte. Der Schwerpunkt dieser Projekte liegt bei dem Ausbau der Hochgeschwindigkeitseisenbahn in den zentralen Regionen der Gemeinschaft (Hochgeschwindigkeitszüge zwischen Paris und dem süddeutschen Raum, Verbindung von Paris nach Spanien sowie die Netzteile zwischen Frankreich, Niederlanden, Belgien, Deutschland und Großbritannien). Die Finanzierung sei - so die Kommission - im Wesentlichen gesichert. Diese Einschätzung deckt sich jedoch nur zum Teil mit den von der Kommission selbst veröffentlichen Informationen (vgl. Tab. 3 bis 7).

Die Kommission spricht davon, dass die Fortschritte "nicht ganz" den anfänglichen Erwartungen entsprechen.[632] Dieser (zurückhaltenden) Einschätzung ist insbesondere auch deshalb zu folgen, als die Kommission im Weißbuch die Notwendigkeit betonte, die Arbeiten an den TEN schnell zu beginnen und deshalb von der Gemeinschaft solche Projekte als prioritäre Vorhaben ausgewiesen wurden, die kurzfristig in Angriff genommen werden konnten.[633]

---

[632] Vgl. EUROPÄISCHE KOMMISSION(1998c), KOM(1997)654 endg. vom 4.12.1997: Transeuropäische Netze. Jahresbericht 1997, S. 6.

[633] Vgl. KOMMISSION DER EUROPÄISCHEN GEMEINSCHAFTEN(1993c), S. 82ff.

	Projektbe-zeichnung	Art des Projekts	Länge	Land	Invest-itionen im Land*	vor 1998	1998-1999	2000-	Investitionsphase (geplant)	Finanzierung	Stand der Implementierung (Stand: Ende 1997)
1	Berlin-Verona	Hochgeschwindigkeitszug, kombinierter Verkehr	958	D	9.067	2.029	1.180	5.831	1987-2007	nur z.T. sichergestellt, weitgehend aus nationalen Haushalten, Brenner-Tunnel: private Beteiligung möglich	Bauarbeiten
				I	625	425	100	100	1992-2002		Planungsphase
				A	5.410	51	45	5.314	1990-2010		Brenner-Tunnel noch in der Planungsphase
2	PBKAL	Hochgeschwindigkeitszug	1176	B/L	4.258	1.165	447	2.646	1989-2005	nur z.T. sichergestellt	Bau weit fortgeschritten, Teilstücke zw. Brüssel und der französischen Grenze in Betrieb
				D	4.318	1.771	1.735	812	1990-2007	nur z.T. sichergestellt	im Bau
				F	3.100				fertig gestellt		
				NL	3.938	492	518	2.928	1989-2005	nur z.T. sichergestellt, private Beteiligung wird geprüft	Planung, Bauarbeiten an kleinen Teilprojekten wurden begonnen
				UK	4.718	300	1.418	3.000	1989-2003	Finanzierung gefährdet; zusätzliche Mittel notwendig	Baubeginn 1998

Tab. 3: Prioritäre Projekte der TEN-Verkehr (1/4)

	Projektbe-zeichnung	Art des Projekts	Länge	Land	Investitionen im Land*	vor 1998	1998-1999	2000-	Investitionsphase (geplant)	Finanzierung	Stand der Implementierung (Stand: Ende 1997)
3	HGZ Süd	Hochgeschwindigkeitszug	1601	E	12.276	229	1.358	10.427	1991-2007	nur z.T. sichergestellt	grenzüberschreitender Abschnitt in der Planungsphase, Baubeginn an Teilen der Strecke Madrid-Barcelona
				F	*1.756*	10	15	1.051	noch nicht definiert		technische Planung begonnen, grenzüberschreitender Abschnitt in der Planungsphase
4	HGZ Ost	Hochgeschwindigkeitszug	617	D	459	39	64	358	1996-2003	sichergestellt	Baugenehmigungen liegen vor
				F	*4.318*	20			noch nicht definiert	nicht sichergestellt	Endphase der technischen Planung muss noch eingeleitet werden (politische Entscheidung steht aus)
5	Betuwe-Strecke	kombinierter Verkehr	160	NL	4.094	360	870	2.864	1990-2005	sichergestellt	Baubeginn Mitte 1997; private Beteiligung im Kapazitätsmanagement und der Wartung wird geprüft

Tab. 4: Prioritäre Projekte der TEN-Verkehr (2/4)

	Projektbezeichnung	Art des Projekts	Länge	Land	Investitionen im Land*	vor 1998	1998-1999	2000-	Investitionsphase (geplant)	Finanzierung	Stand der Implementierung (Stand: Ende 1997)
6	Lyon-Triest	Hochgeschwindigkeitszug, kombinierter Verkehr	734	F	5.100	40	40	5.020	1992-2006	nur z.T. sichergestellt	technische Planung im Gange, Genehmigungsverfahren eingeleitet; 3-jähriges Studienprogramm für grenzüberschreitenden Abschnitt vereinbart (bei französich-italienischem Gipfel), für diesen Abschnitt wird private Beteiligung geprüft
				I	13.160	328	903	11.929	1990-2010		
7	PATHE	Straße	1580	GR	9.242	2.175	2.351	4.716	1990-2004	Private Beteiligung bei drei Punkt-infrastrukturen; erhebliche Finanzhilfen (EFRE und Kohäsionsfonds)	Bauarbeiten in einigen Abschnitten (darunter den drei Projekten mit privater Beteiligung) begonnen; ansonsten technische Planung und Genehmigungsverfahren im Gange
8	Multimodale Verbindung Protugal, Spanien-Zentraleuropa**	Straße, Schiene, Flugplätze, Häfen		E	*4.516*				noch nicht definiert	noch nicht sichergestellt	im Wesentlichen noch Planungphase; einige Teil-Projekte schon im Bau
				P	*1.696*				noch nicht definiert	noch nicht sichergestellt; private Beteiligungen werden geprüft	

Tab. 5: Prioritäre Projekte der TEN-Verkehr (3/4)

	Projektbezeichnung	Art des Projekts	Länge	Land	Investitionen im Land*	vor 1998	1998-1999	2000-	Investitionsphase (geplant)	Finanzierung	Stand der Implementierung (Stand: Ende 1997)
9	Irish Rail	Schiene konv.	502	IRL	238	238			fertig gestellt	sichergestellt; erhebliche Mitfinanzierung durch EFRE und Kohäsionsfonds	Cork-Dublin-Belfast fertig gestellt
				UK	119	90	29		1992-2000		Planungsphase
10	Malpensa	Flughafen		I	1.047	473	406	168	1990-2000	sichergestellt	Bauarbeiten weit fortgeschritten; Eröffnung eines Teilbereichs 1998
11	Øresund-Verbindung	Straße, Schiene	60	DK	2.316	1.557	668	89	1992-2000	sichergestellt; Privatkapital (Öffentliche Bürgschaften, Zinssubventionen der EU); Refinanzierung durch Gebühren	Bauarbeiten im Gang
				SV	1.842	948	710	187	1992-2001		
12	Nordisches Dreieck (multimodaler Korridor)	Straße, Schiene	1800	FI	*2.670*		530	1.400	1980-2010	nur z.T. sichergestellt	Bauarbeiten bei einigen Abschnitten der Straßen- und Hochgeschwindigkeitsverbindungen im Gange
				SV	*7.400*		730	1.920	1980-2010		
13	Irland-Benelux	Straße	1530	IRL	*1.540*				1989-1999	nicht sichergestellt	Planungsphase
				UK	2.089	284	93	1.710	1992-2010		Planungsphase; Bauarbeiten in einigen Abschnitt
14	Westküste	Schiene	850	UK	3.000	287	532	2.180	1994-2005	sichergestellt	Bauarbeiten wurden begonnen
	Summe				**114.312**						

Tab. 6: Prioritäre Projekte der TEN-Verkehr (4/4)

Quellen: SEK(1997)10 vom 7.1.1997: Die voraussichtlichen makroökonomischen und Beschäftigungseffekte von Investitionen im Bereich der Transeuropäischen Verkehrsnetze; KOM(1997)654 endg. vom 4.12.1997: Transeuropäische Netze. Jahresbericht 1997; KOMMISSION DER EUROPÄISCHEN GEMEINSCHAFTEN(1993c); EUROPÄISCHE KOMMISSION(1998c); EUROPÄISCHE KOMMISSION(1998d).

Kursiv - zeitliche Zuordnung noch nicht bzw. nur z.T. vorgenommen oder nicht bekannt.

*Abweichungen in der Summe durch Rundung.

** Bisher: Autobahn Lissabon-Valladolid (vgl. KOM(1997)681 endg. vom 10.12.1997: Vorschlag für eine Entscheidung des EP und des Rates zur Änderung der Entscheidung Nr. 1692/96/EG über Seehäfen, Binnenhäfen und intermodale Terminals sowie das Vorhaben Nr. 8 im Anhang III).

Tab. 7: Prioritäre Projekte der TEN-Verkehr (Legende)

Zwar sind durchaus Zweifel daran angebracht, ob die Gemeinschaft die selbst gesteckten Ziele erreichen kann, für eine abschließende Beurteilung ist es allerdings noch zu früh. Für den Erfolg wird entscheidend sein, ob es der Gemeinschaft gelingt, weitere Verzögerungen bei der Abwicklung der innerhalb von fünf Jahren abzuschließenden Projekte zu verhindern und wesentliche Fortschritte bei den Projekten zu erreichen, deren Realisierung noch offen ist. Immerhin repräsentieren diese beiden Kategorien über 90% des Gesamt-Investitionsvolumens.

D. Zusammenfassung und kritische Analyse

Der Auftrag des Art. 3 lit. o EGV, die Gemeinschaft solle den Auf- und Ausbau der transeuropäischen Verkehrsnetze fördern, soll einem Mixtum aus allokations- und regionalpolitischen Zielen dienen. Zum einen wird ein auf Dauer tragbarer Personen- und Güterverkehr angestrebt, vorhandene Kapazitäten sollen optimal genutzt, die Interoperabilität zwischen den Netzen gefördert und der Zugang zu den Netzen so verbessert werden. Zum anderen soll der Zugang zu den am Rand gelegenen, insularen oder eingeschlossenen Gebieten hergestellt bzw. verbessert werden. Über die Grenzen der Gemeinschaft hinaus sollen diese Ziele auch im Hinblick auf die Verkehrsnetze der EFTA, der mittel- und osteuropäischen Staaten und der Staaten im Mittelmeerraum verfolgt werden.

Dass der Auf- und Ausbau großräumiger Verkehrsinfrastruktur allokationspolitische Probleme bereitet, hat die vorangegangene Diskussion deutlich gemacht. Dabei zeigten sich im Wesentlichen die folgenden Probleme:

- Beim Auf- und Ausbau eines Fernstraßennetzes wie auch eines Hochgeschwindigkeitseisenbahnnetzes besteht ein vor Konkurrenz weitgehend geschütztes natürliches Monopol auf der Netzinfrastrukturebene. Werden geeignete Rahmenbedingungen geschaffen, ist es dennoch möglich, privaten Anbietern den Auf- und Ausbau zu übertragen, ihre Aktivitäten müssen allerdings reguliert werden. Öffentliche Institutionen müssen die Konsistenz des Netzes gewährleisten und die Ausbeutung der Nachfrager und Diskriminierungen beim Zugang zur Infrastruktur - insbesondere des Schienennetzes - verhindern. Die Lücke zwischen gesamtwirtschaftlichem Nutzen und betriebswirtschaftlicher Rentabilität muss bei privater Bereitstellung durch öffentliche Mittel geschlossen werden. Beim Ausbau des

Hochgeschwindigkeitseisenbahnnetzes kann noch mit erheblichen Netzexternalitäten gerechnet werden, die es zu internalisieren gilt, um eine gesamtwirtschaftlich optimale Größe des Hochgeschwindigkeitseisenbahnnetzes zu erreichen.

- Bei der physischen Infrastruktur des Luftverkehrsnetzes wird die allokative Effizienz im Falle der Flughäfen als Knoten dieses Netzes durch regionale natürliche Monopole behindert. Die Leitsysteme müssen aus Sicherheitsgründen als regionale natürliche Monopole gestaltet werden. Geeignete Rahmenbedingungen (Regulierung) machen jedoch auch bei diesem Netz, welches sich ohnehin zur Gewährleistung der Flugsicherheit durch eine erhebliche Regelungsdichte auszeichnet, die private Bereitstellung dieser Infrastruktur möglich.
- Der Kombinierte Verkehr weist keine Merkmale auf, die eine private Bereitstellung der notwendigen Infrastruktur unter wettbewerblichen Rahmenbedingungen verhindern würde. Öffentliche Eingriffe wären demnach überflüssig. Insbesondere aus umweltpolitischen Gründen lässt sich jedoch eine öffentliche Förderung dieses Netzes begründen, wenn die unter allokationspolitischen Gesichtspunkten vorzuziehende Alternative (Internalisierung von Externalitäten bei allen Verkehrsträgern) nicht erreichbar ist.[634] Wird ein zunehmender Teil des Gütertransports durch den Kombinierten Verkehr abgewickelt, können externe Effekte an anderer Stelle, die insbesondere vom Straßengüterverkehr ausgehen, reduziert werden. Die gesamtwirtschaftliche Wohlfahrt nimmt zu.
- Das großräumige Binnenwasserstraßennetz weist dagegen Eigenschaften auf, die diese Infrastruktur für die private Bereitstellung ungeeignet erscheinen lassen. Umweltpolitische Gründe können - analog zur Argumentation beim Kombinierten Verkehr - eine öffentliche Förderung begründen. Relativ niedrigen externen Effekten, die durch die Transportdienstleistung

---

[634] Die Kommission hat in einem Weißbuch eine Initiative angekündigt, die das Ziel hat, einen gemeinschaftsweit geltenden Rahmen für Gebühren bzw. Preisen für die Infrastrukturnutzung zu schaffen. Angestrebt werden dabei an den sozialen Grenzkosten der Nutzung orientierte Gebühren für alle hier behandelten Verkehrsbereiche. Vgl. KOM(1998)466 endg. vom 22.7.1998: Faire Preise für die Infrastrukturbenutzung: Ein abgestuftes Konzept für einen Gemeinschaftsrahmen für Verkehrs-Infrastrukturgebühren in der EU - Weißbuch.

entstehen, stehen aber erhebliche externe Effekte bei Auf- und Ausbau der Infrastruktur gegenüber.

- Sicherheitsrelevante Netzmanagementsysteme in den beschriebenen Verkehrsnetzen (z.B. Luftverkehrsüberwachungs- und Luftverkehrssteuerungssystem) sind aus Sicherheitsgründen regional eindeutig abgegrenzte natürliche Monopole. Auch hier können jedoch Private den Auf- und Ausbau dieser Netze vornehmen, wenn durch öffentliche Institutionen die Aufgabendurchführung kontrolliert und die Ausbeutung und Diskriminierung von Nachfragern verhindert wird.

Im Bereich der Verkehrsinfrastruktur bestehen Möglichkeiten für Deregulierung und Privatisierung, die nur z.T. genutzt werden. Durch Veränderung der Rahmenbedingungen für den Auf- und Ausbau der Verkehrsinfrastruktur könnte die Allokationseffizienz erhöht werden. Die Aktivitäten auf Gemeinschaftsebene, die eine Deregulierung zum Ziel haben, sind daher zu begrüßen. Die Gemeinschaft kann hier auch deshalb erfolgreich tätig werden, weil auf Gemeinschaftsebene partikulare Interessen und Widerstände gegen eine Deregulierung in den Mitgliedstaaten überwunden werden können. Wird die Gemeinschaft hier durch Richtlinien tätig, kann die konkrete Umsetzung der Deregulierungsmaßnahmen an den jeweiligen Bedingungen in den Mitgliedstaaten ausgerichtet werden, was die Effizienz solcher Maßnahmen verbessert.

Verteilungspolitische Ziele, also auch die hier diskutierten regionalpolitischen Ziele, sind politisch gesetzt und können ökonomisch nur im Hinblick auf ihre Auswirkungen untersucht werden. In einem wettbewerblichen Umfeld muss in einem heterogenen Raum beim Auf- und Ausbau der Verkehrsinfrastruktur mit einer regionalen Differenzierung entweder der Preise oder der Leistungen gerechnet werden. Beides reduziert den Nutzenüberschuss, der die regionalen Wachstumswirkungen auslösen soll und läuft so den politisch definierten Verteilungszielen entgegen. Wird an diesen Zielen dennoch festgehalten, sind regionalpolitisch motivierte Eingriffe in den Wirtschaftsprozess unvermeidlich. Hierzu müssen aber spürbare Nutzenüberschüsse als Ergebnis des Infrastrukturausbaus angestrebt werden.

Im Weiteren gilt es nun nicht nur zu untersuchen, ob die konkreten infrastrukturpolitischen Maßnahmen der Gemeinschaft zielführend sind, sondern auch, ob die jeweiligen Maßnahmen tatsächlich auf der Gemeinschaftsebene durchgeführt werden sollten. Unterschieden werden sollen hierbei

- Netzplanung,
- Maßnahmen zur Verbesserung der Interoperabilität,
- Auf- und Ausbau der physischen Verkehrsnetze und
- Finanzierungsmaßnahmen.

Netzplanung

Den Kernbereich der Gemeinschaftsaktivitäten zur Förderung der TEN ist die Netzplanung. Sie prägt die konkreten Fördermaßnahmen wesentlich vor, so dass Fehlentwicklungen auf dieser Ebene erhebliche Auswirkungen auf die ökonomische Sinnhaftigkeit des gesamten Verfahrens haben. Besonders problematisch im TEN-Planungsverfahren ist insbesondere die fehlende systematische Untersuchung der Nachfrage und der Engpässe transeuropäischer Verkehrsnetze. Zur Beschleunigung des Verfahrens wurde auf die nationalen Vorarbeiten zurückgegriffen. Hierdurch wird eine konsistente Planung europäischer Infrastrukturen, die gerade die Unzulänglichkeiten nationaler Planung überwinden soll, erheblich erschwert. Hier zeigen sich die typischen Schwächen eines *bottom up*-Planungsverfahrens.[635]

Aus ökonomischer Sicht vertretbar ist es, die Planung der transeuropäischen Verkehrsnetze der Gemeinschaftsebene zuzuordnen. *Spillover*-Effekte können besser im Planungsverfahren berücksichtigt und Abstimmungsprobleme bei vergleichsweise geringen Transaktionskosten überwunden werden. Außerdem sind Größen- und Verbundvorteile bei der Planung großräumiger Netze durchaus plausibel.

Zu fordern wäre dann jedoch eine Stärkung der Koordinationsfunktion der Gemeinschaft für Infrastrukturnetze mit transeuropäischer Bedeutung. Denkbar ist es, die Gemeinschaft diese Funktion im Sinne einer *top down*-Planung und

[635] Vgl. Zweiter Teil III.D (S. 126ff.).

-Steuerung wahrnehmen zu lassen. Grundlage der Planungen müsste eine systematische Bestandsaufnahme der Kapazitäten und der Infrastrukturnachfrage sein. Hieraus müssten ein transeuropäisches Verkehrsnetz und die Auf- und Ausbauerfordernisse abgeleitet werden. Auf der Grundlage einer Kosten-Nutzen-Analyse könnten die Vorhaben mit dem größten Nutzenüberschuss ermittelt werden (prioritäre Vorhaben).[636] Daraus könnten konkrete Vorgaben für den Auf- und Ausbau der Verkehrsinfrastruktur abgeleitet werden, an den sich die Mitgliedstaaten bzw. einzelnen Regionen, aber auch private Investoren in der Gemeinschaft orientieren müssen, wenn sie an der gemeinschaftlichen Infrastrukturfinanzierung partizipieren wollen.

Mit Hilfe dieses Verfahrens könnte allerdings ein konsistentes transeuropäisches Verkehrsinfrastrukturnetz nur erreicht werden, wenn die für die Planung des Netzes und die Auswahl prioritärer Projekte notwendigen Informationen der zentralen Planungsinstanz auf Gemeinschaftsebene zugänglich wären. Hierin besteht jedoch die wesentliche Problematik solcher *top down*-Ansätze.[637] Zum einen kann die große Komplexität der Zusammenhänge dazu führen, dass die Kapazitäten zentraler Institutionen zur Bearbeitung der Informationen überfordert werden. Zum anderen wird die Informationsversorgung durch untergeordnete Gebietskörperschaften interessengeleitet sein: Es wird das Ziel nachgeordneter Körperschaften sein, in möglichst großem Umfang an den von der Zentralinstitution vergebenen Mittel zu partizipieren. Entsprechend würden im Falle der TEN die an die Planungsinstanz weitergegebenen Informationen tendenziell zu geringe Kapazitäten und zu starke Nachfrage ausweisen.

---

[636] Vgl. FONGER(1994), S. 628.

[637] Vgl. Zweiter Teil III.D (S. 126ff.). Ein Teil der Kritik z.B. am Kohäsionfonds bezieht sich auf die Mängel des auch dort angewendeten *top down*-Ansatzes.

Solche Nachteile könnten überwunden werden, wenn ein Planungsverfahren Anwendung fände, das sich an der "kooperativen Gegenstromplanung"[638] orientiert (vgl. Abb. 20). Die Gemeinschaft könnte die Koordinationsvorteile der zentralen Ebene mit den Informationsvorteilen dezentraler Planung verbinden.

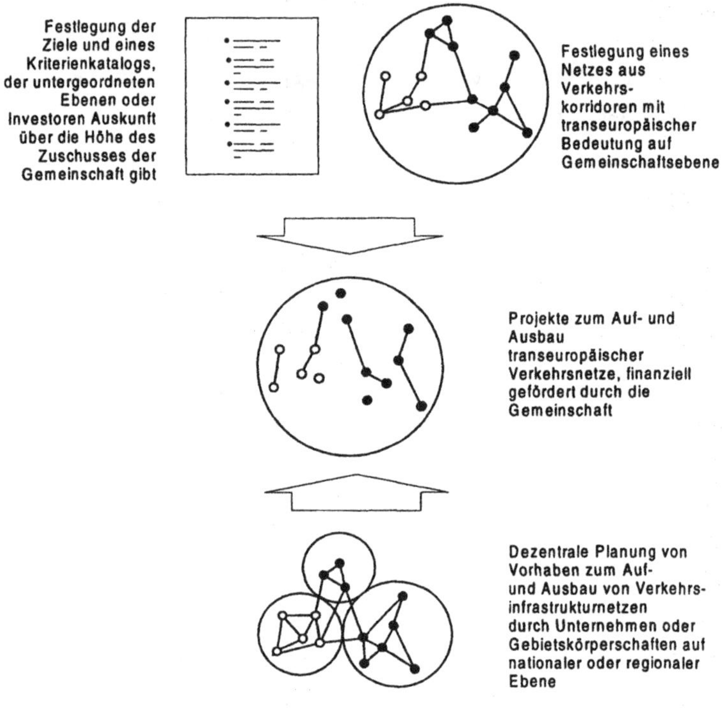

Eigene Darstellung.

Abb. 20: Kooperative Gegenstromplanung transeuropäischer Verkehrsnetze

Wesentliches Element dieses Verfahrens ist ein Kriterienkatalog, der die Ziele der Gemeinschaft in quantifizierbarer Form darstellt und Kompatibilitätsanforderungen definiert. Zusätzlich ist die Höhe der Fördermittel festgelegt, die ausgezahlt werden, wenn ein messbarer Beitrag zur Zielerreichung geleistet wird.[639] Den

[638] Vgl. Zweiter Teil III.D (S. 126ff.).

[639] Vgl. Zweiter Teil III.D (S. 126ff.). Die Höhe der Förderung könnte z.B. an der Verkürzung von Reise- bzw. Transportzeiten zwischen großen Städten gemessen werden.

dezentralen Akteuren - sowohl Unternehmen als auch regionale Gebietskörperschaften - wäre die Möglichkeit gegeben, sich über die Fördermittel zu informieren, die bei dezentral geplanten Maßnahmen zum Infrastrukturauf- und -ausbau erwartet werden dürfen. Die Planung könnte so auch für großräumige Netze auf der Basis der dezentral verfügbaren Informationen durchgeführt werden. Hierdurch kann die Zentralinstanz ihrer Koordinierungsaufgabe nachkommen, obwohl auf der Grundlage der dezentral verfügbaren Informationen die Vorhaben dezentral geplant werden. Dazu müsste dann auch die schon im EGV (Art. 155 Abs. 2 EGV) vorgesehene Zusammenarbeit der Mitgliedstaaten untereinander eine größere Bedeutung bekommen.[640]

Auch im Rahmen dieses Verfahrens wäre allerdings darauf zu achten, dass auf Gemeinschaftebene nur Infrastrukturen von wirklich gemeinschaftsweiter Bedeutung berücksichtigt werden. Die derzeit als TEN ausgewiesenen Infrastrukturen entsprechen keineswegs in allen Teilen den für Netze mit transeuropäischer Bedeutung abgeleiteten Merkmalen.[641] Dies ist mit dem Subsidiaritätsgedanken nicht vereinbar; die Netzteile mit regionaler und nationaler Bedeutung sollten dezentral bereitgestellt werden, um die Kosten der Bereitstellung zu senken und regional differenzierte Präferenzen der Wirtschaftssubjekte besser berücksichtigen zu können.[642] Die zu weite Abgrenzung der Projekte hat auch zur Folge, dass viele Projekte Zugang zu administrativer und finanzieller Unterstützung bekommen, wodurch die ohnehin sehr begrenzten Ressourcen der Gemeinschaft - insbesondere in finanzieller Hinsicht - über eine zu große Zahl von Projekten gestreut wer-

---

[640] Probleme könnten sich durch die im EU-Haushaltsverfahren vorgesehenen Finanzplanungsperioden ergeben, durch die Mittel über einen Zeitraum von mehreren Jahren bestimmten Ausgabenkategorien zugeordnet werden (finanzielle Vorausschau). Vgl. WUERMELING(1996), S. 262f. Dieses System könnte sich als zu inflexibel erweisen, um in einem System "kooperativer Ggenstromplanung" auf private oder mitgliedstaatliche Initiativen zum Auf- und Ausbau der Infrastruktur reagieren zu können.

[641] So enthält z.B. der Abschnitt für das Straßennetz als Vorhaben von gemeinsamen Interesse auch "den Bau und die Verbesserung von städtischen Umgehungsstraßen"; neben Hochgeschwindigkeitseisenbahnverbindungen, die in der Regel als Verbindungen mit transeuropäischer Bedeutung gelten können, sind in das Leitschema auch "konventionelle Strecken" einbezogen, die im Wesentlichen nationale und regionale Bedeutung haben; zum Auf- und Ausbau der Luftverkehrsinfrastruktur werden auch Flughäfen regionaler Bedeutung gefördert. Vgl. Entscheidung Nr. 1692/96/EG des Europäischen Parlaments und des Rates vom 23.7.1996 über gemeinschaftliche Leitlinien für den Aufbau eines transeuropäischen Verkehrsnetzes (ABl. Nr. L228 vom 9.9.1996).

[642] Vgl. hierzu Dritter Teil III.B (S. 119ff.).

den. Es besteht die nicht unerhebliche Gefahr, dass die Maßnahmen ohne nachhaltige Wirkung verpuffen.

Solche Fehlentwicklung räumt die Kommission ein, denn sie dringt darauf, "die Fördermaßnahmen aufgrund einer strengeren Bewertung der mit bestimmten Vorhaben verbundenen transeuropäischen Vorteile auf fehlende Verbindungen und grenzüberschreitende Projekte"[643] zu konzentrieren. Gerade bei diesen Vorhaben sind positive Auswirkungen auf das gesamtwirtschaftliche Wachstum zu erwarten. In einer Untersuchung der Kommission wurden diese Wirkungen anhand des PBKAL-Projektes[644] geschätzt.[645] Dieses Vorhaben entspricht den Anforderungen an ein Vorhaben transeuropäischer Bedeutung, das insbesondere wegen der großen Zahl beteiligter Mitgliedstaaten durch die Gemeinschaft koordiniert werden sollte. Eine modellgestützte Analyse kommt zu dem Ergebnis, dass nach einer Phase starken Arbeitsplatz- und Sozialproduktsanstiegs in der Bauphase (Nachfrageeffekt) nach Ende der Bauphase produktivitätsverbessernde Wirkungen der Investitionen einsetzen und zu einem langsamen, aber stetigen Anstieg des BIP führen. Wird der Effekt des PBKAL-Projektes auf alle prioritären Vorhaben im Verkehrsbereich[646] hochgerechnet, wird ein Anstieg des BIP der EU bis 2025 um ca. ¼% geschätzt im Vergleich zu dem BIP, das ohne diese Infrastrukturinvestitionen erreicht worden wäre. Die Annahme jedoch, dass alle vorrangigen Projekte zum Ausbau der transeuropäischen Verkehrsnetze ähnliche Auswirkungen haben wie das PBKAL-Projekt, muss bezweifelt werden. Immerhin sind auch der Ausbau der konventionellen Zugverbindung an der Westküste des Vereinigten Königreichs oder der Ausbau der konventionellen Eisenbahnverbindungen in Irland Teil der vorrangigen Vorhaben, die das gesamtwirtschaftliche Wachstum jedoch in weit geringerem Maße stärken können als ein Projekt, das im Zentrum der Gemeinschaft wesentliche Engpässe zu überwinden hilft.[647]

---

643 KOM(1997)654 endg. vom 4.12.1997: Transeuropäische Netze. Jahresbericht 1997, S.8.

644 Einzelheiten zu diesem Vorhaben können Anhang 4 entnommen werden.

645 Vgl. SEK(1997)10 vom 7.1.1997: Die voraussichtlichen makroökonomischen und Beschäftigungseffekte von Investitionen im Bereich der Transeuropäischen Verkehrsnetze.

646 Vgl. Tab. 3 (S. 228).

647 Zu den Einzelheiten der zitierten Studie vgl. SEK(1997)10 vom 7.1.1997: Die voraussichtlichen makroökonomischen und Beschäftigungseffekte von Investitionen im Bereich der Transeuropäischen Verkehrsnetze.

Es liegt daher die Vermutung nahe, dass insbesondere der Einfluss der Mitgliedstaaten dazu führt, dass es statt einer bedarfs- und infrastrukturpolitisch orientierten Förderpolitik zu einer an politischen Aspekten ausgerichteten Förderung kommt. Daher überrascht es auch nicht, dass dann, wenn die Mitgliedstaaten nicht die Empfänger von Zahlungen sind, z.B. bei der Förderung der mittel- und osteuropäischen Länder, durchaus fundierte Bedarfsanalysen vorgenommen werden.[648]

Um die "kooperative Gegenstromplanung" auf die Verbindungen mit transeuropäischer Bedeutung zu beschränken, könnte der indikative Ausweis eines Netzes von Verkehrskorridoren mit transeuropäischer Bedeutung hilfreich sein. Entscheidend für die Vergabe von Fördermitteln müsste aber dennoch der Kriterienkatalog sein.

Um die Konzentration auf Projekte mit wirklich transeuropäischer Bedeutung konsequent durchsetzen zu können, sollten außerdem die allokationspolitisch von den regionalpolitisch motivierten Maßnahmen getrennt behandelt werden. In den politischen Entscheidungsprozessen würden die Maßnahmen dadurch deutlicher unterschieden, wodurch die Kontrolle der Zielerreichung und damit der Mittelverwendung verbessert werden könnte.

Maßnahmen zur Verbesserung der Interoperabilität

Die Interoperabilität in Infrastrukturnetzen - also bei der physischen Infrastruktur der Netze sowie den Managementsystemen - spielt bei Hochgeschwindigkeitsschienennetzen, im Kombinierten Verkehr und bei den Luftleitsystemen sowie zur Verbesserung der Schnittstellen zwischen den Netzen eine besondere Rolle.[649]

Ihre Bedeutung nimmt mit wachsender Komplexität der Transportsysteme tendenziell zu. Um technische Systeme interoperabel zu machen und durch Verknüpfung nationaler Netze zu transeuropäischen Verkehrsnetzen zu kommen, müssen die technischen Voraussetzungen für die Zusammenarbeit geschaffen werden. Die

---

648 Siehe *Transport Infrastructure Needs Assessment* (TINA) bei der Planung der erweiterten TEN. Siehe hierzu auch die Ausführungen auf S. 205.

649 Die Interoperabilität im Bereich der Straßeninfrastruktur ist von geringerer Bedeutung, für die Binnenschiffahrtsnetze ist sie durch internationale Vereinbarungen in weiten Bereichen hergestellt. Vgl. die Ausführungen in Dritter Teil II.A.1 (S. 169ff.) sowie Dritter Teil II.A.4 (S. 193ff.).

technischen Standards, die dies ermöglichen, müssen allerdings etabliert werden. Die starke Stellung, die öffentliche Institutionen bei der Bereitstellung der Verkehrsinfrastrukturnetze in den Mitgliedstaaten der Gemeinschaft hatten, hat dazu geführt, dass die zu verwendenden Standards staatlich bestimmt wurden und oft nur für einzelne Mitgliedstaaten galten (z.B. bei Hochgeschwindigkeitsschienennetzen und bei den Luftleitsystemen).[650] Erreichen diese Netze in den einzelnen Mitgliedstaaten jeweils die kritische Masse und haben damit eine Teilnehmerzahl, die auch in einem wettbewerblichen Umfeld ein Angebot ökonomisch sinnvoll machen, besteht auch in einem deregulierten Umfeld kein ökonomischer Zwang, diese Situation zu verändern.[651]

Die Kommission versucht hier, durch Richtlinien die Netzzersplitterung zu überwinden.[652] Mit einem interventionistischen Ansatz, also der Festlegung eines technischen Standards, werden allerdings immer andere technische Möglichkeiten ausgeschlossen. Das bei Verkehrsinfrastrukturen relevante Problem der Netzzersplitterung kann so zwar überwunden werden, weil nur ein Standard zugelassen wird. Diese Form des Interventionismus ist im Prinzip allerdings nur dann sinnvoll, wenn ein Standard als technisch überlegen gelten kann und auf absehbare Zeit auch keine neuen, technisch und ökonomisch überlegenen Lösungen erwartet werden können.

Gerade bei den Hochgeschwindigkeitsschienennetzen und bei den Luftleitsystemen ist dies aber nicht der Fall: In beiden Fällen handelt es sich um äußerst komplexe Systeme, wodurch es außerordentlich schwer auszumachen ist, welches

---

[650] Diese Politik hatte oft industriepolitische Hintergründe und sollte heimische Anbieter bevorzugen.

[651] Vgl. Zweiter Teil II.C.4.c (S. 64ff.).

[652] Vgl. z.B. Richtlinie 96/48/EG des Rates vom 23.7.1996 über die Interoperabilität des europäischen Hochgeschwindigkeitsnetzes (ABl. L235 vom 17.9.1996). Die Richtlinie geht also über den Anwendungsbereich des Netzbegriffs, wie er Grundlage dieser Arbeit ist, hinaus, indem sie auch das "rollende Material" einbezieht. Dies ist allerdings Ausdruck der großen Bedeutung des Systemeffekts beim Betrieb von Hochgeschwindigkeitsbahnen und insofern zur Verbesserung der Interoperabilität vertretbar. Vgl. SCHULZE(1996), S. 36f. Die für den Kombinierten Verkehr wichtige Harmonisierung der Ladeeinheiten findet auf internationaler Ebene statt. Typisches Beispiel ist der als sog. ISO-Container standardisierte Seecontainer, der durch die *International Standards Organisation* (ISO) 1967 normiert wurde. Problematisch ist aber, dass weiterhin eine große Zahl unterschiedlicher Behältersysteme verwendet wird, so dass die technische Fragmentierung bei den Behältersystemen nicht überwunden ist. Vgl. BUKOLD(1996), S. 111ff.

der derzeit angebotenen Systeme technisch überlegen ist. Beide Bereiche zeichnen sich durch eine große Innovationsgeschwindigkeit aus, so dass ständig neue Lösungsmöglichkeiten geschaffen werden. Es besteht daher das erhebliche Risiko, einen inferioren technischen Standard auszuwählen; statische und dynamische Wohlfahrtsverluste wären die Folge.[653]

Bei diesen Verkehrsnetzen gilt es also abzuwägen zwischen Netzzersplitterung, die u.U. auch im Wettbewerb nicht überwunden wird, und der Gefahr, einen inferioren Standard festzulegen und so zwar die Netzzersplitterung zu beenden, aber wegen der Festlegung auf einen inferioren Technologie dennoch Wohlfahrtsverluste auszulösen.

Um diese Nachteile möglichst gering zu halten, ist bei staatlichen Eingriffen auch hier eine disaggregierte Vorgehensweise angeraten.[654] Es sollte geprüft werden, in welchem Teilsystem eine Harmonisierung unabdingbar und die Technologie so weit stationär ist, dass die dynamischen Nachteile einer Standardisierung gering bleiben. Für diesen Bereich sollten interventionistische Lösungen durch eine Zentralinstanz durchgeführt werden. Ein Beispiel sind z.B. die Transportbehälter im Kombinierten Verkehr. Dagegen sind Luftleitsysteme als dynamisches technisches System weniger geeignet für interventionistische Eingriffe, die auf die Festlegung eines spezifischen Luftleitsystems in der Gemeinschaft hinauslaufen würden. Hier wäre es aber sinnvoll, im Sinne des disaggregierten Vorgehens auf die Betreiber der einzelnen Systeme mit dem Ziel einzuwirken, dass sie den Datenaustausch zwischen den unterschiedlichen Systemen technisch möglich machen. Diese Schnittstelle könnte als Standard definiert sein. Im Zusammenhang mit Luftleitsystemen muss allerdings auch die Kostenseite in die Überlegungen einbezogen werden, denn diese Systeme weisen in großem Maße nicht ausgeschöpfte Größenvorteile auf. Der deshalb wünschenswerte Konzentrationsprozess kann dazu beitragen, dass effiziente technische Systeme zum Einsatz kommen.

Für die Gemeinschaftspolitik auf diesem Gebiet ist also Zurückhaltung zu fordern: Es gilt, die Interventionen zur Standardisierung technischer Systeme auf das unbedingt notwendige Maß zu reduzieren. Sie sind nur notwendig, wenn sich

---

[653] Vgl. hierzu auch BLANKART/KNIEPS(1992), S. 82ff.

[654] Vgl. Zweiter Teil II.C.3.c (S. 54ff.).

erhebliche Auswirkungen positiver Netzexternalitäten zeigen. Auf staatliche Eingriffe sollte auch verzichtet werden, wenn zwischen den beteiligten Unternehmen Übereinkommen über einen Standard in Komitees zustande kommen. Solche Komitees setzen sich aus allen durch den Standard betroffenen Gruppen zusammen und weisen sowohl Züge administrativer als auch marktlicher Standardisierungsprozesse auf.[655] Die Gemeinschaft sollte erst eingreifen, wenn bei disaggregierter Betrachtung ein vergleichsweise statisches technisches Teilsystem identifiziert wurde, ein Standard wegen erheblicher Netzexternalitäten gesamtwirtschaftlich sinnvoll ist und sich in Komitees keine Einigung auf einen Standard abzeichnet.

Durch diese von der Gemeinschaft definierten Standards sorgt die Gemeinschaft dann dafür, dass die Integrität des Gesamtnetzes nicht beschädigt wird. In diesen Fällen sollte die Gemeinschaft dann auch mit Sanktionierungsmöglichkeiten ausgestattet sein, um die Standards durchsetzen zu können.[656]

Nicht übersehen werden darf allerdings, dass Interoperabilität nicht nur ein technisches Problem darstellt, sondern auch in angemessene wirtschaftspolitische Rahmenbedingungen eingepasst werden muss. Diesem Aspekt trägt das *Freeway*-Konzept Rechnung.[657] Es verknüpft wettbewerbspolitische Maßnahmen mit solchen, die die Verbesserung der Interoperabilität von Eisenbahnnetzen zum Ziel haben. Der Versuch, Gütertransporte zu fördern, die über die Grenzen der Mitgliedstaaten hinweg und damit auch in unterschiedlichen Eisenbahnnetzen vorgenommen werden, ist als kurzfristiger Einstieg in die Harmonisierung der Netze und zur Annäherung der wettbewerblichen Rahmenbedingungen prinzipiell zu begrüßen. Allerdings kommt es durch dieses Konzept zu einem Eingriff in den Wettbewerb um Transportdienstleistungen, was Verzerrungen des Wettbewerbs zur Folge haben muss zu Lasten solcher Verbindungen, die nicht in dieses Konzept aufgenommen wurden. Mittelfristig sollte daher ein *allgemeiner* Ordnungsrahmen geschaffen werden, der den Eisenbahnbetrieb über die Grenzen der

---

[655] Vgl. THUM(1995), S. 32ff.

[656] Die Mitgliedstaaten sind verpflichtet, eine von der Gemeinschaft zur Förderung der Interoperabilität erlassene Richtlinie in nationales Recht umzusetzen. Vgl. IHNEN(1995), S. 35f.

[657] Vgl. hierzu die Ausführungen in Zweiter Teil II.B.4 (S. 211ff.).

Mitgliedstaaten hinweg problemlos zulässt und bei dem der Zugang zum Netz für Wettbewerber auf der Dienste-Ebene diskriminierungsfrei möglich ist.

Auf- und Ausbau der physischen Verkehrsinfrastruktur

Die Fortschritte beim Auf- und Ausbau der physischen Verkehrsinfrastruktur müssen vor dem Hintergrund der erheblichen Komplexität der Projekte in technischer, rechtlicher und administrativer Hinsicht beurteilt werden.[658] Einige Projekte sind technisch sehr ambitioniert (z.B. Brennertunnel), so dass Unwissenheit (z.B. geologisches Risiko, Fertigstellungsrisiko) auch dann noch in beträchtlichem Ausmaß vorliegt, wenn in erheblichem Umfang zeit- und kostenintensive Maßnahmen zur Überwindung von Unsicherheit in der Planungsphase vorgenommenen wurden.[659]

Verzögerungen gegenüber den Planungen lassen sich hierdurch aber nur zum Teil erklären. Probleme beim Auf- und Ausbau der Infrastrukturnetze haben oft administrative Ursachen.[660] Verzögerungen entstehen in vielen Fällen durch zeitaufwendige Genehmigungsverfahren. In diesen Verfahren sollen jedoch Verfügungsrechte z.B. von Anwohnern der Trasse geschützt werden, die von Enteignung betroffen oder durch die Trasse und seine Nutzung externen Effekten ausgesetzt sind. Auch ökologischen Aspekten wird in diesen Genehmigungsverfahren einen höheren Stellenwert eingeräumt. Daher ist in diesem Bereich eine beliebige Verkürzung des Verfahrens nicht möglich. Allerdings muss die Sicherung der Verfügungsrechte der Betroffenen sowie die Berücksichtigung ökologischer Aspekte in einem möglichst kurzen Verfahren gegen das gesamtwirtschaftliche Interesse an einer zügigen Verbesserung der Verkehrsnetze abgewogen werden.

Die Verfahren könnten jedoch vereinfacht und verkürzt werden, wenn Genehmigungsverfahren in den Mitgliedstaaten nicht weiterhin in unterschiedlicher Form nach unterschiedlichem Recht abgewickelt würden. Eine Annäherung der rechtlichen Rahmenbedingungen wäre daher wünschenswert.

---

[658] Vgl. EUROPÄISCHE KOMMISSION(1998c).

[659] Vgl. Zweiter Teil II.C.5.a (S. 77ff.).

[660] Auch die Kommission spricht von administrativen Problemen, die einer zügigen Verwirklichung der geplanten Auf- und Ausbaumaßnahmen entgegenstehen Vgl. KOM(1997)654 endg. vom 4.12.1997: Transeuropäische Netze. Jahresbericht 1997, S. 6.

Verbesserungen können auch durch "PPP im weiteren Sinne", also die informelle Kooperation öffentlicher und privater Akteure, erzielt werden.[661] Bei privater Bereitstellung z.B. von Hochgeschwindigkeitseisenbahntrassen oder einzelnen Punktinfrastrukturen (Brücken, Flughäfen) könnten private Investoren und öffentliche Institutionen z.B. in Ausschüssen zusammenarbeiten. Diese Gremien dienen als Planungs-, Koordinierungs- oder Mobilisierungsinstrument. Wesentlich ist, dass sich in solchen Gremien der Informationsaustausch zwischen privaten und öffentlichen Akteuren verbessern lässt. Denkbar wäre es auch, weitergehende Zusammenarbeit zu praktizieren, etwa in der Form, dass die öffentliche Institution den privaten Investoren Verfügungsrechte durch Enteignung verschafft, während der Investor der öffentlichen Institution sein *know how* bei der Abwicklung großer Infrastrukturprojekte zur Verfügung stellt.

Grundsätzlich ist schließlich jedoch auch zu fragen, ob die Fertigstellung von Infrastrukturprojekten nicht gerade dadurch verzögert wird, dass gemeinschaftliche Institutionen einbezogen werden.[662] Dies hängt erheblich von der Art der Zusammenarbeit zwischen Gemeinschaft und Mitgliedstaaten ab:

- Beim derzeit angewendeten *bottom up*-Verfahren wird es durch die Mitarbeit gemeinschaftlicher Institutionen zu einer Komplizierung des Verfahrens und damit vermutlich zu einer Verlängerung von Planung und Bereitstellung kommen. Bei diesem System sollte die Gemeinschaftsebene daher nur an Projekten beteiligt werden, die mehrere Mitgliedstaaten betreffen. Hier können am ehesten Koordinierungsvorteile und Größenvorteile bei der Planung entstehen. Projekte, die trotz ihrer transeuropäischen Bedeutung innerhalb eines Mitgliedstaates liegen (insbesondere räumlich begrenzte Engpässe und Punktinfrastrukturen) sollten von den Mitgliedstaaten durchgeführt werden, denn Koordinationserfordernisse bestehen in diesen Fällen nur in geringem Umfang.
- Wäre die Zusammenarbeit zwischen Gemeinschaft und Mitgliedstaaten in einem an der "kooperativen Gegenstromplanung" orientierten Verfahren

---

[661] Vgl. Zweiter Teil IV.D.2 (S. 145ff.).

[662] Entsprechende Erfahrungen wurden mit Mischfinanzierungstatbeständen in Deutschland gemacht. Vgl. ANDEL(1992), S. 472f.

organisiert, wären Planung und Durchführung in weit geringerem Maße als derzeit durch administrative Vorgänge belastet. Die Gemeinschaft könnte schon in der Planungsphase auf einen erheblichen Teil der jetzt notwendigen Informationsbeschaffung, Entscheidungsfindungsprozesse und Kontrollvorgänge verzichten. Auch in der Bereitstellungsphase würden sich die Vorteile dezentraler Planung und Durchführung auswirken.

Maßnahmen zur Finanzierung

Neben administrativen Problemen stellt auch weiterhin die Finanzierung das Kernproblem beim Auf- und Ausbau der Verkehrsinfrastruktur dar. Die sehr begrenzte finanzielle Ausstattung erlaubt es der Gemeinschaft nicht, Infrastrukturinvestitionen direkt und unmittelbar in eigener Verantwortung vorzunehmen. Nur über die EIB stehen ihr Finanzierungsmittel in größerem Umfang zur Verfügung. Insgesamt kann sie dennoch den von ihr verfolgten Zielen im Infrastrukturbereich nur näher kommen, wenn es ihr gelingt, Einfluss auf die Politik der Mitgliedstaaten oder private Investoren zu nehmen.

Um private Investoren für Finanz- oder Sachinvestitionen in die Verkehrsinfrastruktur gewinnen zu können, müssen entsprechende Rahmenbedingungen geschaffen werden. Die Gemeinschaft versucht, bei einigen Infrastrukturnetzen auf die Mitgliedstaaten mit diesem Ziel einzuwirken. Gelingt dies, kann eine öffentliche Förderung oder gar Finanzierung gänzlich entfallen.[663] Private Unternehmen tätigen dann Sachinvestitionen zur Bereitstellung von Infrastrukturnetzen oder Netzteilen und finanzieren diese Investitionen selbst. Machen die Eigenschaften der Netze diese Option möglich, wird so den Finanzierungsproblemen am besten begegnet.

Kritischer müssen Finanzinvestitionen privater Unternehmen betrachtet werden, durch die öffentlich bereitgestellte Infrastruktur privat finanziert wird. Öffentliche Institutionen können sich in der Regel zu günstigeren Konditionen auf den Kapitalmärkten verschulden als Private, da sie mit einem geringeren Ausfallrisiko

---

[663] Die Gemeinschaft versucht dies z.B. beim Eisenbahnverkehr. Vgl. KOM(1996)421 endg. vom 30.7.1996: Weißbuch. Eine Strategie zur Revitalisierung der Eisenbahn in der Gemeinschaft; KOM(1996)421/2 endg. vom 15. 11.1996: Weißbuch. Eine Strategie zur Revitalisierung der Eisenbahn in der Gemeinschaft (Korrigendum). Eindrucksvolle Erfolge wurde so bei den Telekommunikationsnetzen erzielt. Vgl. Dritter Teil III (S. 251ff.).

behaftet sind.[664] Nur wenn die öffentlichen Institutionen z.B. durch Bürgschaften das Risiko ganz oder zumindest teilweise übernehmen, können auch Private von dem guten Kreditstanding öffentlicher Institutionen profitieren. Allerdings unterscheidet sich dann die Mittelbeschaffung nur noch technisch von einem öffentlichen Kredit; er ist allerdings verschleiert und wird im Haushalt nicht ausgewiesen. Solche Finanzierungsmodelle sind daher abzulehnen.

Auch bei erheblicher Umgestaltung der Rahmenbedingungen werden jedoch Infrastrukturnetze im Verkehrsbereich nicht vollständig privat bereitgestellt werden können. Es wird daher auch unter günstigen Rahmenbedingungen nicht möglich sein, die Mitgliedstaaten aus der Finanzierung der Verkehrsinfrastruktur zu entlassen. Die Notwendigkeit eines weiteren Ausbaus der Verkehrsinfrastruktur wird möglicherweise sogar eine Steigerung der Anstrengungen der Mitgliedstaaten erforderlich machen. Es gilt daher, Anreize für Mitgliedstaaten zur Ausweitung ihrer Investitionen durch die Gemeinschaft zu setzen. Diesem Ziel dienen zweckgebundene vertikale Zahlungen, die die Mitgliedstaaten veranlassen sollen, Mittel für den geförderten Zweck in einem größeren Umfang bereitzustellen als dies vor der Förderung der Fall war (Ausgaben-Anreizeffekt).

Bei der derzeitigen Ausgestaltung der Fördermaßnahmen muss die Zersplitterung in viele "Fördertöpfe" kritisiert werden, die die Mittelvergabe insbesondere in räumlicher Hinsicht einschränkt. Problematisch ist auch der vergleichsweise geringe Umfang der verfügbaren Mittel bei einer großen Zahl geförderter Vorhaben. Die Förderung einzelner Vorhaben erreicht daher nur eine Größenordnung, die Zweifel an der Wirksamkeit der Fördermaßnahmen aufkommen lassen. Es muss befürchtet werden, dass die Mittel wegen ihrer geringen Höhe die politischen Entscheidungen in den Mitgliedstaaten für die Verwendung von Haushaltsmitteln - wie auch die Entscheidungen privater Investoren - nicht beeinflussen können. Sie werden aber dennoch in Anspruch genommen, um Finanzmittel zu substituieren, die ohne die Förderung von den Mitgliedstaaten - bzw. den privaten Investoren - aufgebracht worden wären (Einnahmen-Substitutionseffekt). In diesem Fall bleiben die Fördermittel wirkungslos.

---

[664] Vgl. Zweiter Teil IV.C.3 (S. 139ff.). Vgl. auch O.V.(1998d), S. 28.

Die Gemeinschaft sollte sich daher darauf beschränken, vertikale Zahlungen für wesentliche Beiträge zu den Gemeinschaftszielen im Infrastrukturbereich auszuloben, wie dies bei dem an der "kooperativen Gegenstromplanung" orientierten Verfahren vorgesehen ist. Dazu sollten auch die allokationspolitisch von den regionalpolitisch motivierten Maßnahmen eindeutig getrennt werden, um die Transparenz beider Politikbereiche zu erhöhen. Die allokationspolitisch motivierten Mittel sollten erhöht und in der Haushaltslinie TEN zusammengefasst werden. Solange an dem derzeit praktizierten Verfahren der Strukturpolitik festgehalten wird, werden die regionalpolitischen Fonds daneben weiter für die regionalpolitischen Maßnahmen zuständig sein und den regionalpolitisch motivierten Auf- und Ausbau der Infrastruktur unterstützen. Insgesamt könnte so die Zielgenauigkeit der Gemeinschaftsförderung gegenüber dem jetzt praktizierten Verfahren beträchtlich erhöht und der administrative Aufwand der Förderung reduziert werden.

Dies ist auch deshalb von besonderer Bedeutung, als aus der Osterweiterung - mit der in einem ersten Schritt möglicherweise schon etwa 2003 gerechnet werden kann - neue Herausforderungen für die Finanzierung von TEN entstehen werden. Die Infrastruktur in den osteuropäischen Ländern, mit denen Beitrittsverhandlungen geführt werden, ist nicht ausreichend leistungsfähig, so dass ein erheblicher Ausbaubedarf besteht, um diese Länder in den Gemeinsamen Markt zu integrieren.

Mit einem zunehmenden Finanzbedarf muss nach Meinung der Kommission in Zukunft auch deshalb gerechnet werden, weil viele Projekte innerhalb der Gemeinschaft zwischen 2000-2006 in die Hauptbauphase treten werden. Für viele dieser Vorhaben wurden bisher nur die Vorarbeiten finanziert, ohne dass die Finanzierung des Gesamtvorhabens schon gesichert wäre.[665]

Auch im Hinblick auf diese Entwicklungen bleibt die Frage, ob der Gemeinschaft nicht prinzipiell die Möglichkeit gegeben werden sollte, Ausgaben für transeuropäische Verkehrsprojekte durch Kreditaufnahme zu finanzieren. Aus ökonomischer Sicht ist die Finanzierung von Infrastrukturnetzen durch öffentlichen

---

[665] Vgl. KINNOCK(1998c). Vgl. Dritter Teil II.C (S. 226ff.), insbesondere auch Tab. 3 (S. 228).

Kredit prinzipiell vertretbar.[666] Auch die Übernahme zumindest eines Teils der Aufgaben im Zusammenhang mit der Bereitstellungsaufgabe kann mit ökonomischer Begründung der Gemeinschaftsebene zugeordnet werden.[667] Vor diesem Hintergrund erscheint daher der Vorschlag der Kommission durchaus diskussionswürdig, die Kreditaufnahme zur Finanzierung des Aufbaus transeuropäischer Netze zu ermöglichen.[668]

Für eine zurückhaltende Beurteilung dieser Argumente besteht jedoch insbesondere aufgrund der institutionellen Gegebenheiten in der Gemeinschaft Anlass. Für auf eine Wiederwahl angewiesene Politiker hat die Kreditfinanzierung eine erhebliche Attraktion ("*to spend and to avoid taxing*").[669] Das EP könnte bei den TEN, bei denen sie über das Mitentscheidungsverfahren einen verhältnismäßig großen politischen Einfluß hat,[670] entsprechend handeln. Im dem hier diskutierten Fall würde jedoch mit der Kommission eine Exekutivinstitution mit einer Verschuldungskompetenz ausgestattet. Nicht unwahrscheinlich ist es, dass die Kommission versucht, durch den so gewonnenen finanzpolitischen Spielraum ihren Einfluss zu erweitern. Es wäre zu befürchten, dass die Kreditaufnahme der Gemeinschaft die Gesamtkreditaufnahme innerhalb der EU erhöht. Dies läuft den Anstrengungen zuwider, zur Sicherung der Geldwertstabilität der gemeinsamen europäischen Währung (Euro) die öffentliche Verschuldung in der Gemeinschaft zurückzuführen, was eine Einschränkung der öffentlichen Verschuldung auf der Ebene der Mitgliedstaaten notwendig macht. Dieses finanzpolitische Ziel wird auch durch die Verschuldung auf europäischer Ebene beeinflusst, denn für die Schulden der EU würden die Mitgliedstaaten haften.[671]

Zu berücksichtigen ist schließlich, dass die Gemeinschaft durch die EIB - wenn auch indirekt - über die Möglichkeit zur Kreditfinanzierung von Gemeinschaftsaufgaben verfügt. Eine Ausweitung dieser Kompetenz auf den Haushalt der

---

[666] Vgl. Zweiter Teil IV (S. 128ff.).

[667] Vgl. Zweiter Teil III (S. 118ff.).

[668] Vgl. KOMMISSION DER EUROPÄISCHEN GEMEINSCHAFTEN(1993c), S. 37f.

[669] Vgl. hierzu und dem Folgenden die Diskussion in Zweiter Teil IV.C.3 (S. 139ff.).

[670] Vgl. Erster Teil II.B (S. 18ff.).

[671] Vgl. MALLOSSEK(1996), S. 296.

Gemeinschaft birgt, auch bei sachlicher Bindung der Mittel, bei der derzeitigen institutionellen Ausgestaltung der Gemeinschaft mehr Gefahren als Nutzen.

III. Auf- und Ausbau großräumiger Telekommunikationsnetze

A. Ökonomische Merkmale großräumiger Telekommunikationsnetze

Telekommunikationsnetze dienen der Übermittlung von Informationen zwischen räumlich getrennten Kommunikationspartnern unter Verwendung technischer Übertragungsverfahren. Physisch werden Verbindungen durch Leitungen wie Kupferkabel und Glasfaserleitungen, allerdings auch durch Richtfunkstrecken und Satellitenverbindungen, hergestellt. Die Knoten dieses Netzes sind z.B. Vermittlungsrechner der Netzbetreiber und die Endgeräte der Netzteilnehmer, die der Codierung der Informationen beim Sender bzw. der Decodierung der übertragenen Daten beim Empfänger dienen.[672]

Diese physische Struktur wird ergänzt durch sehr differenzierte Verfahren, die den Austausch und die Verarbeitung der Informationen regeln. Daher können bei Telekommunikationsnetzen technisch voneinander getrennte Systemebenen unterschieden werden, die vereinfachend als Schichten bezeichnet werden.[673] Jede Schicht erfüllt eine Aufgabe, wobei sie in genau festgelegter Form auf die Leistungen zugrunde liegender Schichten zurückgreift. Durch das Zusammenwirken aller Schichten wird die Informationsübertragung möglich (siehe Abb. 21). Die Basis eines Telekommunikationsnetzes ist die physische Infrastruktur. Um sie jedoch nutzen zu können, muss detailliert festgelegt werden, wie die Kommunikationspartner die Verbindungen herstellen und in welcher Form die Informationen zwischen den am Netz angeschlossenen Geräten und Teilnehmern übertragen werden. Auf dieser Grundlage wird vereinbart, wie die übertragenen Informationen dargestellt werden sollen (Basisdienste). Schließlich nutzen Anwendungen diese Basisdienste, um weitergehende Funktionen bereitzustellen. Beispielsweise können bei Systemen der Elektronischen Post (*email*-Systeme) die übermittelten Nachrichten gespeichert, geordnet oder weiterverarbeitet werden.[674]

---

[672] Vgl. FRITSCH u.a.(1993), S. 163ff.

[673] Vgl. BUXMANN/KÖNIG(1994), S. 253ff.

[674] Vgl. HEINRICH u.a.(1994), S. 391ff., FRITSCH u.a.(1993), S. 163ff., SPANIOL/KAUFFELS(1990), S. 893ff.

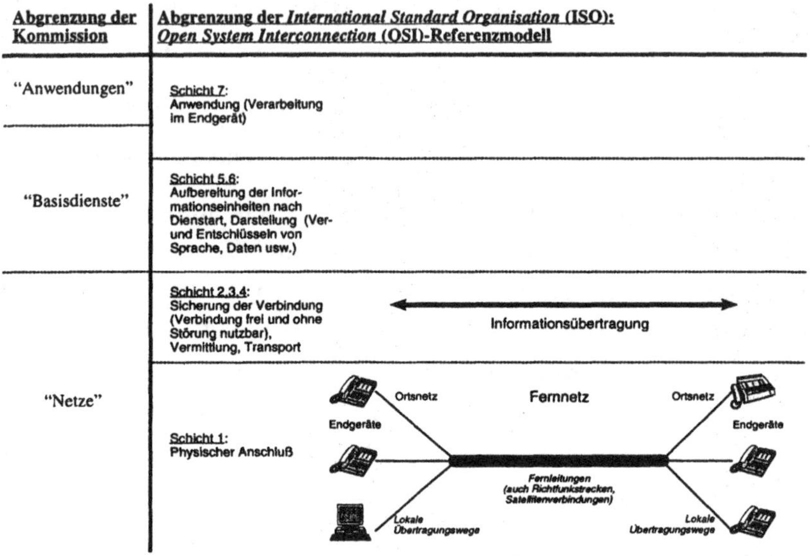

Eigene Darstellung.

Abb. 21: Schematische Struktur eines Kommunikationsnetzes (nach dem ISO-OSI-Referenzmodell und in der Abgrenzung der Kommission)

In der Vergangenheit wurden Netze aufgebaut, die Informationen nur in einer bestimmten Form übertragen konnten, z.B. das Telefonnetz für Sprache und das Telex-Netz für Texte (dienstespezifische Netze). Neue Dienste bekamen deshalb ein neues Netz. Folglich war die Infrastruktur von den durch sie erbrachten Dienstleistungen nur schwer zu trennen.[675]

Diese Segmentierung der Telekommunikationsnetze wird zunehmend überwunden. Das größte Telekommunikationsnetz ist derzeit zwar noch das kabelgebundene Telefonnetz. Es war ursprünglich als analoges Netz ausgelegt, derzeit findet in vielen Industrieländern jedoch der Übergang zur digitalen Übertragung statt, so dass alle Informationen über die bestehenden Leitungen in digitaler Form übertragen werden. Dies erleichtert die Integration neuer Dienste (z.B. Bild-Telefonie) erheblich. Außerdem ermöglicht die digitale Übertragung größere Übertragungskapazitäten.[676] In digitalen Netzen werden sog. Breitbandübertragungssysteme eingesetzt, die eine bessere Nutzung des Übertragungsmediums ermöglichen. So

---

675 Vgl. MÜLLER(1995), S. 95f.

676 Vgl. FUCHS(1993), S. 202f.

kann gegenüber der sog. Basisbandübertragung, die in analogen Netzen verwendet wird, auch mit der bestehenden Netzinfrastruktur die Übertragungskapazität deutlich erhöht werden.[677]

Trotz der Tendenz zur Diensteintegration bestehen neben dem Telefonnetz aber auch weiterhin andere Telekommunikationsnetze für spezifische Anwendungsbereiche, z.B. terrestrische oder satellitenbasierte Mobilfunknetze.[678] Auch zur verlässlichen Übertragung großer Datenmengen wurden spezielle Netze konzipiert, von denen das Internet besondere Bedeutung gewonnen hat. Seinen Ursprung hat dieses digitale Netz in der Verknüpfung der Rechner von vier Institutionen der militärischen Forschung in den USA (1969). Mitte der siebziger Jahre wurde die Begrenzung auf den militärischen Bereich aufgegeben und viele Universitäten dem Netz angeschlossen. Als Standard des Internet dient seither das Datenübertragungsprotokoll TCP/IP (*Transmission Control Protocol/Internet Protocol*). Das Internet wird nicht durch die Art der physischen Verknüpfung definiert, sondern durch das verwendete Datenübertragungsprotokoll TCP/IP. Es verbindet heute ca. 40 Mio. Rechner mit ca. 100 Mio. Nutzern.[679]

Die Abgrenzung der im Zusammenarbeit mit dieser Arbeit bedeutsamen Netzbestandteile wird für Telekommunikationsnetze durch die sehr weitgehende Integration der Systembestandteile erschwert. Die Beschränkung auf die physische Infrastruktur ist zu restriktiv, da erst im Zusammenspiel von physischer Infrastruktur und den Basisdiensten Möglichkeiten zum Informationsaustausch geschaffen werden.[680] Zur Infrastruktur eines Telekommunikationssystems müssen daher sowohl die physischen Verbindungen als auch die Dienste gezählt werden, die eine geordnete Informationsübermittlung erst möglich machen (technische Basisdienste).

---

[677] Vgl. HEINRICH u.a.(1994), S. 366ff.

[678] Als erstes satelliertenbasiertes Mobilfunknetz hat das technisch weltweit verfügbar Netz "Iridium" im November 1998 den Betrieb aufgenommen.

[679] Stand: Herbst 1998. Vgl. NETWORK WIZARDS(1998), I/PRO(1998).

[680] Vgl. HAAG(1994), S. 113.

Hinsichtlich ihrer räumlichen Bedeutung und Reichweite können die Netze einigermaßen trennscharf nur in Fern- und Ortsnetze unterschieden werden.[681] Letztere dienen dem Anschluss der Teilnehmer im lokalen Bereich, wozu derzeit im Wesentlichen unterirdisch verlegte Kupferkabel verwendet werden. In Zukunft könnten hier auch kabellose Technologien, z.B. Richtfunk, an Bedeutung gewinnen.[682] Durch Fernnetze werden Netzknoten, die eine große Zahl von Nutzern bündeln, durch Verbindungen hoher Kapazität über größere Entfernungen verknüpft. Auch bei Telekommunikationsnetzen ist ein Netzmanagement - je nach technischer Auslegung - entweder für Teilsysteme oder sogar das Gesamtnetz notwendig, um die Funktionsfähigkeit des Systems zu gewährleisten.

Bis vor wenigen Jahren galt die technische Ausgestaltung der Telekommunikationsnetze als typische Grundlage für ein natürliches Monopol. Die ökonomisch bedeutsamen technischen Merkmale der Telekommunikationsinfrastruktur haben sich in den letzten Jahren jedoch massiv verändert. Zwar treten in Fernnetzen - die wegen des transeuropäischen Anspruchs hier von Bedeutung sind - weiterhin Bündelungsvorteile auf, die (bei geringer Nachfrage) im Extremfall dazu führen könnten, dass die Verbindung zwischen zwei Knoten durch ein einzelnes Kabel zustandekommen kann. Auch stochastische Größenvorteile werden nach wie vor zu einer relativen Verringerung der Reservekapazität bei größer werdenden Netzen führen. Unteilbarkeiten sind ebenfalls noch zu beobachten, insbesondere bei den Verbindungen, die durch Glasfaserkabel ausgeführt werden, denn diese Kabel verfügen über eine außerordentlich große Kapazität. Schließlich können auch durch die Möglichkeit zur gemeinsamen Nutzung des Netzmanagements Unteilbarkeiten auftreten.[683] Allerdings sind die beschriebenen Bündelungsvorteile in Fernnetzen offensichtlich erschöpft, weil viele Verbindungen durch parallele, räumlich getrennte Übertragungsmedien hergestellt werden, die durch flexible Systeme (Richtfunk- oder Satellitentechnik) ergänzt werden.[684]

---

[681] Pragmatische Definitionen des Ortsnetzbereichs finden sich z.B. bei MÜLLER(1995), S. 93, WIELAND(1988), S. 213.

[682] Vgl. O.V.(1998e), S. 13, KLODT u.a.(1995), S. 30ff.

[683] Vgl. WIELAND(1983), S. 84ff.

[684] Vgl. hierzu z.B. MÜLLER(1995), S. 64f. und S. 92f.

Telekommunikationsnetze gelten als Netzeffektgüter *par excellence* (Systemgüter), so dass auch Systemeffekte in ganz beträchtlichem Maße zu beobachten sind.[685] Die Funktionsfähigkeit des Gesamtsystems ist in den Netzen zur Telekommunikation von der reibungslosen Zusammenarbeit einer großen Zahl technischer Systeme abhängig, wobei sehr hohe Anforderung an die Einhaltung detaillierter Vorgaben bestehen (technische Komplementarität).[686]

Demgegenüber hat die Bedeutung langer Ausreifungs- und Nutzungszeiträume sowie von Immobilität und Irreversibilität der Investitionen stark abgenommen. Sie galten in der Vergangenheit als wesentliche Gründe für einen wettbewerblichen Ausnahmebereich, da insbesondere in Ortsnetzen ein großer Teil des Investitionsvolumens durch aufwendige Tiefbauarbeit verursacht wurde, die irreversibel und immobil sind. Verbindungen im Fernnetz können neben der immer noch vergleichsweise aufwendigen Verlegung von Kabeln auch durch Richtfunk- oder Satellitenverbindungen hergestellt werden, die weder immobil sind noch irreversiblen Kosten verursachen und deren Ausreifungs- und Nutzungszeiträume sehr kurz sein können.[687]

Die seinerzeit herrschende Nachfragesituation hat in Verbindung mit den damals bestehenden Unteilbarkeiten ein natürliches Monopol verursacht (siehe Abb. 22, DK_1, N_1). Die ökonomischen Implikationen, die sich aus diesen technischen Merkmalen ergeben, haben sich durch die beschriebenen Entwicklungen aber erheblich verändert:

- Die beschriebenen technischen Veränderungen haben (vermutlich) zu einer drastischen Veränderung der Durchschnittskostenkurve geführt. Die ersten Einheiten können wegen der umfangreichen Investitionen zwar nur zu deutlich höheren Kosten als in der Vergangenheit bereitgestellt werden. Mit zunehmender Ausbringungsmenge sinken die Durchschnittskosten jedoch stark, so dass sie bei Ausweitung des Angebots schnell unter die Durch-

---

[685] Vgl. hierzu die Ausführungen in Zweiter Teil II.B (S. 29ff.).

[686] Vgl. hierzu z.B. MÜLLER(1995), S. 61f.

[687] Vgl. TETENS/VOß(1995), S. 444f. Für Satellitenverbindungen besteht ein funktionierender Leasingmarkt, auf dem Telekommunikationsnetzbetreiber Kapazitäten für bestimmte Verbindungen - auch kurzfristig - ankaufen können. Vgl. FRITSCH u.a.(1993), S. 169f.

schnittskosten sinken, die in der Vergangenheit angefallen sind (siehe Abb. 22).[688]

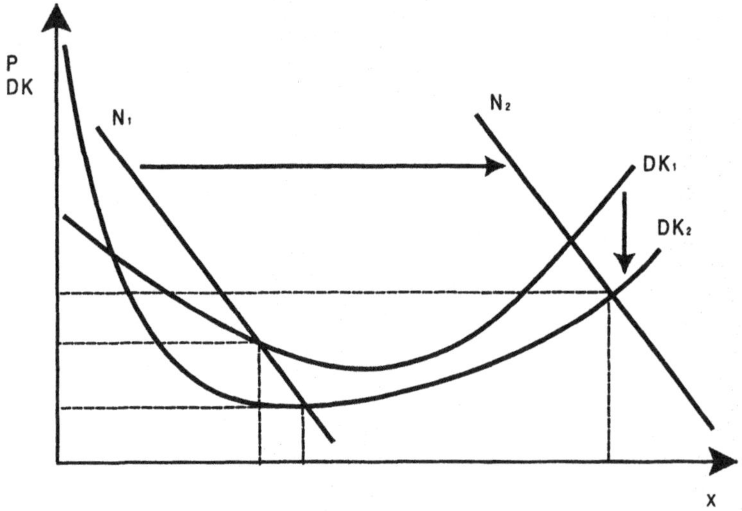

Eigene Darstellung.

Abb. 22: Veränderungen im Telekommunikationsmarkt

- Auch die Nachfragesituation hat sich erheblich verändert. Der Telekommunikationsmarkt weist in den neunziger Jahren überdurchschnittliche Wachstumsraten auf. In den Fernnetzen zeigt sich, dass auf vielen Verbindungen die Kapazitätsgrenze erreicht ist und die wachsende Nachfrage nur durch neue Verbindungen befriedigt werden kann. Der Bereich sinkender Durchschnittskosten auf der Durchschnittskostenkurve dürfte daher schon verlassen sein. Grafisch kann dies als Verschiebung der Nachfragekurve nach rechts interpretiert werden, die danach die Durchschnittskostenkurve in einem Bereich mit steigenden Durchschnittskosten schneidet (siehe Abb. 22).[689]

---

688 Vgl. KRUSE(1996), S. 73, FRITSCH u.a.(1993), S. 169. Vgl. hierzu auch die Ausführungen in Zweiter Teil II.C.3.a (S. 45ff.), insbesondere auch Abb. 9 (S. 48).

689 Vgl. WELFENS/GRAAK(1994), S. 5, KRUSE(1996), S. 73. Schätzungen über die Umsatzentwicklung im Telekommunikationsmarkt gehen von jährlichen Umsatzsteigerungen zwischen 6,7 und 4 v.H. bis 2003 aus, so dass eine Umsatzentwicklung in Europa von 258 Mrd. DM (1994) auf 407 Mrd. DM in 2003 erwartet wird. Vgl. KLODT u.a.(1995), S. 15.

Es ist daher nicht davon auszugehen, dass bei Fernnetzen ein natürliches Monopol vorliegt.[690] Dies galt bis vor kurzem auch noch für den Ortsnetzbereich. Aufgrund der dort vorzufindenden technischen Bedingungen wurde ein natürliches Monopol vermutet, das vor potentieller Konkurrenz geschützt ist.[691] Auch hier haben sich jedoch Angebots- und Nachfragebedingungen stark verändert, so dass Wettbewerb auch in diesem Bereich möglich ist.[692]

Es zeigt sich, dass bei Fernnetzen Wettbewerb möglich ist; es ist daher nur folgerichtig, dass in den Mitgliedstaaten der Gemeinschaft bestehende Regulierungen im Telekommunikationsbereich abgebaut werden. An diesen Deregulierungsmaßnahmen hat auch die Gemeinschaft mitgewirkt.[693]

Für Telekommunikationsnetze als Ganzes sind externe Effekte charakteristisch, die sowohl vom Auf- und Ausbau als auch der Nutzung dieser Netze ausgehen. Es entstehen Nutzungsexternalitäten aufgrund der Tatsache, dass im Telefonnetz in der Regel die Kosten eines Anrufs vom Anrufenden getragen werden, während

---

[690] Vgl. KRUSE/KIESSLING(1997), S. 28f., FRITSCH u.a.(1993), S. 169f. Es erübrigt sich daher auch die Erörterung, inwieweit Möglichkeiten zu monopolistischem Wettbewerb oder potenzieller Konkurrenz vorliegen könnten. Klodt u.a. sehen - abweichend von dem hier vertretenen Ergebnis - die Gefahr eines natürlichen Monopols und untersuchen daher auch diese Möglichkeiten. Vgl. KLODT u.a.(1995), S. 51ff.

[691] In Ortsnetzen sind nach wie vor Bündelungsvorteile zu beobachten: Es können Bündelungsvorteile im engeren Sinne bei den einzelnen Verbindungen beobachtet werden, außerdem treten Dichteeffekte durch Nachbarschaftseffekte und Agglomerationsvorteile auf. Die Ortsvermittlungstechnik wird besser ausgelastet, was auf die technisch bedingte Mindesteinsatzmenge sowie stochastische Größenersparnisse zurückzuführen ist.

[692] Die Nachfrage nach Telekommunikationsdienstleistungen hat auch im Ortsnetzbereich stark zugenommen. Neue Anbieter auf diesem Markt können z.T. auf vorhandene Netze zurückgreifen, die bisher nur für unternehmensinterne Zwecke oder nicht für Telekommunikationsdienste genutzt wurden (z.B. Kabelnetze zur Verteilung von Fernsehprogrammen). Beispielsweise engagieren sich viele Stadtwerke beim Aufbau alternativer Telekommunikationsortsnetze. Sie verfügen oft schon über Netze, die sie ursprünglich für interne Zwecke aufgebaut haben und verfügen außerdem über die Möglichkeit, in schon für andere Zwecke (z.B. Abwasserentsorgung) verwendete Kanäle auch Telekommunikationsverbindungen zu verlegen, so dass Tiefbauarbeiten oft entfallen können. Dies reduziert die irreversiblen Kosten auch im Ortsnetzbereich erheblich. Schließlich sinken die Kosten der Vermittlungstechnik ständig. Auch im Ortsnetzbereich brauchen daher keine subadditive Kostenverläufe mehr angenommen werden. Derzeit arbeiten z.B. in Deutschland private Ortsnetzbetreiber in Köln, Düsseldorf, Herford, Flensburg, Münster, Wuppertal und Oldenburg. Vgl. z.B. RIEDEL(1998), S. 13, BERKE(1998), 86ff., O.V.(1998f), S. 16, O.V.(1998g), S. 1. Noch vor kurzer Zeit waren ökonomische Analysen auf der Grundlage der seinerzeit bestehenden technischen Eigenschaften zu anderen Ergebnissen gekommen, z.B. TETENS/VOß(1995), S. 444f., FRITSCH u.a.(1993), S. 167ff.

[693] Vgl. Dritter Teil III.B (S. 265ff.).

ein Nutzen in der Regel auch beim Angerufenen anfällt. Diese Externalitäten sind aber unproblematisch, da sie im Wesentlichen durch die Privaten internalisiert werden. Von weit größerer Bedeutung sind die Netzexternalitäten, die entstehen, wenn der Nutzen eines Netzes als Ganzes durch den Beitritt zusätzlicher Nutzer zunimmt, ohne dass den Verursachern hierfür ein monetärer Ausgleich geboten würde. Nur in den Fällen, in denen ein Anbieter ein Netz alleine bereitstellt, ist dieser Anbieter auch in der Lage, die Netzexternalitäten zu internalisieren.[694] Da verschiedene Anbieter das transeuropäische Telekommunikationsnetz bereitstellen, kann es zu einer Internalisierung durch die Anbieter nicht kommen. Bei großräumigen Telekommunikationsnetzen verteilen sich diese Effekte auf das gesamte Netz, bei internationalen Netzen also auch über nationale Grenzen hinweg.[695]

In diesen Situation sind wirtschaftspolitische Aktivitäten notwendig, die auf die Vergrößerung des Netzes gerichtet sind. Dies gilt für einfache Dienste wie beispielsweise den Sprachdienst auf der Basis eines analogen Netzes, bei denen weitgehend homogene Präferenzen angenommen werden können und deren Technologie vermutlich nur noch ein geringes innovatives Potential hat. Der aus gesamtwirtschaftlicher Sicht zu geringen Ausdehnung des Netzes als Wirkung des externen Netzeffekts kann durch Subventionen begegnet werden. Wenn die Nachfragerpräferenzen jedoch im Hinblick auf das spezifische Netz stark differenziert sind, wird mit der "flächendeckenden" Einführung eines bestimmten Telekommunikationsnetzes oder eines Dienstes gegen die individuellen Präferenzen der Wirtschaftssubjekte verstoßen; Wohlfahrtsverluste sind die Folge.

In diesem Zusammenhang wird die Entwicklung der als Datenübertragungsnetze konzipierten offenen Telekommunikationsnetze[696] auf der Basis des Übertragungsprotokolls TCP/IP (Internet) oder eines Nachfolgernetzes besonders genau beobachtet werden. Wird - was sich abzeichnet - in absehbarer Zukunft die Telekommunikation auf der Basis dieses Datennetzes die bestimmende Form der Telekommunikation, wird dieses Netz erhebliche ökonomische und soziale Be-

---

[694] Vgl. Zweiter Teil II.C.4.c (S. 64ff.).

[695] Vgl. KRÜGER(1995), S. 287.

[696] Offene Telekommunikationsnetze sind allgemein zugänglich, vom Anschluss an ein solches Netz kann kein Unternehmen ausgeschlossen werden.

deutung bekommen. Den Zugang zu diesem Netz allgemein verfügbar zu machen, wird vermutlich ein wirtschaftspolitisches Ziel werden. Dies dient zum einen der Internalisierung der Netzexternalitäten und wird zum anderen auch regional- und verteilungspolitisch notwendig sein.

Als Folge positiver Netzexternalitäten kann beim Aufbau neuer Netze oder dem Übergang von einem Netz zu einem anderen das Problem der kritischen Masse auftreten. Gesamtwirtschaftlich sinnvolle Netze werden nicht eröffnet, weil die kritische Masse für deren Aufbau nicht erreicht wird. Diese Gefahr ist dann besonders groß, wenn potentielle Teilnehmer nur wenig Informationen hinsichtlich des Nutzens der Netze und des Verhaltens der anderen potentiellen Nutzer haben und wenn die potentiellen Nutzer sich beim Wechsel bzw. dem Beitritt zwischen mehreren Netzen entscheiden müssen.[697] Beides ist in den sehr dynamischen Telekommunikationsmärkten durchaus wahrscheinlich. Gleiches gilt auch für die Netzzersplitterung, einer weiteren Form suboptimalen Netzausbaus als Folge von Netzexternalitäten. In diesem Fall erreichen mehrere ähnliche Netze jeweils die kritische Masse, weshalb für die Netzteilnehmer *ceteris paribus* kein Grund zum Wechsel des Netzes besteht, obwohl eine Zusammenfassung dieser Netze den Nutzen aller Beteiligten erhöhen würde.[698]

Das Problem der kritischen Masse bzw. der Netzzersplitterung könnte es daher notwendig erscheinen lassen, durch staatliche Interventionen das "richtige" Netz bzw. einen offenen Standard[699] festzulegen. In dynamischen Netzmärkten sind die dafür erforderlichen Informationen über Vor- und Nachteile bestimmter Netztechnologien oder Standards allerdings nur schwer zu ermitteln. Außerdem müssten wirtschaftspolitische Maßnahmen früh genug durchgeführt werden, denn Veränderungen auf dem Netzmarkt zu einem Zeitpunkt, zu dem schon viele Teilnehmer dem Netz beigetreten sind und spezifische Investitionen getätigt haben, sind oft nur noch unter Inkaufnahme hoher Kosten möglich.[700] Durch eine

---

[697] Vgl. hierzu die Ausführungen in Zweiter Teil II.C.4.c.ii (S. 68ff.).

[698] Vgl. Zweiter Teil II.C.4.c (S. 64ff.).

[699] Offene Standards sind im Gegensatz zu sog. proprietären Standards allgemein zugänglich, von der Verwendung eines solchen Standards kann kein Unternehmen ausgeschlossen werden. Vgl. THUM(1995), S. 23f. Wenn nicht anders vermerkt, ist von Standards hier immer im Sinne offener Standards die Rede.

[700] Vgl. WERLE/FUCHS(1993), S. 192, THUM(1995), S. 175.

frühe Festlegung auf ein Netz bzw. einen Standard werden allerdings auch zukünftige Varianten unterdrückt, so dass insbesondere in Märkten, die sich durch raschen technischen Wandel auszeichnen, die Gefahr von Fehlallokationen wächst.

Neben staatlichen Maßnahmen spielt in diesem Feld neben der Markt- auch die Komitee-Standardisierung eine herausragende Rolle. Vertreter der durch den Standard betroffenen Gruppen bündeln in solchen Komitees die Interessen und suchen in Verhandlungen zu einer Einigung über einen Standard zu kommen. Im Ergebnis weist das Verfahren sowohl Aspekte administrativer als auch marktlicher Standardisierungsprozesse auf. Sie sind einer ausschließlich administrativen Lösung jedoch vorzuziehen, wenn alle Betroffenen in diesen Gremien gleichberechtigt vertreten sind und möglichst auch die Möglichkeit vorgesehen ist, rechtsverbindliche Kompensationen zu vereinbaren.[701] Die Gemeinschaft sollte solchen Verfahren einen rechtlichen Rahmen geben und insbesondere die Organisation der Interessen der bisher tendenziell unterrepräsentierten Anwender von Telekommunikationsnetzen fördern.[702]

Kommen solche Verhandlungslösungen um Standards nicht zustande, sollten die Netzbetreiber darauf verpflichtet werden, technisch unterschiedliche Netze durch Netzbrücken zu verbinden. Dies kann auch mit einer moderaten administrativen oder Komitee-Standardisierung verbunden werden, die darauf beruht, die Schnittstellen zwischen unterschiedlichen Netzen zu harmonisieren. Dies kann oft erreicht werden, ohne die Netzsysteme als solche größeren Änderungen zu unterwerfen und verursacht daher nur vergleichsweise geringe Kosten.[703] Der Netzeffekt kommt dann auch den Nutzern des neuen Netzes voll zugute, weil auch die Teilnehmer, die noch in den alten Netzen verblieben sind, erreichbar bleiben.[704] Durch Zusammenschaltung der Netze werden außerdem ineffiziente Doppel-

---

701 Vgl. THUM(1995), S. 32ff., WOECKENER(1996), S. 271f. Woeckener weist darauf hin, dass insbesondere die Zahlung von Kompensationen als Bestechung gewertet werden und daher in Verhandlungen (vergleichsweise ineffiziente) Realkompensationen gewährt werden müssen. Vgl. WOECKENER(1996), S. 269.

702 Vgl. WOECKENER(1996), S. 269ff.

703 Vgl. WERLE/FUCHS(1993), S. 192ff.

704 Vgl. hierzu Zweiter Teil II.C.4.c.ii (S. 68ff.).

investitionen in den Fällen verhindert, in denen auf vorhandenen Leitungen anderer Netze noch freie Kapazitäten vorhanden sind.

Kann auch bei Berücksichtigung der aufgezeigten wirtschaftspolitischen Optionen ein direkter wirtschaftspolitischer Eingriff nicht vermieden werden, um z.B. Investitionshemmnisse wegen unklarer technischer Bedingungen abzubauen, sollte die staatliche Standardisierung disaggregiert durchgeführt werden. Das Telekommunikationsnetz als Gesamtsystem muss dazu analytisch zerlegt werden, wobei nur für die Teile des Systems staatliche Eingriffe erwogen werden sollten, die direkt die wirtschaftspolitischen Probleme verursachen. Dabei sollte es sich möglichst um Teilsysteme handeln, deren technologisches Innovationspotential nur noch gering ist. Ziel ist es, die durch den wirtschaftspolitische Eingriff ausgelösten negativen Auswirkungen dadurch so klein wie möglich zu halten.

Die Bedeutung von Telekommunikationsnetzen für das Wachstum einer Volkswirtschaft wird weiter zunehmen.[705] Insbesondere in vielen der besonders wachstumsstarken Dienstleistungsbereiche haben moderne Telekommunikationsnetze größte Bedeutung. Wirtschaftspolitische Eingriffe sollten sich daher auf die oben beschriebenen Maßnahmen beschränken, um wachstumsdämpfende Effekte z.B. von Fehlallokationen wegen falscher Einschätzung der technischen Entwicklung zu vermeiden.

Als verteilungspolitisches Ziel gilt bei einigen Telekommunikationsnetzen ein Mindestangebot mit Telekommunikationsdienstleistungen einer bestimmten Qualität, das allen Nutzern unabhängig vom Standort zu einem "erschwinglichen" Preis zur Verfügung stehen soll ("Universaldienst").[706] Dieses Ziel ist politisch definiert und daher einer ökonomischen Analyse als solches nicht zugänglich.

---

[705] Dies wurde z.B. nach der deutschen Vereinigung in den neuen Bundesländern deutlich, als von Unternehmen die unzureichende Ausstattung mit Telekommunikationsinfrastruktur als "entscheidender, die ökonomische Aktivität limitierender Faktor" (HEDTKAMP[1995], S. 54f.) angesehen wurde. Der Versorgungsgrad in den neuen Ländern war zum Zeitpunkt der Wende von einer Vollversorgung noch weit entfernt. So waren ca. 2000 Orte ohne jeden Anschluss an ein Telekommunikationsnetz. Auch die Vermittlungstechnik wurde den Anforderungen an ein zeitgemäßes Telekommunikationsnetz nicht gerecht. Mehr als die Hälfte der Vermittlungstechnik stammte aus der Zeit von 1950 und davor. Vgl. HEDTKAMP(1995), S. 54ff.

[706] Vgl. KRUSE/KIESSLING(1997), S. 24f., Richtlinie 97/33/EG vom 30.6.1997 über die Zusammenschaltung in der Telekommunikation im Hinblick auf die Sicherstellung eines Universaldienstes und der Interoperabilität durch Anwendung der Grundsätze für einen offenen Netzzugang (ONP) (ABl. L199 vom 26.7.1997), S. 36.

Diese verteilungspolitische Zielsetzung geht über die Korrektur der durch Netzexternalitäten bedingten, suboptimalen Netzgröße hinaus und hat in der Regel die Vollerschließung eines Raumes bzw. seiner Wirtschaftssubjekte zum Ziel - verbunden mit der Forderung nach Einheitspreisen ("Tarifeinheit im Raum").[707] Im Wettbewerb kann auch bei Telekommunikationsnetzen von einer gleichmäßigen Bereitstellung von Netzdienstleistungen in heterogenen Räumen zu gleichen Preisen nicht ausgegangen werden.[708] Durch Größen- und Verbundvorteile fallen in Ballungsräumen geringere Kosten an als beim Anschluss von Teilnehmern in dünn besiedelten Räumen. Es bestehen daher Kostenunterschiede zwischen dünn und dicht besiedelten Räumen sowie zwischen stark und schwach frequentierten Verbindungen, die jedoch bei "Tarifeinheit im Raum" keinen Niederschlag in den Preisen finden dürfen.[709] Einheitspreise führen in Verbindung mit Universaldienstauflagen in einem wettbewerblichen Umfeld jedoch zu "Rosinenpicker"-Verhalten: Die etablierten Unternehmen werden entweder aus den lukrativen Bereichen verdrängt oder müssen ebenfalls Preiszugeständnisse machen, die jedoch die interne Subventionierung der Anschlüsse in den Randbereichen verhindern.[710] Bleibt es daher bei dem politischen Ziel, Universaldienste bereitzustellen, entsteht hieraus ein Subventionsbedarf: Die Unternehmen, die den Dienst nicht kostendekkend bereitstellen, müssen hierfür entschädigt werden. Dies kann

- durch Mittel aus öffentlichen Haushalten geschehen,
- durch Zugangsgebühren, die von allen Netzbetreibern an den Netzbetreiber zu zahlen sind, der den Universaldienst bereitstellt oder

---

[707] Vgl. hierzu Zweiter Teil II.E.3 (S. 107ff.).

[708] Als Ausnahme können Mobilfunknetze gelten. Hier ist der Zugangspunkt zum Netz räumlich nicht festgelegt. Die Nutzer erwarten eine möglichst große räumliche Abdeckung, so dass sie an allen Punkten, an denen sie sich bewegen, ein Netzzugang gewährleistet ist. Die Netzanbieter sind daher bestrebt, ihr Netz in räumlicher Hinsicht möglichst weit auszudehnen und durch Kooperationen mit den Anbietern in anderen Räumen auch über das eigene Netz hinaus die Mobilfunkdienstleistung anbieten zu können.

[709] Vgl. FRITSCH u.a.(1993), S. 165f., MÜLLER(1995), S. 83ff.

[710] Vgl. hierzu Zweiter Teil II.E.3 (S. 107ff.), insbesondere auch Abb. 16 (S. 109).

- durch einen Fonds, den alle Netzbetreiber aufzufüllen haben und durch den nach Ausschreibungen der Netzbetreiber finanziert wird, der am kostengünstigsten den Universaldienst bereitstellt.[711]

Die Infrastrukturfonds-Lösung in Verbindung mit einem Versteigerungswettbewerb setzt die Anbieter einem Markttest aus und bietet dadurch Anreize für Effizienzverbesserungen, weshalb diese Lösung den anderen Alternativen vorgezogen werden sollte.

Zusammenfassend besteht in der derzeitigen Situation die wesentliche öffentliche Aufgabe im Zusammenhang mit großräumigen Telekommunikationsnetzen darin, wettbewerbliche Rahmenbedingungen in diesem Bereich zu schaffen. In einem wettbewerblichen Umfeld sollten dann Regeln für die Zusammenschaltung ähnlicher, aber technischer noch getrennter Netze geschaffen werden. Eine Standardisierung wird dann nur noch in Einzelfällen notwendig sein. Dazu sollten Telekommunikationsnetze disaggregiert betrachtet und Standards nur in vergleichsweise statischen Bereichen durchgesetzt werden. Ebenfalls nur in Einzelfällen kann zur Internalisierung von Netzexternalitäten erwogen werden, z.B. mit Hilfe von Subventionen, die Ausweitung der Netze zu betreiben, um einen gesamtwirtschaftlich vernünftigen Netzausbau zu erreichen. Verteilungspolitisch motivierte Netzabdeckungsvorgaben gehen darüber noch hinaus und erfordern entweder die finanzielle Unterstützung der Netzbetreiber, die den Universaldienst bereitstellen, oder Marktzutrittsbeschränkungen, um "Rosinenpicker"-Verhalten zu verhindern. Letztere weisen jedoch eine sehr hohe Eingriffsintensität auf und sind daher abzulehnen.

Abschließend muss entschieden werden, ob die beschriebenen Aufgaben zentral oder dezentral, hier also auf Gemeinschaftsebene oder durch die Mitgliedstaaten, wahrgenommen werden sollen. Hinsichtlich der notwendigen ordnungspolitischen Veränderungen bestehen größere Chancen, Deregulierungswiderstände auf regionaler, insbesondere aber nationaler Ebene überwinden zu können, wenn die Kompetenzen hierfür der Gemeinschaft zugeordnet wird. Außerdem sind die Telekommunikationsmärkte in vielen Mitgliedstaaten so klein, dass ein Tele-

---

711 Vgl. KRUSE/KIESSLING(1997), S. 24ff., KLODT u.a.(1995), S. 74ff., BLANKART/KNIEPS(1994), S. 244ff.

kommunikationsnetz wahrscheinlich nicht effizient bereitgestellt werden kann. Ähnliche ordnungspolitische Bedingungen erleichtern in diesen Situationen die Integration von kleineren Netzen zu Netzen mit effizienter Größe.

Zwar könnte bei nationaler Zuständigkeit ein "Wettbewerb der Regulierungsbehörden" um eine liberale und wettbewerbsorientierte Ordnungspolitik zustande kommen. Im Interesse der nationalen Telekommunikationsunternehmen könnten demnach die nationalen Regulierungsbehörden einen Ordnungsrahmen schaffen, in dem die jeweiligen Telekommunikationsunternehmen durch Wettbewerb auf nationaler Ebene auch Konkurrenzfähigkeit auf internationalen Märkten gewinnen. Es besteht hierbei jedoch die nicht zu unterschätzende Gefahr, dass nationale Regulierungsbehörden ihre Möglichkeiten nutzen und diskriminierende Rahmenbedingungen zugunsten der binnenländischen Unternehmen schaffen, um sie vor Konkurrenz auf ihren "Heimatmärkten" zu schützen. Daher dient die zentrale Aufgabenwahrnehmung hier auch der Verhinderung protektionistischer Regulierungspolitik.[712]

Ob die Gemeinschaftsebene auch für die technische Harmonisierung zuständig gemacht werden sollte, ist davon abhängig zu machen, wie sich die Netzexternalitäten räumlich ausdehnen, die bei der Verknüpfung vorher nicht verbundener Netze oder Teilnehmer entstehen. Da die Telekommunikationsfernnetze erhebliche internationale, im Prinzip auch globale Bedeutung haben, wird der Nutzen aus der Zunahme der Verbindungsmöglichkeiten entsprechend streuen. Dies spricht in den Fällen, in denen Standards eine angemessene wirtschaftspolitische Option sind, für eine Harmonisierung mindestens auf gemeinschaftlicher, besser aber auf internationaler Ebene.

Nicht auf Gemeinschaftsebene, sondern durch die Mitgliedstaaten sollte jedoch das Universaldienstniveau festgelegt werden, weil ein einheitliches Universaldienstniveau in großen, heterogenen Räumen für die technisch weiterentwickelten und gleichmäßiger versorgten Länder hohe finanzielle Belastungen zur Folge hat. Sie entstehen als Subventionen der Unternehmen, die den Universaldienst auch in Regionen anbieten, die zu dem politisch festgelegten Preis kostendeckend nicht versorgt werden können. Sinnvoll ist hier also die Festlegung auf der Ebene der

---

[712] Vgl. KRUSE/KIESSLING(1997), S. 26ff.

Mitgliedstaaten, die dann auch eine den nationalen Präferenzen entsprechenden Universaldienst definieren und die Finanzierung dieser verteilungspolitisch motivierten Maßnahme gewährleisten müssen.[713] Aus ökonomischer Sicht ist hierzu die Fondslösung am besten geeignet, da sie Anreize zu Kostensenkungen setzt.[714]

B. Wirtschaftspolitische Aktivitäten der EU

Im Telekommunikationsbereich sah die Gemeinschaft schon recht früh ein geeignetes Feld für politische Aktivitäten. Der Beginn einer eigenständigen europäischen Telekommunikationspolitik wird mit der Mitteilung der Kommission an den Rat in Verbindung gebracht, in der 1983 das Ziel betont wird, in der Gemeinschaft einen gemeinsamen Markt für Telekommunikationsdienstleistungen herzustellen. Mit dem Entwurf eines Aktionsprogramms[715] erfuhr diese Mitteilung 1984 eine erste Konkretisierung.[716]

Der Gemeinschaft gelang es in den folgenden Jahren im Zusammenspiel zwischen Kommission und Rat in diesem Bereich wesentliche Akzente zu setzen. Schwerpunkte der gemeinschaftlichen Bemühungen lagen in der Standardisierung von Netzeinrichtungen und Endgeräten sowie der Förderung von Forschungs- und Entwicklungsanstrengungen europäischer Hersteller.[717] Ein weiteres Ziel europäischer Telekommunikationspolitik ist bis heute ein einheitlicher digitalisierter Telekommunikationsdienst (ISDN), der aus Sicht der Kommission eine Voraus-

---

[713] Dies betrifft jedoch nicht die Rahmenbedingungen, unter denen der Universaldienst bereitgestellt wird. Unterscheiden sich beispielsweise die Finanzierungsformen in verschiedenen Ländern, kann die Zusammenarbeit von Netzbetreibern über Grenzen hinweg empfindlich behindert werden. Daher sollten auch hierfür die Rahmenbedingungen zentral definiert werden.

[714] Vgl. KRUSE/KIESSLING(1997), S. 39f.

[715] Vgl. KOM(1984)277endg. vom 18.5.1984: Mitteilung über die Telekommunikation - Stand der Überlegungen und der Arbeiten auf diesem Gebiet sowie erste Vorschläge für ein Aktionsprogramm.

[716] Vgl. SCHNEIDER/WERLE(1989), S. 257ff., WELFENS/GRAACK(1996), S. 146ff.

[717] Technologie- und insbesondere auch industriepolitische Aspekte spielen innerhalb der Gemeinschaftspolitiken eine nicht zu unterschätzende Rolle. Mit der Aufnahme des Art. 157 in den EGV (Beitrag zur Förderung der Wettbewerbsfähigkeit) erweiterten sich die Möglichkeiten der Gemeinschaft, mit industriepolitischer Ausrichtung tätig zu werden. Vgl. hierzu KLODT(1994), S. 49ff.

setzung für einen gemeinsamen Markt der Telekommunikationsdienstleistungen ist.[718]

In der zweiten Hälfte der achtziger Jahre hatten dann Impulse zur Deregulierung des Telekommunikationsbereichs besondere Bedeutung.[719] In rascher Folge wurden in den folgenden Jahren durch entsprechende Beschlüsse auf Gemeinschaftsebene die nationalen Regulierungen in verschiedenen Bereichen der Telekommunikation angegangen. Vorläufiger Höhepunkt dieser Bemühungen, die wesentlich von der Kommission vorangetrieben wurden,[720] waren Liberalisierungsmaßnahmen auch im Bereich der Festnetzinfrastruktur, die bis spätestens Anfang 1998 durch die Mitgliedstaaten der EU vollzogen werden sollten.[721] In einer Richtlinie wurden die ordnungspolitischen Rahmenbedingungen durch Vorgaben der Gemeinschaft für einen Universaldienst, die Interoperabilität der Netze und Dienste und einen offenen Netzzugang vervollständigt.[722]

Mit der Binnenmarkt-Initiative bekamen Aktivitäten im Zusammenhang mit einer europäischen Telekommunikationsinfrastruktur zusätzliche Bedeutung. Funktionierende transeuropäische Telekommunikationsnetze gelten der Kommission als Voraussetzung für das reibungslose Funktionieren eines gemeinsamen Marktes in der Gemeinschaft. Diese Aktivitäten fallen in einen Zeitraum, in dem z.B. auch in den USA und in Japan über den Auf- und Ausbau großräumiger und leistungs-

---

[718] Vgl. Empfehlung 86/659/EWG des Rates vom 22.12.1986 über die koordinierte Einführung des diensteintegrierenden digitalen Fernmeldenetzes (ISDN) in der Europäischen Gemeinschaft (ABl. L382 vom 31.12.1986), SCHNEIDER/WERLE(1989), S. 260ff., WERLE/FUCHS(1993), S. 193ff.

[719] Vgl. KOM(1987)290 endg.: Grünbuch über die Entwicklung des Gemeinsamen Marktes für Telekommunikationsdienstleistungen und Telekommunikationsgeräte.

[720] Vgl. BLANKART/KNIEPS(1996), S. 499. Ihre Vorstellungen sind zusammengefasst in KOM(1994)440 endg.: Grünbuch über die Liberalisierung der Telekommunikationsinfrastruktur und der Kabelfernsehnetze, Teil I, sowie KOM(1995)682 endg.: Grünbuch über die Liberalisierung der Telekommunikationsinfrastruktur und der Kabelfernsehnetze, Teil II.

[721] Vgl. Richtlinie 90/388/EWG vom 28.6.1990, mehrfach geändert durch die Richtlinien 94/46/EG (Satellitenkommunikation), 95/51/EG (Kabelfernsehnetze), 96/2/EG (Mobilkommunikation), 96/19/EG (Herstellung vollständigen Wettbewerbs). Vgl. hierzu auch PICOT/BURR(1996), S. 173f., TETENS/VOẞ(1995), S. 443ff., WELFENS/GRAACK(1996), S. 147ff., MONOPOLKOMMISSION(1996).

[722] Vgl. Richtlinie 97/33/EG des Europäischen Parlaments und des Rates vom 30.6.1997 über die Zusammenschaltung in der Telekommunikation im Hinblick auf die Sicherstellung eines Universaldienstes und der Interoperabilität durch Anwendung der Grundsätze für einen offenen Netzzugang (ONP) (ABl. L199 vom 26.7.1997).

fähiger Infrastrukturen der Telekommunikation (insbesondere Netze für Datenkommunikation) diskutiert wurde.[723]

Mit dem "Weißbuch über Wachstum, Wettbewerbsfähigkeit, Beschäftigung"[724] legte die Kommission ein anspruchsvolles wirtschaftspolitisches Programm vor, in dem die Telekommunikationsnetze eine hervorgehobene Rolle spielen. Das Weißbuch beschreibt die besondere Bedeutung der Telekommunikationsinfrastruktur für die Vollendung des europäischen Binnenmarktes und als Grundlage für eine Informationsgesellschaft, in der die Kommission das Entwicklungsmodell des 21. Jahrhunderts sieht.[725]

In diesem Weißbuch hatte die Kommission vorgeschlagen, eine Arbeitsgruppe zu bilden, die die Prioritäten, die notwendigen Maßnahmen und erforderlichen Mitteln aufzeigen soll (*task force* "Europäische Informationsinfrastruktur"). Unter Vorsitz des Kommissars Bangemann wurden Empfehlungen für den Ausbau der Netze, Verbesserung der Grunddienste und Förderung einiger innovativer Anwendungen ausgearbeitet. Sie wurden 1994 an den Europäischen Rat in Kreta übermittelt und haben die später beschlossene Leitlinie für die transeuropäischen Telekommunikationsnetze wesentlich beeinflusst.[726]

Nach Vorarbeiten in verschiedenen Bereichen und Beschlüssen zu einigen Teilbereichen[727] entschieden das Europäische Parlament und der Rat Mitte 1997 über Leitlinien für den Aufbau eines transeuropäischen Telekommunikationsnetzes.[728] Gemäß Art. 155 EGV werden darin die Ziele, die Prioritäten und die Grundzüge der ins Auge gefassten Maßnahmen beschrieben:

---

[723] Vgl. HAAG(1994), S. 109f., WEINKOPF(1993), S. 18f.

[724] Vgl. KOMMISSION DER EUROPÄISCHEN GEMEINSCHAFTEN(1993c).

[725] Vgl. KOMMISSION DER EUROPÄISCHEN GEMEINSCHAFTEN(1993c), S. 87ff., STOCK(1996), S. 80.

[726] Vgl. STOCK(1996), S. 80ff.

[727] Hierbei geht es insbesondere um die Bereiche TEN-IBC (*Integrated Broadband Communication*) und TEN-ISDN (*Integrated Services Digital Network*), die weitgehend in die Leitlinie zu den Telekommunikationsnetze integriert wurden. Zu Einzelheiten vgl. HAAG(1994), S. 111, KRUSE/KIESSLING(1997), S. 38.

[728] Vgl. Entscheidung Nr. 1336/97/EG des Europäische Parlaments und des Rates vom 17.06.1997 über Leitlinien für transeuropäische Telekommunikationsnetze (ABl. L183 vom 11.7.1997).

- Ziel der Maßnahmen soll die Erleichterung des Übergangs zur Informationsgesellschaft und die Verbesserung der Wettbewerbsfähigkeit europäischer Unternehmen sein; daneben werden regional- sowie wachstums- und beschäftigungspolitische Ziele formuliert.
- Priorität sollen dabei solche Maßnahmen haben, die die technische und wirtschaftliche Realisierbarkeit innovativer Netzinfrastrukturen, Dienste und Anwendungen zur Entwicklung der Informationsgesellschaft fördern. Der Infrastrukturbegriff wird hier sehr weit interpretiert und umfasst neben den physischen Netzen und den zur Informationsübertragung notwendigen Basisdiensten auch Anwendungen.[729] Besondere Bedeutung wird den grenzüberschreitenden Verbindungen und dem Anschluss peripherer Regionen sowie der Förderung kleiner und mittlerer Unternehmen (KMU) beigemessen. Hinsichtlich der physischen Infrastruktur wird der Schluss von Lücken im Netz und die Förderung der Interoperabilität auf gemeinschaftlicher Ebene und darüber hinaus auch im weltweiten Zusammenhang hervorgehoben.
- Die Grundzüge der Maßnahmen sehen vor, Vorhaben von gemeinsamem Interesse in den Bereichen Anwendungen, Basisdienste und Basisnetze auszuweisen, wobei die genannten Prioritäten berücksichtigt werden sollen. Daneben soll der Informationsstand in Bezug auf die Möglichkeiten des Einsatzes moderner Telekommunikationssysteme in der Gemeinschaft verbessert werden.

Bei den Basisdiensten soll die Gemeinschaft im Wesentlichen Akzente bei solchen Diensten setzen, die durch neue Entwicklungen der Informationstechnologie möglich werden. Gedacht ist hierbei an elektronische Post, Zugänge zu elektronischen Datenbanken und Videodienste, die auf der Basis schon bestehender Netze möglich sind. In einem nächsten Schritt strebt die Gemeinschaft die Erweiterung dieser Dienste zu einer elektronischen multimedialen Umgebung an (Integration von Sprache, Text, Bewegtbild auf digitaler Basis). Kommerzielle Anwendungen auf dieser Basis sollen durch die Einführung einer herstellerneutralen elektronischen Unterschrift möglich werden. Hierdurch wird die sichere

---

[729] Vgl. HAAG(1994), S. 113f.

Übermittlung rechtsverbindlicher Willenserklärungen über Telekommunikationsnetze möglich.[730]

Die von der Gemeinschaft vorgesehenen Universaldienste beschränken sich allerdings auf die einfachen Telefon- und Telefax-Dienste sowie die Datenübertragung mit geringen Übertragungsgeschwindigkeiten.[731] Die Finanzierung des Universaldienstes kann von den Mitgliedstaaten auf vielfältige Weise gewährleistet werden:[732] Sie kann aus Haushaltsmitteln bestritten werden, durch Zugangsgebühren, die von Netzbetreibern an den Netzbetreiber zu zahlen sind, der den Universaldienst bereitstellt und schließlich aus einem Fonds, den alle Netzbetreiber aufzufüllen haben, und durch den nach Ausschreibungen der Netzbetreiber finanziert wird, der am kostengünstigsten den Universaldienst bereitstellt.[733]

In den Leitlinien werden schließlich noch zwölf Anwendungsvorhaben von gemeinsamem Interesse definiert, für die finanzielle Unterstützung durch die Gemeinschaft gewährt werden kann. Sie umfassen z.B. Anwendungen im Bildungsbereich, der Verkehrstelematik und zur Förderung der Telearbeit.[734] In diesen Bereichen sieht die Gemeinschaft Anwendungen, die unter wettbewerblichen Bedingungen nicht bereitgestellt werden oder die Entwicklung wachstumsintensiver Tätigkeitsbereiche beschleunigen können.[735]

---

[730] Vgl. Entscheidung Nr. 1336/97/EG des Europäische Parlaments und des Rates vom 17.06.1997 über Leitlinien für transeuropäische Telekommunikationsnetze (ABl. L183 vom 11.7.1997), S. 18. Zu den noch bestehenden Hindernissen für die Verwendung von Informations- und Kommunikationssystemen zur Abwicklung geschäftlicher Transaktionen, zu denen auch noch die verläßliche Übermittlung einer Willenserklärung in diesen Systemen gehört, siehe STEYER(1998).

[731] Vgl. Richtlinie 97/33/EG vom 30.6.1997 über die Zusammenschaltung in der Telekommunikation im Hinblick auf die Sicherstellung eines Universaldienstes und der Interoperabilität durch Anwendung der Grundsätze für einen offenen Netzzugang (ONP) (ABl. L199 vom 26.7.1997), Anhang 1.

[732] Vgl. Dritter Teil III.A (S. 251ff.), inbesondere S. 262.

[733] Vgl. KRUSE/KIESSLING(1997), S. 39f.

[734] Vgl. Entscheidung Nr. 1336/97/EG des Europäische Parlaments und des Rates vom 17.06.1997 über Leitlinien für transeuropäische Telekommunikationsnetze (ABl. L183 vom 11.7.1997), S. 17f. Eine knappe Übersicht enthält Anhang 5 dieser Arbeit.

[735] Vgl. Entscheidung Nr. 1336/97/EG des Europäische Parlaments und des Rates vom 17.06.1997 über Leitlinien für transeuropäische Telekommunikationsnetze (ABl. L183 vom 11.7.1997), S. 14.

(in Mio. ECU)	Instrumente	1993-1994	1995	1996	1997	Gesamt
Haushaltslinie TEN	Kofinanzierung von Studien	22	23	16	25	86
Strukturfonds	Zuschüsse	295	0	173	NA	468
EIB	Darlehen	3.788	507	1.626	1.182	7.102
EIF	Bürgschaften	156	19	9	270	455
TEN-IDA*	Zuschüsse	72	47	44	25	189

*TEN-IDA wird zwar aus Haushaltsmittel der Gemeinschaft finanziert, jedoch nicht innerhalb der durch die TEN-Finanzierungsverordnung (vgl. Verordnung (EG) Nr. 2236/95 des Rates vom 18.9.1995 über die Grundregeln für die Gewährung von Gemeinschaftszuschüssen für transeuropäische Netze [ABl. L228 vom 23.9.1995]) festgelegten Regelungen abgewickelt.

NA - nicht verfügbar.

Quelle: KOM(1997)654 endg. vom 4.12.1997: Transeuropäische Netze. Jahresbericht 1997, Tabelle 2 (Anhang).

Tab. 8: Finanzielle Unterstützung TEN-Telekom

Die finanziellen Anstrengungen der Gemeinschaft haben in diesem Bereich nicht annähernd das Ausmaß der finanziellen Förderung insbesondere der Verkehrsnetze. Allerdings ist das Engagement der Gemeinschaft auch nicht unbedeutend: Finanzielle Fördermaßnahmen belaufen sich in der Summe auf 8,3 Mrd ECU für den Zeitraum von 1993-1997 (siehe Tab. 8, 8). Den weitaus größten Teil machen Darlehen der EIB (7,1 Mrd ECU) aus. Demgegenüber halten sich die EU-Haushaltsmittel, die insbesondere als Zuschüsse vergeben werden, in sehr engen Grenzen (ca. 750 Mio ECU für einen Zeitraum von 5 Jahren). Dies schließt schon die Mittel für die TEN-IDA ein, die zwar aus Haushaltsmitteln der Gemeinschaft finanziert, aber nicht innerhalb der durch die TEN-Finanzierungsverordnung[736] festgelegten Regelungen abgewickelt werden. Mit diesen Finanzmitteln werden Vorhaben gefördert, durch die die Umsetzung der Gemeinschaftspolitik mit Hilfe

[736] Vgl. Verordnung (EG) Nr. 2236/95 des Rates vom 18.9.1995 über die Grundregeln für die Gewährung von Gemeinschaftszuschüssen für transeuropäische Netze (ABl. L228 vom 23.9.1995) sowie die Ausführungen zur TEN-Finanzierungsverordnung in Dritter Teil II.B.5.b (S. 215ff.).

von Informations- und Kommunikationsnetzen unterstützt werden soll. Dazu sollen Systeme entwickelt werden, die den Datenaustausch der einzelstaatlichen Verwaltungen untereinander und zu den Gemeinschaftsorganen ermöglichen bzw. verbessern. Es handelt sich hierbei also um Aktionen, mit denen gemeinschaftsinterne administrative Abläufe verbessert werden sollen; hieraus erklärt sich die Sonderbehandlung.[737]

C. Stand der Implementierung

Die Vorgaben der Richtlinie der Europäischen Kommission über den Wettbewerb auf dem Markt für Telekommunikationsdienste[738] wurden in den Mitgliedstaaten - mit einigen Ausnahmen[739] - bis zum Beginn des Jahres 1998 umgesetzt. Damit ist es zu einer weitgehenden Liberalisierung des Ordnungsrahmens in diesem Bereich gekommen.[740] Die Vorgaben der Gemeinschaft haben dafür gesorgt, dass sich die Reformbemühungen in die gleiche Richtung bewegen und hinsichtlich der von der Kommission vorgegebenen ordnungspolitischen Grundsätzen auch angenähert haben. Von der Möglichkeit, nationalen Präferenzen entsprechende Regelungen einzuführen, wurde aber Gebrauch gemacht.[741]

Da die Leitlinie als Grundlage der Gemeinschaftsaktivitäten zum Auf- und Ausbau der TEN-Telekom erst 1997 angenommen wurde, kann über die Fortschritte

---

[737] Vgl. KOM(1997)661 endg.: Mitteilung der Kommission über die Bewertung und eine zweite Phase des IDA-Programms Vorschlag für eine Entscheidung des Europäischen Parlaments und des Rates über Leitlinien und die Festlegung von Projekten von gemeinsamem Interesse für transeuropäische Netze zum elektronischen Datenaustausch zwischen Verwaltungen (IDA) Vorschlag für einen Beschluß des Rates Aktionen und Maßnahmen zur Gewährleistung der Interoperabilität transeuropäischer Netze für den elektronischen Datenaustausch zwischen Verwaltungen und des Zugangs zu diesen Netzen (IDA); KOM(1997)661/2 endg.: Korrigendum.

[738] Vgl. Richtlinie 90/388/EWG vom 28.6.1990, mehrfach geändert durch die Richtlinien 94/46/EG (Satellitenkommunikation), 95/51/EG (Kabelfernsehnetze), 96/2/EG (Mobilkommunikation), 96/19/EG (Herstellung vollständigen Wettbewerbs).

[739] Vgl. z.B. Irland (Entscheidung der Kommission 97/ 114/EG zur Einräumung zusätzlicher Fristen für die Umsetzung einiger Bestimmungen der Kommissionsrichtlinien über den Wettbewerb auf den Telekommunikationsmärkten durch Irland vom 27.11.1996 (ABl. L 41 vom 12.2.1997), Spanien (Entscheidung der Kommission 97/603/EG vom 10.6.1997 (ABl. L 243 vom 5.09.1997), Luxemburg 97/568/EG vom 14.5.1997 (ABl. L 234 vom 26.8.1997), Portugal (Entscheidung der Kommission 97/310/EG; ABl. L 133 vom 24.05.1997) und Griechenland (Entscheidung der Kommission 97/607/EG (ABl. L 245 vom 9.9.1997).

[740] In Deutschland wurde dies durch das Telekommunikationsgesetz (TKG) vollzogen. Vgl. SEIDEL(1998), S. 310ff.

[741] Vgl. MÜLLER(1995), S. 110.

in diesem Bereich noch nicht geurteilt werden. Vor der Annahme der Leitlinie engagierte sich die Gemeinschaft im Telekommunikationsbereich allerdings schon mit mehreren Programmen, die später in die Leitlinien weitgehend einbezogen wurden. Hierbei sind insbesondere die Programme TEN-IBC (*Integrated Broadband Communication*)[742] und TEN-ISDN (*Integrated Services Digital Network*)[743] von Bedeutung. Diese Vorhaben laufen seit Mitte der neunziger Jahre, die Gemeinschaft zahlt jedoch nur Fördermittel in vergleichsweise geringer Höhe aus. Für den Bereich TEN-IBC, also die Entwicklung von integrierten Breitbandnetzen, wurden durch die Gemeinschaft nur 18,0 Mio ECU bereitgestellt. Eine Bewertung der durchgeführten Maßnahmen durch unabhängige Sachverständige ergab ein uneinheitliches Bild; immerhin seien aus zwei Projekten marktreife Dienste entwickelt worden.[744] Um den Auf- und Ausbaus der TEN-ISDN zu unterstützen, wurden in den Jahren 1995/96 insgesamt 28 Projekte gefördert. Die Kommission sieht bei einem Großteil der Projekte zufrieden stellende Fortschritte.[745]

Die erste Phase des Programms TEN-IDA (*Interchange of Data between Administrations*) über den Datenaustausch zwischen Verwaltungen lief Ende 1997 aus.[746] Die Kommission führt aus, dass innerhalb der relativ geringen Laufzeit des

---

[742] Vgl. KOM(1998)45 endg. vom 2.2.1998: Mitteilung der Kommission an das Europäische Parlament und den Rat über den Schlussbericht über vorbereitende Maßnahmen für transeuropäische Netze: Integrierte Breitband-Kommunikation, eingeleitet im Jahr 1993 aufgrund der diesbezüglichen Mitteilung der Kommission vom 22. Juli 1993.

[743] Vgl. Entscheidung 2717/95/EG des Europäischen Parlaments und des Rates vom 9.11.1995 über Leitlinien für die Entwicklung des Euro-ISDN zu einem transeuropäischen Netz (ABl. L 282 vom 24.11.1995, S. 16).

[744] Vgl. KOM(1998)45endg. vom 2.2.1998: Mitteilung der Kommission an das Europäische Parlament und den Rat über den Schlussbericht über vorbereitende Maßnahmen für transeuropäische Netze: Integrierte Breitband-Kommunikation, eingeleitet im Jahr 1993 aufgrund der diesbezüglichen Mitteilung der Kommission vom 22. Juli 1993.

[745] Vgl. KOM(1997)654 endg. vom 4.12.1997: Transeuropäische Netze. Jahresbericht 1997.

[746] Vgl. Beschluss 95/468/EG des Rates vom 6.11.1995 betreffend den Gemeinschaftsbeitrag für den Informationsverbund für den Datenaustausch zwischen Verwaltungen in der Gemeinschaft (IDA) (ABl. L 269 vom 11.11.1995), Art. 6. Die Kommission bemüht sich um die Fortführung des Programms als TEN-IDA II. Einen Vorschlag für eine Entscheidung des Europäischen Parlaments und des Rates hat die Kommission vorgelegt. Vgl. KOM(1997)661 endg.: Mitteilung der Kommission über die Bewertung und eine zweite Phase des IDA-Programms Vorschlag für eine Entscheidung des Europäischen Parlaments und des Rates über Leitlinien und die Festlegung von Projekten von gemeinsamem Interesse für transeuropäische Netze zum elektronischen Datenaustausch zwischen Verwaltungen (IDA) Vorschlag für einen Beschluss des Rates Aktionen und Maßnahmen zur Gewährleistung der

Programms noch keine wesentlichen Ergebnisse erwartet werden dürfen. Dennoch glaubt sie nach einer Bewertung der Fortschritte - bei der sie von unabhängigen Gutachtern unterstützt wurde - feststellen zu können, dass in allen überprüften Projekten deutliche Fortschritte erzielt wurden. Allerdings seien die Programmergebnisse in einer Reihe von Bereichen verbesserungsfähig. Die Kommission hat daraufhin Gegenmaßnahmen eingeleitet, z.B. eine Qualitätskontrolle eingeführt.[747]

Daneben unterstützt die Gemeinschaft Forschung und Entwicklung von Telekommunikationstechnologien. Hierzu werden in einem Rahmenprogramm, in dem für einen Zeitraum von fünf Jahren die rechtlichen und administrativen Rahmenbedingungen, Ziele und Inhalte sowie die finanzielle Ausstattung festlegt.[748] Die Programme zur Forschung und technologischen Entwicklung im Bereich der Informations- und Telekommunikationstechnologien werden in den Erwägungsgründen der Leitlinien TEN-Telekom genannt: Sie liefern Beiträge für die Entwicklung innovativer Netze, Dienste und Anwendungen.[749] Die Förderung von Forschung und Entwicklung der Informations- und Kommunikationstechnologie bleibt jedoch auch nach der Verabschiedung der Leitlinien TEN-Telekom ein eigenständiger Politikbereich der Gemeinschaft.

Für die Projekte, die im Rahmen der 1997 verabschiedeten TEN-Leitlinien für den Telekom-Bereich durchgeführt werden, hat die Kommission ein Arbeitsprogramm

---

Interoperabilität transeuropäischer Netze für den elektronischen Datenaustausch zwischen Verwaltungen und des Zugangs zu diesen Netzen (IDA); KOM(1997)661/2 endg.: Korrigendum.

[747] Vgl. KOM(1997)661 endg.: Mitteilung der Kommission über die Bewertung und eine zweite Phase des IDA-Programms Vorschlag für eine Entscheidung des Europäischen Parlaments und des Rates über Leitlinien und die Festlegung von Projekten von gemeinsamem Interesse für transeuropäische Netze zum elektronischen Datenaustausch zwischen Verwaltungen (IDA) Vorschlag für einen Beschluß des Rates Aktionen und Maßnahmen zur Gewährleistung der Interoperabilität transeuropäischer Netze für den elektronischen Datenaustausch zwischen Verwaltungen und des Zugangs zu diesen Netzen (IDA); KOM(1997)661/2 endg.: Korrigendum, S. 7ff.

[748] Zur Zeit gilt das 4. Rahmenprogramm 1994-1998. Dieses Programm stellt für Forschung, technologische Entwicklung und Demonstrationen bei Informations- und Kommunikationstechnologien insgesamt 3,6 Mrd. ECU bereit. Damit stehen in diesem Bereich über ein Viertel der insgesamt im Rahmenprogramm verfügbaren Mittel zur Verfügung. Vgl. KOM(1998)439 endg. vom 15.7.1998: Tätigkeiten der Europäischen Union im Bereich der Forschung und technologischen Entwicklung - Jahresbericht 1998, S. 101.

[749] Vgl. Entscheidung 1336/97/EG des Europäischen Parlaments und des Rates vom 17.6.1997 über Leitlinien für transeuropäische Telekommunikationsnetze (ABl. L183 vom 11.7.1997), Erwägungsgründe 14-16.

angenommen, in dem die Vorhaben von gemeinsamem Interesse und das Verfahren zur Förderung des Auf- und Ausbaus von Telekommunikationsnetzen erläutert werden.[750] Dieses Verfahren beginnt mit der Aufforderung durch die Kommission (*call*), Vorschläge für die insgesamt 19 Vorhaben von gemeinsamem Interesse in den Bereichen Netze, Basisdienste und Anwendungen einzureichen.[751] Unterstützt von einer Gruppe unabhängiger Sachverständiger bewertet die Kommission die eingereichten Vorschläge und schlägt bestimmte Projekte zur Förderung vor. Der Ausschuss, der nach der TEN-Finanzierungsverordnung aus Vertretern der Mitgliedstaaten, einem Vertreter der Kommission, der auch den Vorsitz führt, und einem nicht stimmberechtigten Vertreter der Europäischen Investitionsbank zusammengesetzt ist,[752] nimmt zu den ausgewählten Vorhaben Stellung; die Kommission entscheidet schließlich über die Gemeinschaftszuschüsse.

Die ersten drei *calls*, die auf die Leitlinie TEN-Telekom fußen, wurden 1998 veröffentlicht. Sie haben die folgenden Vorhaben von gemeinsamem Interesse zum Inhalt:

- Verbund und die Entwicklung von Netzen (insbesondere Satelliten- und Mobilfunknetze),[753]
- Basisdienste und Anwendungen,[754]
- permanente Aufforderung zur Einreichung von Vorschlägen für Unterstützungs– und Koordinierungsaktionen, die geeignet sind, ein geeignetes Umfeld für Vorhaben von gemeinsamem Interesse im Bereich der transeuropäischen Telekommunikationsnetze zu schaffen.[755]

---

[750] Vgl. Europäische Kommission(1998e).

[751] Vgl. auch Entscheidung 1336/97/EG des Europäischen Parlaments und des Rates vom 17.6.1997 über Leitlinien für transeuropäische Telekommunikationsnetze (ABl. L183 vom 11.7.1997), Erwägungsgrund 20.

[752] Vgl. Verordnung (EG) Nr. 2236/95 des Rates vom 18.9.1995 über die Grundregeln für die Gewährung von Gemeinschaftszuschüssen für transeuropäische Netze (ABl. L228 vom 23.9.1995), Art. 17.

[753] Vgl. Abl. C10 vom 15.1.1998.

[754] Vgl. Abl. C7914 vom 14.3.1998.

[755] Vgl. Abl. C7914 vom 14.3.1998.

Nur für den ersten *call* wurde über die geförderten Projekte schon entschieden.[756] Es wurden 9 Projekte ausgewählt, die mit 8,4 Mio. ECU gefördert werden sollen.[757] Durch die Projekte soll die Machbarkeit bestimmter Netzanwendungen durch Studien nachgewiesen werden, wobei sowohl die technische Durchführbarkeit als auch die Marktchancen beurteilt werden.

D. Kritische Analyse der TEN-Telekom

Die von der Gemeinschaft verfolgten Ziele beim Auf- und Ausbau der Telekommunikationsinfrastruktur sind auch für diesen Teil der TEN wenig präzise formuliert. Die Leitlinie lässt ein Konglomerat aus allokations-, wachstums-, aber auch regional-, technologie- und industriepolitischen Aspekten erkennen.[758]

Im Hinblick auf die hier im Vordergrund stehenden allokationspolitischen Fragestellung kann festgestellt werden, dass in Telekommunikationsnetzen hinsichtlich der hier diskutierten Fernverbindungen die Gefahr eines natürlichen Monopols derzeit nicht besteht. Allerdings muss die technische und ökonomische Entwicklung im Zusammenhang mit Glasfaserverbindungen wegen deren erheblicher Übertragungskapazitäten beobachtet werden, geht von ihnen doch die Gefahr neuerlicher natürlicher Monopole aus. Die gleichzeitig stark steigende Nachfrage nach Verbindungskapazitäten reduziert diese Gefahr jedoch erheblich.[759]

Die außerordentlich große wachstumspolitische Bedeutung in Verbindung mit der großen technologischen Dynamik macht die Verbesserung der statischen und dynamischen Effizienz im Telekommunikationssektor besonders dringlich. Die Aktivitäten der Gemeinschaft mit dem Ziel, einen Ordnungsrahmen zu schaffen, der Wettbewerb auf dem Telekommunikationsmarkt zulässt, müssen daher zweifellos begrüßt werden. Diese Aktivitäten sind zwar nicht Teil der TEN-Leitlinien, beeinflussen aber die Bereitstellung von großräumigen Telekommunikationsnetzen maßgeblich. Die Wahrnehmung dieser Aufgabe auf der Gemeinschaftsebene hat hier Fortschritte insofern erleichtert, als auf der Ebene der Mitgliedstaa-

756 Stand: November 1998.

757 Vgl. Europäische Kommission(1998f).

758 Vgl. Entscheidung Nr. 1336/97/EG vom 17.06.1997 über Leitlinien für transeuropäische Telekommunikationsnetze (ABl. L183 vom 11.7.1997).

759 Vgl. Dritter Teil III.A (S. 251ff.).

ten erhebliche Deregulierungswiderstände bestanden.[760] Die Verlagerung auf die übergeordnete Ebene bot die Gelegenheit, solche Widerstände zu überwinden. Zu begrüßen ist es, dass die Gemeinschaft hierzu Richtlinien erlässt, in denen sie einen ordnungsrechtlichen Rahmen definiert, der jedoch durch die Mitgliedstaaten in nationales Recht umzusetzen ist. Dies bietet ihnen die Möglichkeit, innerhalb des vorgegebenen Rahmens nationale Besonderheiten zu berücksichtigen, wodurch Wohlfahrtsverluste reduziert werden.[761]

Die Aktivitäten der Gemeinschaft, die im engeren Sinne die Förderung des Auf- und Ausbaus eines transeuropäischen Telekommunikationsnetzes betreffen, sind demgegenüber eher kritisch zu beurteilen. Die Maßnahmen zur Planung der TEN in diesem Bereich, also der Versuch, durch systematische gedankliche Vorwegnahme zukünftiger Aktivitäten unter Berücksichtigung alternativer Situationen die von der Gemeinschaft recht diffus formulierten Ziele zu erreichen, muss gerade im hochinnovativen Telekommunikationsbereich scheitern.

Dennoch bekommen auf der Grundlage solcher Planungen einige ausgewählte Bereiche Zugang zu Förderinstrumenten der Gemeinschaft. Besonders problematisch ist die finanzielle Unterstützung von Projekten auf der Anwendungsebene. Lediglich ein formaler Einwand ist dabei die Tatsache, dass hiermit der Bereich des Auf- und Ausbaus der Infrastruktur, den der EGV der Gemeinschaft zuordnet, verlassen sein dürfte.[762] Von größerer Bedeutung ist, dass es durch die Förderung einzelner Anwendungsbereiche zu Wettbewerbsverzerrungen kommt in einem Umfeld, das durch große Wettbewerbsintensität und -dynamik gekennzeichnet ist. So fördert die Gemeinschaft z.B. mit der Telearbeit einen Bereich, in dem sich auch Unternehmen engagieren, so dass die gemeinschaftliche Förderung hier zwangsläufig Wettbewerbsverzerrungen verursacht. Die Folge ist eine Verzerrung der Ressourcenallokation sowohl in statischer als auch dynamischer Hinsicht auf der Grundlage fragwürdiger Planungen ohne allokationspolitische Begründung. Die Gemeinschaft täte daher gut daran, ihre Aktivitäten grundsätzlich auf die

---

760 Vgl. BLANKART/KNIEPS(1989), S. 585ff., BLANKART/KNIEPS(1996), S. 496ff.

761 Vgl. Zweiter Teil III.B (S. 119ff.).

762 Zwar findet sich im juristischen Schrifttum die Auffassung, dass im Hinblick auf die TEN auch Anwendungen der Infrastruktur dem Telekommunikationsbereich zuzuordnen wären. Vgl. HAAG(1994), S. 113f. In der hier vertretenen Abgrenzung der Infrastruktur von der Suprastruktur kann dem jedoch nicht gefolgt werden. Vgl. hierzu Erster Teil I (S. 5ff.).

Infrastruktur der Telekommunikationsnetze zu beschränken, also die physische Infrastruktur und die Basisdienste.

Nicht wegen der infrastrukturpolitischen Ausrichtung, sondern wegen des Ziels, die Effizienz der gemeinschaftlichen Administration durch moderne Telekommunikationstechnologien zu verbessern, sind die Maßnahmen zur Förderung von Anwendungen im administrativen Bereich der Gemeinschaft vertretbar (z.B. bei Übersetzungsdiensten und der Übermittlung und Verwaltung amtlicher Unterlagen[763]).

Wirtschaftspolitischer Handlungsbedarf besteht jedoch bei der physischen Infrastruktur und den Basisdiensten aufgrund positiver Netzexternalitäten.[764] Eine interventionistische Standardisierungspolitik, wie sie gestützt auf Art. 154 Abs. 2 EGV (Interoperabilität der Netze) vertraglich möglich wäre, sollte die Gemeinschaft dennoch nur in Ausnahmefällen verfolgen, da sie erhebliche Gefahr der Über- oder Fehlharmonisierung birgt. Bei Überharmonisierung werden wegen falscher Einschätzung der Nachfragerpräferenzen Produktdifferenzierungen unterdrückt, für die jedoch Nachfrage besteht. Eine Fehlharmonisierung tritt auf, wenn sich die Gemeinschaftsorgane - auch bei homogenen Präferenzen - in einem administrativen Prozess nicht für das "richtige" Netz entscheiden. Die Nachfrage für ein solches Netz wird ausbleiben. Die Wahrscheinlichkeit, dass die Vorteile, die durch die Überwindung der Netzexternalitäten-Problematik entstehen, durch die Nachteile nicht genutzter Innovationschancen und nicht den Nachfragerpräferenzen entsprechende Angeboten überkompensiert werden, sind in dem hochinnovativen Telekommunikationsbereich besonders groß.

Vor diesem Hintergrund sind auch die direkten Eingriffe der Gemeinschaft in den Bereitstellungsprozess problematisch, mit denen die Auswirkungen positiver Netzexternalitäten überwunden werden sollen. Subventionen für bestimmte Telekommunikationsinfrastrukturen (TEN-ISDN und TEN-IBC) sollen helfen, für entstehende Netze die kritische Masse zu schaffen und die Netzzersplitterung zu

---

[763] Vgl. Beschluss 95/468/EG des Rates vom 6.11.1995 betreffend den Gemeinschaftsbeitrag für den Informationsverbund für den Datenaustausch zwischen Verwaltungen in der Gemeinschaft (IDA) (ABl. L 269 vom 11.11.1995), Art. 2.

[764] Vgl. Dritter Teil III.A (S. 251ff.).

überwinden.[765] Auch dies setzt jedoch die Auswahl zu fördernder Netze voraus, die nicht administrativ durchgeführt werden sollte. So hat sich das Engagement der Gemeinschaft für ISDN[766] (diensteintegrierendes digitales Telekommunikationsnetz) als durchaus fragwürdig erwiesen, denn bevor sich ISDN als Übertragungstechnik etablieren konnte, standen schon weit leistungsfähigere Verfahren zur Verfügung.[767]

Sehr viel kleiner ist die Gefahr unerwünschter Wirkungen, wenn die Wahl der Netztechnologie den Marktteilnehmern überlassen bleibt, die Betreiber aber ihre Netze mit bestehenden Netzen verknüpfen, so dass Verbindungsmöglichkeiten über neue Netze hinaus bzw. in neue Netze hinein bestehen. Die Gemeinschaft sollte daher darauf dringen, dass die Netzbetreiber veranlasst werden, ihre Netze durch Netzbrücken zu verbinden.

Außerdem sollte die Gemeinschaft die Arbeit von Komitees zur Standardisierung im Telekommunikationsbereich institutionell absichern und fördern, denn dies verspricht effizientere Ergebnisse als die administrative Standardisierung.[768] Die Kommission sieht hier jedoch die Gefahr der Unterstandardisierung, außerdem kritisiert sie die langwierigen Verhandlungsprozesse in diesen Komitees. Dem stehen jedoch Standards gegenüber, die die Präferenzen der Beteiligten besser widerspiegeln. In Fällen, in denen ein Standard in einem solchen Komitee nicht erreicht wird, kann dem auch die Einschätzung der Beteiligten zugrunde liegen, dass wegen unterschiedlicher Nutzerpräferenzen auch mehrere Netztechnologien sinnvoll sind. Die Kommission könnte Komitee-Prozesse allerdings verbessern, indem sie darauf hinwirkt, dass in diesen Komitees alle Beteiligten einbezogen

---

765 Vgl. KRUSE/KIESSLING(1997), S. 37ff.

766 Vgl. hierzu WERLE/FUCHS(1993), S. 193ff., MONOPOLKOMMISSION(1992), S. 353ff.

767 Vgl. WERLE/FUCHS(1993), S. 197f., SESIN(1998), S. 45, SCHMITZ(1998), S. 55. So wird beispielsweise in den USA auf ISDN weitgehend verzichtet und gleich die leistungsfähigere Übertragungstechnik *asymmetric digital subscriber line* (ADSL) oder ähnliche Techniken (xDSL) eingeführt. Vgl. SESIN(1998), S. 45. Die Kommission führt in ihrem Arbeitsprogramm TEN-Telekom dennoch aus, dass sich ISDN auf dem Markt schnell weiter durchsetzt und Europa mit dem Euro-ISDN-Standard eine führende Position sowohl auf dem Markt für Vermittlungseinrichtungen und Endgeräte als auch beim Diensteangebot erreicht habe. Vgl. EUROPÄISCHE KOMMISSION(1998e).

768 Vgl. WOECKENER(1996), S. 263ff.

werden, um zu vermeiden, dass Standards zu Lasten einzelner Gruppen definiert werden.[769]

Erst wenn absehbar ist, dass weder Komitee-Standardisierung noch ein Zwang zur Zusammenschaltung von Netzen Erfolg haben werden, sollte deshalb nach einer Analyse des Gesamtsystems in dem ökonomisch relevanten und dabei in technischer Hinsicht möglichst wenig dynamischen Teilsystem des Telekommunikationsnetzes ein Standard administrativ vorgesehen werden.

Die verteilungspolitisch motivierten Maßnahmen der Gemeinschaft (Universaldienst) beschränken sich im Wesentlichen auf den analogen Sprachdienst.[770] Es wurde darauf verzichtet, das ISDN (diensteintegrierendes digitales Telekommunikationsnetz) ebenfalls als Universaldienst zu fordern. Die finanziellen Aufwendungen für den Aufbau und Betrieb solcher Netze in der geforderten Ausdehnung und zu den geforderten Kosten sind deshalb geringer als bei Festlegung auf das technisch weit aufwendigere ISDN. Dadurch wird auch der Subventionsbedarf, der für den Aufbau dieser Netze in ärmeren Ländern entsteht, deutlich geringer ausfallen.[771] Besser sollte allerdings gänzlich darauf verzichtet werden, das Universaldienstniveau, also die qualitative und quantitative Ausgestaltung des Universaldienstes, auf Gemeinschaftsebene festzulegen. Ein einheitliches Universaldienstniveau in großen, heterogenen Räumen macht eine umfangreiche finanzielle Förderung der Unternehmen notwendig, die den Universaldienst auch in Regionen anbieten, die zu dem politisch festgelegten Preis kostendeckend nicht versorgt werden können. Sinnvoll ist es, das Universaldienstniveau auf der Ebene der Mitgliedstaaten festzulegen, die damit dann auch den Finanzbedarf für diese verteilungspolitisch motivierte Maßnahme definieren. Dies sieht die Richtlinie vor, was daher zu begrüßen ist. Die Finanzierung sollte jedoch einheitlich auf der Grundlage eines Fondsmodells durchgeführt werden, denn unterschiedliche Finanzierungsformen in den einzelnen Mitgliedstaaten könnten der gesamtwirt-

---

[769] Am Aufbau des *European Telecommunications Standards Institute* (ETSI) hat die Kommission mitgewirkt. Dieses Institut erarbeitet Standards, die die technische Zusammenarbeit unterschiedlicher Netze ermöglichen. Vgl. WERLE/FUCHS(1993), S. 198f. Vgl. hierzu auch die entsprechenden Ausführungen in Dritter Teil III.A (S. 251ff.).

[770] Zu den Einzelheiten vgl. Dritter Teil III.B (S. 265ff.).

[771] Vgl. KNIEPS(1997), S. 195f.

schaftlich erwünschten Marktintegration entgegenwirken.[772] Gerade diese Vorgabe enthält die entsprechende Richtlinie der Gemeinschaft jedoch nicht.

Insgesamt ist in diesem Feld also der (weitgehende) Rückzug der Gemeinschaft aus den wirtschaftspolitischen Aktivitäten gefordert, die über eine am Subsidiaritätsprinzip ausgerichtete Rahmenpolitik hinausgehen. Ausgabenwirksame Maßnahmen könnten dann auf Gemeinschaftsebene entfallen, so dass auch die Finanzierung wirtschaftspolitischer Eingriffe nicht notwendig ist.

IV. Auf- und Ausbau großräumiger Energieversorgungsnetze

A. Ökonomische Merkmale großräumiger Energieversorgungsnetze

1. Stromtransportnetze

Großräumige, also auch transeuropäische Stromtransportnetze dienen der überregionalen Übertragung elektrischer Energie von einem Einspeise- zu einem Entnahmepunkt. Weil mit zunehmender Transportentfernung die Netzverluste steigen, mit zunehmender Netzspannung jedoch sinken, werden zum überregionalen Elektrizitätstransport Hochspannungsnetze mit 380 kV und 220 kV verwendet; durch Hochspannungskupplungen der nationalen Netze kann Elektrizität auch international ausgetauscht werden.[773] Die durch ein großräumiges Elektrizitätstransportnetz erbrachte Dienstleistung, der Transport von Elektrizität über große Entfernungen, erfordert neben der physischen Infrastruktur der Stromtransportnetze auch ein Netzmanagement, das z.B. die Stabilisierung der Netzspannung gewährleisten muss.

Großräumige Stromversorgungsnetze sind im Prinzip keine Voraussetzung für eine funktionierende Stromversorgung. Während das überregionale Straßen- oder Schienennetz zwingend notwendig ist, um Transportdienstleistungen erbringen zu können, wäre die Stromversorgung prinzipiell auch durch "Insellösungen" ohne interregionalen Austausch denkbar. Die Überwindung großer Räume ist daher nicht eine Voraussetzung für die Versorgung mit Elektrizität. Dass es dennoch zu großräumigen Stromtransportnetzen kommt, liegt zum einen an der Größen-

---

[772] Vgl. KRUSE/KIESSLING(1997), S. 39f.

[773] Der Strom wird dann durch Netze mit 110 kV in die Verbrauchsregion geleitet, durch ein Mittelspannungsnetz mit 10 kV bis 20 kV weiterverteilt und schließlich an den Großteil der Kunden über das Niederspannungsnetz (230 V) geleitet. Vgl. DONNERBAUER(1998), S. 28.

struktur bei den Produzenten und an den Anforderungen an die Versorgungssicherheit, die Reservekapazitäten sowohl bei der Produktion als auch der Übertragung notwendig macht.[774]

Die Stromtransportinfrastruktur weist viele der für Netze typischen Merkmale auf:

- Der Auf- und Ausbau kann aus technischen Gründen auch hier nicht in beliebig kleinen Schritten vorgenommen werden, sondern muss in größeren Einheiten durchgeführt werden, durch die dann aber erhebliche Übertragungskapazitäten geschaffen werden; es bestehen also Unteilbarkeiten.
- Im Netz sind Bündelungsvorteile zu beobachten, wobei bei der Stromversorgung - neben den Auswirkungen von Bündelungsvorteilen bei den einzelnen Verbindungen und Dichteeffekten - der stochastische Ausgleich der Übertragungskapazitäten von besonderer Bedeutung ist.[775] Hierbei sorgen Durchmischungseffekte dafür, dass sich die Abweichungen von der durchschnittlichen Nachfrage über die Zeit ausgleichen bzw. ein planbares Abnahmeprofil entsteht, so dass der relative Umfang der Reservekapazitäten mit steigender Gesamtkapazität sinkt.[776]
- Bei Auf- und Ausbau dieser Netze können lange Ausreifungs- und Nutzungszeiträume beobachtet werden.[777]
- Die Investitionen zeichnen sich durch Immobilität und Irreversibilität aus: Sie sind transaktionsspezifisch, denn sie sind nur in der vorgesehenen Verwendung produktiv zu nutzen und weitgehend immobil.
- Systemeffekte haben eine besondere Bedeutung, denn zum einen sind auf Seite der Abnehmer geeignete, also kompatible Energiewandler notwendig, um die angebotene Elektrizität einsetzen zu können. Zum anderen - dies ist von größerem Einfluss auf die Funktionsfähigkeit des Gesamtsystems "Elektrizitätsversorgung"- führt die Überschreitung der Kapazitätsgrenze

---

774 Auf die ökonomischen Auswirkungen gehen die weiteren Ausführungen noch ein.

775 Zu den Bündelungsvorteilen siehe im Einzelnen die Ausführungen in Zweiter Teil II.B (S. 29ff.).

776 Idealtypische Abnahmeprofile (Tageslastverlauf, Jahreslastverlauf) können HERMANN entnommen werden. Vgl. HERMANN(1997), S. 27

777 Vgl. HERMANN(1997), S. 28ff. und 254, PICK(1991), S. 3f.

durch die Nachfrage in einem Stromversorgungssystem zum Zusammenbruch der gesamten Versorgung. Die angebotene Dienstleistung (Stromtransport) kann für keinen Nachfrager mehr erbracht werden. Dies stellt einen entscheidenden Unterschied zu anderen Wirtschaftsbereichen dar, in denen in der Regel nur die Nachfrage der Wirtschaftssubjekte nicht mehr befriedigt wird, die jenseits der Kapazitätsgrenze liegt. Um trotz dieser Interdependenzen die Versorgungssicherheit zu gewährleisten, sind Reservekapazitäten sowohl bei der Stromerzeugung als auch bei der Netzinfrastruktur notwendig. Die Netzinfrastruktur muss so ausgestaltet werden, dass auch der Ausfall einzelner Übertragungsstrecken - und damit von Übertragungskapazität - die Funktionsfähigkeit des Gesamtnetzes nicht beeinträchtigt.[778]

Diese technischen Merkmale treten jedoch in einem Stromversorgungssystem nicht in allen Bereichen im gleichen Umfang auf. Netzteile, die auf lokaler Ebene die Versorgung gewährleisten, unterscheiden sich hinsichtlich dieser Merkmale erheblich von den Teilen des Netzes, mit deren Hilfe der überregionale Stromtransport abgewickelt wird. Deshalb treten auch die ökonomischen Auswirkungen dieser Merkmale in den verschiedenen Netzteilen in unterschiedlicher Intensität auf. Trotz der dargestellten Unteilbarkeiten beim Auf- und Ausbau der Netze werden bei überregionalen und internationalen Netzen die Kapazitätsgrenzen einzelner Verbindungen durchaus erreicht.[779] In diesen Fällen ist der parallele Aufbau einzelner Trassen technisch notwendig und gesamtwirtschaftlich sinnvoll. Folglich können mehrere konkurrierende Anbieter überregionaler Stromtransport-

---

[778] Zur Sicherung der Funktionsfähigkeit des Gesamtnetzes kann bei Kapazitätsengpässen auch der Abwurf von Netzlast (also der Abschaltung bestimmter Stromverbraucher) vorgesehen werden.

[779] Ein unangreifbares natürliches Monopol auf der Grundlage einer subadditiven Kostenfunktion ist demgegenüber beim aktuellen Stand der Technik in lokalen Netzen zu erwarten. Die Bereitstellung lokaler Stromversorgungsnetze verursacht erhebliche Kosten, die weitgehend versunken sind, was zu einem wesentlichen Teil auf die Kosten der Leitungsverlegung zurückzuführen ist. Mit einer Leitung wird aber eine erhebliche Übertragungskapazität geschaffen, der auf lokaler Ebene eine - im Verhältnis zur hohen Kapazität - geringe Nachfrage gegenübersteht, so dass die Nachfragekurve die Durchschnittskurve noch im fallenden Bereich schneidet (vgl. hierzu die Ausführungen in Zweiter Teil II.C.3.a [S. 45ff.], insbesondere Abb. 9 [S. 48]). Auf lokaler Ebene muß daher derzeit mit einem natürlichen Monopol gerecht werden. Vgl. DEREGULIERUNGSKOMMISSION(1991), S. 69f., SCHULTE-ALTHOFF(1992), S. 68.

verbindungen oder -netze Stromtransportdienstleistungen anbieten. Bei geeigneten Rahmenbedingungen[780] müssen gesamtwirtschaftlich ineffiziente Parallelinvestitionen in diesem Bereich nicht befürchtet werden. Es kann daher durchaus bezweifelt werden, dass beim überregionalen Stromtransport die Bedingungen für ein natürliches Monopol vorliegen.[781]

Die bei überregionalen Netzen zweifellos bestehenden Anpassungsmängel stellen in dem hier auftretenden Ausmaß kein unüberwindliches Hindernis für die private Bereitstellung dieser Netze dar. Auch die Ausreifungszeiten beim Auf- und Ausbau von Netzverbindungen und -kapazitäten sind nicht die Ursache besonderer Risiken, die zur Aufrechterhaltung ausreichender Planungssicherheit wettbewerbspolitische Eingriffe notwendig machen würden. Lange Ausreifungs- und Nutzungszeiträume haben allerdings zur Folge, dass private Investoren immer dann Investitionszurückhaltung üben, wenn die politischen Rahmenbedingungen nicht für ausreichend stabil gehalten werden, um im Nutzungszeitraum die Refinanzierung des investierten Kapitals zu erreichen. Stabile Rahmenbedingungen sind daher eine entscheidende Voraussetzung für private Investitionen in diesem durch große politische Risiken gekennzeichneten Bereich.

Einige Probleme kann die Aufrechterhaltung der Versorgungssicherheit in einem wettbewerblichen Umfeld bereiten. Versorgungssicherheit basiert auf dem Vorhalten von Reservekapazitäten, sowohl bei der Produktion als auch beim Transport der Energie. Hier treten nun zwei Effekte auf:

- Der Netzeffekt bewirkt, dass durch jeden zusätzlichen Produzent, der sich dem Netz anschließt, die Kosten zur Verbesserung der Versorgungssicherheit für die schon dem Netz angeschlossenen Anbieter sinken. Die Anbieter haben die Möglichkeiten, auf Kapazitätsreserven in einem größeren Einzugsgebiet zurückzugreifen, wenn der Verbrauch plötzlich ansteigt oder Erzeuger ausfallen.[782] Ein Teil dieses Effekts fällt als Externalität an, so

[780] Die notwendigen ordnungspolitischen Veränderungen werden im Weiteren noch diskutiert.

[781] Vgl. DEREGULIERUNGSKOMMISSION(1991), S. 70. In der Literatur findet sich jedoch zu diesem Punkt vielfach die Auffassung, dass bei Stromtransport ein natürliches Monopol bestehe. Die Autoren kommen zu dieser Auffassung, weil sie unausgelastete Kapazitäten und stagnierende Nachfrage annehmen. Vgl. z.B. GRÖNER u.a.(1995), S. 32, Fußnote 35.

[782] Vgl. DEREGULIERUNGSKOMMISSION(1991), S. 71, PICK(1991), S. 79f. Solche Aushilfslieferungen können durch schwankende Wasserstände (Wasserkraftwerke), Abschaltung von

dass in einem wettbewerblichen Umfeld mit einem aus ökonomischer Sicht zu kleinen Netz gerechnet werden muss. Wegen der vergleichsweise geringen Zahl von Anbietern können jedoch die Netzeffekte, die durch den Eintritt von Stromproduzenten in ein Netz für die schon im Netz befindlichen Erzeuger entstehen, bei relativ geringen Transaktionskosten durch Verhandlungslösungen internalisiert werden. Diese Netzexternalitäten spielen außerdem dann keine Rolle mehr, wenn die ordnungspolitischen Rahmenbedingungen vorsehen, dass sich alle Stromproduzenten einem Stromtransportnetz anschließen.

- Bei der Produktion der Energie und der Auslegung der Verbindungskapazitäten kann es dadurch zu einem Trittbrettfahrerproblem kommen, dass die einzelnen Produzenten auf das Vorhalten ausreichender Reservekapazitäten verzichten, weil sie erwarten, dass innerhalb des Netzes in einer entsprechenden Situation genügend Kapazitäten anderer Produzenten bereitstehen.[783] Ob hieraus jedoch wirtschaftspolitische Eingriffe abzuleiten sind, bleibt fraglich. Immerhin besteht auch für die Produzenten ein Interesse, ihren Kunden eine stabile Stromversorgung anbieten zu können. Außerdem wird die vergleichsweise geringe Zahl an Stromerzeugern auch hier Verhandlungslösungen erleichtern.

Die Sicherheit der Stromversorgung hat für einige Abnehmer größere Bedeutung als für andere. Wird z.B. bei bestimmten Produktionsverfahren eine hochstabile und verlässliche Stromversorgung benötigt, werden die entsprechenden Nachfrager auch bereit sein, für eine garantierte Verfügbarkeit höhere Preise zu zahlen. Die Anbieter können dies erreichen, indem sie die Netzlast - wenn notwendig - durch Abschalten solcher Verbraucher reduzieren, die vertraglich eine geringere Verfügbarkeit ausgehandelt haben und dafür geringere Strompreise zahlen.[784]

Als Zwischenergebnis kann aus allokationspolitischer Sicht festgehalten werden, dass überregionale Stromtransportnetze durchaus durch konkurrierende Anbieter

---

Kraftwerken (z.B. wegen Wartung oder technischen Störungen) oder durch Belastungsspitzen entstehen. Vgl. HERMANN(1997), S. 76.

783 Vgl. LANG(1996), S. 139f. Die Stromeinspeisung aus unsteten regenerativen Quellen in die Stromtransportnetze schafft solche Probleme. Vgl. SCHÜRMANN(1998), S. 2.

784 Vgl. FROBÖSE(1998), S. 29.

bereitgestellt werden können. Dieses Ergebnis stand jedoch in Gegensatz zu den ordnungspolitischen Rahmenbedingungen, die in fast allen Mitgliedstaaten der EU einen wettbewerblichen Ausnahmebereich vorsahen. Die Behandlung großräumiger Stromtransportnetze als wettbewerblicher Ausnahmebereich hat vermutlich erhebliche Effizienzverluste zur Folge gehabt.[785] Die Verbesserung der Effizienz in diesem Bereich muss also im Mittelpunkt wirtschaftspolitischer Aktivitäten stehen.

Dies ist auch deshalb von Bedeutung, weil die Wachstumswirkungen von Investitionen in die großräumige Stromtransportinfrastruktur nur zurückhaltend beurteilen werden können, wenn der derzeitige Ordnungsrahmen beibehalten wird. Zwar gehört die Stromtransportinfrastruktur zur Basisinfrastruktur und stellt eine der wichtigsten Leistungen bereit, die in einer Volkswirtschaft mit Hilfe von Infrastruktur zu leisten sind, denn eine verlässliche Stromversorgung ist die Voraussetzung für das Funktionieren einer Industriegesellschaft.[786] Allerdings kann die Grundversorgung in der Regel auch bei geringer überregionaler Verknüpfung gewährleistet werden; auf dieser Ebene stehen ausreichende Kapazitäten sowohl beim Transport als auch in der Erzeugung bereit.[787]

Vom Auf- und Ausbau der transeuropäischen Elektrizitätstransportinfrastruktur werden maßgebliche Wachstumswirkungen im Wesentlichen vom Rationalisierungseffekt[788] ausgehen, der sich z.B. in der Reduzierung der Reservekapazitäten bei transeuropäischer Vernetzung der Erzeuger und durch effiziente Anpassung an eventuelle Nachfrageveränderungen zeigt. Da die bestehenden transeuropäischen Verbindungen bisher im Wesentlichen der Abwicklung von Aushilfslieferungen dienten und eine den überregionalen Stromhandel in größerem Umfang ermöglichende Stromtransportinfrastruktur noch weitgehend fehlte,[789] kommt bis heute

---

[785] Vgl. hierzu z.B. DEREGULIERUNGSKOMMISSION(1992), S. 73ff., PFAFFENBERGER u.a.(1992), S. 63ff. Nur im Bereich der lokalen Stromversorgung findet sich ein vor potentieller Konkurrenz geschütztes, natürliches Monopol, das wettbewerbspolitische Eingriffe rechtfertigt. Vgl. DEREGULIERUNGSKOMMISSION(1992), S. 70.

[786] Vgl. DEREGULIERUNGSKOMMISSION(1991), S. 66.

[787] Wenn allerdings Versorgungsengpässe beseitigt würden, dürfte daher mit erheblichen *crowding in*-Effekten gerechnet werden, denn für die Stromversorgungsinfrastruktur besteht eine niedrige Substitutionselastizität.

[788] Vgl. Zweiter Teil II.C.4.b.i (S. 58ff.).

[789] Vgl. PICK(1991), S. 80.

ein internationaler Stromaustausch nur in geringem Umfang zustande.[790] Die nationalen Strommärkte arbeiten noch weitgehend autonom;[791] dies lässt auf Rationalisierungsreserven schließen.[792]

Um die regionalpolitische Bedeutung des Auf- und Ausbaus großräumiger Stromtransportnetze beurteilen zu können, muss die räumliche Verteilung der Effizienzverbesserungen betrachtet werden, die durch die Verknüpfung der Netze erreicht werden könnten. Besondere Wirkungen dürfen in sehr kleinen, bisher isolierten Netzen erwartet werden. In der Gemeinschaft sind solche Bedingungen in einigen Mitgliedstaaten und zahlreichen peripheren Regionen gegeben.[793] Die Verteilungswirkungen des Auf- und Ausbaus transeuropäischer Netze im Energiebereich entsprechen daher durchaus den politisch angestrebten Verteilungszielen.

Nachhaltige Wachstumswirkungen eines Ausbaus der Infrastruktur sind allerdings nur zu erwarten, wenn der Ausbau in einem wettbewerblichen Umfeld stattfindet: Nur dann bestehen für die Anbieter auch Anreize, mögliche Effizienzverbesserungen zu realisieren. Daher muss der Schaffung eines Binnenmarktes die ordnungspolitische Neuordnung in den Mitgliedstaaten vorangehen.

Sind die Elektrizitätsversorgungsunternehmen allerdings nur auf Kostendeckung verpflichtet, bestehen nur geringe Anreize, Netzkapazitäten zum Stromaustausch aufzubauen, denn unter diesen Bedingungen schaffen die Unternehmen eher eigene Kraftwerkskapazitäten, als dauerhaft Elektrizität von anderen Produzenten zuzukaufen.[794] Dagegen bestehen Anreize zur Vermarktung freier Transportkapazitäten durch die vertikal integrierten Stromversorgungsunternehmen, wenn durch eine Regulierungsinstitution Höchstpreise für längere Zeiträume festgelegt werden (wie z.B. in Deutschland). In diesem Fall kann der Verkauf freier Trans-

---

[790] Vgl. O.V.(1998h), S. 27.

[791] Vgl. PFAFFENBERGER u.a.(1992), S. 102, HERMANN(1997), S. 81ff.

[792] Vgl. MEYER(1997), S. 29f. Von der Liberalisierung der Strommärkte und der Integration zu einem europäischen Strommarkt sind beispielsweise in Deutschland Preissenkungen von bis zu 25% zu erwarten. Vgl. O.V.(1998h), S. 27.

[793] Vgl. KOM(1993)685 endg. vom 19.1.1994: Mitteilung über die Leitlinien der Gemeinschaft für die Ausgestaltung der transeuropäischen Energienetze, Vorschlag für eine Entscheidung über Leitlinien für die Ausgestaltung der transeuropäischen Netze im Energiebereich, S. 5.

[794] Diese Unternehmen werden eigene Kraftwerkskapazitäten schaffen. Vgl. HERMANN(1997), S. 252.

portkapazitäten durch die vertikal integrierten Stromversorgungsunternehmen deren Gewinne erhöhen.[795]

Dennoch kann eine grundsätzliche Neuordnung des Energiemarktes dessen Effizienz weiter erhöhen. Hierfür werden im Hinblick auf die großräumige Stromtransportinfrastruktur im Wesentlichen zwei Verfahren diskutiert:[796]

- In einem *common carriage*-System wird, dem Prinzip der disaggregierten Regulierung folgend, die vertikale Integration der Erzeugung, großräumiger Übertragung und regionaler Verteilung von Elektrizität aufgehoben. Auf der Ebene der großräumigen Netze sollten mehrere ähnlich große Netzgesellschaften gebildet werden.[797]
- Das Modell des *third party access* unterscheidet sich hiervon durch die Beibehaltung der vertikalen Integration, wobei allerdings die Monopolstellung bei der Übertragung aufgebrochen wird. Hierzu werden die regionalen Monopolisten verpflichtet, anderen Produzenten zu erlauben, Strom durch ihr Netz zu leiten, so dass eine Stromtransportpflicht für die Unternehmen besteht, die über ein Stromtransportnetz verfügen.

Wesentlich ist also, dass allen Produzenten diskriminierungsfreier Zugang zur Infrastruktur gewährt wird und die Nachfrager Elektrizität von den wettbewerbsfähigsten Anbietern nachfragen können. Damit wird die marktabschließende Wirkung der Transportinfrastruktur überwunden.[798] Diese ordnungspolitischen Veränderungen in den nationalen Teilmärkten würden - unabhängig von der Schaffung eines Binnenmarktes für Strom - beträchtliche Effizienzgewinne und eine Verringerung der Preisstrukturverzerrungen auslösen.[799] Inwieweit ein Binnenmarkt für Elektrizität, der nach dem kostspieligen Aufbau der transeuropäischen Stromtransportinfrastruktur entstehen könnte, dann noch weitere Effizienz-

---

[795] Vgl. HERMANN(1997), S. 254.

[796] Vgl. LANG(1996), S. 138ff., KNIEPS(1997), S. 197f.

[797] Im Vergleich zu einer europäischen Gesellschaft werden hierdurch Ineffizienzen vermieden und Effizienzvergleiche sind möglich. Vgl. HERMANN(1997). S. 166ff..

[798] Zu technischen und strategischen Marktzutrittschranken auf Strommärkten vgl. GRÖNER u.a.(1995), S. 32ff.

[799] Vgl. DEREGULIERUNGSKOMMISSION(1991), S. 90.

vorteile schaffen würde, ist schwer zu beurteilen.[800] Hierüber liegen nur wenige Schätzungen vor, die zu recht unterschiedlichen Ergebnissen kommen.[801] Prinzipiell wird aber schon die Möglichkeit, auch internationale Stromlieferungen durchzuführen (potentielle Konkurrenz), disziplinierend auf die nationalen Anbieter wirken können.

Als öffentliche Aufgabe spielen daher ordnungspolitische Veränderungen eine zentrale Rolle. Entweder muss der Betrieb von Transportnetzen getrennt werden von der Produktion und der Verteilung von Elektrizität oder der Zugang zu den Netzen Dritter muss diskriminierungsfrei möglich sein. Dazu müssen Rahmenbedingungen geschaffen werden, durch die die Anbieter gezwungen werden, ihre Netze zu öffnen und die verhindern, dass durch technische Hemmnisse der Wettbewerb be- oder gar verhindert wird.

Wettbewerbliche Verhältnisse werden dann dazu führen, dass Kapazitätsüberhänge sowohl bei der Produktion als auch beim Transport durch die Unternehmen vermarktet werden, was auch zu verstärktem internationalen Austausch auf dem Strommarkt führen wird. Zeigen sich dann an anderer Stelle Kapazitätsengpässe in der Transportinfrastruktur, die den Austausch von Energie behindern, so entstehen hieraus Anreize für Investoren, diese Engpässe zu beseitigen, um neue Absatzgebiete zu erschließen.

Dieser ordnungsrechtliche Rahmen sollte in seinen Grundzügen gemeinschaftsweit gelten. Die zentrale Wahrnehmung dieser Aufgabe ist auch deshalb vorteilhaft, weil die politischen Entscheidungsträger von den vertikal integrierten Elektrizitätsversorgungsunternehmen als Vertreter partikularer Interessen nicht unwesentlich beeinflusst werden.[802] Auch die Kommission musste wegen des Widerstandes der Elektrizitätsversorgungsunternehmen, des EP und einiger Mitglied-

---

[800] Das absolute Volumen des Stromhandels wird auch in absehbarer Zeit vergleichsweise gering bleiben. So wird beispielsweise in Deutschland trotz einer Steigerung des grenzüberschreitenden Stromhandels von 12% zwischen 1995 und 2000 der Nettoimport nur knapp 2% des Gesamtverbrauchs ausmachen. Vgl. DONNERBAUER(1998), S. 28.

[801] Studien rechnen bei einer stärkeren Integration der Strommärkte in der EU mit Kostensenkungen zwischen 5 und über 12 v.H. Vgl. PFAFFENBERGER u.a.(1992), S. 102ff., PICK(1991), S. 161.

[802] Vgl. HERMANN(1997), S. 290.

staaten Abstriche machen bei ihren Bemühungen, eine Liberalisierung und Öffnung nationaler Strommärkte zu erreichen.[803]

Dennoch sollte die Gemeinschaft nur einen Rahmen vorgeben, um den Mitgliedstaaten die Möglichkeit zu geben, nationale Besonderheiten in den konkreten Regelungen zu berücksichtigen. Dies ist bei den Strommärkten von besonderer Bedeutung, weil die Ausgangspositionen sowohl in technischer als auch institutioneller Hinsicht (wirtschaftspolitische Rahmenbedingungen und Prozesspolitik) in den Mitgliedstaaten außerordentlich unterschiedlich sind.[804] Auf jeder Ebene ist es allerdings wichtig, für die Investoren in diesem Infrastrukturbereich stabile, glaubhafte Rahmenbedingungen zu schaffen, um Attentismus aufgrund politischer Risiken zu verhindern.

Über die ordnungspolitischen Maßnahmen hinaus ist für ausgabenwirksame Aktivitäten auf gemeinschaftlicher Ebene keine allokationspolitische Begründung erkennbar. Auch für regionalpolitische Aktivitäten scheint dieses Feld wenig geeignet, da bedeutende Nutzenüberschüsse wegen der schon weit fortgeschrittenen Erschließung durch Stromtransportinfrastrukturen nur schwer zu erzielen sind. Die Effizienzgewinne können in diesem Fall zumindest auch den peripheren Regionen zugute kommen.

2. Erdgasversorgungsnetze

Der Energieträger Erdgas wird - neben dem Transport in Schiffen als Flüssiggas (*liquified natural gas*, LNG) - insbesondere über Rohrleitungssysteme transportiert und verteilt. Die hierzu verwendeten Erdgasversorgungsnetze transportieren den Energieträger von den natürlichen Lagerstätten oder den Verladeterminals in die Verbrauchsregion und gewährleisten die Verteilung des Energieträgers bis zu den Endverbrauchern. Die Aufgabe der großräumigen Netze ist der Ferntransport des Erdgases in einem Hochdrucknetz (Ferngasnetz) sowie die Belieferung von Weiterverteilern und Großverbrauchern.[805] Durch das Netzmana-

---

[803] Vgl. hierzu HERMANN(1997), S. 91f. Insbesondere die französischen Abgeordneten leisteten Widerstand gegen eine umfassende Liberalisierung der Strommärkte. Vgl. HERMANN(1997), S. 290.

[804] Vgl. PICK(1991), S. 80f., HERMANN(1997), S. 86.

[805] Vgl. PAULUS(1996), S. 57.

gement wird die Erdgasqualität gesichert; außerdem müssen die großvolumigen Speicher für Erdgas betrieben werden.

Erdgasversorgungsnetze weisen im Hinblick auf die ökonomisch relevanten Aspekte der technischen Ausgestaltung viele Ähnlichkeiten mit Stromtransportnetzen auf. Im Hinblick auf das Management dieser Netze bestehen jedoch Unterschiede z.B. in der Tatsache, dass im Gegensatz zu Elektrizität der Energieträger Erdgas vergleichsweise problemlos zwischengelagert werden kann, so dass Erdgasbezug und Verbrauch zeitlich in gewissem Umfang entkoppelt werden können. Schwankungen des Gasdrucks haben geringere Auswirkungen als Spannungsschwankungen in einem Stromnetz.[806] Während die Elektrizitätsversorgung prinzipiell auch ohne bzw. geringe internationale Zusammenarbeit gewährleistet werden kann, muss Erdgas von den natürlichen Lagerstätten zu den Endverbrauchern transportiert werden, weshalb die internationale Zusammenarbeit zwingend notwendig ist.[807] Die Versorgungssicherheit muss hier nicht wie bei der Elektrizitätsversorgung auf die Erzeugung und Verteilung, sondern auf die kontinuierliche Beschaffung des Energieträgers insbesondere auch aus internationalen Quellen und dessen Verteilung abstellen.

Wie bei allen Transportnetzen liegen auch beim Auf- und Ausbau von Ferngasnetzen technisch bedingte Unteilbarkeiten vor. Sie entstehen durch die Notwendigkeit, eine durchgängige Verbindung zwischen räumlich getrennten Punkten zu erstellen, die folglich nicht beliebig geteilt werden kann. Bündelungsvorteile kommen bei Rohrnetzen dadurch zustande, dass eine Kapazitätserhöhung einer Rohrleitung nur eine unterproportionale Erhöhung des Aufwands auslöst. Auch Dichteeffekte und Durchmischungseffekte spielen bei Ferngasnetzen eine Rolle.[808] Schließlich ist auch bei diesen Investitionen der Ausreifungs- und Nutzungszeitraum sehr lang; die Investitionen sind immobil und in hohem Maße spezifisch.[809]

---

806 Vgl. HERMANN(1997), S. 26.

807 Vgl. BÖRNER(1996), S. 28f. Die Importquote der EU könnte von derzeit ca. 40 v.H. auf über 55 v.H. im Jahr 2010 und auf 70 v.H. im Jahr 2020 steigen. Dabei wachsen die Entfernungen zwischen den Förder- und Verbrauchsregionen. Vgl. SCHÜRMANN(1996), S. 19.

808 Zu den Bündelungsvorteilen bei Infrastrukturnetzen vgl. Zweiter Teil II.B (S. 29ff.).

809 Vgl. SCHULTE-ALTHOFF(1992), S. 60ff.

Nicht überraschen kann daher, dass auch die ökonomische Analyse zu ähnlichen Ergebnis kommt wie bei den Stromversorgungsnetzen. Als Hindernisse für Allokationseffizienz bei wettbewerblicher Selbststeuerung beim Auf- und Ausbau von Infrastrukturnetzen könnten sich die beschriebenen Unteilbarkeiten erweisen. Allerdings darf vermutet werden, dass die Kostenfunktion im relevanten Bereich nicht mehr subadditiv ist und ein natürliches Monopol daher nicht zu befürchten ist. Die Angebots- und Nachfragebedingungen machen Parallelinvestitionen in Erdgas-Pipelines für den Ferntransport durch konkurrierende Unternehmen gesamtwirtschaftlich effizient.[810] Dadurch wird auch die Gefahr begrenzt, dass durch (die zweifellos vorhandenen) Anpassungsmängel ein nicht-angreifbares Monopol bei der großräumigen Netzinfrastruktur entsteht. Die Investitionen in den Auf- und Ausbau dieser Netze werden auch durch die spezifische Struktur des Erdgasmarktes beeinflusst. Für Erdgas besteht kein Weltmarkt, denn die Transportwege definieren die Anbieter-Nachfrager-Beziehungen. Daraus ergeben sich für die Nachfrager Bezugsrisiken, erhebliche Abhängigkeiten und ein Opportunitätsproblem, das jedoch durch die Diversifizierung der Lieferanten sowie den Auf- und Ausbau von Speicherkapazitäten reduziert werden kann. Informationsmängel, die auf der Langfristigkeit der getätigten Investitionen beruhen, können die Netzbetreiber auch anfällig gegen opportunistisches Verhalten der Erdgasverbraucher machen. Dagegen können die Ferngasunternehmen sich jedoch durch langfristige Verträge absichern, die ihre Kunden bei Nichtabnahme zu Ausgleichszahlungen verpflichten (*take-or-pay*).[811]

Wachstumspolitische Bedeutung geht auch beim Erdgastransportnetz vom Kapazitäts- und dem Rationalisierungseffekt aus. Die Erdgasversorgung ist ohne großräumige Netze nicht denkbar, weil die natürlichen Erdgaslagerstätten außerhalb der Verbraucherregionen, häufig gar außerhalb der EU liegen. Ihr Ausbau

---

[810] Vgl. PAULUS(1996), S. 60. In Deutschland ist es durch den Bau von zwei neuen Trassen durch die Winthershall AG in Kooperation mit der russischen Gazprom, die auch als Erdgaslieferant fungiert, zu einer erheblichen Belebung des Wettbewerbs auf dem bisher im wesentlichen durch die Ruhrgas AG dominierten Erdgasmarkt gekommen. Vgl. O.V.(1995), S. 11, PAULUS(1996), S. 58ff.

[811] Vgl. ROUNDTABLE OF EUROPEAN INDUSTRIALISTS(1984), S. 10f.

wird daher im Wesentlichen Kapazitätseffekte hervorrufen. Daneben werden auch erhebliche Rationalisierungsreserven vermutet.[812]

Die regionalen Verteilungswirkungen entstehen durch regional differenzierte Wachstumswirkung. In weiten Teilen der EU besteht schon ein Erdgasverteilnetz, das es Endverbrauchern möglich macht, diesen Energieträger zu verwenden. In den Regionen jedoch, die kein Verteilungssystem haben und in denen Erdgas als Primärenergieträger deshalb nicht eingesetzt werden kann, werden wachstumspolitische Wirkungen eintreten: Mit der Verfügbarkeit von Erdgas können andere, weniger effiziente Energieträger abgelöst werden, was Kostensenkungen und zunehmende Wettbewerbsfähigkeit zur Folge hat.

Als Zwischenergebnis bleibt festzuhalten, dass die Aufgabe öffentlicher Institutionen auch im Bereich der Erdgasinfrastruktur in der Schaffung eines wettbewerblichen Umfelds liegt. In Orientierung am Konzept der "disaggregierten Regulierung"[813] sind hierbei die aus allokationspolitischer Sicht problematischen Bereiche herauszulösen und einer Regulierung zu unterwerfen. Dies trifft hier die lokalen Verteilnetze, bei denen ein natürliches Monopol besteht, das durch potentielle Konkurrenz wegen hoher versunkener Kosten nicht angreifbar ist. Der Ausbeutungsspielraum wird zwar begrenzt durch Substitutionskonkurrenz mit anderen Primärenergieträgern, ist aber trotzdem so groß, dass er eine Regulierung dieses Bereichs rechtfertigt.

In den hier betrachteten großräumigen Netzen bestehen diese Probleme jedoch nicht, so dass einer wettbewerblichen Bereitstellung im Prinzip nichts im Wege steht. Wie das wettbewerbliche Umfeld im Infrastrukturbereich konkret ausgestaltet werden soll, kann hier nicht abschließend geklärt werden. Diskutiert werden die völlige vertikale Entflechtung, wodurch Unternehmen gebildet würden, die ausschließlich Ferngasnetze sowie Speicheranlagen betreiben und als Dienstleister ihre Transportkapazitäten dem Erdgashandel anbieten (*common carriage*). Eine andere Möglichkeit wäre das Aufbrechen der Demarkation und die Verpflichtung zur Durchleitung von Erdgas eines Konkurrenten (*third party access*), was Verträge über Einspeisung und damit verbundener Entnahme an anderer

---

[812] Vgl. SCHÜRMANN(1998), S. 2.

[813] Vgl. hierzu Zweiter Teil II.C.3.c (S. 54ff.).

Stelle notwendig macht.[814] Da bei dieser Option auf eine Entflechtung der Produktionsstufen und Netzebenen verzichtet wird, ist - um auf dieser Basis einen funktionsfähigen Wettbewerb realisieren zu können - die Durchsetzung eines diskriminierungsfreien Zugangs zur Infrastruktur notwendig.[815]

Für finanzielle Förderung durch die Gemeinschaft oder die Mitgliedstaaten ist eine allokationspolitische Begründung auch hier nicht erkennbar. Schon im Vorfeld der ordnungspolitischen Veränderungen in diesem Bereich haben Unternehmen erhebliche Investitionen in den Aufbau von Netzen oder Netzteilen getätigt, wie das Beispiel Winthershall/Gazprom in Deutschland zeigt.[816] Durch wachsenden Wettbewerbsdruck, den die veränderten Rahmenbedingungen auslösen sollen, wird auch der bisher noch weitgehend fehlende grenzüberschreitende europäische Verbund der Ferngasunternehmen sowie der Wettbewerb um Abnehmer im jeweils anderen Land verstärkt.[817] Es werden erhebliche Spielräume für Erdgaspreissenkungen vermutet, wobei entscheidende Hindernisse für den nachfrageorientierten Ausbau der Infrastruktur in einem wettbewerblichen Umfeld nicht erkennbar sind.[818] Die Erdgasunternehmen sind daran interessiert, ihre Absatzgebiete auszuweiten und schon jetzt auch bereit, erhebliche Investitionen in den Ausbau der Fernleitungsnetze zu investieren.[819] Die Gemeinschaft sollte sich daher auch hier darauf beschränken, die Entwicklung ähnlicher wettbewerblicher Rahmenbedingungen in den Mitgliedstaaten zu forcieren und damit Anreize für die Anbieter setzen, an den Nachfragerpräferenzen orientierte Angebote - und die entsprechenden Transportnetze - zu schaffen.

---

[814] Zu diesen Konzepten siehe auch Dritter Teil IV.A.1 (S. 280ff.).

[815] Solche Konzepte werden unter dem Hinweis kritisiert, das die staatlichen Exportgesellschaften der Produzentenländer ihre Position durch diese Politik zu Lasten der Ferngasgesellschaften als Besitzer der Ferngasnetze stärken könnte, wenn in absehbarer Zukunft (etwa 2010/2015) nur noch ein enges Oligopol aus Rußland, Norwegen und Algerien Erdgaslieferungen durchführt. Vgl. SCHÜRMANN(1996), S. 19. Es muss allerdings berücksichtigt werden, dass diese Länder ihre Macht als enges Oligopol auch ohne Zugang zu den Netzen ausnutzen könnten.

[816] Vgl. WINTERSHALL(1998).

[817] Vgl. PFAFFENBERGER u.a.(1992), S. 125.

[818] Vgl. SCHÜRMANN(1998), S. 2.

[819] So hat die Wintershall ca. 4 Mrd. DM in ihr Fernleistungsnetz und Speichereinrichtungen investiert. Vgl. WINTERSHALL(1998).

Regionalpolitische Aktivitäten sollten sich auf die Verteilnetze beschränken. Sie sind jedoch nicht Teil der TEN und sollten daher auch im Rahmen regionalpolitischer Verfahren und Fördermaßnahmen geplant und abgewickelt werden, um die Transparenz und Kontrolle der infrastrukturpolitisch ausgerichteten TEN-Maßnahmen nicht zu gefährden. Sie schaffen aber neue Märkte für Erdgas, weshalb die Versorgung mit Erdgas von privaten Ferngasunternehmen bei privater Finanzierung der Erdgastransportinfrastruktur durchgeführt werden wird. In dieser Phase kann die Abstimmung der Beteiligten durch PPP im weiteren Sinne verbessert werden.[820]

B. Wirtschaftspolitische Aktivitäten der EU

Auf europäischer Ebene wurde 1951 mit dem Aufbau eines Stromverbundsystems auf freiwilliger Basis begonnen. Dazu wurde die *Union pour la coordination de la production et du transport de l'électricité* (UCPTE) gegründet, der europäische Elektrizitätsversorgungsunternehmen angehören, die über ein geschlossenes Versorgungsgebiet und Versorgungsnetz verfügen. Ziel ist die sichere, wirtschaftliche und umweltverträgliche Stromversorgung.[821] Die Elektrizitätsversorgungsunternehmen sind weiterhin für Aufbau und Betrieb der Transportinfrastruktur zuständig, wobei der öffentliche Einfluss auf die Planung der Netze in der Regel erheblich ist.[822] Auch die Erdgastransportnetze werden traditionell von den Ferngasunternehmen - bei umfangreichen Einfluss staatlicher Stellen[823] - geplant und bereitgestellt.

Die Gemeinschaft wurde im Zusammenhang mit dem Binnenmarkt-Projekt auf die aus ihrer Sicht unzureichende Verknüpfung der gemeinschaftlichen Energieversorgungsnetze aufmerksam. Der Europäische Rat (Dezember 1989 und Juni 1990) definierte auch diesen Bereich als Gegenstand von besonderem europäischen Interesse und ersuchte die Kommission, geeignete Maßnahmen vorzuschla-

---

[820] Vgl. Zweiter Teil IV.D.2 (S. 145ff.).

[821] Vgl. HERMANN(1997), S. 75ff.

[822] Vgl. HERMANN(1997), S. 49ff. Die größte Unabhängigkeit der Planung von staatlichem Einfluss ist in Großbritannien erreicht. Hier ist eine Holdinggesellschaft der privatisierten regionalen Stromversorger für Betrieb, Instandhaltung und Ausbau des Hochspannungsnetzes zuständig. Vgl. HERMANN(1997), S. 67.

[823] Bei der Planung von Erdgastransportleitungen werden z.B. Aspekte des Umweltschutzes, der Raumordnung und militärische Aspekte berücksichtigt. Vgl. PFAFFENBERGER(1992), S. 119.

gen, um die transeuropäischen Netze zum Energietransport aufzubauen und zu verknüpfen.[824]

Ohne direkten rechtlichen Bezug zu den TEN arbeitete die Kommission Vorschläge für ordnungspolitische Veränderungen aus, die erhebliche ökonomische Bedeutung für Auf- und Ausbau der TEN-Energie haben. Ein Ergebnis dieser Bemühungen waren die sog. Transitrichtlinien, die sowohl für große Gas- als auch Elektrizitätsnetze durch den Rat erlassen wurden.[825] Die Mitgliedstaaten werden darin insbesondere angewiesen, Bestimmungen zu erlassen, die den Transit von Erdgas und Elektrizität über die Grenzen der Mitgliedstaaten ermöglichen bzw. erleichtern. Dem folgte bald ein Entwurf, der in mehreren Stufen die Integration der europäischen Elektrizitätswirtschaft in einem deregulierten ordnungspolitischen Umfeld zum Ziel hatte.[826] Der Vorschlag mündete nach heftigen Diskussionen schließlich in einer Richtlinie.[827] Die Mitgliedstaaten müssen diese Vorgaben bis 1999 in nationales Recht umsetzen.[828]

Darüber hinaus untersuchte die Kommission Möglichkeiten, um die Energietransportnetze zu verknüpfen und damit die physischen Voraussetzungen für einen Binnenmarkt zu schaffen. In einer Mitteilung an den Rat fasste sie ihre Vorarbeiten zusammen.[829] Nach der Neufassung des EGV durch das Vertragswerk von Maastricht waren sie die Grundlage für einen Vorschlag über eine Leitlinie

---

[824] Vgl. KOM(1990)585 endg. vom 10.12.1990: Auf dem Weg zu einer europäischen Infrastruktur. Ein gemeinschaftliches Aktionsprogramm.

[825] Vgl. jeweils die Erwägungsgründe in Richtlinie 90/547/EWG des Rates vom 29.10.1990 über den Transit von Elektrizitätslieferungen über große Netze (ABl. L 313 vom 13.11.1990) sowie Richtlinie 90/547/EWG des Rates vom 31.5.1991 über den Transit von Erdgas über große Netze (ABl. L 147 vom 12.6.1991).

[826] Vgl. KOM(1991)548 endg. vom 22.1.1991 (ABl. C 65 vom 14.3.1991): Vorschlag für eine Richtlinie des Rates über gemeinsame Vorschriften für den Elektrizitätsbinnenmarkt - Vorschlag für eine Richtlinie des Rates über gemeinsame Vorschriften für den Erdgasbinnenmarkt

[827] Vgl. Richtlinie 96/92/EG des Europäischen Parlaments und des Rates vom 19.12.1996 betreffend gemeinsame Vorschriften für den Elektrizitätsbinnenmarkt (ABl. L 27 vom 30.1.1997).

[828] Vgl. Richtlinie 96/92/EG des Europäischen Parlaments und des Rates vom 19.12.1996 betreffend gemeinsame Vorschriften für den Elektrizitätsbinnenmarkt (ABl. L 27 vom 30.1.1997), Art. 27 Abs. 1.

[829] Vgl. SEK(1992)553 endg. vom 27.3.1992: Mitteilung über die Infrastrukturen für den Transport von Elektrizität und Erdgas in der Gemeinschaft.

für transeuropäische Energienetze.[830] Der Europäische Rat von Essen (9./10.12.1994) einigte sich zwischenzeitlich auf eine Liste vorrangiger Energieprojekte.[831] Die Auswahl geht - wie bei den vorrangigen Verkehrsprojekten - auf die Vorarbeiten der "Gruppe persönlich Beauftragter der Staats- und Regierungschefs" ("Christophersen-Gruppe") zurück.[832] Die ausgewählten Projekte sollen kurzfristig begonnen und bis 1999 abgeschlossen werden können.[833] Das Rechtssetzungsverfahren für die Leitlinien war im Juni 1996 abgeschlossen.[834]

Die Leitlinie für die Ausgestaltung der transeuropäischen Netze im Energiebereich bezieht sich bei den Elektrizitätstransportnetzen auf Hochspannungsverbindungen und Kontroll- und Managementsysteme. Bei den Erdgastransportnetzen sind Hochdruckverbindungen, Speichereinrichtungen, Anlagen zur Speicherung und Aufbereitung von Flüssiggas sowie ebenfalls Kontroll- und Managementsysteme für diese Einrichtungen Gegenstand der gemeinschaftlichen Anstrengungen. In beiden Bereichen genügen die damit beschriebenen Netze weitgehend der hier vorgeschlagenen Abgrenzung von Infrastrukturen mit transeuropäischer Bedeutung.

Die gemeinschaftlichen Maßnahmen sollen den Leitlinien entsprechend den folgenden Zielen dienen:

---

830 Vgl. KOM(1993)685 endg. vom 19.1.1994: Mitteilung über die Leitlinien der Gemeinschaft für die Ausgestaltung der transeuropäischen Energienetze, Vorschlag für eine Entscheidung über Leitlinien für die Ausgestaltung der transeuropäischen Netze im Energiebereich.

831 Vgl. KOM(1995)226 endg. vom 29.5.1995: Geänderter Vorschlag für eine Entscheidung über Leitlinien für die Ausgestaltung der transeuropäischen Netze im Energiebereich, Schlussfolgerungen des Vorsitzes des Europäischen Rats, Tagung am 9. und 10. Dezember 1994 in Essen, Anhang I.

832 Vgl. hierzu Dritter Teil II.B.2 (S. 201ff.).

833 Vgl. Schlussfolgerungen des Vorsitzes des Europäischen Rats, Tagung am 9. und 10. Dezember 1994 in Essen, Anhang I. Die Vorhaben sind in Anhang 4 dieser Arbeit genannt.

834 Vgl. Entscheidung 1254/96/EG des Europäischen Parlaments und des Rates über eine Reihe von Leitlinien betreffend die transeuropäischen Netze im Energiebereich (ABl. L 161 vom 29.6.1996), geändert durch die Entscheidung 1047/97/EG des Europäischen Parlaments und des Rates (ABl. L 152 vom 11.6.1997), spezifiziert durch Entscheidung 97/548/EG der Kommission vom 11.7.1997 (ABl. L 225 vom 15.8.1997). Die Kommission hat jüngst einen weiteren Vorschlag für die Änderung dieser Leitlinien gemacht. Vgl. KOM(1998)542 endg. vom 30.9.1998: Vorschlag für eine Entscheidung des Europäischen Parlaments und des Rates zur Änderung der Entscheidung Nr. 1254/96/EG über eine Reihe von Leitlinien betreffend die transeuropäischen Netze im Energiebereich.

- Schaffung eines effektiven Gemeinsamen Marktes, insbesondere des gemeinsamen Energiemarktes,
- Förderung der wirtschaftlichen und sozialen Kohäsion, also eines distributionspolitischen Zieles, und
- Sicherung der Energieversorgung in den Mitgliedstaaten der EU.

Priorität sollen im Bereich des Elektrizitätstransports solche Vorhaben genießen, die bisher isolierte Regionen an das transeuropäische Stromnetz heranführen und die helfen, die Verbindungen zwischen Mitgliedstaaten sowie zwischen Mitgliedstaaten und Drittstaaten zu verbessern. Außerdem sollen auch Verbindungen innerhalb von Mitgliedstaaten gefördert werden, wenn sie im Zusammenhang mit Verbesserungen der Verbindungen zwischen Mitgliedstaaten stehen.

Bei den Erdgastransportnetzen sollen ebenfalls Vorhaben prioritär behandelt werden, die bisher isolierte Regionen an die europäischen Transportnetze anschließen. Außerdem sollen die Transport- und Verarbeitungskapazitäten für Flüssiggas und der Bau oder die Erweiterung von Transportverbindungen gefördert werden. Schließlich gelten auch Vorhaben zur Einführung von Erdgas in neuen Regionen als Priorität.

Vorhaben von gemeinsamem Interesse, die besondere Förderung erfahren, müssen neben der gerade beschriebenen Ausrichtung auch "wirtschaftlich potentiell lebensfähig" sein. Auf den Zusatz, dies sei "im Lichte von Analysen des sozioökonomischen Kosten-/Nutzenverhältnisses" zu prüfen, wie dies z.B. bei den Verkehrsnetzen vorgesehen ist,[835] wird hier verzichtet. Daher darf angenommen werden, dass die Energietransportnetze nicht mit einem gesamtwirtschaftlichen Nutzenüberschuss in Verbindung gebracht werden müssen, sondern dass die wirtschaftliche Lebensfähigkeit an der Aufrechterhaltung des finanziellen Gleichgewichts aus einzelwirtschaftlicher Sicht festgemacht werden soll.

Der Gemeinschaft stehen auch hier die schon bei der Diskussion der Gemeinschaftsaktivitäten zur Förderung des Auf- und Ausbaus der transeuropäischen Verkehrsnetze diskutierten Instrumente zur Verfügung. Für die Gewährung von

---

[835] Vgl. Entscheidung 1692/96/EG des Europäischen Parlaments und des Rates vom 23.7.1996 über gemeinschaftliche Leitlinien für den Aufbau eines transeuropäischen Verkehrsnetzes, Art. 7. Vgl. hierzu auch die Ausführungen in Dritter Teil II.B.5.b (S. 215ff.).

Gemeinschaftszuschüssen gelten ebenfalls die dort beschriebenen Regelungen.[836] In Tab. 8 sind die für die Energietransportnetze zur Verfügung stehenden Mittel zusammengefasst.

(in Mio. ECU)	Instrumente	1993-1994	1995	1996	1997	Gesamt
Haushaltslinie TEN	Kofinanzierung von Studien	0	12	9	24	45
Strukturfonds	Zuschüsse	676	88	1.265	NA	2.029
EIB	Darlehen	1.077	745	1.176	497	3.495
EIF	Bürgschaften	208	12	270	4	493

Quelle: KOM(1997)654 endg. vom 4.12.1997: Transeuropäische Netze. Jahresbericht 1997, Tabelle 2 (Anhang).

NA - nicht verfügbar.

Tab. 8: Finanzierungshilfen zum Auf- und Ausbau transeuropäischer Energienetze

Auch im Zusammenhang mit den Energieversorgungsnetzen fördert die Gemeinschaft die Interoperabilität der Netze, insbesondere mit dem Ziel, den Energiebinnenmarkt technisch zu verwirklichen.[837] In einer Richtlinie wurden ergänzend gemeinsame Vorschriften für den Elektrizitätsbinnenmarkt erlassen.[838] Dabei sollen sich zunehmende Wettbewerbsintensität im europäischen Binnenmarkt und die Herstellung der Interoperabilität gegenseitig verstärken: Zum einen sollen Marktkräfte des Binnenmarktes die Interoperabilität begünstigen.[839] Zum anderen werden die Mitgliedstaaten aufgefordert, die Interoperabilität der Netze sicherzustellen, um wettbewerbliche Strukturen zu ermöglichen.[840]

---

[836] Vgl. Dritter Teil II.B.5.b (S. 215ff.).

[837] Vgl. Entscheidung 1254/96/EG des Europäischen Parlaments und des Rates über eine Reihe von Leitlinien betreffend die transeuropäischen Netze im Energiebereich (ABl. L 161 vom 29.6.1996), Art. 3.

[838] Vgl. Richtlinie 96/92/EG des Europäischen Parlaments und des Rates vom 19.12.1996 betreffend gemeinsame Vorschriften für den Elektrizitätsbinnenmarkt (ABl. L 27 vom 30.1.1997).

[839] Vgl. Entscheidung 1254/96/EG des Europäischen Parlaments und des Rates über eine Reihe von Leitlinien betreffend die transeuropäischen Netze im Energiebereich (ABl. L 161 vom 29.6.1996), Erwägungsgrund 6.

[840] Vgl. Entscheidung 1254/96/EG des Europäischen Parlaments und des Rates über eine Reihe von Leitlinien betreffend die transeuropäischen Netze im Energiebereich (ABl. L 161 vom 29.6.1996), Art. 7 (2).

Eine Entscheidung des Rates zur Schaffung günstiger Rahmenbedingungen soll den Ausbau der transeuropäischen Netze im Energiebereich zusätzlich beschleunigen. Über die in der Leitlinie vorgesehenen Maßnahmen hinaus sind technische Kooperationen zwischen den für das Netzmanagement zuständigen Stellen und Erleichterungen für die Durchführung von Genehmigungsverfahren vorgesehen.[841]

Da für die Erdgasversorgung die Zusammenarbeit mit Drittländern unbedingt notwendig, für die effiziente Stromversorgung immerhin wünschenswert ist, muss der Zusammenarbeit mit Staaten außerhalb der EU besondere Aufmerksamkeit entgegengebracht werden. Die Kommission hat hierzu eine Mitteilung verfasst, in der sie die Ergebnisse ihrer Analysen zu diesen Fragen präsentiert.[842] Sie verpflichtet sich darin, die ihr zur Verfügung stehenden Mittel einzusetzen, um auch die Energienetze in Drittländern auszubauen und ihre Verknüpfung mit den transeuropäischen Netzen zu fördern.

Mit der Verknüpfung der Elektrizitätsnetze der ehemaligen Ostblock-Staaten Polen, Tschechische Republik, Slowakei und Ungarn (CENTREL-Netz) mit dem westeuropäischen UCPTE-Netz Ende 1995 wurden hier schon im Vorfeld der Leitlinie erhebliche Fortschritte bei der Verknüpfung europäischer Stromtransportnetze gemacht. Hierbei ist das TESIS-Netz (*Trans European Synchronously Interconnected System*) entstanden, das den größten Teil des europäischen Kontinents von Portugal bis Polen und vom dänischen Festland bis Italien umfaßt. Norwegen, die dänischen Inseln, Schweden und Finnland gehören zum NORDEL-Verbundnetz, das über einige Unterwasserkabel mit dem UCPTE-Netz verbunden ist. Eine weitere Verbindung von NORDEL- zum UCPTE-Netz in Dänemark ist Teil der vorrangigen Vorhaben.[843] Noch ohne Verknüpfung zu diesem europäischen Netz sind die Balkanstaaten, die baltischen Staaten und die Mittelmeerländer außerhalb der Gemeinschaft. Besondere Probleme technischer und konzeptio-

---

[841] Vgl. Entscheidung 96/391/EG vom 28.3.1996 (ABl. L161vom 29.6.1996, S. 154ff.) des Rates vom 28. März 1996 betreffend eine Reihe von Aktionen zur Schaffung günstigerer Rahmenbedingungen für den Ausbau der transeuropäischen Netze im Energiebereich.

[842] Vgl. KOM(1997)125endg. vom 26.3.1997: Die externe Dimension der transeuropäischen Energienetze, S. 5.

[843] Vgl. KOM(1997)125endg. vom 26.3.1997: Die externe Dimension der transeuropäischen Energienetze, S. 7.

neller Art wirft schließlich der noch nicht hergestellte Verbund mit den Staaten der GUS auf.[844]

Um die Verknüpfung der TEN mit anderen Netzen außerhalb der Gemeinschaft zu intensivieren, hat die Kommission sowohl für Erdgas- als auch Elektrizitätstransportnetze eine Liste von TEN-Vorhaben von gegenseitigem Interesse erstellt,[845] in die 11 Elektrizitätsvorhaben (2 Verbundvorhaben mit dem Mittelmeerraum, 4 Projekte für das europäische Festland sowie 5 Vorhaben mit Nordeuropa) und 17 Erdgasnetzvorhaben (2 Fernleitungsvorhaben auf der Mittelmeerachse, 8 Vorhaben auf der Osteuropaachse, 2 Fernleitungen der Nordeuropaachse und 5 LNG-Terminals) aufgenommen wurden. Zur finanziellen Unterstützung kann sie TEN-Haushaltsmittel verwenden, um Studien zu unterstützen. Darüber hinaus stehen ihr z.B. Mittel aus Programmen zur Verfügung, die zur Unterstützung im Vorfeld des Beitritts zur EU gewährt werden und die sie auf Projekte von gegenseitigem Interesse lenken will. So können bis zu 25% der PHARE-Mittel für prioritäre TEN-Vorhaben verwendet werden.[846]

C. Stand der Implementierung

Das Ziel, das der Europäische Rat in Essen 1994 in den "Schlussfolgerungen des Vorsitzes"[847] formulierte und nach dem die ausgewählten, als vorrangig angesehenen Vorhaben bis 1999 fertiggestellt sein sollen, wird nicht erreicht werden. Einen Überblick über die Fortschritte bei der Implementierung der vorrangigen Vorhaben im Elektrizitätsbereich gibt Tab. 9. Bisher konnte nur der Elektrizitätsverbund zwischen Spanien und Portugal mit wesentlichen Verbindungen hergestellt

[844] Vgl. KOM(1997)125endg. vom 26.3.1997: Die externe Dimension der transeuropäischen Energienetze, S. 7.

[845] Vorhaben von *gegenseitigem* Interesse in Abgrenzung zu den Vorhaben von *gemeinsamem* Interesse innerhalb der Gemeinschaft.

[846] Vgl. KOM(1996)390 endg. vom 24.7.1996: Vorschlag für eine Entscheidung des Europäischen Parlaments und des Rates zur Änderung der Entscheidung Nr. 1254/96/EG des Europäischen Parlaments un des Rates über Leitlinien für die Ausgestaltung der transeuropäischen Netze im Energiebereich, Entscheidung 1047/97/EG des Europäischen Parlaments und des Rates vom 29.5.1997 zur Änderung der Entscheidung Nr. 1254/96/EG des Parlaments und des Rates über eine Reihe von Leitlinien zur Ausgestaltung der transeuropäischen Netze im Energiebereich (ABl. L 152 vom 11.6.1997), KOM(1997)125endg. vom 26.3.1997: Die externe Dimension der transeuropäischen Energienetze, S. 9ff. Zu PHARE und anderen Instrumenten der Gemeinschaft, die Drittländern zugute kommen können, siehe Dritter Teil II.B.5.c (S. 218ff.).

[847] Vgl. Europäischer Rat, 9./10.12.1994 in Essen, Schlussfolgerungen des Vorsitzes.

werden. Ein bedeutender Teil der geplanten Verbindungen befindet sich noch im Genehmigungsverfahren, wobei z.T. politischer Widerstand auf regionaler Ebene der Grund für Verzögerungen ist.[848]

Die Vorhaben von gemeinsamem Interesse, die nicht als vorrangig eingestuft wurden, sind unterschiedlich weit fortgeschritten. Ein Großteil der Vorhaben bzw. der Teilprojekte umfangreicher Vorhaben befindet sich jedoch noch in einer frühen Phase der Projektabwicklung (Studienphase und Genehmigungsverfahren; 73,6% der Teilprojekte).[849] Erst 9 Teilprojekte sind schon in Betrieb, 10 Teilprojekte sind im Bau.

Die vorrangigen Erdgasvorhaben haben einen weit höheren Fertigstellungsgrad. Bei den prioritären Vorhaben, die bis 1999 vollendet werden sollten,[850] wurden erhebliche Fortschritte erzielt. Mit Ausnahme des Aufbaus einer zweiten Erdgaspipeline zwischen Russland und der EU, bei der erst einige Teilstücke fertig gestellt sind, konnten alle Hauptverbindungen bzw. wesentlichen Netzteile in Betrieb genommen werden (siehe Tab. 10 und 11). So sind die Projekte zur Einführung von Erdgas als Energieträger in Griechenland, Spanien und Portugal abgeschlossen. Auch die Erdgaspipeline zwischen Algerien und der EU ist in Betrieb.[851] Allerdings geht der Ausbau der Hauptnetze in Griechenland im Rahmen der TEN noch weiter, auch Erweiterungen der Verbindung Algerien-EU in Spanien sind noch nicht fertig gestellt. Insgesamt konnten die ehrgeizigen Ziele auch in diesem Bereich nicht ganz erreicht werden.

Auch die Vorhaben zum Auf- und Ausbau transeuropäischer Erdgastransportnetze, die durch den Europäischen Rat nicht als vorrangig eingestuft wurden, weisen insgesamt größere Projektfortschritte auf als die Vorhaben im Elektrizitätsbereich.

---

[848] Vgl. EUROPÄISCHE KOMMISSION(1997b), EUROPÄISCHE KOMMISSION(1995), KOM(1997)654 endg. vom 4.12.1997: Transeuropäische Netze. Jahresbericht 1997.

[849] Von den 33 nicht-prioritären Vorhaben zerfallen 14 umfangreiche Vorhaben in mehrere Teilprojekte, so dass insgesamt im Rahmen der nicht vorrangigen TEN-Projekte bei den Stromnetzen 72 Teilprojekte bearbeitet werden. Hiervon befinden sich 33 in einer Studienphase, 20 sind in einem Genehmigungsverfahren, 10 sind im Bau und 9 Vorhaben sind beendet und in Betrieb genommen worden (Stand 1997). Vgl. EUROPÄISCHE KOMMISSION (1997b), S. 19ff.

[850] Vgl. Schlussfolgerungen des Vorsitzes des Europäischen Rats, Tagung am 9. und 10. Dezember 1994 in Essen.

[851] Vgl. KOM(1997)654 endg. vom 4.12.1997: Transeuropäische Netze. Jahresbericht 1997.

Tab. 9: Prioritäre Vorhaben zum Aus- und Ausbau eines transeuropäischen Elektrizitätstransportnetzes

lfd. Nr.	interne Nr.*	Vorhaben		Übertragungs-kapazität	Stand der Implementierung	Bemerkung
1	a4	Elektrizitätsverbund Italien - Griechenland		500 MW	Genehmigungsverfahren	Verbindung durch Seekabel zwischen Nordwest- Griechenland und Südost-Italien
2	b6	Elektrizitätsverbund Frankreich - Italien		2 x 1500 MW	Genehmigungsverfahren, Inbetriebnahme 2000 geplant	Verbindung zwischen Südost-Frankreich und Nordwest-Italien; Verzögerung wegen politischen Widerstands auf regionaler Ebene
3	b7	Elektrizitätsverbund Frankreich - Spanien		2 x 1600 MW	75% der Verbindung in Spanien fertiggestellt, Projekt abgebrochen; Machbarkeitsstudien für neue Verbindung in Arbeit; Fertigstellung verzögert sich	Verbindung zwischen Südwest-Frankreich und Nord-Spanien; Verzögerung wegen politischen Widerstands auf regionaler Ebene
4	b10	Elektrizitätsverbund Spanien - Portugal	Verbindung Mesón-Lindoso	1600 MW	In Betrieb seit 1996	Verbesserung und Lückenschluss zwischen Nord-Portugal und Nordwest-Spanien
			grenzüberschreitende Verbindung Aldeadavila-Douro	1200 MW	Vorstudien, Inbetriebnahme 2004 geplant	
5	c2	Elektrizitätsverbund zw. Ost- und West-Dänemark		600 MW	beschlossen, Inbetriebnahme (Planung: 1997) verzögert sich	Verbindung durch Seekabel zwischen dem westlichen UCPTE- und dem östlichen NORDEL-Netz

Quellen: Schlussfolgerungen des Vorsitzes des Europäischen Rats, Tagung am 9. und 10. Dezember 1994 in Essen, Europäische Kommission(1997b), Europäische Kommission (1995), KOM(1997)654 endg. vom 4.12.1997: Transeuropäische Netze. Jahresbericht 1997.

* Projekt-Bezeichnung entsprechend Entscheidung 1254/96/EG des Europäischen Parlaments und des Rates über eine Reihe von Leitlinien betreffend die transeuropäischen Netze im Energiebereich (ABl. L 161 vom 29.6.1996)

		Vorhaben		Stand der Implementierung	Bemerkung
6	e6	Erdgasnetz Griechenland	Hauptnetz, Flüssiggas-Terminal	Pipeline seit 1996 in Betrieb; Flüssiggas-Terminal Inbetriebnahme 1998 geplant	Aufbau eines Erdgasnetzes in Griechenland, insbesondere an der Adria-Küste, einschließlich Erdgasspeicher und Flüssiggas-Anlagen
			Hochdruck-Verzweigungen	einige Abschnitte im Bau, Inbetriebnahme zw. 1997 und 1999; ansonsten Machbarkeitsstudien	
			Erdgasspeicher	Machbarkeitsstudien	
			Flüssiggas-Terminal, Erdgasnetz auf Kreta	Machbarkeitsstudien	
7	e5	Erdgasnetz Portugal	Setubal (P) - Braga (P)	In Betrieb seit 1997	Aufbau eines Erdgasnetzes in Portugal, insbesondere an der Atlantikküste
8	f6	Erdgasverbund Spanien - Portugal	Verbindung Leiria (E) -Cordoba (E)	In Betrieb seit 1997	Aufbau einer Pipeline zur Versorgung von Portugal durch Süd-Spanien und zur Versorgung von Galizien und Asturien durch Portugal
			grenzüberschreitende Verbindung Braga (P) - Ribadeo (E)	In Betrieb seit 1997	
9	h4	Gaspipeline Algerien - Marroko - EU	Verbindung Algerien - Spanien	In Betrieb seit 1996	Neue Pipeline zur Versorgung von Spanien, Portugal und Frankreich mit algerischem Erdgas (über Marokko)
			Erweiterung Nordosten	Vorstudien, Inbetriebnahme frühstens 2000 geplant	
			Erweiterung Nordwesten	Genehmigungsverfahren (Verzögerungen), Inbetriebnahme 1999 geplant	

Tab. 10: Prioritäre Vorhaben zum Auf- und Ausbau eines transeuropäischen Erdgastransportnetzes (1/2)

		Vorhaben		Stand der Implementierung	Bemerkung
10	h7	Gaspipeline Rußland - Weißrußland - Polen - EU	Abschnitt Rußland, Weißrußland	Im Bau	Aufbau einer zweiten Pipeline zwischen russischen Quellen und der EU (über Weißrußland und Polen)
			Abschnitt Polen	Westpolen: In Betrieb seit 1996; Zentral- und Ostpolen: Bau beschlossen	
			YAGAL Pipeline (Frankfurt/Oder - STEGAL-Pipeline)	Oder-Querung seit 1996 in Betrieb, weitere Abschnitte: Genehmigungsverfahren und im Bau	Kapazität: ca. 700 Mio m^3/Jahr in der ersten Ausbaustufe, ca. 16 Mrd m^3/Jahr in der zweiten Ausbaustufe (ab 1998) bis zu 150 bis 200 Mrd.. m^3/Jahr im Endausbau (Inbetriebnahme nach 2010), von denen 50 Mrd. m^3/Jahr in die EU geliefert werden sollen
			WEDAL Pipeline (MIDAL-Pipeline - deutsch-belgische Grenze)	Genehmigungsverfahren und im Bau, Inbetriebnahme eines Teilstücks 1997	

Quellen: Schlussfolgerungen des Vorsitzes des Europäischen Rats, Tagung am 9. und 10. Dezember 1994 in Essen, Europäische Kommission (1997b), Europäische Kommission (1995), KOM(1997)654 endg. vom 4.12.1997: Transeuropäische Netze. Jahresbericht 1997.

Tab. 11: Prioritäre Vorhaben zum Auf- und Ausbau eines transeuropäischen Erdgastransportnetzes (2/2)

Immerhin sind hier schon 26,1% der Teilprojekte in der Bauphase (und stehen z.T. kurz vor der Fertigstellung), 58,7% der Teilprojekte sind in der Studien- oder Genehmigungsphase.[852]

Zusammenfassend ist festzustellen, dass die Fortschritte beim Auf- und Ausbau der Erdgastransportnetze größer sind als bei den Stromnetzen. Insbesondere die Fortschritte bei den prioritären Stromprojekten sind enttäuschend, vor allem wenn berücksichtigt wird, dass auch sie ausgewählt wurden, weil ihre Fertigstellung kurzfristig möglich sein sollte.

D. Kritische Analyse

Auch in diesem Bereich sind die Maßnahmen, die die Gemeinschaft nach dem EGV und der Leitlinie zu den Energietransportnetzen durchführt, geprägt durch die Ausrichtung sowohl an allokations- als auch verteilungs- bzw. regionalpolitischen Zielen: Die Gemeinschaft soll sich zum einen mit dem Ziel engagieren, die Marktintegration zu fördern und zum anderen die wirtschaftliche und soziale Kohäsion verbessern; schließlich soll sie dazu beitragen, die Sicherheit der Energieversorgung zu sichern.[853]

Die ökonomische Analyse dieser Netze hat gezeigt, dass es unter allokationspolitischen Gesichtpunkten lediglich gilt, einen ordnungspolitischen Rahmen für die großräumigen Energietransportinfrastrukturen zu schaffen, der Wettbewerb auch in diesem Bereich zulässt. Grundsätzliche ökonomische Hindernisse hierfür sind nicht erkennbar.[854] Allerdings begünstigen interoperable Netze die Entstehung wettbewerblicher Strukturen auf dem Energietransportmarkt. Ist die Verknüpfung technisch nicht direkt möglich, muss es zum Aufbau von Netz-

---

[852] Von den 30 nicht-prioritären Vorhaben haben 10 Teilprojekte, so dass insgesamt 46 Teilprojekte abgewickelt werden. Hiervon sind 20 in der Studienphase, 7 im Genehmigungsverfahren, 12 im Bau und 6 in Betrieb; ein Projekt wurde gestoppt (Stand 1997). Vgl. EUROPÄISCHE KOMMISSION(1997b), S. 19ff.

[853] Vgl. Entscheidung 1254/96/EG des Europäischen Parlaments und des Rates über eine Reihe von Leitlinien betreffend die transeuropäischen Netze im Energiebereich (ABl. L 161 vom 29.6.1996), geändert durch die Entscheidung 1047/97/EG des Europäischen Parlaments und des Rates (ABl. L 152 vom 11.6.1997), spezifiziert durch Entscheidung 97/548/EG der Kommission vom 11.7.1997 (ABl. L 225 vom 15.8.1997).

[854] Die Kommission kommt ebenfalls zu dieser Einschätzung und hält Fördermittel nur aus regionalpolitischen Gründen für notwendig. Vgl. KOM(1997)125endg. vom 26.3.1997: Die externe Dimension der transeuropäischen Energienetze, S. 14.

brücken kommen. Die Gemeinschaft drängt die Mitgliedstaaten daher mit Recht dazu, entsprechende Maßnahmen bei den Energietransportunternehmen durchzusetzen.[855] Diese Aktivitäten auf Gemeinschaftsebene, die die Veränderung der Rahmenbedingungen in einigen Bereichen der Energietransportinfrastruktur zum Ziel haben, sind zwar nicht Teil des TEN-Programms, beeinflussen aber die Bereitstellung von großräumigen Energietransportnetzen erheblich, weshalb sie - auch von der Gemeinschaft[856] - sinnvollerweise in Verbindung mit den TEN gebracht werden.

Über diese Aktivitäten im Sinne einer wirtschaftspolitischen Rahmenpolitik hinaus bleibt für Eingriffe mit allokationspolitischer Zielsetzung wenig Raum. Der Ausweis transeuropäischer Elektrizitäts- und Erdgastransportnetze in den Leitschemata stellt in der von der Gemeinschaft verfassten Form eine Bestandsaufnahme bestehender und von den Mitgliedstaaten geplanter Energietransportnetze dar. Insbesondere im Zusammenhang mit den Erdgastransportnetzen wird hierbei die strategische Komponente betont, die zur Sicherung der Erdgasversorgung durch Erschließung neuer Quellen für die Versorgung der Gemeinschaft besteht. Zweifellos wird bei den Erdgastransportnetzen die Bedeutung der Zusammenarbeit mit Drittstaaten noch zunehmen, weil bei steigender Nachfrage die Erdgasproduktion innerhalb der Gemeinschaft an Bedeutung verlieren wird zugunsten von Quellen, die außerhalb der Gemeinschaft liegen.[857] Auch die Effizienzverbesserungen, die entstehen können, wenn das transeuropäische Elektrizitätstransportnetz in internationale Elektrizitätsnetze eingebunden wird, sind ökonomisch plausibel. Problematisch ist jedoch - insbesondere in weitgehend wettbewerblich strukturierten Elektrizitäts- und Erdgasmärkten - das Engagement der Gemeinschaft bei der strategischen Planung dieser Netze und Verbindungen. Im Erdgasbereich liegt der Aufbau neuer Versorgungssysteme auch im Interesse

---

[855] Vgl. jeweils die Erwägungsgründe in Richtlinie 90/547/EWG des Rates vom 29.10.1990 über den Transit von Elektrizitätslieferungen über große Netze (ABl. L 313 vom 13.11.1990) sowie Richtlinie 90/547/EWG des Rates vom 31.5.1991 über den Transit von Erdgas über große Netze (ABl. L 147 vom 12.6.1991), Richtlinie 96/92/EG des Europäischen Parlaments und des Rates vom 19.12.1996 betreffend gemeinsame Vorschriften für den Elektrizitätsbinnenmarkt (ABl. L 27 vom 30.1.1997).

[856] Vgl. Entscheidung 96/391/EG des Rates vom 28.3.1996.

[857] Bis 2010 könnte die Importquote von heute 40% auf 60%, bis 2020 sogar auf 70% steigen. Vgl. SCHÜRMANN(1996), S. 19.

der Ferngasgesellschaften, die an der langfristigen Sicherung ihres Erdgasbezugs und der Diversifizierung der Lieferantenbeziehungen ein Eigeninteresse haben, um ihre Investitionen in die Infrastruktur (also ihre Transport- und Versorgungsnetze) zu sichern, sich vor opportunistischem Verhalten der Lieferanten zu schützen und um langfristige Abnahmeverträge einhalten zu können. Im Elektrizitätsbereich müssen die im Wettbewerb stehenden Elektrizitätsunternehmen an kostensenkenden Maßnahmen interessiert sein. Es ist daher nicht erkennbar, wodurch unter diesen Bedingungen ein Informationsvorsprung einer öffentlichen Institution entsteht, der die Planung von Netzen verbessern könnte. Da außerdem der Ausbau der Energieversorgungsinfrastruktur die Effizienz der Stromversorgung gerade in kleinen und bisher isolierten Netzen verbessert, die in insbesondere peripheren Regionen der Gemeinschaft anzutreffen sind, wird die wettbewerbspolitische Öffnung der Energieversorgungsmärkte in diesem Fall auch die gewünschten verteilungspolitischen Wirkungen haben.

Die auf den Leitschemata basierenden Aktivitäten zum Aufbau der Infrastruktur können daher im Wesentlichen nicht überzeugen. Es ist vielmehr zu erwarten, dass die TEN-Förderung in diesem Bereich erhebliche Mitnahmeeffekte verursacht und zur Annäherung an die von der Gemeinschaft verfolgten Ziele nicht beiträgt. Zu begrüßen sind lediglich solche Maßnahmen, die die Rahmenbedingungen für die Planung der Unternehmen verbessern, indem sie z.B. die Genehmigungsverfahren für länderübergreifende Vorhaben erleichtern.

Schluss

Die technischen Merkmale großräumiger Netze für Verkehr, Telekommunikation und Energieversorgung beeinflussen die ökonomischen Bedingungen, unter denen sie bereitgestellt werden und machen daher eine differenzierte Analyse dieser Netze aus allokations-, wachstums- und stabilisierungs- sowie distributionspolitischer Sicht notwendig.

Allokationspolitische Probleme verursachen Infrastrukturnetze sowohl bei der Netzinfrastruktur als auch bei den immateriellen Netzen (Standards): Oft liegen Unteilbarkeiten vor, die sinkende Durchschnittskosten bzw. Fixkostendegression zur Folge haben. Jeder zusätzlich angeschlossene Netzknoten verursacht keine oder nur geringe Grenzkosten; es kann zu natürlichen Monopolen kommen. Die Inflexibilitäten, die auf die Immobilität, die langen Ausreifungs- und Nutzungszeiträume und die Irreversibilität von Infrastrukturnetzen zurückzuführen sind, haben für Investoren zur Folge, dass das in diesen Netzen gebundene Kapital als versunkene Kosten anzusehen ist. Solche Inflexibilitäten verhindern potentielle Konkurrenz, der ansonsten auch ein natürlicher Monopolist ausgesetzt ist: Er ist durch den Marktzutritt eines neuen Anbieters bedroht, wenn er seine Preise wesentlich über die Durchschnittskosten erhöht. Hohe versunkene Kosten schrecken allerdings vom Marktzutritt ab, so dass der natürliche Monopolist die potentielle Konkurrenz nicht zu fürchten hat. Bei Infrastrukturnetzen können außerdem Teile des Gesamtnutzens als externe Effekte anfallen, wobei insbesondere die Netzexternalitäten von Bedeutung sind. Sie können bewirken, dass ein Netz überhaupt nicht angeboten (Fehlen der kritischen Masse), ein suboptimales Netz gewählt oder das Netz aus gesamtwirtschaftlicher Sicht zu wenig ausgebaut wird.

Diese Merkmale erschweren eine wettbewerbliche Bereitstellung solcher Netzinfrastrukturen. Monopolistische Konkurrenz, hier in Form intermodalen Wettbewerbs (z.B. zwischen Straßen- und Schienenverkehr) oder intramodalen Wettbewerbs (z.B. zwischen unterschiedlichen Flugplätzen), kann jedoch verhindern, dass ein natürliches Monopol zu gesamtwirtschaftlich schädlicher Preissetzung genutzt wird. Ein natürliches Monopol kann sich durch technische Entwicklungen, die Auswirkungen auf die Kostensituation haben sowie durch eine starke

Nachfrageausweitung auch auflösen: Im relevanten Bereich sinkt die Durchschnittskostenkurve dann nicht mehr und mehrere Anbieter können - gesamtwirtschaftlich effizient - Netze oder Verbindungen unter wettbewerblichen Bedingungen bereitstellen.

Durch ihre Funktion als "Unterbau" einer Volkswirtschaft haben Infrastrukturnetze erhebliche wachstumspolitische Bedeutung. Zwar sind die Zusammenhänge zwischen dem Auf- und Ausbau von Infrastrukturnetzen und dem gesamtwirtschaftlichen Wachstum bisher analytisch nicht ausreichend durchdrungen. Offensichtlich wird jedoch das Wachstum durch fehlende Netzinfrastrukturen behindert, während das Vorhandensein netzbildender Einrichtungen alleine noch keine Garantie für ein angemessenes Wachstum ist. Der Auf- und Ausbau der Netze muss deshalb schwerpunktmäßig dazu beitragen, Engpässe zu vermeiden bzw. zu überwinden. Dieser vorausschauend engpassorientierte Infrastrukturauf- und -ausbau muss jedoch flankiert werden durch Rahmenbedingungen, durch die eine effiziente Nutzung der vorhandenen Infrastrukturnetze herbeigeführt wird.

Als konjunkturpolitische Instrumente weisen Infrastrukturinvestitionen erhebliche Mängel auf. Problematisch sind insbesondere die *time lags*, die durch lange Planungs- und Bauzeiten entstehen. Eine stabilitätspolitisch motivierte Maßnahme kann sich dadurch zu einem prozyklisch wirkenden Impuls verkehren. Eine Zielkonkurrenz zum wachstumspolitischen Ziel besteht außerdem immer dann, wenn Infrastrukturinvestitionen aus konjunkturpolitischen Gründen aufgeschoben werden oder wenn durch Investitionen, die primär zusätzliche gesamtwirtschaftliche Nachfrage schaffen sollen, Infrastrukturnetze oder Verbindungen aufgebaut werden, die weitgehend ungenutzt bleiben.

Die ungleichmäßige Erschließung des Raums durch Infrastrukturnetze bewirkt, dass sich auch der Nutzen der Netze nicht gleichmäßig im Raum verteilt. Zusätzlich weicht die räumliche Streuung der Kosten solcher Netze von der Nutzenverteilung völlig ab. Politisch ist in der Regel das Ziel definiert, eine weitgehende Gleichverteilung des Nutzenüberschusses zu erreichen. Bei privater Bereitstellung von Netzen wird dem jedoch in der Regel nicht entsprochen. Da der Anschluss weit voneinander entfernter Netzteilnehmer steigende Kosten verursacht, werden private Netzanbieter in den weniger stark verdichteten Regionen höhere Anschluss- oder Nutzungspreise fordern oder auf einen Anschluss dieser Teilnehmer verzichten. Wird an dem politisch definierten Verteilungsziel festgehalten, müssen geeignete wirtschaftspolitische Mittel eingesetzt werden, um sich diesem Ziel auch in einem wettbewerblichen Umfeld anzunähern. Darüber hinaus kann der Auf- und Ausbau von Infrastrukturnetzen als regionalpolitisches Instrument dienen. Dazu soll ein besonders starker regionaler Nutzenüberschuss erzeugt werden, der regionale Wachstumsprozesse auslöst. Die Wirksamkeit dieses Instruments kann jedoch leicht überschätzt werden, denn Infrastruktureinrichtungen gehören zwar zu den notwendigen, nicht aber zu den hinreichenden Bedingungen für eine positive regionale Entwicklung.

Die über einzelne Regierungsbereiche hinausgehende Ausrichtung großräumiger Infrastrukturnetze in Verbindung mit dem Auftreten von Netzexternalitäten führt allerdings dazu, dass sich wesentliche Teile der Wirkung von Infrastrukturinvestitionen über das gesamte Netz - also auf alle beteiligten Regionen - erstrecken. Sind jedoch die einzelnen Regionen für die Infrastrukturinvestitionen verantwortlich, werden diese Netzeffekte bei der Entscheidung über den Auf- und Ausbau nicht (oder zumindest nicht ausreichend) berücksichtigt. Daher wird ein gesamtwirtschaftlich optimaler Ausbau der Infrastrukturnetze nur zustande kommen, wenn einzelne Regionen oder Staaten nicht mehr als abgeschlossene Planungsräume für Infrastrukturnetze angesehen werden. Um im Planungsprozess die Vorteile zentraler Koordination mit den Vorteilen dezentraler Planung verbinden zu können, sollte ein Gegenstromverfahren angewendet werden. Hierbei wird die strategische Netzplanung mit den untergeordneten Gebietskörperschaften abgestimmt, indem durch die Zentrale (quantifizierbare) infrastrukturpolitische Ziele gesetzt werden (z.B. die Reduzierung der Fahrzeit zwischen großen Netzknoten um einen bestimmten Prozentsatz). Zusätzlich werden die Fördermittel benannt, die an solche Gebietskörperschaften gezahlt werden, die durch Investitionen einen Beitrag zur Erreichung dieses Ziels leisten. Die konkreten Vorhaben werden dann dezentral geplant, so dass die Informationsvorteile genutzt und regionale Präferenzen berücksichtigt werden können.

In dieses Verfahren können neben Gebietskörperschaften prinzipiell auch Unternehmen eingebunden werden. Die Fördermittel der zentralen Institution gehen dann ein in die privatwirtschaftliche Projektfinanzierung von Vorhaben zum Auf- und Ausbau von Verbindungen oder Netzen. Sie dienen dem Ausgleich von positiven Netzexternalitäten und machen auch in einem wettbewerblichen Umfeld einen aus gesamtwirtschaftlicher Sicht wünschenswerten Ausbau der Netze möglich. Es gilt, möglichst viele Teilsysteme der Infrastrukturnetze in private Verantwortung - und öffentliche Institutionen damit aus der Finanzierungsaufgabe - zu entlassen. Kritisch sind dagegen Finanzierungsmodelle zu betrachten, bei denen die Verantwortung unverändert bei einer öffentlichen Institution liegt, privates Kapital jedoch in unterschiedlicher Form zur Finanzierung herangezogen wird. Solche Sonderfinanzierungsmodelle sind besondere Formen des öffentlichen Kredits, die allerdings das Haushaltsprinzip der Vollständigkeit durchbrechen und daher der politischen Kontrolle weitgehend entzogen sind. Bleibt die Bereitstellung von Infrastrukturnetzen in öffentlicher Verantwortung, ist die Finanzierung solcher Investitionen mittels öffentlichen Kredits prinzipiell durchaus angemessen, wenn die Infrastruktur im Hinblick auf ihre mittelfristige Wachstumswirkung aufgebaut wird. Allerdings sollte auch die Finanzierung aus Steuermitteln erwogen werden, wenn die Netze im Rahmen eines "Generationenvertrags" kontinuierlich ausgebaut und den sich ändernden Anforderungen angepasst werden und so intergenerative Verteilungsprobleme an Bedeutung verlieren. Vom steuerfinanzierten Ausbau können außerdem größere Wachstumswirkungen erwartet werden. Gebühren schließlich sollen primär die Effizienz der Infrastrukturnutzung verbessern, können aber auch zur Finanzierung des Netzauf- und -ausbaus beitragen. Dazu müssen Engpassgebühren und Investitionsniveau idealerweise simultan bestimmt und die Infrastruktur daher so lange ausgebaut werden, bis die vermiedenen Staukosten als Nutzen der Kapazitätsausweitung den zusätzlichen Kosten durch den Infrastrukturausbau entsprechen.

Auf der Grundlage dieser ökonomischen Analyse muss das bestehende System der Förderung des Auf- und Ausbaus der TEN beurteilt werden, das im Wesentlichen aus den einschlägigen Regeln des EGV, den Leitlinien und der TEN-Finanzierungsverordnung besteht. Dabei ist das Bemühen der Gemeinschaft prinzipiell zu begrüßen, der stärkeren Integration der Märkte durch den Ausbau der Netzinfrastrukturen eine bessere Grundlage zu geben. Die Zuordnung bestimmter Aufgaben bei der Bereitstellung von Infrastrukturnetzen zur Gemeinschaftsebene ist sinnvoll: Die Gemeinschaft kann ihre Koordinierungsfunktion wahrnehmen und Auf- und Ausbaupläne der Mitgliedstaaten insbesondere im Verkehrsbereich abstimmen sowie die Entwicklung grundlegender Standards in allen Netzbereichen fördern, um die Verknüpfung der Netze zu verbessern. Allerdings hat sich bei der Analyse der Gemeinschaftsaktivitäten auch gezeigt, dass Reformen unbedingt notwendig sind: So engagiert sich die Gemeinschaft in vielen Bereichen, in denen öffentliche Eingriffe nicht notwendig sind oder mitgliedstaatliche Aktivitäten effizienter wären. Dies ist insbesondere in den Feldern verwunderlich, in denen die Gemeinschaft selbst an der Herstellung wettbewerblicher Bedingungen beteiligt war, namentlich im Telekommunikations- und Energieversorgungsbereich.

Die Voraussetzungen in den einzelnen Netzbereichen sind jedoch sehr unterschiedlich, so dass dort jeweils spezifische Probleme auftreten. Im Verkehrsbereich zeigt sich bei der Auswahl der zu fördernden Vorhaben, dass sich die Gemeinschaft in Bereichen engagiert, die dem Anspruch an transeuropäische Verkehrsnetze nicht gerecht werden. Es kann in vielen Fällen vermutet werden, dass die finanzielle Förderung regionalpolitische Gründe hat oder politische Konflikte mildern soll. Um jedoch die gesamtwirtschaftlich sinnvollen, infrastrukturpolitisch motivierten Vorhaben mit transeuropäischer Bedeutung effizient fördern zu können, sollten regionalpolitisch motivierte Aktionen hiervon institutionell getrennt werden. Die Mittel, die zur Förderung des Auf- und Ausbaus der TEN bereitstehen, können dann auf die Vorhaben konzentriert werden, die wirklich transeuropäische Bedeutung haben. Dabei müssen die *spillover*-Effekte von Netzen stärker berücksichtigt werden: Die Transport- und Telekommunikationsnetze zeichnen sich durch die Tatsache aus, dass die positiven Wirkungen der Beseitigung eines Engpasses im ganzen Netz spürbar werden. Um die Netzeffekte angemessen einbeziehen zu können, sollte die strategische Netzplanung für die transeuropäischen Netze - im Rahmen eines Gegenstromverfahrens - durch die Gemeinschaft wahrgenommen werden. Ihr sollten dazu ausreichende Mittel zugeordnet werden, wobei die Konzentration auf Vorhaben mit transeuropäischer Bedeutung schon erhebliche Mittel freisetzen würde. In den Bereichen, in denen die technische Verknüpfung der Netze über den physischen Anschluss hinaus von Bedeutung ist (z.B. Strom- und Signalsysteme des Hochgeschwindigkeitsschienenverkehrs), wurde die Gemeinschaft schon mit ausreichenden Kompetenzen ausgestattet, um die technischen Möglichkeiten für die Verknüpfung der Netze zu verbessern.

Im Telekommunikationsbereich hat sich die Gemeinschaft das Verdienst erworben, zur wettbewerblichen Öffnung dieses Marktes wesentliche Beiträge geleistet zu haben. Aus allokationspolitischer Sicht bleiben danach die Auswirkungen von Netzexternalitäten als Hauptproblem (z.B. Netzzersplitterung, Nichteröffnung gesamtwirtschaftlich sinnvoller Märkte). Mit Hinweis auf diese Probleme fördert die Gemeinschaft bestimmte Anwendungsvorhaben mit dem Ziel, eine kritische Masse für diese Anwendungen zu erreichen. Diese Aktivitäten sind jedoch höchst fragwürdig: Zu berücksichtigen ist, dass auf der Anwendungsebene homogene Präferenzen in weit geringerem Ausmaß anzutreffen sind als bei den Grunddiensten. Es treten daher auch weniger Netzexternalitäten auf. Aber auch in den Fällen, in denen die kritische Masse nicht erreicht wird, werden die zur Verfügung stehenden Mittel kaum ausreichen, um auf den Märkten wesentliche Akzente zu setzen. Die Aktivitäten der Gemeinschaft lassen im Wesentlichen Wettbewerbsverzerrungen oder Mitnahmeeffekte erwarten; sie sollten daher eingestellt werden.

Die Auswirkungen der Netzexternalitäten können jedoch mit geringeren Nebenwirkungen dadurch gemildert werden, dass Anbieter von Netzen oder Basisdiensten, in Einzelfällen auch von Anwendungen, ihre Dienstleistungen so gestalten, dass auch Nutzer ähnlicher Netze, Dienste oder Anwendungen mit den Anbietern dieser Dienstleistungen in Kontakt treten können. Dazu ist ein technischer Standard zumindest bei den Schnittstellen notwendig. Die Gemeinschaft sollte hier jedoch nicht einen administrativen Ansatz wählen, sondern als "Mentor" einer Komitee-Standardisierung auftreten. Dabei muss sie darauf achten, dass in diesen Komitees sowohl Anbieter als auch Nachfrager der Telekommunikationsdienstleistungen vertreten sind, um zu ausgeglichenen Lösungen zu kommen.

Auch die Struktur des Energieversorgungsbereichs verändert sich zur Zeit erheblich als Folge ordnungspolitischer Reformen, zu denen die Gemeinschaft ebenfalls bedeutende Beiträge geleistet hat. Bei den Netzen für den Ferntransport von Energie bzw. Energieträgern kommt Wettbewerb um Geschäftsabschlüsse in Gang. Für die Bereitstellung großräumiger Energietransportnetze bedeutet dies, dass öffentliche Einflussnahme auf die Investitionsentscheidungen prinzipiell schädlich ist. Die Entscheidungen, welche Verbindungen aufgebaut werden, haben insbesondere für die Ferngasunternehmen weitreichende strategische Bedeutung, da sie eine Anbieter-Nachfrager-Beziehung für große Zeiträume begründen. Diese Unternehmen sind an der langfristigen Sicherung der Erdgaslieferungen interessiert, so dass das gemeinschaftliche Engagement auch nicht mit dem Argument begründet werden kann, hier müsse zur Verbesserung der Versorgungssicherheit wirtschaftspolitisch eingegriffen werden.

Insgesamt zeigt die ökonomische Analyse des TEN-Programms, dass die prinzipielle Ausrichtung durchaus begrüßt werden kann, dass jedoch in vielerlei Hinsicht die Schärfung des infrastrukturpolitischen Profils notwendig ist. Dies steht jedoch im Gegensatz zu den aktuell wieder diskutierten Plänen, die Investitionen in TEN vorwiegend mit Blick auf die Nachfrageeffekte aus stabilitäts- und beschäftigungspolitischen Gründen zu fördern. Es bleibt daher zu hoffen, dass die Gemeinschaft sich nicht in die Rolle drängen lässt, die arbeitsmarktpolitischen Probleme in den Mitgliedstaaten durch eine nachfrageorientierte Politik auf Gemeinschaftsebene lösen zu wollen.

Literaturverzeichnis

Aberle u.a. 1991
Aberle, Gerd, Werner Rothengather u.a., Erstickt Europa im Verkehr? Probleme, Perspektiven, Konzepte, Beiträge zum Verkehrspolitischen Kongreß der Landesregierung von Baden-Württemberg am 5./6. Februar 1991, Stuttgart 1991

Andel 1992
Andel, Norbert, Finanzwissenschaft, Tübingen 1992

Arbeitsgruppe "Private Finanzierung öffentlicher Infrastruktur" 1991
Arbeitsgruppe "Private Finanzierung öffentlicher Infrastruktur", Bericht der Arbeitsgruppe, hrsg. vom Bundesministerium der Finanzen, Schriftenreihe des Bundesministeriums der Finanzen, Heft 44, Bonn 1991

Arnold-Rothmaier 1996
Arnold-Rothmaier, Hildegard, Aktuelle Tendenzen und Perspektiven in der Binnenschiffahrt, in: ifo Schnelldienst, 49. Jg.(1996), Nr. 14, S. 11-21

Aschauer 1989a
Aschauer, Davis Alan, Is Public Expenditure Productive? in: Journal of Monetary Economics, 23. Jg. (1989), S. 177-200

Aschauer 1989b
Aschauer, David Alan, Does Public Capital Crowd Out Private Capital? in: Journal of Monetary Economics, 24. Jg. (1989), S. 171-188

Ax 1998
Ax, Thomas, Transeuropäische Netze - Private Finanzierung von Infrastruktur-Projekten, in: EUmagazin, Nr.4, 1998, S. 24-25

Bach u.a. 1994
Bach, Stefan, Martin Gornig, Frank Stille, Ulrich Voigt, Wechselwirkungen zwischen Infrastrukturausstattung, strukturellem Wandel und Wirtschaftswachstum – Zur Bedeutung wirtschaftsnaher Infrastruktur für die Entwicklung in den neuen Bundesländern, Gutachten im Auftrag des Bundesministeriums für Wirtschaft, Deutsches Institut für Wirtschaftsforschung DIW, Berlin 1994

Basedow 1997

Basedow, Jürgen, Dienstleistungsmonopole und Netzzugang in der europäischen Wirtschaftsverfassung, in: Jahrbuch für neue politische Ökonomie, Neue Politische Ökonomie der Integration und Öffnung von Infrastrukturnetzen, 16. Bd.(1997) , S. 121-138

Baum 1997

Baum, Herbert, Der volkswirtschaftliche Nutzen des Verkehrs, in: Zeitschrift für Verkehrswissenschaft, 68. Jg. (1997), S. 27-51???, S. 27-51

Baumol u.a. 1982

Baumol, W.J., E.E. Panzar, R.D. Willig, Contestable Markets and the Theory of Industry Structure, New York u.a. 1982

Berg 1995

Berg, Hartmut, Wettbewerbspolitik, in: Dieter Bender u.a. (Hrsg.), Vahlens Kompendium der Wirtschaftstheorie und Wirtschaftspolitik, München 1995, Bd. 2, S. 239-300

Bergmeier 1987

Bergmeier, Walter, Das europäische Wasserstraßennetz und die Binnenschiffahrt, in: Internationales Verkehrswesen, 39. Jg. (1987), Heft 5, S. 331-336

Berke 1998

Berke, Jürgen, Lokale Identität, in: Wirtschaftswoche, Nr. 40 vom 24.9.1998, S. 86-89

Berkelova 1992

Berkelova, Marie, Die Vollendung des europäischen Binnenverkehrsmarktes und der Reformbedarf der deutschen Verkehrspolitik, Bochum 1992

Bickel Friedrich 1996

Bickel, Peter, Rainer Friedrich, Externe Kosten des Verkehrs in der Bundesrepublik Deutschland - Ein aktueller Überblick, in: Externe Kosten von Energieversorgung und Verkehr, Düsseldorf 1996

Biehl Winter 1990

Biehl, D., Winter, H., Die EG-Finanzierung aus föderalistischer Perspektive, in: Biehl, D., Winter, H. (Hrsg.), Europa finanzieren - ein föderalistisches Modell, Gütersloh 1990, S. 23-131

Biehl 1991

Biehl, Dieter, The role of infrastructure in regional development,in: Roger W. Vickerman (ed.), Infrastructure and regional development, European research in Regional Science, Vol. 1 (1991a), London, S. 9-35

Bieta Gelbhaar 1998

Bieta, Volker, Siegfried Gelbhaar, Öffentliche Finanzinstitute als subventionspolitische Agenten, in: Kredit und Kapital, 31. Jg. (1998), Heft 2, S. 217-244

Blanchard u.a. 1990

Blanchard, Olivier, Jean-Claude Chouraqui, Robert P. Hagemann, Nicola Sartor, The Sustainability of Fiscal Policy: New Answers to an Old Question, in: OECD Economic Studies, No. 15, 1990, S. 7-36

Blankart 1994

Blankart, Charles B., Öffentliche Finanzen in der Demokratie, 2. Aufl., München 1994

Blankart 1996

Blankart, Charles B., Braucht Europa mehr zentralstaatliche Koordination? in: Wirtschaftsdienst, 76. Jg.(1996), S.87-91

Blankart Knieps 1989

Blankart, Charles B., Günter Knieps, What Can We Learn From Comparative Institutional Analysis? The Case of Telecommunications, in: Kyklos, Bd. 42 (1989), S. 579-598

Blankart Knieps 1992

Blankart, Charles B., Günter Knieps, Netzökonomik, in: Jahrbuch für neue Politische Ökonomie, 11. Bd.(1992), S. 73-87

Blankart Knieps 1993
Blankart, Charles B., Günter Knieps, Kommunikationsgüter ökonomisch betrachtet, in: Homo oeconomicus, Bd. XI (1993), S. 449-463

Blankart Knieps 1994
Blankart, Charles B., Günter Knieps, Das Konzept der Universaldienste im Bereich der Telekommunikation, In: Jahrbuch für neue politische Ökonomie, 13. Bd.(1994), S. 238 - 253

Blankart Knieps 1996
Blankart, Charles B., Günter Knieps, Regulierung von Netzen? in: ifo-Studien, 42. Jg. (1996), Nr. 4, S. 483-504

Blind 1996
Blind, Knut, Allokationsineffizienzen auf Sicherheitsmärkten: Ursachen und Lösungsmöglichkeiten. Fallstudie: Informationssicherheit in Kommunikationssystemen, Frankfurt/Main u.a. 1996

Blum u.a. 1992
Blum, U., H. Gercek, J. Viegas, High-Speed Railway and the European Peripheries: Opportunities and Challanges, in: Transportation Research, Vol. 26a (1992), S. 211-221

Blum 1995
Blum, Ulrich, Verkehrsnachfrageschätzung und Raumstruktur, in: Jahrbuch für Wirtschaftswissenschaften, 46. Jg. (1995), S. 277-294

Börner 1996
Börner, Achim-Rüdiger, Der Energiemarkt und die geschlossenen Versorgungsgebiete der Strom- und Gaswirtschaft im Übergang zum Wettbewerb, Baden-Baden 1996

Bös Schneider 1996
Bös, Dieter, Friedrich Schneider, Private-public partnership: Gemeinschaftsunternehmen zwischen Privaten und der öffentlichen Hand, in: Homo oeconomicus, Bd. 13 (1996), Nr. 2, S. 127-166

Boest 1992

Boest, Reinhard, Ein langer Weg zur Demokratie in Europa. Die Beteiligung des Europäischen Parlaments bei der Rechtssetzung nach dem Vertrag über die Europäische Union, in: Europarecht, 27. Jg. (1992), Heft 2, S. 182-199

Borries 1994

Borries, Reimer von, Das Subsidiaritätsprinzip im Recht der Europäischen Union, in: Europarecht, Heft 3, 1994, S. 263-300

Brandt 1996

Brandt, Eberhard, Verkehrspolitik und transeuropäische Netze, in: Moritz Rättinger, Claudia Weyringer, Handbuch der europäischen Integration, Strategie - Struktur - Politik der Europäischen Union, 2. Aufl., Wien u.a.O. 1996

Brümmerhoff 1996

Brümmerhoff, Dieter, Finanzwissenschaft, 7. Aufl., München 1996

Brunner 1993

Brunner, Petra, Subsidiarität - Leerformel oder Orientierungshilfe zur Kompetenzverteilung in der EG?, in: ifo Schnelldienst, 46/22, 1993b, S. 7-13

Buchanan Wagner 1977

Buchanan, James M., R. Wagner, Democracy in Deficit - The Political Legacy of Lord Keynes, New York u.a.O. 1977

Budäus Eichhorn 1997

Budäus, Dietrich, Peter Eichhorn (Hrsg.), Public Private Partnership: Neue Formen öffentlicher Auftragserfüllung, Baden-Baden 1997

Budäus Grüning 1997

Budäus, Dietrich, Gernod Grüning, Public Private Partnership - Konzeption und Probleme eines Instruments der Verwaltungsreform aus Sicht der Public Choice-Theorie, in: Budäus, Dietrich, Peter Eichhorn (Hrsg.), Public Private Partnership: Neue Formen öffentlicher Auftragserfüllung, Baden-Baden 1997, S. 25-66

Bukold 1996

Bukold, Steffen, Kombinierter Verkehr, Schiene/Straße in Europa, Frankfurt/Main u.a.O. 1996

Bundesminister für Verkehr 1990

Bundesminister für Verkehr, Binnenschiffahrt und Bundeswasserstraßen. Jahresbericht 1989, Bonn 1990

Bundesminister für Verkehr 1997

Bundesminister für Verkehr, Wissmann: Gesamteuropäische Verkehrskonferenz berät über große Verkehrsachsen in Europa, Pressemitteilung Nr. 128 vom 20.6.1997

Busch Klös 1995

Busch, Berthold, Hans-Peter Klös, Potentialfaktor Infrastruktur, Ökonomische Bedeutung und privatwirtschaftliches Engagement, Beiträge des IW zur Wirtschafts- und Sozialpolitik Nr. 222, Köln 1995

Büscher 1993

Büscher, Reinhard, Binnenmarkt und Telekommunikation - Zur Notwendigkeit europäischer Netze, in: Witte, Eberhard (Hrsg.), Telekommunikation an der Schwelle zum Europäischen Binnenmarkt, Berlin u.a. 1993, S. 1-4

Büschgen Ergenzinger 1993

Büschgen, Hans E., Till Ergenzinger, Privatwirtschaftliche Finanzierung und Erstellung von Verkehrsinfrastruktur-Investitionen unter besonderer Berücksichtigung des Leasing, Frankfurt/Main 1993

Buxmann König 1994

Buxmann, Peter, Wolfgang König, Ein Entscheidungsmodell zur Bewertung von Investitionen in Standards - dargestellt am Beispiel von ISO-Standards und CCITT-Empfehlungen für eine offene Datenkommunikation, in: Wirtschaftsinformatik, 36. Jg. (1994), S. 252-267

Caesar 1992

Caesar, Rolf, Kreditoperationen im Finanzsystem der EG, in: K.-H. Hansmeyer (Hrsg.), Ausgewählte Probleme der EG-Finanzen, Berlin 1992, S. 115-182

Caesar 1996

Caesar, Rolf, Zur Reform des Einnahmensystems der Europäischen Union, in: Werner Zohlnhöfer (Hrsg.), Europa auf dem Wege zur politischen Union? Probleme und Perspektiven der europäischen Integration vor "Maastricht II", Berlin 1996

Capello 1994

Capello, Roberta, Spatial economic analysis of telecommunications network externalities, Aldershot u.a.O. 1994

Capouet 1998

Capouet, Yvan, TEN-Telekom: Ein gemeinschaftliches Unterstützungsprogramm für transeuropäische Telekommunikationsnetze, Redebeitrag, Europäische Telematik-Konferenz, Barcelona am 4.2.1998

Casti 1995

Casti, John, The Theory of Networks, in: Batten, David, John Casti, Roland Thord (ed.), Networks in Action, Heidelberg 1995, S. 3-24

Cheung 1978

Cheung, Steven N. S., The Myth of Social Costs. A critique of welfare economics and the implication for public policy, Institute for Economic Affairs, London 1978

David 1992

David, Paul A., Information Network Economics. Externalties, Innovation and Evolution, in: Antonelli, C. (ed.), The Economics of Information Networks, Amsterdam 1992, S. 103-105

Debene 1994

Debene, Marc, Von nationalen Monopolen zu transeuropäischen Netzen, in: IFIG (Hrsg.), Perspektiven der öffentlichen Wirtschaft in Europa: Die Aufgaben der öffentlichen Unternehmen im Binnenmarkt, Schriften zur öffentlichen Verwaltung und öffentlichen Wirtschaft, Bd. 90, Baden-Baden 1994, S. 145-162

Deregulierungskommission 1991
Deregulierungskommission, Marktöffnung und Wettbewerb, Bericht 1990 und 1991, Stuttgart 1991

Deutsche Bahn AG 1997
Deutsche Bahn AG, Pressemitteilung vom 27.10.97, Köln, Frankfurt a.M.1997

Deutsche Bundesbank 1992
Deutsche Bundesbank, Monatsbericht der Deutschen Bundesbank, 44. Jg. (1992), Nr. 8

Dickertmann Diller 1989
Dickertmann, D., K. D. Diller, Subventionstechnik, in: Wirtschaftswissenschaftliches Studium, 18. Jg. (1989), S. 166-172

Dölken 1992
Dölken, Clemens, Katholische Sozialtheorie und liberale Ökonomik, Tübingen 1992

Donnerbauer 1998
Donnerbauer, Robert, Durchleitung birgt Chancen und Risiken - Deutschland: Reiseland der Elektronen, in: Handelsblatt, Nr. 113 vom 17.6.1998, S. 28

Economides 1996
Economides, Nicholas, The Economics of Networks, in: International Journal of Industrial Organization, Vol. 14 (1996), No. 6, S. 673-699

Eickhof 1986
Eickhof, Norbert, Theorie des Markt- und Wettbewerbsversagens, in: Wirtschaftsdienst, 66. Jg. (1986), S. 468-476

Eichhorn 1995
Eichhorn, Peter, Public Private Partnership - Praxis, Probleme, Perspektiven, in: Lothar F. Neumann und Frank Schulz-Nieswandt (Hrsg.), Sozialpolitik und öffentliche Wirtschaft, In memoriam Theo Thiemeyer, Berlin 1995, S. 173-184

Ellwanger Wilckens 1993
Ellwanger, Gunter, Martin Wilckens, Hochgeschwindigkeitsverkehr gewinnt an Fahrt - Netz wird weiter ausgebaut, in: Internationales Verkehrswesen, 45 Jg. (1993), Nr. 5, S. 284-290

Ernst Walpuski 1997
Ernst, Matthias, Dirk Walpuski, Telekommunikation und Verkehr, München 1997

Europäischer Investitionsfonds 1997
Europäischer Investitionsfonds, Annual Report 1996, Luxemburg 1997

Europäische Kommission 1995
Europäische Kommission (Generaldirektion für Energie, DG XVII), Trans-European Energy Networks, Policy and Actions of the European Community, Brüssel 1995

Europäische Kommission 1997a
Europäische Kommission, Commission urges Member States to accelerate trans-European transport infrastructure projects by the creation of public/private partnerships, Pressemitteilung vom 10.9.1997

Europäische Kommission 1997b
Europäische Kommission (Generaldirektion für Energie, DG XVII), Trans-European Energy Networks, Policy and Actions of the European Community, Brüssel 1997

Europäische Kommission 1998a
Europäische Kommission (Generaldirektion Verkehr), Internet: http://europa.eu.int/en/comm/dg07/TIF/contents.htm (27.11.1998)

Europäische Kommission 1998b
Europäische Kommission, Gesamtbericht 1997, Brüssel - Luxemburg 1998, Internet: http://europa.eu.int/abc/doc/off/rg/de/1997/dem00097.htm (27.11.1998)

Europäische Kommission 1998c
Europäische Kommission, TransEuropean Transport Network projects now on track: three due for completion by 2000, Pressemitteilung vom 3.6.1998

Europäische Kommission 1998d
Europäische Kommission (Generaldirektion Verkehr), 14 TEN Priority Projects, Internet:
http://europa.eu.int/en/comm/dg07/tentpp9807/index.htm (27.11.1998)

Europäische Kommission 1998e
Europäische Kommission, Trans-European Telecommunication Networks, Arbeitsprogramm, Annahme am 7. Januar 1998, Brüssel 1998, Internet: http://www2.echo.lu/tentelecom/de/wpde.html (27.11.1998)

Europäische Kommission 1998f
Europäische Kommission (Generaldirektion XIII), Interoperation and development of networks - 9 projects selected, Pressemitteilung vom 24.7.1998, Internet:
http://www2.echo.lu/tentelecom/en/press-call19981.html (27.11.1998)

Europäisches Parlament 1997
Europäisches Parlament (Generaldirektion Forschung), Die Finanzierung der Transeuropäischen Netze, Arbeitspapier, Luxemburg 1997

European Conference of Ministers of Transport 1997
European Conference of Ministers of Transport, Joint Statement by the Ministers of Transport of ECMT on Pan-European Transport Policy, adopted in Berlin, 21./22.4.1997

European Conference of Ministers of Transport 1998
European Conference of Ministers of Transport, Transport Infrastructure in ECMT Countries, Paris 1998

Evers Oosterhaven 1988
Evers, G.H.M., J. Oosterhaven, Transportation, Frontier Effects and Regional Development in the Common Market, Papers of the Regional Science Association, Vol. 64 (1988), S. 37-51

Ewers 1992

Ewers, H.-J., Der Weg der Vernunft in der Verkehrspolitik. Ökologische Verkehrspolitik im Spannungsfeld Stadt/Land, in: Frankfurter Institut für wirtschaftspolitische Forschung (Hrsg.), Verkehrspolitik kontrovers, Bad Homburg 1992, S. 83 ff.

Ewers 1994

Ewers, Hans-Jürgen, Privatisierung und Deregulierung bei den Eisenbahnen, in: Jahrbuch für Neue Politische Ökonomie, 13. Bd.(1994), S. 178-208

Ewers Tegner 1997

Ewers, Hans-Jürgen, Henning Tegner, What type of strategic planning? Report to the 14th International Symposium on Theory and Practice in Transport Economics, Innsbruck, 21.-23.10.1997

Fahle 1996

Fahle, Heide, Transeuropäisches Netz, in: EUmagazin, Nr. 5, 1996, S. 12-15

Farrell Saloner 1985

Farrell, Joseph, Garth Saloner, Standardization, compatibility, and innovation, in: Rand Journal of Economics, Vol. 16, No.1, Spring 1985, S. 70-83

Feuerhake Moritz 1998

Feuerhake, Timo, Winfried Moritz, Die Suche nach besseren Lösungen geht weiter - Umladeverfahren dauert noch zu lange, in: Handelsblatt, Nr. 55 vom 19.3.1998, S. 59.

Fonger 1993

Fonger, Matthias, Gesamtwirtschaftlicher Effizienzvergleich alternativer Transportketten. Eine Analyse unter besonderer Berücksichtigung des multimodalen Verkehrs Schiene/Straße, Beiträge aus dem Institut für Verkehrswissenschaft an der Uni. Münster, Heft 132, Göttingen 1993

Fonger 1994
Fonger, Matthias, Transeuropäische Netze: Auf dem Weg zu einer gesamteuropäischen Infrastrukturplanung?, in: Internationales Verkehrswesen, 46. Jg. (1994), S. 621-629

Franzmeyer 1996
Franzmeyer, Fritz, Europäische Struktur- und Regionalpolitik, in: Ohr, Renate (Hrsg.), Europäische Integration, Stuttgart u.a.O. 1996, S. 111-140

Frey 1972
Frey, Rene L., Infrastruktur. Grundlagen der Planung öffentlicher Investitionen, 2. Aufl., Tübingen 1972

Frey 1978
Frey, Rene L., Infrastruktur, in: Handwörterbuch der Wirtschaftswissenschaften, Bd. 4, Stuttgart u.a.O. 1978, S. 200-215

Frey 1979
Frey, Rene L., Die Infrastruktur als Mittel der Regionalpolitik, Bern Stuttgart 1979

Friauf 1991
Friauf, Karl Heinrich, Die Übertragung öffentlicher Verkehrs-Infrastrukturaufgaben auf Private, Ergebnisse eines Rechtsgutachtens erstattet im Auftrag des Herrn Bundesminister für Wirtschaft, in: Arbeitsgruppe "Private Finanzierung öffentlicher Infrastruktur", Bericht der Arbeitsgruppe, hrsg. vom Bundesministerium der Finanzen, Schriftenreihe des Bundesministeriums der Finanzen, Heft 44, Bonn 1991, S. 89-97

Fritsch u.a. 1993
Fritsch, M., T. Wein, H.-J. Ewers, Marktversagen und Wirtschaftspolitik: mikroökonomische Grundlagen staatlichen Handelns, München 1993

Froböse 1998
Froböse, Rolf, Deregulierung bedroht die Qualität - Experten diskutieren über Sicherheitsvorkehrungen für sensible Prozesse, in: Handelsblatt, Nr. 113 vom 17.6.1998, S. 29

Fuchs 1993

Fuchs, Gerhard, Politikkoordination in der Europäischen Gemeinschaft : die Initiative zur Entwicklung einer transeuropäischen Telekommunikationsinfrastruktur: ISDN, In: Politik und Technologieentwicklung in Europa, Beiträge zur politischen Wissenschaft, Nr. 68, Berlin 1993, S. 181-205

Gemeinschaft der europäischen Bahnen (UIC) 1989

Gemeinschaft der europäischen Bahnen (UIC), Vorschlag für ein europäisches Hochgeschwindigkeitsnetz, Brüssel 1989

Gesellschaft für öffentliche Wirtschaft 1990

Gesellschaft für öffentliche Wirtschaft, Öffentliche Kreditinstitute in der Bundesrepublik Deutschland und EG-Binnenmarkt, in: Zeitschrift für öffentliche und gemeinwirtschaftliche Unternehmen, Band 13 (1990), Heft 4, S. 409-425

Grill 1994

Grill, Gerhard, Titel V. Gemeinsame Regeln betreffend Wettbewerb, Steuerfragen und Angleichung der Rechtsvorschriften, in: Carl Otto Lenz (Hrsg.), Kommentar zu dem Vetrag zur Gründung der Europäischen Gemeinschaften, Köln u.a.O. 1994

Gröner u.a. 1995

Gröner, Helmut, Helmut Köhler, Andreas Knorr, Liberalisierung der Telekommunikationsmärkte : wettbewerbspolitische Probleme des Markteintritts von Elektrizitätsversorgungsunternehmen in die deutschen Telekommunikationsmärkte, Bern 1995

Grossekettler 1991

Grossekettler, Heinz, "Privatisierung" von Straßen, in: Wirtschaftswissenschaftliches Studium, Heft 4, 1991, S. 194-195

Grossekettler 1995

Grossekettler, Heinz, Öffentliche Finanzen, in: Dieter Bender u.a. (Hrsg.), Vahlens Kompendium der Wirtschaftstheorie und Wirtschaftspolitik, Münschen 1995, Bd. 1, S. 483-627

Grübler 1990
Grübler, Arnulf, The Rise and Fall of Infrastructure, Heidelberg 1990

Haag 1994
Haag, Marcel, Transeuropäische Telekommunikationsnetze im Recht der Europäischen Gemeinschaft: eine Übersicht, in: Archiv für Post und Telekommunikation, 46. Jg. (1994), Nr. 2, S. 109-116

Hahn 1987
Hahn, Werner, Die regionalwirtschaftliche Bedeutung ausgewählter Fernstraßenprojekte, Untersuchung im Auftrag d. Bundesministers für Verkehr, München, 1987

Hansmeyer 1977
Hansmeyer, Karl-Heinrich, Transferzahlungen an Unternehmen (Subventionen), in: Handbuch der Finanzwissenschaft, hrsg. von Fritz Neumark, Band I, Tübingen 1977, S. 959-996

Hardy 1997
Hardy, Quentin, Iridium Creates New Plan for Global Cellular Service, in: The Wall Street Journal, 18.8.1997

Hayek 1969
Hayek, August von, Der Wettbewerb als Entdeckungsverfahren, in: August von Hayek, Freiburger Studien, Tübingen 1969

Hedtkamp 1995
Hedtkamp, Günter, Die Bedeutung der Infrastruktur in makroökonomischer Sicht, in: Oberhauser, A. (Hrsg.), Finanzierungsfragen der deutschen Einheit III, Schriften des Vereins für Socialpolitik, Berlin 1995, S. 9-69

Heidinger 1996
Heidinger, Michael, Mitnahmeeffekt, in: WiSt, Heft 2, 1996, S.77-79

Heinemann 1993
Heinemann, Friedrich, Europäische Investitonsbank - Subsidiärer Finanzintermediär oder Umverteilungsinstrument, in: Wirtschaftsdienst, 73. Jg. (1993), Heft 2, S. 98-103

Heinemann 1995
Heinemann, Friedrich, Für ein Europa ohne Schuldenberg - Auch für die Finanzierung transeuropäischer Netze braucht die Europäische Union keine eigene Anleihekompetenz, in: Frankfurter Allgemeine Zeitung, Nr. 128 vom 3.6.1995, S. 13

Heinrich u.a. 1994
Heinrich, Lutz J., Franz Lehner, Friedrich Roithmayr, Informations- und Kommunikationstechnik, München, Wien 1994

Heinsch 1986
Heinsch, Brigitte, Der Einfluß des öffentlichen Inputs Verkehrs-infrastruktur auf die Wettbewerbsfähigkeit einer Volkswirtschaft, Frankfurt/Main 1986

Hermann 1997
Hermann, Rüdiger, Ein gemeinsamer Markt für Elektrizität in Europa: Optionen einer Wettbewerbsordnung zwischen Anspruch und Wirklichkeit, Frankfurt/Main u.a. 1997

Hetmeier 1994
Hetmeier, Heinz, Art. 189-192, in: Lenz, Carl Otto (Hrsg.), Kommentar zu dem Vertrag zur Gründung der Europäischen Gemeinschaft, Köln, Basel, Wien 1994, S. 1214-1247

Hirschman 1958
Hirschman, Albert O., The Strategy of Economic Development, New Haven/London 1958

I/PRO 1998
I/PRO(1998), http://www.cyberatlas.com/market/size/~how_many_people.html (17.9.1998)

Ihnen 1995
Ihnen, Hans-Jürgen, Grundzüge des Europarechts, München 1995

Isenmann 1994
Isenmann, Thomas, Marktwirtschaftliche Verkehrspolitik, Zürich 1994

Isensee 1968

Isensee, Josef, Subsidiaritätsprinzip und Verfassungsrecht, Berlin 1968

Jochimsen 1966

Jochimsen, Raimund, Theorie der Infrastruktur, Tübingen 1966

Kalbe Bachmann 1996

Kalbe, Peter, Ingrid Bachmann, Die Beziehungen der EG zu den osteuropäischen Staaten, in: Moritz Röttinger, Claudia Weyringer (Hrsg.), Handbuch der europäischen Integration, Wien u.a.O. 1996, S. 484-513

Karlqvist 1995

Karlqvist, Anders, Network as Dynamic Systems, in: Batten, D., J. Casti, R. Thor (ed.), Networks in Action, Heidelberg 1995, S. 81-106

Karl-Bräuer-Institut 1994

Karl-Bräuer-Institut, Privatfinanzierung öffentlicher Infrastrukturinvestitionen nach dem Konzessionsmodell. Das Beispiel der 12 Straßenprojekte des Bundes, Karl-Bräuer-Institut des Bundes der Steuerzahler, Sonderinformation 20, Wiesbaden 1994

Katz Shapiro 1994

Katz, Michael L., Carl Shapiro, Systems Competition and Network Effekts, in: Journal of Economic Perspectives, Vol. 8, No. 2, Spring 1994, P. 93-115

Kellermann Schlag 1998

Kellermann, Kersten, Carsten-Henning Schlag, Produktivitäts- und Finanzierungseffekte öffentlicher Infrastrukturinvestitionen, in: Kredit und Kapital, 31. Jg.(1998), Heft 3, 315-342

Kindleberger 1989

Kindleberger, Charles P., International Public Goods without International Government, in: The American Economic Review, Vol. 76 (1989), S. 1-13

Kinnock 1995

Kinnock, Neil, The private sectors´s role in development of TENs, Redebeitrag, EIB Konferenz, Amsterdam, 18.5.1995

Kinnock 1998a
Kinnock, Neil, Trans-European Rail Fright Freeways, Referat, The Economist Conferences, 16.1.1998, Brüssel

Kinnock 1998b
Kinnock, Neil, Using public-private partnerships to develop transport infrastructure, Pressemitteilung zur Rede, gehalten: Public Private Partnerships Conference, Barbican Centre, London, 24 February 1998

Kinnock 1998c
Kinnock, Neil, Verkehrsinfrastrukturen für Europa, in: Europa ohne Grenzen, Monatlicher Brief der Europäischen Kommission, Generaldirektion Information, Kommunikation, Kultur, Audoivisuelle Medien, Nr. 5, 1998, S. 1

Klatt 1990
Klatt, Sigurd, Die Finanzierung der Verkehrsinfrastruktur, in: Hamburger Jahrbuch für Wirtschafts- und Gesellschaftspolitik, 35. Jg. (1990), S. 207-222

Klemmer 1981
Klemmer, Paul, Verkehrsinfrastruktur, in: Internationales Verkehrswesen, Heft 6, 33. Jg. (1981), S. 389-393

Klodt 1994
Klodt, Henning, Wettbewerbsfähigkeit europäischer Unternehmen auf den Weltmärkten, in: Heinz König (Hrsg.), Bringt die EU-Beschäftigungsoffensive den Aufschwung? Baden-Baden 1994, S. 49-64

Klodt u.a.1995
Klodt, Henning, Claus-Friedrich Laaser, Jens Oliver Lorz, Rainer Maurer, Wettbewerb und Regulierung in der Telekommunikation, Tübingen 1995

Knieps 1992a
Knieps, Günter, Wettbewerb im europäischen Verkehrssektor: Das Problem des Zugangs zu Wegeinfrastruktur, in: ifo-Studien, 38. Jg. (1992), Nr. 3-4, S. 317-328

Knieps 1992b

Knieps, Günter, Infrastrukturprobleme im europäischen Luftverkehr, in: Schweizerische Zeitschrift für Volkswirtschaft und Statistik, 128. Jg. (1992), S. 643-653

Knieps 1994a

Knieps, Günter, Koordination, Kooperation und Wettbewerb im europäischen Verkehr, in: Deutsche Verkehrswissenschaftliche Gesellschaft (Hrsg.), Europäische Verkehrspolitik nach Maastricht: Kooperation, Koordination, Wettbewerb, Schriftenreihe der Deutschen Verkehrswissenschaftliche Gesellschaft, Reihe B, B. 183, Hinterzarten/Schwarzwald 1994, S. 15-22

Knieps 1994b

Knieps, Günter, Staugebühren: Eine ökonomische Analyse, Diskussionsbeiträge des Instituts für Verkehrswissenschaft und Regionalpolitik, Freiburg i.Br. 1994

Knieps 1996a

Knieps, Günter, Neuere Entwicklungen in der Wettbewerbspolitik, Diskussionsbeiträge, Institut für Verkehrswissenschaft und Regionalpolitik, Albert-Ludwigs-Universität, Freiburg i. Br. 1996

Knieps 1996b

Knieps, Günter, Wettbewerb in Netzen: Reformpotentiale in den Sektoren Eisenbahn und Luftverkehr, Tübingen 1996

Knieps 1996c

Knieps, Günter, Möglichkeiten und Grenzen des Aufbaus transeuropäischer Netze, Diskussionsbeiträge des Instituts für Verkehrswissenschaft und Regionalpolitik, Albert-Ludwigs-Universität Freiburg i. Br., Nr. 32, Freiburg i. Br. 1996

Knieps 1996d

Knieps, Günter, Netzökomomie - ein disaggregierter Ansatz, in: Wulfdieter Zippel (Hrsg.), Transeuropäische Netze, Schriftenreihe des Arbeitskreises Europäische Integration e.V, Bd. 39, Baden-Baden 1996, S. 11-27

Knieps 1997
Knieps, Günter, Möglichkeiten und Grenzen des Aufbaus transeuropäischer Netze, in: Jahrbuch für neue politische Ökonomie, Neue Politische Ökonomie der Integration und Öffnung von Infrastrukturnetzen, 16. Bd. (1997) , S. 185 - 199

Kommission der Europäischen Gemeinschaften 1986
Kommission der Europäischen Gemeinschaften, The contribution of infrastructure to regional development - Final Report, by Dieter Biehl, Luxembourg 1986

Kommission der Europäischen Gemeinschaften 1993a
Kommission der Europäischen Gemeinschaften, Die künftige Entwicklung der Gemeinsamen Verkehrspolitik. Globalkonzept einer Gemeinschaftsstrategie für eine auf Dauer tragbare Mobilität, in: Bulletin der Europäischen Gemeinschaften, Beilage Nr. 3, Brüssel/Luxemburg 1993

Kommission der Europäischen Gemeinschaften 1993b
Kommission der Europäischen Gemeinschaften (Generaldirektion Verkehr), Transeuropäische Netze. Auf dem Weg zu einem Leitschema für das Straßennetz und den Straßenverkehr, Brüssel, Luxemburg 1993

Kommission der Europäischen Gemeinschaften 1993c
Kommission der Europäischen Gemeinschaften, Wachstum, Wettbewerbsfähigkeit, Beschäftigung - Herausforderungen der Gegenwart und Wege ins 21.Jahrhundert - Weißbuch, veröffentlich in: Bulletin der EG, Nr. 6, 1993

Konow 1993
Konow, Gerhard, Zum Subsidiaritätsprinzip des Vertrags von Maastricht, in: Die öffentliche Verwaltung, 46. Jg. (1993), Heft 10, S. 405-412

Kossak 1991
Kossak, Andreas, Qua vadis, Kombinierter Verkehr? in: Internationales Verkehrswesen, 43. Jg.(1991), Heft 3, S. 74-82

Krüger 1995

Krüger, Reinhald, Telekommunikationsnetze: Gegen quantitative Lizenzierung, in: Wirtschaftsdienst, 76. Jg. (1995), Nr. VI, S. 286-287

Kruse 1996

Kruse, Jörn, Liberalisierung der Telekommunikation in Deutschland, in: Wirtschaftsdienst, 76. Jg. (1996), Nr. 2, S. 73-80

Kruse Kiessling 1997

Kruse, Jörn, Thomas Kiessling, Ökonomische Vorteile und Probleme einer wettbewerblichen Öffnung europäischer Infrastrukturnetze (Neue politische Ökonomie der Integration und Öffnung von Infrastrukturnetzen), in: Jahrbuch für neue politische Ökonomie, 16. Bd.(1997) , S. 11 - 44

Kulke-Fiedler 1994

Kulke-Fiedler, Christine, Auf dem Weg zu gemeinsamen Grundsätzen, Zweite Gesamteuropäische Verkehrskonferenz vom 14. bis 16. März 1994 auf Kreta, in: Internationales Verkehrswesen, 46. Jg. (1994), Nr. 4, S. 217-218

Kulke-Fiedler 1995

Kulke-Fiedler, Christine, Verkehrskoridor Berlin-Moskau - Gemeinsame Absichtserklärung der beteiligten Länder, in: Internationales Verkehrswesen, 47. Jg. (1995), Nr. 3, S. 132-133

Laaser 1991

Laaser, Claus-Friedrich, Wettbewerb im Verkehrswesen; Chancen für eine Deregulierung in der Bundesrepublik, Tübingen 1991

Laaser u.a. 1993

Laaser, Claus-Friedrich, Rüdiger Soltwedel, Alfred Boss, Hennig Klodt, Harmen Lehment, Jörg-Volker Schrader, Jürgen Stehn, Europäische Integration und nationale Wirtschaftspolitik, Tübingen 1993

Lacasse Wall 1994

Lacasse, Francois, Terry Wall, Public/private partnerships in infrastructure provision: main issues and conclussions, in: OECD (Hrsg.), New ways of managing infrastructure provision, Public Management Occasional Papers No. 6, Paris 1994, S. 7-25

Lang 1996

Lang, Günter, Common Carriage und Third Party Access, in: Wirtschaftswissenschaftliches Studium, 25. Jg. (1996), Nr. 3, S. 138-140

Langguth Lenz 1994

Langguth, Gerd, Carl Otto Lenz, Art. 1-7c, in: Lenz, Carl Otto (Hrsg.), Kommentar zu dem Vertrag zur Gründung der Europäischen Gemeinschaft, Köln, Basel, Wien 1994, S. 5-42

Leufen 1997

Leufen, Jochen, Verkehrstelematik - Intelligente Technik für mobile Menschen, in: EUmagazin, Nr. 6, 1997, S. 30-31

Liebowitz Margolis 1994

Liebowitz, S.J., Stephen E. Margolis, Network Externality: An Uncommon Tragedy, in: Journal of Economic Perspective, Vol. 8 (1994), No. 2, S. 133-150

Lippolt 1996

Lippolt, Michael, Verkehrs-Infrastruktur - neue Impulse durch Telematik, in: Arbeitgeber, 46. Jg. (1996), Heft 15/16, S. 470-476

Lutter Pütz 1993

Lutter, Horst, Thomas Pütz, Erreichbarkeit und Raumentwicklung der Regionen in Europa. Welche Rolle spielen die Fernverkehrssysteme?, in: Informationen zur Raumentwicklung, Heft 9/10, 1993, S. 619-637

Mallosek 1996

Mallosek, Jörg, Entwicklung einer Finanzkonzeption der Europäischen Union im Hinblick auf eine Aufnahme von mittel- und osteuropäischen Staaten, in: Zeitschrift für Wirtschaftspolitik, 45. Jg.(1996), Heft 3, S. 274-302

Marte 1994
Marte, Gert, Der Stau im Straßenverkehr, in: Internationales Verkehrswesen, 46. Jg. (1994), Nr. 5, S. 265-269

McKay 1989
McKay, Charles, Möglichkeiten der privatwirtschaftlichen Finanzierung von Verkehrsinfrastruktur-Investitionen in der EG, Beiträge aus dem Institut für Verkehrswissenschaft an der Universität Münster, Münster 1989

Meinholt 1955
Meinholt, Helmut, Investitionen, in: Handwörterbuch der Sozialwissenschaften, Bd. 5, 1955, S. 337

Meyer 1997
Meyer, Leon J., Elektriztäts-Binnenmarkt - Defizit an Visionen, in: EU-magazin, Nr. 5, 1997, S. 29-31

Monopolkommission 1992
Monopolkommission, Wettbewerbspolitik oder Industriepolitik, Hauptgutachten 1990/1991, Baden-Baden 1991

Monopolkommission 1996
Monopolkommission, Die Telekommunikation im Wettbewerb: Sondergutachten der Monopolkommission gemäß §24b Abs. 5 Satz 4 GWB, Baden-Baden 1996

Mückenhausen 1994
Mückenhausen, Peter, Der Verkehr, in: Lenz, Carl Otto (Hrsg.), Kommentar zu dem Vertrag zur Gründung der Europäischen Gemeinschaft, Köln, Basel, Wien 1994, S. 374-398

Müller 1995
Müller, Petra, Telekommunikation in der Europäischen Union, Schriftenreihe des Instituts für allgemeine Wirtschaftsforschung der Albert-Ludwigs-Universität, Freiburg 1995

Musgrave 1971

Musgrave, Richard A., Infrastruktur und die Theorie der öffentlichen Güter, in: Arndt, Helmut, Dieter Swatek (Hrsg.), Grundfragen der Infrastrukturplanung für wachsende Wirtschaften, Schriften des Vereins für Socialpolitik, N.F. Bd. 58, Berlin 1971

Musgrave u.a.1994

Musgrave, Richard A., Peggy B. Musgrave, Lore Kullmer, Die öffentlichen Finanzen in Theorie und Praxis, Bd. 1, Tübingen 1994

Nakićenović 1995

Nakićenović, Nebojsa, Overland Transportation Networks: History of Development and Future Prospects, in: Batten, D., J. Casti, R. Thor (ed.), Networks in Action, Heidelberg 1995, S. 195-228

Network Wizards 1998

Network Wizards, Internet Domain Survey, July 1998, http://www.nw.com/zone/WWW/report.html (27.11.1998)

Noam 1992

Noam, Eli M., A Theory for the Instability of Public Telecommunication Systems, in: Antonelli, C. (ed.), The Economics of Information Networks, Amsterdam 1992, S. 107-127

Nowotny 1991

Nowotny, E., Der öffentliche Sektor, 2. Aufl., Berlin u.a. 1991

Odenwald 1997

Odenwald, Rudolf, Privatfinanzierung staatlicher Bauaufgaben - Eine Einschätzung aus Sicht der Bayerischen Obersten Rechnungshofs, in: Dietrich Budäus, Peter Eichhorn (Hrsg.), Public Private Partnership: Neue Formen öffentlicher Auftragserfüllung, Baden-Baden 1997, S. 145-152

O.V. 1993a

O.V., Waigel und Rexrodt lehnen eine Euro-Anleihe ab - Sondersitzung der Finanzminister über die wirtschaftspolitischen Leitlinien im Rahmen der zweiten Stufe der WWU, in: Handelsblatt, Nr. 235 vom 6.12.1993, S. 1

O.V. 1993b

O.V., Bonn bleibt beim kategorischen Nein zur vorgeschlagenen Euro-Anleihe - Bundesregierung lehnt Einstieg in Kreditfinanzierung ab, in: Handelsblatt, Nr. 238 vom 9.12.1993, S. 10

O.V. 1994

O.V., EU-Netze ohne neue Finanztöpfe, in: Handelsblatt, Nr. 235 vom 6.12.1994, S. 1

O.V. 1995

O.V., Auf dem deutschen Gasmarkt tritt David gegen Goliath an, in: Handelsblatt, Nr. 116 vom 20.6.1995, S. 11

O.V. 1996a

O.V., Kostenfrage bleibt ungeklärt, in: iwd, 22.8.1996, S. 2

O.V. 1996b

O.V., Kein Geld für die transeuropäischen Netze, in: Frankfurter Allgemeine Zeitung, Nr. 158 vom 10.7.1996, S. 15

O.V. 1996c

O.V., Absage an Brüsseler Finanzierungsplan - EIB zu Transeuropäischen Netzen, in: Handelsblatt, Nr. 24 vom 2./3.2.1996, S. 7

O.V. 1998a

O.V., Rom wärmt ein altes Konjunkturprojekt wieder auf - Prodi will EU-Beschäftigung mit Währungsreserven ankurbeln, in: Handelsblatt, Nr. 189 vom 1.10.1998, S. 3

O.V. 1998b

13.7.98: Streit um neuen Mailänder Flughafen eskaliert S. 15,

O.V. 1998c

12.10.98: Überraschende Einigung im Mailänder Flughafenstreit, S. 14.

O.V. 1998d

O.V., Keine Maut-Autobahn ohne öffentliche Mittel, in: Frankfurter Allgemeine Zeitung, Nr. 177 vom 3.8.1998, S. 28

O.V.1998e

O.V., Telefonanschluß schon bald auch über Richtfunk möglich, in: Handelsblatt, Nr. 163 von 2.8.1998, S. 13

O.V.1998f

O.V., Berliner Wasser-Betriebe starten Citycarrier - Berlikomm will ab 1999 private Ortsgespräche anbieten, in: Handelsblatt, Nr. 198 vom 14.10.1998, S. 16

O.V.1998g

O.V., EU-Kommission schaltet sich in Ortsnetz-Wettbewerb ein - Telekom muß Kabelnetz öffnen, in: Handelsblatt, Nr. 130 vom 10./11.07.1998, S. 1

O.V.1998h

O.V., Die Preise werden in Deutschland um bis zu 25 Prozent sinken - Der einheitliche europäische Strommarkt läßt auf sich warten, in: Handelsblatt, Nr. 206 vom 26.10.1998, S. 27

O.V.1998i

O.V., Durch Liberalisierung große Kosteneinspartungen möglich - Industrie beklagt zu hohe Strom- und Gaspreise, in: Handelsblatt, Nr. 14 vom 21.1.1998, S. 6

O.V.1998j

O.V., Prodi will EU-Beschäftigung mit Währungsreserven ankurbeln - Rom wärmt ein altes Konjunkturprojekt wieder auf, in: Handelsblatt, Nr. 189 vom 1.10.1998, S. 3

Park 1997

Park, Byeungkwan, Zum Umweltschutz auf internationaler Ebene, Frankfurt/Main 1997

Paulus 1996

Paulus, Melanie, Wettbewerb und Konzentration in der leitungsgebundenen Energiewirtschaft in der Europäischen Union, in: Wulfdieter Zippel (Hrsg.), Transeuropäische Netze, Schriftenreihe des Arbeitskreises Europäische Integration e.V, Bd. 39, Baden-Baden 1996, S. 29-43

Peffekoven 1980
Peffekoven, Rolf, Finanzausgleich I: Wirtschaftstheoretische Grundlagen, in: W. Albers u.a. (Hrsg.), Handbuch der Wirtschaftswissenschaft, Bd. 2, Stuttgart, New York, S. 608-636

Peffekoven 1994
Peffekoven, Rolf, Die Finanzen der Europäischen Union. Mannheim u.a.O. 1994

Peffekoven 1996
Peffekoven, Rolf, Einführung in die Grundbegriffe der Finanzwissenschaft, Darmstadt 1996

Pfaffenberger u.a. 1992
Paffenberger, Wolfgang, Ulrich Scheele, Wolfgang Ströbele, Jens Windelberg, Auswirkungen des EG-Binnenmarktes für Energie auf die räumliche Energieversorgung, Idstein 1992

Pfähler u.a. 1995
Pfähler, W., G. Lehmann-Grube, U. Hofmann, Infrastruktur und Regionalentwicklung - kritischer Literaturüberblick und Fallstudien, in: Oberhauser, A. (Hrsg.), Finanzierungsfragen der deutschen Einheit III, Schriften des Vereins für Socialpolitik, Berlin 1995, S. 71-187

Pick 1991
Pick, Hartmut, Ordnungsprobleme eines Europäischen Binnenmarktes für Elektrizität, Idstein 1991

Picot Burr 1996
Picot, Arnold, Wolfgang Burr, Regulierung der Deregulierung im Telekommunikationssektor, in: Schmalensbachs Zeitschrift für betriebswirtschaftliche Forschung, 48. Jg. (1996), Heft 2, S. 173-200

Pitschas 1994
Pitschas, Rainer, Europäische Integration als Netzwerkkoordination komplexer Staatsaufgaben, in: Staatswissenschaft und Staatspraxis, 5. Jg. (1994), Heft ?, S. 503-540

Rambow 1994

Rambow, Gerhard, Transeuropäische Netze, in: Lenz, Carl Otto (Hrsg.), Kommentar zu dem Vertrag zur Gründung der Europäischen Gemeinschaft, Köln, Basel, Wien 1994, S. 856-867

Richter Furubotn 1996

Richter, Rudolf, Eirik Furubotn, Neue Institutionenökonomik, Tübingen 1996

Riedel 1998

Riedel, Donata, Neue Telefon-Ortsnetze entstehen - Die ersten Citycarrier rüsten das TV-Kabel für Multimedia auf, in: Handelsblatt, N. 196 vom 12.12.1998, S. 13

Röver 1996

Röver, Andreas, Negative Netzwerkexternalitäten als Ursache ineffizienter Produktwahl (Negative network externalities as a source of inefficiencies in product choice), in: Jahrbücher für Nationalökonomie und Statistik, Bd. 215 (1996), S. 14 - 32

Rohlfs 1974

Rohlfs, Jeffrey, A theory of interdependent demand for a communications service, in: Bell Journal of Economics, Vol. 5, No. 1, Spring 1974, S. 16-37

Rose/Sauernheimer 1995

Rose, Klaus, Karlhans Sauernheimer, Theorie der Aussenwirtschaft, 12., überarb. Aufl., München 1995

Rothengatter 1996

Rothengatter, Werner, Externe Kosten des Verkehrs in Europa, in: Externe Kosten von Energieversorgung und Verkehr, Düsseldorf, S. 91 - 105

Roundtable of European Industrialists 1984

Roundtable of European Industrialists, Missing Links. Upgrading Europe'sTransborder Ground Transport Infrastructure: A Report for the Roundtable of European Industrialists, Paris 1984

Rowley 1978
Rowley, Charles K., Prologue: The 'Problem' of Social Costs, in: Steven N. S. Cheung, The Myth of Social Costs. A critique of welfare economics and the implication for public policy, Institute for Economic Affairs, London 1978, S. 11-18

Sachverständigenrat zur Begutachtung der gesamtwirtschaftlichen Entwicklung 1991
Sachverständigenrat zur Begutachtung der gesamtwirtschaftlichen Entwicklung, Marktwirtschaftlichen Kurs halten - Zur Wirtschaftspolitik für die neuen Bundesländer, Sondergutachten vom 13.4.1991

Sachverständigenrat zur Begutachtung der gesamtwirtschaftlichen Entwicklung 1994
Sachverständigenrat zur Begutachtung der gesamtwirtschaftlichen Entwicklung, Den Aufschwung sichern - Arbeitsplätze schaffen, Jahresgutachten 1994/95, Stuttgart 1994

Sachverständigenrat zur Begutachtung der gesamtwirtschaftlichen Entwicklung 1997
Sachverständigenrat zur Begutachtung der gesamtwirtschaftlichen Entwicklung, Wachstum, Beschäftigung, Währungsunion - Orientierungen für die Zukunft, Jahresgutachten 1997/98, Stuttgart 1997

Scheele 1993a
Scheele, Ulrich, Infrastruktur und regionale Entwicklung, Universität Oldenburg, Institut für Volkswirtschaftslehre, Diskussionsbeitrag N. V-119-93, Oldenburg 1993

Scheele 1993b
Scheele, Ulrich, Privatisierung von Infrastruktur. Möglichkeiten und Alternativen, Köln 1993

Schlag 1999
Schlag, Carsten-Henning, Die Bedeutung der öffentlichen Infrastruktur für das Wachstum der Wirtschaft in Deutschland, Frankfurt/Main 1999

Schlecht 1983
Schlecht, Otto, Konjunkturpolitik in der Krise, in: Walter Eucken Institut, Vorträge und Aufsätze 94, Tübingen 1983

Schlesinger u.a. 1993
Schlesinger, Helmut, Manfred Weber, Gerhard Ziebarth, Staatsverschuldung - ohne Ende, Darmstadt 1993

Schleth 1987
Schleth, Jan-Philip, Die Theorie des natürlichen Monopols, Gießen 1987

Schlieper 1980
Schlieper, Ulrich, Externe Effekte, in: Handwörterbuch der Wirtschaftswissenschaft, Bd. 2, Stuttgart u.a.O. 1980, S. 524-530

Schmidhuber 1993
Schmidhuber, Peter M., Das Subsidiaritätsprinzip im Vertrag von Maastricht, in: Deutsches Verwaltungsblatt, 1993, S. 417-422

Schmitz 1998
Schmitz, Ulrich, Neue Übertragungstechnik stellt ISDN in den Schatten - Mit ADSL auf den Datenhighway, in: Handelsblatt, Nr. 112 vom 16.6.1998, S. 55

Schmölders 1970
Schmölders, Günter, Finanzpolitik, Berlin u.a.O. 1970

Schneider Werle 1989
Schneider, Volker, Raymund Werle, Die Eroberung eines Politikfeldes. Die Europäische Gemeinschaft in der Telekommunikationspolitik, in: Thomas Ellwein u.a. (Hrsg.), Jahrbuch zur Staats- und Verwaltungswissenschaft, Band 3, Baden-Baden 1989, S. 247-272

Scholz 1994
Scholz, Rupert, Das Subsidiaritätsprinzip im europäischen Gemeinschaftsrecht - ein tragfähiger Maßstab zur Kompetenzabgrenzung? in: Für Recht und Staat - Festschrft für Herbert Helmrich zum 60. Geburtstag, hrsg. von Klaus Letzgus, Hermann Hill, Hans Hugo Klein, Detlef Kleinert, Gerg-Berndt Oschatz, Hans de With, München 1994

Schraad Pähler 1998
Schraad, Norbert, Ulrich Pähler, Ein Maßanzug statt Massenware - Es gibt kein Standardschema, in: Handelsblatt, Nr. 76 vom 21.4.1998, S. 27

Schuh 1989

Schuh, Gerhard, Zur Kapazitätsproblematik in der Binnenschiffahrt, in: Zeitschrift für Verkehrswissenschaft, 60. Jg. (1989), S. 233-244

Schulte-Althoff 1992

Schulte-Althoff, Monika, Projektfinanzierung, Münster, Hamburg 1992

Schulze 1996

Schulze, Gudrun, Die Rolle der Europäischen Union beim Aufbau der transeuropäischen Netze, in: Wulfdieter Zippel (Hrsg.), Transeuropäische Netze, Schriftenreihe des Arbeitskreises Europäische Integration e.V, Bd. 39, Baden-Baden 1996, S. 29-43

Schürmann 1996

Schürmann, Heinz Jürgen, Erdgasnetzzugang und Energiewettbewerb - Machtbalance, in: Handelsblatt, Nr. 237 vom 6./7.12.1996, S. 19

Schürmann 1998

Schürmann, Heinz Jürgen, Der Netzzugang als Zankapfel - Noch kein Konzept für den Durchleitungswettbewerb im Energiesektor, in: Handelsblatt, Nr. 8 vom 13.1.1998, S. 2

Seidel 1998

Seidel, Uwe M., Liberalisierung des Telekommunikationsmarktes in Deutschland, in Wirtschaftswissenschaftliches Studium, 27. Jg.(1998), Heft 6, S. 310-314

Seitz 1992

Seitz, Helmut, Public Capital and the Demand for Private Inputs, Discussion Paper No 92-08, Zentrum für Europäische Wirtschaftsforschung, Mannheim 1992

Sesin 1998

Sesin, Claus Peter, Erste Modems für ADSL vorgestellt - Schnelle Übertragungstechnik, in: Handelsbaltt, Nr. 232 vom 1.12.1998, S. 45

Siebert 1996

Siebert, Horst (Hrsg.), Elemente einer rationalen Umweltpolitik - Expertisen zur umweltpolitischen Neuorientierung, Tübingen 1996

Sinn 1994

Sinn, Hans-Werner, Wieviel Brüssel braucht Europa? Subsidiarität, Zentralisierung und Fiskalwettbewerb im Lichte der ökonomischen Theorie, in: Staatswissenschaft und Staatspraxis, 5. Jg.(1994), Heft 2, S. 155-186

Sinn 1995

Sinn, Hans-Werner, Implikationen der vier Grundfreiheiten für eine nationale Fiskalpolitik, in: Wirtschaftsdienst, 75. Jg.(1995), S. 240-249

Sinn 1996

Sinn, Hans-Werner, Das Prinzip des Diapositivs - Einige Bemerkungen zu Charles B. Blankart, in: Wirtschaftsdienst, 76. Jg.(1996), S. 92-94

Spaniol Kauffels 1990

Spaniol, Otto, Franz-Joachim Kauffels, Architektur von Datenkommunikationssystemen, in: Karl Kurbel, Horst Strunz, Handbuch der Wirtschaftsinformatik, Stuttgart 1990, S. 893-927

Spiekermann Wegener 1996

Spiekermann, Klaus, Michael Wegener, Trans-European Networks and Unequal Acessibility in Europe, in: European Journal of Regional Development, 1996, Nr. 4, S. 35-42

Steyer 1997

Steyer, Ronald, Netzexternalitäten, in: Wirtschaftswissenschaftliches Studium, 26. Jg (1997), Nr. 4, S. 206-210

Steyer 1998

Steyer, Ronald, Ökonomische Analyse elektronischer Märkte, Arbeitspapiere WI, Lehrstuhl für Allgemeine Betriebswirtschaftslehre und Wirtschaftsinformatik, Jahannes Gutenberg-Universität Mainz, Nr. 1/1998, Mainz 1998

Stock 1996

Stock, Wolfgang G., Informationsgesellschaft und Telekommunikationsnetze in der europäischen Informationspolitik, in: Wulfdieter Zippel (Hrsg.), Transeuropäische Netze, Schriftenreihe des Arbeitskreises Europäische Integration e.V, Bd. 39, Baden-Baden 1996, S. 77-105

Stohler 1965
Stohler, J., Zur rationalen Planung der Infrastruktur, in: Konjunkturpolitik, 11. Jg. (1965), S. 279-308

Sturm 1997
Sturm, Michael, Budgetdisziplin in der Europäischen Wirtschafts- und Währungsunion, Frankfurt/Main 1997

Suntum 1986
Suntum, Ulrich van, Verkehrspolitik, München 1986

Tetens Voß 1995
Tetens, Gönke, Axel Voß, Der neue Ordnungsrahmen für die Telekommunikation, in: Wirtschaftsdienst, 75. Jg. (1995), Nr. 8, S. 443-450

Thomson 1978
Thomson, J. Michael, Grundlagen der Verkehrspolitik, Bern, Stuttgart 1978

Thum 1995
Thum, Marcel, Netzwerkeffekte, Standardisierung und staatlicher Regulierungsbedarf, Tübingen 1995

Tomas 1997
Tomas, Christoph, Die Privatfinanzierung von Bundesfernstraßen, Frankfurt/Main 1997

Tuchtfeld 1970
Tuchtfeld, Egon, Infrastrukturinvestitionen als Mittel der Strukturpolitik, in: Reimut Jochimsen, Udo E. Simonis (Hrsg.), Theorie und Praxis der Infrastrukturpolitik, Schriften des Veriens für Socialpolitik, N.F. Bd. 54, Berlin 1970, S. 125-151

Turner 1995
Turner, Colin, The financing of trans-European networks: Are the member states commited?, in: European Business Journal, 1995, S. 37-42

Uekermann 1990

Uekermann, Heinrich, Technik der internationalen Projektfinanzierung, in: Klaus Backhaus, Otto Sandrock, Jörg Schill, Heinrich Uekermann (Hrsg.), Projektfinanzierung, Stuttgart 1990, S. 13-28

Vaubel 1992

Vaubel, Bemerkungen zum Referat "Netzökonomik", Charles B. Blankart, Günter Knieps, in: Jahrbuch für neue Politische Ökonomie, 11. Bd.(1992), S. 88

Vaubel 1994

Vaubel, Roland, Kollektiv ersetzt Bilateralismus, in: Handelsblatt, Nr. 238 vom 9./10.12.1994, S. 9

Vickerman 1995

Vickerman, R.W., The regional impacts of Trans-European networks, in: The Annals of Regional Science, Vol. 29 (1995), Nr. 2, S. 237-254

Vickerman 1996

Vickerman, Roger, Location, accessibility and regional development: the appraisal of trans-European networks, in: Transport Policy, Vol. 2 (1996), No. 4, S. 225-234

Vinois 1993

Vinois, Jean-Arnold, Les réseaux transeuropéens: une nouvelle dimension donnée au Marché unique, in: Revue du Marché Européen, Nr. 1, 1993, S. 93-125

Vogel 1989

Vogel, Otto, Infrastruktur I. Die Infrastruktur der Bundesrepublik Deutschland. Analyse und Wertung, in: Institut der deutschen Wirtschaft, IW trends, 16 Jg. (1989), Nr. 1, S. I-1 - I-14

Walter 1995

Walter, Jochen, Kommunen suchen nach neuen Wegen aus ihrem finanziellen Engpaß - Die Bedeutung des Forderungskaufs nimmt weiter zu, in: Handelsblatt, Nr. 195 vom 10.10.1995, S. B9-B10

Weiber 1992

Weiber, Rolf, Diffusion von Telekommunikation, Wiesbaden 1992

Weindl 1996

Weindl, Josef, Europäische Gemeinschaft. Institutionelles System, Binnenmarkt sowie Wirtschafts- und Währungsunion auf der Grundlage des Maastrichter Vertrages, München, Wien 1996

Weinkopf 1993

Weinkopf, Marcus, Infrastrukturpolitik im Telekommunikationsbereich: Europäische Töne aus den USA? In: WIK newsletter, Nr. 13, Dezember 1993

Welfens Graack 1994

Welfens, Paul J.J., Cornelius Graack, Telecommunication in Western Europe: Liberalization, Technological Dynamics and Regulatory Developments, Westfälische Wilhelms-Universität Münster, Volkswirtschaftliche Diskussionsbeiträge, Beitrag Nr. 200, Münster 1994

Welfens Graack 1996

Welfens, Paul J.J., Cornelius Graack, Telekommunikationswirtschaft, Berlin u.a. 1996

Werle 1997

Werle, Raymund, Technische Standardisierung im deregulierten Europa, in: Jahrbuch für neue politische Ökonomie, Neue Politische Ökonomie der Integration und Öffnung von Infrastrukturnetzen, 16. Bd.(1997) , S. 54-80

Werle Fuchs 1993

Werle, Raymund, G. Fuchs, Liberalization and integration: pathways to a trans-European network in telecommunications, in: Utilities Policy, Vol. 3 (1993), No. 3, S. 187-200

Wieland 1983

Wieland, Bernhard, Die ökonomische Theorie des natürlichen Monopols, Diskussionsbeiträge zur Telekommunikationsforschung, Nr. 2, o.O. 1983

Wieland 1988
Wieland, Bernhard, Regulierung der Telekommunikation, in: Michael Krakowski (Hrsg.), Regulierung in der Bundesrepublik Deutschland, Hamburg 1988, S. 195-286

Wisdorff 1999
Wisdorff, Eberhard, Mit Kompromissen erweiterungsfähig, in: Handelsblatt, Nr. 61 vom 29.3.1999, S. 10

Wille 1993
Wille, Eberhard, Die Bedeutung der öffentlichen Infrastruktur für die wirtschaftliche Entwicklung - Notwendigkeiten in den neuen Bundesländern, in: Peter Eichhorn (Hrsg.), Finanzierung und Organisation der Infrastruktur in den neuen Bundesländern, Baden-Baden 1993, S. 11-36

Willeke 1993
Willeke, Rainer, Zur Frage der externen Kosten und Nutzen des motorisierten Straßenverkehrs, in: Zeitschrift für Verkehrswissenschaft, 64. Jg.(1993), Heft 4, S. 215-236

Wink 1995
Wink, Rüdiger, Verkehrsinfrastrukturpolitik in der Marktwirtschaft. Eine institutionenökonomische Analyse, Berlin 1995

Wink 1996a
Wink, Rüdiger, Transeuropäische Verkehrsnetze: Für Wachstum oder regionale Umverteilung? in: Wirtschaftsdienst, 76. Jg. (1996), Nr. VI, S. 301-308

Wink 1996b
Wink, Rüdiger, Institutionelle Reformen der Verkehrsinfrastrukturpolitik, in: Zeitschrift für Verkehrswissenschaft, 67. Jg. (1996), H. 1, S. 14-33

Wintershall 1998
Wintershall AG, Wintershall blickt auf erfolgreiches 1997 zurück, Presseerklärung vom 31.3.1998

Wisdorf 1994

Wiesdorf, Eberhard, Brüssels Weißbuch bleibt umstritten - In der Union brechen Kontroversen über Deregulierung und Finanzen auf, in: Handelsblatt, Nr. 95 vom 18.5.1994, S. 2

Wissenschaftlicher Beirat beim Bundesminister für Verkehr 1997

Wissenschaftlicher Beirat beim Bundesminister für Verkehr, Neue Wege zur Finanzierung und Nutzungsoptimierung für die Straßeninfrastruktur, in: Zeitschrift für Verkehrswissenschaft, 68. Jg. (1997), Nr. 2, S. 73 - 93

Witte 1996

Witte, Hermann, Transeuropäische Verkehrsnetze: Integrationswirkungen von Verkehrssystemen, makroökonomische und regionalpolitische Implikationen der proritären Verkehrsprojekte, in: Wulfdieter Zippel (Hrsg.), Transeuropäische Netze, Schriftenreihe des Arbeitskreises Europäische Integration e.V, Bd. 39, Baden-Baden 1996, S. 63-75

Woeckener 1996

Woeckener, Bernd, Standardisierungspolitik für die Informationsgesellschaft, in: Jahrbücher für Nationalökonomie und Statistik, Bd. 215 (1996), Nr. 3, S. 257-273

Woeckener 1997

Woeckener, Bernd, Kommentar zu: Die Modellierung von Netzeffekten und Ansätze industriepolitischer Steuerung von Manfred J. Holler, in: Jahrbuch für neue politische Ökonomie, 16. Bd.(1997), S. 116 - 118

Wuermeling 1996

Wuermeling, Joachim, Der EU-Haushalt: Politik in ECU, in: Röttinger, Moritz, Claudia Weyringer (Hrsg.), Handbuch der europäischen Integration, Wien u.a.O. 1996

Wulf-Mathies 1998

Wulf-Mathies, Monika, Rede anläßlich der Eröffnung der Konferenz zur Vorbereitung der Strukturfonds, Brüssel, 25.9.1998

Zeitel 1977
Zeitel, Gerhard, Theoretische und technische Aspekte öffentlicher Darlehen und Gewährleistungen, in: Handbuch der Finanzwissenschaft, hrsg. von Fritz Neumark, Band I, Tübingen 1977, S. 997-1024

Primärliteraturverzeichnis

Dokumente der Kommission

KOM(1984)277 endg. vom 18.5.1984: Mitteilung über die Telekommunikation - Stand der Überlegungen und der Arbeiten auf diesem Gebiet sowie erste Vorschläge für ein Aktionsprogramm

KOM(1987)290 endg.vom 30.6.1987: Grünbuch über die Entwicklung des Gemeinsamen Marktes für Telekommunikationsdienstleistungen und Telekommunikationsgeräte

KOM(1990)585 endg. vom 10.12.1990: Auf dem Weg zu einer europäischen Infrastruktur. Ein gemeinschaftliches Aktionsprogramm

KOM(1991)548 endg. vom 22.1.1991 (ABl. C 65 vom 14.3.1991): Vorschlag für eine Richtlinie des Rates über gemeinsame Vorschriften für den Elektrizitätsbinnenmarkt - Vorschlag für eine Richtlinie des Rates über gemeinsame Vorschriften für den Erdgasbinnenmarkt

KOM(1992)231 endg. vom 11.6.1992: Mitteilung der Kommission "Verkehrsinfrastruktur"

SEK(1992)553 endg. vom 27.3.1992: Mitteilung über die Infrastrukturen für den Transport von Elektrizität und Erdgas in der Gemeinschaft

SEK(1992)1990 endg. vom 27.10.1992: Mitteilung zum Subsidiaritätsprinzip

KOM(1993)685 endg. vom 19.1.1994: Mitteilung über die Leitlinien der Gemeinschaft für die Ausgestaltung der transeuropäischen Energienetze, Vorschlag für eine Entscheidung über Leitlinien für die Ausgestaltung der transeuropäischen Netze im Energiebereich

KOM(1994)106 endg. vom 7.4.1994 (ABl. Nr. C220 vom 8.8.1994): Vorschlag für eine Entscheidung des Europäischen Parlaments und des Rates über gemeinschaftliche Leitlinien für den Aufbau eines transeuropäischen Verkehrsnetzes

KOM(1994)440 endg. vom 25.10.1994: Mitteilung der Kommission Grünbuch über die Liberalisierung der Telekommunikationsinfrastruktur und der Kabelfernsehnetze: Teil 1 Grundsätze und Zeitrahmen

KOM(1995)224 endg. vom 7.6.1995 (ABl. C 302 vom 14.11.1995): Vorschlag für eine Entscheidung des Europäischen Parlaments und des Rates über Leitlinien für transeuropäische Telekommunikationsnetze

KOM(1995)226 endg. vom 29.5.1995: Geänderter Vorschlag für eine Entscheidung über Leitlinien für die Ausgestaltung der transeuropäischen Netze im Energiebereich

KOM(1995)682 endg. vom 25.1.1995: Grünbuch über die Liberalisierung der Telekommunikationsinfrastruktur und der Kabelfernsehnetze: Teil 2 Ein gemeinsames Konzept zur Bereitstellung einer Infrastruktur für Telekommunikation in der Europäischen Union

KOM(1996)390 endg. vom 24.7.1996: Vorschlag für eine Entscheidung des Europäischen Parlaments und des Rates zur Änderung der Entscheidung Nr. 1254/96/EG des Europäischen Parlaments un des Rates über Leitlinien für die Ausgestaltung der transeuropäischen Netze im Energiebereich

KOM(1996)421 endg. vom 30.7.1996: Weißbuch. Eine Strategie zur Revitalisierung der Eisenbahn in der Gemeinschaft; KOM(1996)421/2 endg. vom 15. 11.1996: Weißbuch. Eine Strategie zur Revitalisierung der Eisenbahn in der Gemeinschaft (Korrigendum)

KOM(1996)645 endg. vom 6.12.1996: Transeuropäische Netze. Jahresbericht 1996.

SEK(1997)10 vom 7.1.1997: Die voraussichtlichen makroökonomischen und Beschäftigungseffekte von Investitionen im Bereich der Transeuropäischen Verkehrsnetze

KOM(1997)125 endg. vom 26.3.1997: Die externe Dimension der transeuropäischen Energienetze

KOM(1997)172 endg. vom 23.4.1997: Miiteilung der Kommission "Anbindung des Verkehrsinfrastrukturnetzes der Europäischen Union an die Nachbarstaaten - Entwicklung einer kooperativen gesamteuropäischen Verkehrspolitik"

KOM(1997)242 endg. vom 29.5.1997: Mitteilung der Kommission Transeuropäische Freeways für den Schienengüterverkehr

KOM(1997)243 endg. vom 29.5.1997: Mitteilung der Kommission: Intermodalität und intermodaler Güterverkehr in der Europäischen Union. Ein Systemansatz für den Güterverkehr. Strategien und Aktionen zur Verbesserung der Effizienz, der Dienste und der Nachhaltigkeit

DOC/97/6 vom 15.7.1997: Agenda 2000-Band I: Eine stärkere und erweiterte Union

KOM(1997)453 endg. vom 10.9.1997: Mitteilung der Kommission über öffentlich-private Partnerschaften bei transeuropäischen Verkehrsprojekten

KOM(1997)654 endg. vom 4.12.1997: Transeuropäische Netze. Jahresbericht 1997

KOM(1997)661 endg.: Mitteilung der Kommission über die Bewertung und eine zweite Phase des IDA-Programms Vorschlag für eine Entscheidung des Europäischen Parlaments und des Rates über Leitlinien und die Festlegung von Projekten von gemeinsamem Interesse für transeuropäische Netze zum elektronischen Datenaustausch zwischen Verwaltungen (IDA) Vorschlag für einen Beschluß des Rates Aktionen und Maßnahmen zur Gewährleistung der Interoperabilität transeuropäischer Netze für den elektronischen Datenaustausch zwischen Verwaltungen und des Zugangs zu diesen Netzen (IDA)

KOM(1997)661/2 endg.: Mitteilung der Kommission über die Bewertung und eine zweite Phase des IDA-Programms Vorschlag für eine Entscheidung des Europäischen Parlaments und des Rates über Leitlinien und die Festlegung von Projekten von gemeinsamen Interesse für transeuropäische Netze zum elektronischen Datenaustauch zwischen Verwaltungen (IDA) Vorschlag für einen Beschluß des Rates Aktionen und Maßnahmen zur Gewährleistung der Interoperabilität transeuropäischer Netze für den elektronischen Datenaustausch zwischen Verwaltungen und des Zugangs zu diesen Netzen (IDA), Korrigendum.

KOM(1997)681 endg. vom 10.12.1997: Vorschlag für eine Entscheidung des EP und des Rates zur Änderung der Entscheidung Nr. 1692/96/EG über Seehäfen, Binnenhäfen und intermodale Terminals sowie das Vorhaben Nr. 8 im Anhang III

KOM(1998)45endg. vom 2.2.1998: Mitteilung der Kommission an das Europäische Parlament und den Rat über den Schlußbericht über vorbereitende Maßnahmen für transeuropäische Netze: Integrierte Breitband-Kommunikation, eingeleitet im Jahr 1993 aufgrund der diesbezüglichen Mitteilung der Kommission vom 22. Juli 1993 (Vorlage der Kommission aufgrund ihrer Mitteilung an das Europäische Parlament und den Rat über vorbereitende Aktionen für TEN-IBC, (KOM(1993)372 endg. vom 22.7.1993, S. 11))

KOM(1998)172 vom 18.3.1998: Vorschlag für eine Verordnung (EG) des Rates zur Änderung der Verordnung (EG) Nr. 2236/95 über die Grundregeln für die Gewährung von Gemeinschaftszuschüssen für transeuropäische Netze

KOM(1998)178 endg. vom 23.3.1998: PHARE-Jahresbericht 1996

KOM(1998)439 endg. vom 15.7.1998: Tätigkeiten der Europäischen Union im Bereich der Forschung und technologischen Entwicklung - Jahresbericht 1998

KOM(1998)466 endg. vom 22.7.1998: Faire Preise für die Infrastrukturbenutzung: Ein abgestuftes Konzept für einen Gemeinschaftsrahmen für Verkehrs-Infrastrukturgebühren in der EU - Weißbuch

KOM(1998) 542 endg. vom 30.9.1998: Vorschlag für eine Entscheidung des Europäischen Parlaments und des Rates zur Änderung der Entscheidung Nr. 1254/96/EG über eine Reihe von Leitlinien betreffend die transeuropäischen Netze im Energiebereich

KOM(1998)614 endg. vom 28.10.1998: Transeuropäisches Verkehrsnetz. Bericht über die Umsetzung der Leitlinien und die Prioritäten für die künftige Entwicklung 1998

Schlussfolgerungen des Vorsitzes des Europäischen Rats

Schlussfolgerungen des Vorsitzes des Europäischen Rats, Tagung am 11. und 12. Dezember 1992 in Edinburgh, veröffentlicht in: Presse- und Informationsamt, Bulletin, Nr. 140 vom 28.12.1992, S. 1277ff.

Schlussfolgerungen des Vorsitzes des Europäischen Rats, Tagung am 10. und 11. Dezember 1993 in Brüssel, veröffentlicht in: Bulletin der EU, Nr. 12, 1993

Schlussfolgerungen des Vorsitzes des Europäischen Rats, Tagung am 24. und 25. Juni 1994 in Korfu, veröffentlicht in: Bulletin der EU, Nr. 6, 1994, S. 8ff.

Schlussfolgerungen des Vorsitzes des Europäischen Rats, Tagung am 9. und 10. Dezember 1994 in Essen, veröffentlicht in: EU-Nachrichten, Dokumentation, Nr. 12 vom 14.12.1994

Schlussfolgerungen des Vorsitzes des Europäischen Rats, Tagung am 24. und 25. März 1999 in Berlin, veröffentlicht in: Presseerklärung Nr. SN 100/99, Brüssel 25.3.1999

Entschließungen, Empfehlungen, Beschlüsse des Rates

Empfehlung 86/659/EWG des Rates vom 22.12.1986 über die koordinierte Einführung des diensteintegrierenden digitalen Fernmeldenetzes

(ISDN) in der Europäischen Gemeinschaft (ABl. L382 vom 31.12.1986)

Entschließung 90/C27/05 des Rates vom 22.1.1990 zu einer europäischen Infrastruktur (ABl. C 27 vom 6.2.1990)

Beschluß 95/468/EG des Rates vom 6.11.1995 betreffend den Gemeinschaftsbeitrag für den Informationsverbund für den Datenaustausch zwischen Verwaltungen in der Gemeinschaft (IDA) (ABl. L 269 vom 11.11.1995)

Entscheidungen des Rates, der Kommission sowie des Europäischen Parlaments und des Rates

Entscheidung 78/174/EWG des Rates vom 20.2.1978 zur Einführung eines Beratungsverfahrens und zur Schaffung eines Ausschusses auf dem Gebiet der Verkehrsinfrastruktur (ABl. L 54/16 vom 25.2.1978)

Entscheidung 93/628/EWG des Rates vom 29. 10.1993 zur Schaffung eines transeuropäischen Netzes für den kombinierten Verkehr (Abl. L 305 vom 10.12.1993)

Entscheidung 93/629/EWG des Rates vom 29. 10.1993 zur Schaffung eines transeuropäischen Straßennetzes (ABl. L 305 vom 10.12.1993)

Entscheidung 93/630/EWG des Rates vom 29. 10.1993 über die Entwicklung eines transeuropäischen Binnenwasserstraßennetzes (ABl. L 305 vom 10.12.1993)

Entscheidung 2717/95/EG des Europäischen Parlaments und des Rates vom 9.11.1995 über Leitlinien für die Entwicklung des Euro-ISDN zu einem transeuropäischen Netz (ABl. L 282 vom 24.11.1995)

Entscheidung 96/391/EG des Rates vom 28.3.1996 betreffend eine Reihe von Aktionen zur Schaffung günstigerer Rahmenbedingungen für den Ausbau der transeuropäischen Netze im Energiebereich (ABl. L 161 vom 29.6.1996)

Entscheidung 1254/96/EG des Europäischen Parlaments und des Rates vom 5.6.1996 über eine Reihe von Leitlinien betreffend die transeuropäischen Netze im Energiebereich (ABl. L 161 vom 29.6.1996), geändert durch die Entscheidung 1047/97/EG des Europäischen Parlaments und des Rates (ABl. L 152 vom 11.6.1997), spezifiziert durch Entscheidung 97/548/EG der Kommission vom 11.7.1997 (ABl. L 225 vom 15.8.1997)

Entscheidung 1692/96/EG des Europäischen Parlaments und des Rates vom 23.7.96 über gemeinschaftliche Leitlinien für den Aufbau eines transeuropäischen Verkehrsnetzes (ABl. L228 vom 9.9.1996), Berichtigung der Entscheidung Nr. 1692/96/EG des Europäischen Parlaments und des Rates vom 23.7.1996 (ABl. L15 vom 17.1.1997)

Entscheidung der Kommission 97/114/EG zur Einräumung zusätzlicher Fristen für die Umsetzung einiger Bestimmungen der Kommissionsrichtlinien über den Wettbewerb auf den Telekommunikationsmärkten durch Irland vom 27.11.1996 (ABl. L 41, 12.2.1997)

Entscheidung der Kommission 97/310/EG zur Einräumung zusätzlicher Fristen für die Umsetzung einiger Bestimmungen der Kommissionsrichtlinien über den Wettbewerb auf den Telekommunikationsmärkten durch Portugal (ABl. L 133, 24/05/97)

Entscheidung der Kommission 97/568/EG zur Einräumung zusätzlicher Fristen für die Umsetzung einiger Bestimmungen der Kommissionsrichtlinien über den Wettbewerb auf den Telekommunikationsmärkten durch Luxemburg vom 14.5.1997 (ABl. L 234 vom 26.8.1997)

Entscheidung 1047/97/EG des Europäischen Parlaments und des Rates vom 29.5.1997 zur Änderung der Entscheidung Nr. 1254/96/EG des Parlaments und des Rates über eine Reihe von Leitlinien zur Ausgestaltung der transeuropäischen Netze im Energiebereich (ABl. L 152 vom 11.6.1997)

Entscheidung der Kommission 97/603/EG zur Einräumung zusätzlicher Fristen für die Umsetzung einiger Bestimmungen der Kommissionsrichtlinien über den Wettbewerb auf den Telekommunikationsmärkten durch Spanien vom 10.6.1997 (ABl. L 243, 5.09.1997)

Entscheidung der Kommission 97/607/EG zur Einräumung zusätzlicher Fristen für die Umsetzung einiger Bestimmungen der Kommissionsrichtlinien über den Wettbewerb auf den Telekommunikationsmärkten durch Griechenland (ABl. L 245, 9.9.1997)

Entscheidung 1336/97/EG des Europäischen Parlaments und des Rates vom 17.6.1997 über Leitlinien für transeuropäische Telekommunikationsnetze (ABl. L183 vom 11.7.1997)

Richtlinien

Richtlinie 85/337/EWG vom 27.6.1985 über die Umweltverträglichkeitsprüfung bei bestimmten öffentlichen und privaten Projekten (ABl. L 175 vom 5.7.1995)

Richtlinie 90/388/EWG vom 28.6.1990, mehrfach geändert durch die Richtlinien 94/46/EG (Satellitenkommunikation), 95/51/EG (Kabelfernsehnetze), 96/2/EG (Mobilkommunikation), 96/19/EG (Herstellung vollständigen Wettbewerbs)

Richtlinie 90/547/EWG des Rates vom 29.10.1990 über den Transit von Elektrizitätslieferungen über große Netze (ABl. L 313 vom 13.11.1990)

Richtlinie 91/296/EWG des Rates vom 31.5.1991 über den Transit von Erdgas über große Netze (ABl. L 147 vom 12.6.1991)

Richtlinie 91/440/EWG v. 29.7.1991 zur Entwicklung der Eisenbahnunternehmen der Gemeinschaft (ABl. L 237 vom 24.8.1991, S. 25ff)

Richtlinie 92/106/EWG des Rates vom 7. 12.1992 über die Festlegung gemeinsamer Regeln für bestimmte Beförderungen im kombinierten Güterverkehr zwischen Mitgliedstaaten (ABl. L368 vom 17.12.1992)

Richtlinie 96/48/EG des Rates vom 23.7.1996 über die Interoperabilität des europäischen Hochgeschwindigkeitsnetzes (ABl. L235 vom 17.9.1996)

Richtlinie 96/92/EG des Europäischen Parlaments und des Rates vom 19.12.1996 betreffend gemeinsame Vorschriften für den Elektrizitätsbinnenmarkt (ABl. L 27 vom 30.1.1997)

Richtlinie 97/33/EG vom 30.6.1997 über die Zusammenschaltung in der Telekommunikation im Hinblick auf die Sicherstellung eines Universaldienstes und der Interoperabilität durch Anwendung der Grundsätze für einen offenen Netzzugang (ONP) (ABl. L199 vom 26.7.1997)

Verordnungen

Verordnung (EWG) Nr. 3906/89 des Rates vom 18.12.1989 (ABl. L 375/11 vom 23.12.1989) über Wirtschaftshilfe für die Republik Ungarn und die Volksrepublik Polen

Verordnung (EWG) Nr. 3359/90 über die Durchführung eines Aktionsprogramms auf dem Gebiet der Verkehrsinfrastruktur im Hinblick auf die Vollendung des integrierten Verkehrsmarktes bis 1992 (ABl. L326 vom 24.11.1990)

Verordnung (EWG) Nr. 2407/92 des Rates vom 23.7.1992 über die Erteilung von Betriebsgenehmigungen an Luftfahrtunternehmen (ABl. L240 vom 24.8.1992)

Verordnung (EURATOM, EWG) Nr. 2053/93 des Rates vom 19.7.1993 (ABl. L 1993/187 vom 29.7.1993) über eine technische Unterstüt zung der unabhängigen Staaten der ehemaligen Sowjetunion und der Mongolei bei ihren Bemühungen um die Gesundung und Neubelebung ihrer Wirtschaft

Verordnung (EG) Nr. 2236/95 des Rates vom 18.9.1995 über die Grundregeln für die Gewährung von Gemeinschaftszuschüssen für transeuropäische Netze (ABl. L228 vom 23.9.1995)

Council Regulation (EC) N° .../98 of ...1998 Establishing an Instrument for Structural Policies for Pre-Accession (Entwurf)

Verträge

Vertrag zur Gründung der Europäischen Wirtschaftsgemeinschaft vom 25. März 1957 nach dem Stand vom 25. März 1987

Vertrag zur Gründung der Europäischen Gemeinschaft (EG) vom 25. März 1957 in der Fassung vom 1. Januar 1995

Vertrag über die Europäische Union (EU) vom 7.Februar 1992 in der Fassung vom 1. Januar 1995

Vertrag zur Gründung der Europäischen Gemeinschaft (EG) vom 7. Februar 1992 in der Fassung vom 2. Oktober 1997

Entscheidungen des EuGH

Entscheidung des EuGH im Fall C-271/94 ('Edicom'-Urteil)

Entscheidung des EuGH im Fall C-22/96

Anhang

Anhang 1: Auszug aus dem Vertrag zur Gründung der Europäischen Gemeinschaft

Art. 3 (ex-Artikel 3)

Die Tätigkeit der Gemeinschaft im Sinne des Artikel 2 umfaßt nach Maßgabe dieses Vertrags und der darin vorgesehenen Zeitfolge

[...]

o) die Förderung des Auf- und Ausbaustranseuropäischer Netze;

[...]

TITEL XV (ex-Titel XII)

TRANSEUROPÄISCHE NETZE

Artikel 154 (ex-Artikel 129 b)

(1) Um einen Beitrag zur Verwirklichung der Ziele der Artikel 14 und 158 zu leisten und den Bürgern der Union, den Wirtschaftsbeteiligten sowie den regionalen und lokalen Gebietskörperschaften in vollem Umfang die Vorteile zugute kommen zu lassen, die sich aus der Schaffung eines Raumes ohne Binnengrenzen ergeben, trägt die Gemeinschaft zum Auf- und Ausbau transeuropäischer Netze in den Bereichen der Verkehrs-, Telekommunikations- und Energieinfrastruktur bei.

(2) Die Tätigkeit der Gemeinschaft zielt im Rahmen eines Systems offener und wettbewerbsorientierter Märkte auf die Förderung des Verbunds und der Interoperabilität der einzelstaatlichen Netze sowie des Zugangs zu diesen Netzen ab. Sie trägt insbesondere der Notwendigkeit Rechnung, insulare, eingeschlossene und am Rande gelegene Gebiete mit den zentralen Gebieten der Gemeinschaft zu verbinden.

Artikel 155 (ex-Artikel 129 c)

(1) Zur Erreichung der Ziele des Artikels 154 geht die Gemeinschaft wie folgt vor:

- Sie stellt eine Reihe von Leitlinien auf, in denen die Ziele, die Prioritäten und die Grundlage der im Bereich der transeuropäischen Netze in Betracht gezogenen Aktionen erfaßt werden; in diesen Leitlinien werden Vorhaben von gemeinsamem Interesse ausgewiesen;
- sie führt jede Aktion durch, die sich gegebenenfalls als notwendig erweist, um die Interoperabilität der Netze zu gewährleisten, insbesondere im Bereich der Harmonisierung der technischen Normen;
- sie kann von den Mitgliedstaaten ganz oder teilweise unterstützte Vorhaben von gemeinsamem Interesse, die im Rahmen der Leitlinien gemäß

dem ersten Gedankenstrich ausgewiesen sind, insbesondere in Form von Durchführbarkeitsstudien, Anleihebürgschaften oder Zinszuschüssen unterstützen; die Gemeinschaft kann auch über den nach Artikel 161 errichteten Kohäsionsfonds zu spezifischen Verkehrsinfrastrukturvorhaben in den Mitgliedstaaten finanziell beitragen.

Die Gemeinschaft berücksichtigt bei ihren Maßnahmen die potentielle wirtschaftliche Lebensfähigkeit der Vorhaben.

(2) Die Mitgliedstaaten koordinieren untereinander in Verbindung mit der Kommission die einzelstaatlichen Politiken, die sich erheblich auf die Verwirklichung der Ziele des Artikels 154 auswirken können. Die Kommission kann in enger Zusammenarbeit mit den Mitgliedstaaten alle Initiativen ergreifen, die dieser Koordinierung förderlich sind.

(3) Die Gemeinschaft kann beschließen, mit dritten Ländern zur Förderung von Vorhaben von gemeinsamem Interesse sowie zur Sicherstellung der Interoperabilität der Netze zusammenzuarbeiten.

Artikel 156 (ex-Artikel 129 d)

Die Leitlinien und die übrigen Maßnahmen nach Artikel 155 Absatz 1 werden vom Rat gemäß dem Verfahren des Artikels 251 und nach Anhörung des Wirtschafts- und Sozialausschusses und des Ausschusses der Regionen festgelegt.

Leitlinien und Vorhaben von gemeinsamem Interesse, die das Hoheitsgebiet eines Mitgliedstaats betreffen, bedürfen der Billigung des betroffenen Mitgliedstaats.

Anhang 2: Rechtsetzungsverfahren in der EU

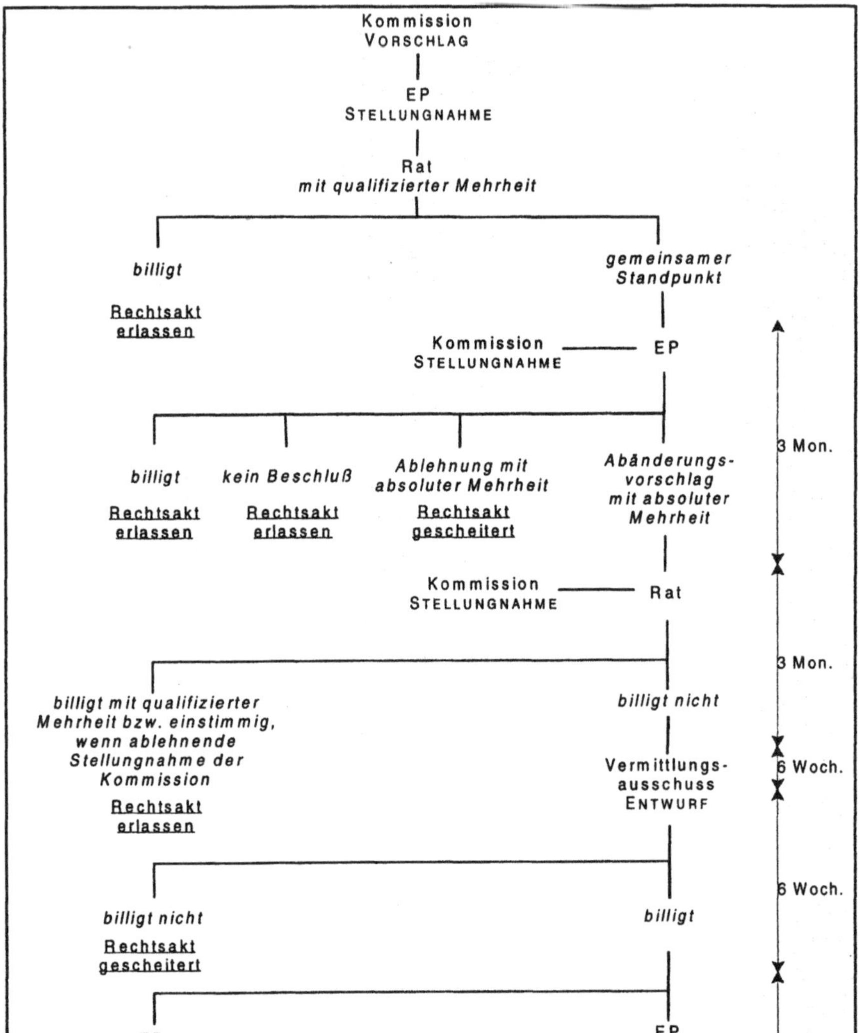

Abb. 23: Mitentscheidungsverfahren nach Art. 251 EGV

Anhang 3: Auszug aus dem Vertrag zur Gründung der Europäischen Gemeinschaft nach dem Stand vom 7. Februar 1992 (alte Artikelzuordnung)

Art. 3 [Tätigkeit der Gemeinschaft]

Die Tätigkeit der Gemeinschaft im Sinne des Artikel 2 umfaßt nach Maßgabe dieses Vertrags und der darin vorgesehenen Zeitfolge

[...]

n) die Förderung des Auf- und Ausbaustranseuropäischer Netze;

[...]

Titel XII Transeuropäische Netze

Artikel 129 b [Ziele]

(l) Um einen Beitrag zur Verwirklichung der Ziele der Artikel 7 a und 130 a zu leisten und den Bürgern der Union, den Wirtschaftsbeteiligten sowie den regionalen und lokalen Gebietskörperschaften in vollem Umfang die Vorteile zugute kommen zu lassen, die sich aus der Schaffung eines Raumes ohne Binnengrenzen ergeben, trägt die Gemeinschaft zum Auf und Ausbau transeuropäischer Netze in den Bereichen der Verkehrs-, Telekommunikations- und Energieinfrastruktur bei.

(2) Die Tätigkeit der Gemeinschaft zielt im Rahmen eines Systems offener und wettbewerbsorientierter Märkte auf die Förderung des Verbunds und der Interoperabilität der einzelstaatlichen Netze sowie des Zugangs zu diesen Netzen ab. Sie trägt insbesondere der Notwendigkeit Rechnung, insulare, eingeschlossene und am Rande gelegende Gebiete mit den zentralen Gebieten der Gemeinschaft zu verbinden.

Artikel 129 c [Leitlinien u. Aktionen]

(1) Zur Erreichung der Ziele des Artikels 129 b geht die Gemeinschaft wie folgt vor:

- Sie stellt eine Reihe von Leitlinien auf, in denen die Ziele, die Prioritäten und die Grundzüge der im Bereich der transeuropäischen Netze in Betracht gezogenen Aktionen erfaßt werden; in diesen Leitlinien werden Vorhaben von gemeinsamem Interesse ausgewiesen;
- sie führt jede Aktion durch, die sich gegebenenfalls als notwendig erweist, um die Interoperabilität der Netze zu gewährleisten, insbesondere im Bereich der Harmonisierung der technischen Normen;

- sie kann die finanziellen Anstrengungen der Mitgliedstaaten für von ihnen finanzierte Vorhaben von gemeinsamem Interesse, die im Rahmen der Leitlinien gemäß dem ersten Gedankenstrich ausgewiesen sind, insbesondere in Form von Durchführbarkeitsstudien, Anleihebürgschaften oder Zinszuschüssen unterstützen; die Gemeinschaft kann auch über den Kohäsionsfonds, der nach Artikel 130 d bis zum 31. Dezember 1993 zu errichten ist, zu spezifischen Verkehrsinfrastrukturvorhaben in den Mitgliedstaaten finanziell beitragen.

Die Gemeinschaft berücksichtigt bei ihren Maßnahmen die potentielle wirtschaftliche Lebensfähigkeit der Vorhaben.

(2) Die Mitgliedstaaten koordinieren untereinander in Verbindung mit der Kommission die einzelstaatlichen Politiken, die sich erheblich auf die Verwirklichung der Ziele des Artikels 129 b auswirken können. Die Kommission kann in enger Zusammenarbeit mit den Mitgliedstaaten alle Initiativen ergreifen, die dieser Koordinierung förderlich sind.

(3) Die Gemeinschaft kann beschließen, mit dritten Ländern zur Förderung von Vorhaben von gemeinsamem Interesse sowie zur Sicherstellung der Interoperabilität der Netze zusammenzuarbeiten.

Artikel 129d [Verfahren]

Die Leitlinien nach Artikel 129 c Absatz 1 werden vom Rat gemäß dem Verfahren des Artikels 189 b und nach Anhörung des Wirtschafts- und Sozialausschusses und des Ausschusses der Regionen festgelegt. Leitlinien und Vorhaben von gemeinsamem Interesse, die das Hoheitsgebiet eines Mitgliedstaats betreffen, bedürfen der Billigung des betroffenen Mitgliedstaats. Der Rat erläßt gemäß dem Verfahren des Artikels 189 c und nach Anhörung des Wirtschafts- und Sozialausschusses und des Ausschusses der Regionen die übrigen Maßnahmen nach Artikel 129 c Absatz 1.

Anhang 4: Liste der Vorhaben von gemeinsamem Interesse

Verkehrsnetze

I. Vorrangige Projekte[858]

1. Hochgeschwindigkeitszug/Kombinierter Verkehr Nord-Süd

- Gesamtkosten: 15,1 Mrd ECU.
- Strecke Berlin-Nürnberg: 552 km, davon 40 % neu und 60 % ausgebaut, von Berlin bis Halle/Leipzig (195 km), Erfurt (161 km) und Nürnberg (196 km).
- Brenner-Achse München - Verona: Ein 55 km langer Tunnel unter dem Brenner-Paß bildet das Kernstück dieser insgesamt 409 km langen Hochgeschwindigkeitsverbindung. Fast 70 % der Strecke verlaufen in Tunnels zwischen München und Innsbruck (165 km), Innsbruck und Fortezza (55 km) und Fortezza und Verona (189 km).

2. Hochgeschwindigkeitszug Paris - Brüssel - Köln - Amsterdam - London (PBKAL)

- Gesamtkosten: 17,2 Mrd ECU.
- Belgischer Abschnitt: 321 km zwischen Brüssel und der französischen, der deutschen und der niederländischen Grenze. Etwa die Hälfte der Strecke wird neu-, der Rest wird ausgebaut. Etwa 10 km Tunnel.
- Niederländischer Abschnitt: 130 km von der belgischen Grenze bis Amsterdam, zum größten Teil neue Strecke.
- Deutscher Abschnitt: 175 km Neubaustrecke von Köln bis Frankfurt. 70 km von Köln zur belgischen Grenze sind teils Neu- teils Ausbaustrecke.
- Britischer Abschnitt: 108 km neue Strecke von London bis zum Beginn des Kanaltunnels.

3. Hochgeschwindigkeitszug Süd

- Gesamtkosten: 14,1 Mrd. ECU.
- Das Vorhaben besteht aus zwei Verbindungsstrecken (je eine auf der Atlantik- und der Mittelmeerseite) von Madrid nach Norden zur Verbindung der Iberischen Halbinsel mit dem französischen Hochgeschwindigkeitseisenbahnnetz.
- Der Abschnitt auf der Mittelmeerseite besteht aus einer 750 km langen neuen Strecke mit europäischer Standard-Spurweite. Davon entfallen 170 km auf die Überquerung der Pyrenäen, wovon 40 % in Tunnels verlaufen.

---

[858] Vgl. EUROPÄISCHE KOMMISSION(1998d).

- Der Abschnitt auf der Atlantikseite besteht aus einer 700 km langen Strecke, wovon der bestehende Abschnitt Valladolid-Vitoria ausgebaut wird.

4. Hochgeschwindigkeitszug Ost (Paris - Ostfrankreich - Süddeutschland einschließlich des Abschnittes Metz-Luxemburg)

- Gesamtkosten: 4,8 Mrd. ECU.
- Auf französischer Seite wird eine 406 km lange neue Strecke errichtet.
- Auf deutscher Seite sollen die beiden Strecken französisch/deutsche Grenze - Saarbrücken - Ludwigshafen - Mannheim (128 km ausgebaut für Geschwindigkeiten bis zu 200 km/h) und Straßburg - Kehl -Appenweier (17 km ausgebaut für Geschwindigkeiten bis zu 200 km/h) ausgebaut werden.

5. Betuwe-Strecke (kombinierter Verkehr)

- Gesamtkosten: 4,1 Mrd. ECU.
- Die Betuwe-Strecke verbindet die großen europäischen Industrie- und Verbraucherzentren (Rhein/Main; Rhein/Neckar) über eine konventionelle 160 km lange Eisenbahnstrecke mit dem Hafen von Rotterdam, wovon 75 % neu gebaut werden. Bei dem verbleibenden Rest werden die bestehenden Strecken ausgebaut.

6. Hochgeschwindigkeitszug/Kombinierter Verkehr Frankreich-Italien (Lyon - Turin - Mailand - Venedig - Triest)

- Gesamtkosten: 18,3 Mrd. ECU.
- Für die Strecke Lyon-Turin wird eine 250 km lange Eisenbahnstrecke neu gebaut, wovon 54 km im Tunnel unter den Alpen verlaufen.

7. Griechische Autobahnen PATHE und Via Egnatia

- Gesamtkosten: 9,2 Mrd. ECU.
- Die Nord-Süd-Achse PATHE dient zur Verbindung zwischen Riad - Antirin, Patras - Athen - Thessaloniki - Promahon (griechisch-bulgarische Grenze) mit 800 km Straße, wobei zumeist die bestehenden Straßen zu Autobahnen ausgebaut werden.
- Die Ost-West-Achse Via Egnatia verbindet Igoumenitsa - Thessaloniki - Alexandrupolis - Ormenio (griechisch-bulgarische Grenze) - Kipi (griechisch-türkische Grenze), wobei eine 780 km lange, neue Autobahnstrecke errichtet werden soll, die teilweise zweispurig sein wird und große Städte umfährt, während einzelne Abschnitte in der Gebirgsgegend von Igoumenitsa bis Thessaloniki einspurig sein sollen.

8. Multimodale Verbindung Portugal, Spanien - Zentraleuropa

- Gesamtkosten: 6,2 Mrd. ECU.

- Drei Korridore sollen ausgebaut werden:
  - Galizien (La Coruña) - Portugal (Lissabon),
  - Spanien (Irún) - Portugal (Lissabon),
  - Spanien (Sevilla) - Portugal (Lissabon).
- Geplant sind multimodale Korridore aus Schienen- und Straßenverbindungen. In Portugal werden zusätzlich Seehäfen und Flughäfen an diese Verbindungen angeschlossen.

9. Konventionelle Zugverbindung Cork-Dublin-Belfast-Larne-Stranraer (Irish Rail).

- Gesamtkosten: 0,36 Mrd. ECU.
- Schrittweiser Ausbau der bestehenden 502 km langen Strecke und Aufbesserung des dazugehörigen rollenden Materials; die Strecke soll für Geschwindigkeiten bis 200 km/h ausgelegt werden.

10. Flughafen Malpensa (Mailand)

- Gesamtkosten: 1,0 Mrd. ECU.
- Verdoppelung der Rollbahnkapazität, Bau einer neuen Abfertigungshalle zur Erhöhung der Gesamtabfertigungskapazität auf 18 Mio. Fluggäste jährlich (Anstieg um 350 %), Bau neuer Flugzeuglande- und Beladeflächen, Bau technischer Gebäude und Einrichtungen.

11. Feste Schienen-/Straße-Verbindung zwischen Dänemark und Schweden über den Øresund

- Gesamtkosten: 4,2 Mrd. ECU.
- Für die feste Verbindung Øresund werden eine vierspurige Autobahn und eine zweispurige Eisenbahnlinie vorgesehen; die Verbindung besteht aus einem 4 km langen Tunnel unter dem Meer (Einfahrt an der dänischen Küste), einer 4 km langen künstlichen Insel und einer 7,5 km langen Brücke von der schwedischen Küste aus. Sowohl auf dänischer als auch auf schwedischer Seite sorgen vierspurige Autobahnen und zweispurige Eisenbahnlinien für die Verbindung mit Kopenhagen bzw. mit Malmö.
- Zufahrtsverbindungen über Straße und Schiene, darüber auch Anschluß an Flughafen Kopenhagen:
  - Zufahrten auf dänischer Seite: Autobahn 9 km, Eisenbahnstrecke 18 km.
  - Zufahrten auf schwedischer Seite: Autobahn 10 km, Eisenbahn 26 km.

12. Nordisches Dreieck (mulitmodale Verbindung Schiene, Straße)

- Gesamtkosten: 10,0 Mrd. ECU.

- Vier Abschnitte: norwegische Grenze - Kopenhagen, norwegische Grenze - Stockholm, Kopenhagen - Stockholm und Turku - Helsinki - russische Grenze.
- Streckenlänge insgesamt 1.800 km.

13. Straßenverbindung Irland-Vereinigtes Königreich- Benelux

- Gesamtkosten: 3,6 Mrd. ECU.
- Die Strecke verbindet drei wichtige Städte in Irland (Belfast, Dublin, Cork) durch Straßen- und Fährverbindungen mit Schottland und Wales sowie durch England mit den Fährhäfen mit Verbindung nach Benelux.
- Die 1530 km lange Korridorstrecke wird folgendermaßen unterteilt: 381,5 km in England; 377,9 km in Irland; 37,9 km in Wales; 30,6 km in Nordirland. Die genaue Streckenlänge in Schottland muß noch bestimmt werden.

14. Hauptstrecke Westküste (Vereinigtes Königreich)

- Gesamtkosten: 3,0 Mrd. ECU.
- Die bestehende Hauptstrecke an der Westküste ist 850 km lang. Sie setzt die Eisenbahnverbindung durch den Kanaltunnel nach Norden als konventionelle Zugverbindung fort. Die erforderlichen Ausbauarbeiten bestehen zum größten Teil in der Neu-Elektrifizierung der Strecke und der Modernisierung der Signalanlagen sowie in der Verbesserung und Auswechslung der Schienen; einige kleinere Streckenveränderungen könnten sich noch als notwendig erweisen.

II. Andere wichtige Projekte

1. Zu beschleunigende Projekte (Projekte, mit denen bis 1996 begonnen werden sollte)

1. Kombinierter Verkehr (verschiedene Vorhaben in Belgien, Deutschland, Spanien, Frankreich und Italien)

2. Flughafen Spata

3. Flughafen Berlin

4. Autobahn Maurienne

5. Autobahn Marateea-Elvas

6. Hochgeschwindigkeitszug in Dänemark

7. Transappeninnenautobahn Bologna-Florenz

8. Hochgeschwindigkeitszug und Kombinierter Verkehr "Donauachse" München/Nürnberg - Wien

9 Autobahn Nizza - Cuneo

2. Projekte, für die zusätzliche Untersuchungen notwendig sind

10. Überfahrt nach Fehmarn: Verbindung zwischen Dänemark und Deutschland
11. Autobahn Bari - Brindisi - Otranto
12. Rhein-Rhône-Kanal
13. Seine-Schelde-Kanal
14. Elbe-Oder-Kanal
15. Donauausbau zwischen Straubing und Vilshofen
16. Hochgeschwindigkeitszug Randstad - deutsche Grenze
17. Straßenverbindung Valencia - Zaragoza - Somport
18. Hochgeschwindigkeitszug Mailand - Rom - Neapel
19. Magnetbahn Transrapid Hamburg - Berlin
20. Hochgeschwindigkeitszugverbindung Luxemburg - Brüssel
21. Straßenkorridor Neapel - Reggio Calabria

III. Technologiesysteme

1. Verkehrsleitsystem für den Straßenverkehr
2. Verkehrsleitsystem für den Luftverkehr
3. Verkehrsleitsystem für die Schiffahrt
4. System zur multimodalen Ortung mit Hilfe von Satelliten
5. Pilotprojekte für Eisenbahnleitsysteme

IV. Ausweitung der TEN auf Drittländer

1. Straßen- und Eisenbahnverbindung Berlin - Warschau - Minsk
2. Autobahn Nürnberg - Prag
3. Feste Verbindung (Straße und Eisenbahn) über die Donau zwischen Bulgarien und Rumänien
4. Multimodaler Korridor Helsinki - Sankt Petersburg - Moskau
5. Korridor (Straße und Eisenbahn) Triest - Ljubljana - Budapest - Lemberg - Kiew
6. Ostsee-Plattform (logistische Leitung)

Energienetze

I. Vorrangige Projekte (Elektrizitätsnetze)

Verbindung Italien-Griechenland (Kabel)

Verbindung Frankreich-Italien

Verbindung Spanien-Portugal

Verbindung zwischen den südichen und westlichen Teilen Dänemarks (Kabel)

II. Vorrangige Projekte (Erdgasnetze)

Einführung von Erdgas in Griechenland

Einführung von Erdgas in Portugal

Verbindung des Gasnetzes zwischen Spanien und Portugal

Gaspipeline Algerien-Marokko-Europäsche Union

Gaspipeline Rußland-Weißrußland-Polen-Europäische Union

Anhang 5: Anwendungsvorhaben von gemeinsamem Interesse

Netz für Hochschulen und Forschungszentren

Fernunterricht

Telematik für das Gesundheitswesen

Verkehrstelematik

Telematik im Dienste der Umwelt

Telearbeit

Telematikdienste für KMU

Elektronische Ausschreibungen

Städtische Datenautobahnen

Bibliotheksdienste

Telematikdienste für den Arbeitsmarkt

Kulturelles und sprachliches Erbe